孟子文獻集成

孟子文獻集成編纂委員會 編纂

山東人民出版社

圖書在版編目（CIP）數據

孟子文獻集成. 第一〇九卷 / 《孟子文獻集成》編纂委員會編. --濟南 : 山東人民出版社, 2020.1
ISBN 978-7-209-12320-4

Ⅰ. ①孟… Ⅱ. ①孟… Ⅲ. ①儒家 ②《孟子》- 研究資料 - 匯編 Ⅳ. ①B222.55

中國版本圖書館CIP數據核字(2019)第227478號

項目統籌: 胡長青
責任編輯: 劉　晨
裝幀設計: 武　斌
項目完成: 文化藝術編輯室

孟子文獻集成（第一〇九卷）
《孟子文獻集成》編纂委員會 編

主管單位　山東出版傳媒股份有限公司
出版發行　山東人民出版社
社　　址　濟南市英雄山路165號
郵　　編　250002
電　　話　總編室（0531）82098914
　　　　　市場部（0531）82098027
網　　址　http://www.sd-book.com.cn
印　　裝　山東新華印務有限責任公司
經　　銷　新華書店

規　　格　16開（210mm×285mm）
印　　張　62.5
字　　數　500千字
版　　次　2020年1月第1版
印　　次　2020年1月第1次
印　　數　1-200
ISBN 978-7-209-12320-4
定　　價　900.00圓

《孟子文獻集成》編纂委員會

學術顧問 杜維明 張豈之 李學勤 牟鍾鑒

學術委員會

主　　任　陳　來

副 主 任　郭齊勇 李存山

委　　員　王　傑 王中江 王志民 王其俊 王鈞林 王漢東 孔德立 杜澤遜 李存山 李景林 吴　婧 袁汝旭 徐洪興 高兆波 郭齊勇 陳　來 孫明霞 梁　樞 梁　濤 董洪利 曾振宇 楊海文 楊朝明 趙　勇 鄭傑文 劉瑾輝 顔世安 顔炳罡 龔鵬程

（按姓氏筆畫排序）

編纂委員會

主　　編　王志民

副 主 編　杜澤遜 梁　濤 胡長青 李梅訓

委　　員　王　路 王恒柱 李西寧 李振聚 李國慶 黄顯功 張　勇 張志清 趙永和 趙紅彦 劉　晨

（按姓氏筆畫排序）

編　務　劉　晨　楊雲雲　孫　姣　李　濤　劉嬌嬌　張艷艷
趙　菲　呂士遠

組織實施
中國孟子研究院
山東人民出版社

序

《孟子文獻集成》是在孟子故里鄒城市委市政府鼎力支持下，由中國孟子研究院、山東人民出版社協同合作，共同致力完成的一項大型儒家文獻的搜集、整理、出版學術工程。

一

孟子是中國歷史上偉大的思想家、政治家、教育家，是僅次於孔子的儒家學派重要代表人物。戰國時期，戰争頻仍，『角戰英雄，六經泥蟠，百家飆駭』（《文心雕龍·時序》），孔學既黜，儒道中衰。孟子遵夫子之道，批邪説，正人心，發揚光大孔子學説，復興儒學，成爲孔子之後最重要的儒家傳人和先秦原始儒學理論體系的主要奠基人。韓愈論儒家道統由堯、舜、禹、湯、文、武、周公代代相傳，言及『文、武、周公傳之孔子，孔子傳之孟軻。軻之死，不得其傳焉』（《原道》），又説『自孔子没，群弟子莫不有書，獨孟軻氏之傳得其宗』（《送王塤秀才序》）。可見，後世尊孟子爲『亞聖』，稱儒學爲『孔孟之道』，實爲孟子歷史地位使然！

《孟子》一書，是孟子及其弟子編著的全面反映孟子思想的儒家經典著作。漢文帝時，即曾設立《孟子》學博士，全國推闡。六朝時期，玄學、佛學興盛，儒學式微，《孟子》亦受冷落，但唐宋以後，隨着孟子地位的大幅提昇，《孟子》一書越來越受到統治者和學者文人的廣泛重視。唐代大儒韓愈倡論中國文化道統，其《原道》之説，影響甚大，已掀『孟子熱』；北宋時期，《孟子》與《論語》俱列入『十三經』之數；南宋朱熹作《四書章句集注》，將《孟子》列『四書』之中。南宋統治者更將其正式列入官方之學，設爲科舉考試科目，欽定爲必讀經典，學孟子、讀《孟子》，蔚然而成社會風氣。此後，孟子地位進一步提昇：元文宗封孟子爲『亞聖公』，尊其爲『百世之師』；明清兩朝更大推『四書』，地位儼然超越『五經』。《孟子》與《論語》並行，上自帝王，下至百姓，家有之，户誦之，『所研究者惟「四書」，所辨訂者亦惟「四書」』（《四庫全書總目·四書大全提要》語）。孟子思想，深入人心；《孟子》之學，遍佈各地；《孟子》

文獻，汗牛充棟。

根據我們的初步調查，歷代《孟子》文獻有兩千種之多。這些文獻，依孟子學史的發展，大致形成了以下幾点較鮮明的時代特徵：宋元文獻多義理闡發，以朱熹《孟子章句集注》爲代表；明代以王夫之《讀四書大全説》爲代表，多從心性之學挖掘孟子豐富的思想内涵；清代孟子學最盛，不僅産生了以乾嘉學者戴震《孟子字義疏證》、崔述《孟子事實録》爲代表的大量考據、辨僞著作，還出現了集前人研究成果之大成的焦循《孟子正義》。大致可以説，以東漢趙岐《孟子章句》爲發端，歷代學者多所闡釋研究。尤其宋元以來，孟學實爲千年『顯學』。《孟子》文獻内容所涉注釋訓詁、義理闡發、思想挖掘、考證辨僞等所有方面，其對孟子及《孟子》文本的研究廣度、深度可謂前無古人，後難爲繼。尤爲重要的是，歷代學者秉持儒家人生理念，一生所繫，立德立言，以『爲往聖繼絶學』爲生命追求之本，往往傾一生之力終注一經。孟子文獻不僅真實地展示了孟學及儒學發展的歷史，也留下了代代學者治學的心路，實在是應該认真进行挖掘整理的傳統文化瑰寶。

然而，毋庸諱言，孟子文獻的收集整理向未受到應有的重視。這固然與二十世紀以來，儒學命運多舛有關：批孔之時，孟子亦受其累；近數十年來，『孔子熱』不斷升温，孟子受冷落的現象却未有大的改觀，歷代孟子文獻迄未收集整理即是一例。據我們不完全統計，包括臺灣在内的中國圖書館，現存宋元至清代的刻本與鈔本計有一千二百餘種之多。由於各種原因，百分之九十餘未曾整理出版，而百分之七十以上仍處於人所罕见的塵封狀態。歷史的責任，現實的需要，未來的期盼，都在呼喚能有一套《孟子文献集成》的編纂出版。

二

二〇一三年四月底，孟子研究院在孟子故里山東省鄒城市正式成立。時值一年一度的『孟母文化節』，同時進行的還有由鄒城市、《光明日報》國學版、山東師範大學山東省齊魯文化研究院共同策劃主辦的『孟子公開課』開講儀式。來自國内各著名高校的部分主講學者和與會專家對孟子研究院成立後的學術規劃提出了許多建設性意見，多位專家提出了編纂《孟子文獻集成》的建議。

同年十月二十九日至三十日，孟子研究院學術委員會第二次會議在主任陳來先生主持下於鄒城召開。會議就《集成》的立項和編纂事宜進行了認真深入地討論，參閱審查了初選孟子文獻書目，形成了以下四點共識：一是孟子文獻的搜集、整理向稱薄弱，絶大多數迄未面世，影響了孟學研究的深度和廣度。編纂《集成》，填補空白，意義重大。二是要在廣泛搜集、精心選編的基礎上，力求將《集成》做成收羅全、質量高、權威性强的精品學術工程。三是应制定具体工作規劃，選編文献时代可由遠及近；文獻收集範圍，宜先國内後國外，分段完成，穩步推進，確保質量。四是在孟子研究院學術委員會基礎上，应增加部分孟子研究專家，充實到《集成》學術委員會；選聘孟學研究、版本目録、館藏出版等方面專家，組建高層次、有效率的編纂部和工作班子，扎實有效開展工作。

在經過編纂部四次召開籌備會議和系列籌備工作基礎上，二〇一四年五月，在濟南召開了特邀專家選目審查論證會。來自北京大學、中國人民大學、山東大學等全國各地的十餘位孟子和孟學史專家就編纂部提供的《集成》選編總目（國内）進行了認真研析、讨论審查。這次會議的召開更堅定了大家对編纂《集成》的信心和認識，許多專家從長期孟學研究的切身感受中充分肯定編纂《集成》的重大意義，一致認爲：這是一項立足當前又澤被後世的重大學術工程；目前国内編成的經典文獻集成中唯獨没有孟子文獻集成，这不僅是文化建設的一种缺憾，也从多个方面影響了孟子研究的深入和拓展，从这个意義上説，該項目的实施确是一項填補空白、意義深遠的學術工程。專家們特别指出，這項重大學術工程，由山東，特别是孟子故里鄒城市支持，由孟子研究院、山東省齊魯文化研究院牽頭承擔，正是歷史責任與當前文化建設的最佳選擇。相信《集成》的出版，對於提昇孟學研究、促進孟子研究院發展、推动山東文化强省建設，贡献巨大，意義深遠。會議還就選目原則形成以下共識：一是《集成》應當是一套研究孟子文獻的集大成之作，所收以獨立成書的研究《孟子》專書爲主，兼顧其他，儘量收全。對孟子文獻的含義可以放得寬一些，對書名没有『孟子』的，例如以『四書』『諸子』爲書名的，也要注意在考察辨析基礎上做好，要高標準、高質量。二是《集成》應兼顧古籍的重要性與稀見性，做到常見書精選善本，重要文獻不遺漏。三是海外孟子文獻應作爲一個工作目標，與海外學者合作，广匯博收，規劃編纂。四是時代大致截止到清末，現代部分可作爲『附編』或單獨列編收集出版，部分難以收入文獻應附列存目。這次專家會議的意見，得到二〇一四年六月五日召開的孟子研究院第二次學術委員會的重視和確認。

在籌備、啓動《集成》的整個過程中，得到鄒城市主要領導及社會各界鼎力支持。山東人民出版社主動、積極地參與了各項工作。二〇一四年八月二十八日，在山東省第五届文博會上，省有關領導和衆多媒體記者見證了孟子研究院與山東人民出版社共同簽訂《〈孟子文獻集成〉編纂出版協議書》的过程。

經過編纂委員會及有關方面的共同努力和各相關圖書館的大力支持，宋元時期傳世文獻已基本全部收録，共四十八種，分裝十四册，已於二〇一六年初首批出版發行。其中，收録宋元刻本十四種，海外善本四種，第一次影印的即有十六種，屬於披沙揀金的珍本，將爲孟子文獻及思想研究提供寶貴資料。

第二輯精選明代孟子文獻八十一種，分裝爲三十二册影印，已經於二〇一七年三月出版。

第三輯爲明代文獻的第二批，共收入著作四十五種，分裝爲二十册影印，其中五種來自日本，三種來自美國；其他部分也多爲稀見的珍本和善本，已經於二〇一八年三月出版。

第四輯，共收録著作六十二種。其中，明代著作四十八種，分裝爲二十四册；清代著作十四種，分裝爲十册。共出版三十四册。底本皆爲精選珍本善本，其中，明代刻本四十種，清代刻本二十二種。又有二十三種來自日本，多爲國内未見，彌足珍貴。

本次出版爲《孟子文獻集成》第五輯，清代文獻之第二部分，也是《集成》編纂以來，收録文獻最多的一輯。共收入著作三百六十八種，分裝爲一百册；至此，自康熙朝至清末絶大部分與《孟子》相關文獻已基本囊括。其中：來自日本的珍稀文獻八種；稿抄本二十六種；孤本二十二種，國内未出版者達三分之二以上。

編纂出版《孟子文獻集成》，既有利於深入挖掘孟子思想精髓，洞見《孟子》世代傳承的歷史場景，又有利於珍貴文獻的保護、傳承和共享、共用，是惠及當代、澤被後世的文化善舉。值此共出版二百册之際，我們對國内外各有關圖書館和學界同仁的鼎力支持與真誠合作表達崇高的敬意和誠摯的感謝！

讓我們黽勉同心，共同努力，以期這一重大學術工程的圓滿完成。

王志民

二〇一五年四月十二日第一稿
二〇一八年三月八日修改第二稿
二〇一八年十二月十二日修改第三稿
二〇一九年十月六日修改第四稿

凡　例

一、《孟子文獻集成》匯聚歷代關於《孟子》之著述，要其旨歸，不外經學之考證、義理之推闡、文章之批點，故舉凡注釋、析義、批點等書皆酌加收録，大致以著者時代先後爲次，俾經學之大，義理之善與夫文章之美，庶幾由此而知。

二、《孟子文獻集成》選用底本多未經整理，或孤傳海外，或秘庋深閣，學者既不能徧歷中外而窺其概貌，又不能盡探二酉而知其大略，不能無憾焉。今集爲一編，則學者循覽而知《孟子》一經之本末，歷代著述之昇沉。

三、各書或得自日本、美國，或攝自國家圖書館、天津圖書館、上海圖書館、浙江圖書館、山東大學圖書館等。底本皆經選擇，其存世孤秘，列爲首選，而後出佳槧，流佈稀少，亦資採摭。

四、諸書著録書名、卷數、著者時代、姓名、撰著方式及版本，覽者便焉。

五、著者真僞，學者所重，凡有歧異，均於著者前加『題』字，略示區别。

六、諸家解《孟》之作，或爲獨立成書者，或爲總集内别裁而出者，或以『四書』著述總題者，今所匯集，以能獨立析出者爲斷。其單篇零什，概所不收。

七、裁出之書，凡原有題名者，概依原題，而於版本項注其從來；凡無獨立題名者，則仍用大題，而括注『孟子』二字；其不能析離者，則全書收録。

八、是編博訪廣蒐，固難周徧，續有所得，拟輯《補編》，庶免遺珠之憾。伏望博雅君子，匡其不逮，補其未備，是所幸焉。

目録

松陽講義（孟子）二卷

清 陸隴其撰

清康熙二十九年刻本

序

隴其在靈壽𦘕書之暇輒至
學聽諸生講書有所觸發間
疏其意示諸生或述先儒註
解或自抒所見欲其即聖賢
之言引而歸之身心不徒視

爲干祿之具僞書自書我自我積久得一百十有八章有攜以南著家叔祖話山翁家叔訥菴翁見之謂是有裨於學者非獨可以教靈壽諸生也遂謀付梓既成而寄於京

師命隴其自序之隴其不敏雖嘗有志於學而不得其要領中年涉獵先儒之書始若稍稍望見涯涘而質鈍功淺終未得入其堂奧自汨没簿書以來益復鹵莽常思乞身

歸田整理書生舊業與同志
之士講求討論或可追隨先
儒之萬一而一官覊絆尚未
得遂至於此編因於諸生有
一日之長職當竭其愚故據
胸中一時所得告之以稍追

尸素之慚云爾非能著書講
學也若其拳拳于諸生者則
有之矣董子有言仁人者正
其誼不謀其利明其道不計
其功程子云佛氏之言學者
當如淫聲美色以遠之此二

月三

者學之大綱也大綱不差然後可漸而進焉自明中葉以來學術壞而風俗乖卑者遂溺於功利高者沉淪於虛寂視董子程子之言若茹毛結繩之不可復行於後世不知

有大綱又何論其他耶是世道之憂也故嘗以爲今之爲世道計者必自羞乞墦賤壟斷闢佛老黜陽儒陰釋之學始而是編之中亦三致意焉此隴其所嘗奉教於君子者

也或有小補於世意在斯乎
若夫擴而充之探其深而盡
其微則尚願與學者共進之
焉晋
康熙庚午十一月長至前六
日當湖陸隴其書於京邸靈

中坊之顏巷

講義目錄

吳縣席永恂

當湖陸隴其稼書著　受業嘉定侯銓編次

太倉王前席

所謂誠其章

所謂脩身章

所謂齊其章

所謂治國章

卷之二

中庸　（吏字部）

天命之謂章

君子中庸章

中庸其至章

舜其大知章

回之爲人章

卷之三

卷之四

卷之五

論語　禮字部

卷之六

賜也何如章

孟武伯問章

女與回也章

我不欲人章

夫子之文章

甯武子邦章

顔淵季路章

巳矣乎我章

雍也可使章

子華使於章

回也其心章

卷之七

論語　兵字部

卷之八

論語　兵字部

卷之九

論語　利字部

卷之十

論語　刑字部

卷之十一

卷之十二

仁人心也章

鈞是人也章

人皆可以章

人之所不章

孔子登東章

仁也者人章

松陽講義卷之十一

吳縣席永恂
當湖陸隴其稼書著　受業嘉定侯　銓編次
太倉王前席

孟子

伯夷非其君章

這一章見君子不爲一偏之學，就是一部中庸的註脚。蓋天下道理只有一箇中庸，君子只在這條路上走，稍有偏焉，雖百世之師如夷惠者，非君子所願學也。以伯夷之生平言之，嚴於惡惡而不輕與人羣，其一種不屑就之意，眞可謂清之至矣，使其當清而清清而不隘則清即中矣然其清也却不能無隘處雖曰不念舊惡求仁得仁固有清而得中之時矣然畢竟不中處常多以柳下惠之生平言之寬以處衆而不輕與人絕其一種不屑去之意真可謂和之至矣使其當和而和和而非不恭則和即中矣然其和也却不能無不恭處雖曰中倫中慮不以三公易其介固有和而得中之時矣然畢竟不中處常多所以孟子既詳叙其清和而復一言以斷之曰伯夷隘柳下惠不恭這不是言夷惠之清和不好是言其清和有恰好處亦有過當處其恰好處便是中其過當處便是隘不恭如一不屑就也理不當就而不就便是中

了亦有可以就之時彼亦不就則是隘而已矣一不屑去也理不當去而不去便是中了亦有可以去之時彼亦不去是則不恭而已矣隘非刻薄亦是萬物一體之懷惟恐關人爲不善之門而欲以正直之道轉移之但時或失之過則謂之隘不恭非轉薄亦是萬物一體之懷惟恐絶人爲善之路而欲以忠厚之道漸化之但時或失之過則謂之不恭這箇隘的病不要看小了雖只是一點偏然後世有一種疾惡太嚴至於上下危疑激成事變者皆從這箇隘起且未論至激變纔有隘處也便不是至中之道了這箇不恭的病不要看小了雖只是一點偏然後世有一種

包容太過至於賢否混淆釀成禍敗者皆從這不恭起且未論到釀禍纔有不恭處也便不是至中之道了君子以中庸爲學者也雖當舉世頑鈍之時得一隘者亦可以維持天下之廉耻如凉藥之可以治熱疾是亦厲世磨鈍之助也百世之師也然不敢以是爲學也雖當舉世殘忍之時得一不恭者亦可以消融天下之慘刻如熱藥之可以治寒疾是亦革薄從忠之藉也百世之師也然不敢以是爲學也學夫清之得中者猶恐其失之隘況以隘爲學耶以隘爲學將有不止於隘者矣學夫和之得中者猶恐其失之不恭況以不恭爲學耶以不恭爲學將有不止於不

恭者矣故由其清之中者不由其清之隘者則善學
夷者也由其和之中者不由其和之不恭者則善學
惠者也此孔子之所以爲聖中而孟子之所以願學
孔子子思所以提出中庸二字垂教萬世皆是這箇
意思新安陳氏謂孟子欲人法夷惠之得又恐人不
知夷惠之失其憂學者至矣這箇憂字最說得好孟
子不是空空評論二子全是要學者歸到中道上然
須先將中之界限辨得明白方纔能得中不然則自
以爲中而不免於偏者多矣在夷與惠何常不要中
皆是不知不覺做成隘不恭學者誠有意化夷惠之
偏而學君子之中其必始於致知格物之功歟孟子

所以又曰猶射於百步之外也其至爾力也其中非爾力也今日學者病痛又不但在隘不恭只知自私自利看得天下之是非邪正漠不相關有時激而爲忿戾爲恣睢也是從已私起見何嘗是伯夷之隘有時流而爲詭隨爲摸稜也是從已私起見何嘗是柳下之不恭故必先立一必爲聖人之志在正路上走了然後再辨其隘不隘恭不恭

上二節間架丘月林摘訓分得最好謂不羞不卑與不事不友相照不隱賢四句與不立五句相照爾爲爾與鄉人相照援止與不受相照俱是一節深一節又謂柳下節通是說他和之極處不隱二

句只是起不怨不憫意耳不自失亦是帶說俱不
重只重和上掌引却重介處了又援止照上諸侯
來不足說皆說得極分明但須知所謂一節深一
節只是說其清和尚未說到隘不恭明季講家多
誤看
夷惠只是偏若楊墨於陵則僻矣百世之師章取
其偏以救世此章指其偏以明道大全朱子明謂
孟子直說他隘不恭不曾說末流如此今時文猶
有主末流說者非又有云隘不恭特以迹言之然
心與迹一也又有云所遇之時不同不得已也然
不得已何不如孔子乎此皆欲回護二子不知正

不必回護也

蒙引謂由其清不由其隘存疑非之葢以由其清不由其隘則淸和乃君子所由矣何以又云願學孔子也不知蒙引自云由其淸之得處不由其淸之隘處固無病淺說亦主蒙引君子㫖指孔子亦指學孔子者與論語逸民章及孟子養氣章皆相表裏

幾亭陳氏曰時中之聖惡惡未嘗不嚴顧其惡也乃矜憫之伯夷則直惡之而已若將浼焉惻怛微而潔已勝也不磷不淄明示入羣不亂之意亦與焉能浼我相似顧其入也乃欲從而變化之柳下

則夷猶玩忽之而已不必孳孳於成物物蓋皆於萬物一體有未至處是故清和二聖殊病同根愚謂幾亭此條不是若於萬物一體有未至處安得謂聖二子與孔子一樣只是分寸上稍偏

不恭最難體認明季講家謂其外雖偕其心則謂世爲混濁不可責以禮法分明有玩弃一世意愚謂不然如此則看惠作東方朔一流人矣朔是學惠而弊者與惠不同惠之不恭只是欲漸以化之放得太寬不謹嚴耳雖大全朱子亦謂其心玩世視人如無也然惠之玩世不比東方朔之玩世

松陽講義卷之十二

當湖陸隴其稼書著

吳縣席永恂
受業嘉定侯銓編次
太倉王前席

孟子

王者之迹章

這一章因前章歷叙羣聖而繼以孔子亦是示人存幾希的樣子孔子有舜之生知安行而兼禹湯文武之憂勤惕厲其一生學問備見論語孝經易詩書禮樂春秋此獨以春秋言者總註謂孔子之事莫大於春秋故特言之是矣但要想春秋如何存得這幾希

孟子只說得一箇義字亦未言其義之如何須玩尹註所謂定天下之邪正為百王之大法春秋所以存幾希只是定天下之邪正而已邪正定而人與禽獸別矣開口說王者之迹熄而詩亡者明儒云天下有王者則此義著為王者之迹而播為詩歌天下無王者則此義棄於霸圖而聖人因定為筆削說得極明葢王霸之分即是人禽之辨詩春秋之作皆所以使人遠於禽獸雖春秋不但接詩王者之迹熄亦不但詩亡自王迹熄而易書禮皆亡矣春秋作而易書禮皆明矣而詩春秋絕續之際尤顯而易見故就詩言之詩亡所以由王迹之熄者葢自成康而下其詩為

正雅所以咏歌政教號令之盛詩即王迹也自厲宣而降其詩爲變雅所以感慨政教號令之衰王迹猶存乎詩也自黍離降爲國風以後天子既無命德討罪之權公卿亦無好善惡惡之實宰咺祭伯之屬非復襄時吉甫家父之徒能侃侃正論於廟堂之上大道晦而人心惑雖草野之中間有公論然緇衣候人之篇出其間桑中溱洧之篇亦出其間是非混淆無復能辨王者之迹於是而滅絕矣本因王迹熄而詩亡因詩亡而愈見王迹之熄此時若無人焉别嫌疑明是非將邪正之辨正告天下天下將胥淪於禽獸而不自知孔子有憂之故因魯史舊文而筆削焉因

會盟戰伐之事而寓褒貶予奪之義以禮樂征伐歸天子以三綱五常歸人心討其亂臣賊子正其邪説暴行夫然後二百四十二年之間大義炳如而春秋一書遂爲萬古不可易之經是春秋也孔子作之即舜禹湯文武周公作之也孔子之心一舜禹湯文武周公之心也無論諸子百家不能窺其精微即如魯史舊文固當時所稱周禮盡在魯列國之書皆不能及者也然其實與晉乘楚檮杌等耳雖有高於晉楚之處然非能大相遠也蓋其事不過桓文之事非能窺見桓文之隱微也其文不過史之文非能超出乎史之範圍也桓文非無扶危定傾之事近於仁也然

特假仁之名耳非眞仁也桓文非無正名定分之事近於義也然特假義之名耳非眞義也史之文筆削非不嚴也然未必盡合萬世之人心史之文褒貶非不愼也然未必盡協天下之公論是則其事其文雖非無可取而揆之孔子春秋之義則相去固懸絶矣故孔子曰其義則丘竊取之矣竊取云者雖不敢當作之名然亦可見其非復晉史之舊矣一筆削之間而變史爲經變霸爲王非作而何哉雖欲辭之而不可得矣未作之春秋人心道心爭勝之書也春秋作而人心皆化爲道心矣未作之春秋天理人欲夾雜之書也春秋作而人欲皆化爲天理矣春秋不必盡

删舊史之事惟即其事而明其義則雖重耳小白之所行而舜禹湯文武周公之精意曉然可見矣春秋不必盡變舊史之文惟即其文而著其義則雖董狐倚相之所書而典謨訓誥雅頌之微言昭然可知矣所謂撥亂世反之正無非指示人一點幾希之心救之於禽獸之域而躋之於君子之途夫子爲東周之志不得行於天下而悉寓之於此所謂祖述堯舜憲章文武上律天時下襲水土者悉見於此自有春秋則詩亡而不亡王迹熄而不熄孟子一生學術亦俱本於此七篇之中無非春秋之旨今學者讀春秋不可作故事看了須知其字字指示我人倫關頭明白

得春秋之義一分方遠得禽獸一分彼以春秋為斷爛朝報者固不知這箇義即漢儒之附會穿鑿亦未深知這箇義惟熟玩胡文定之傳而折衷於程朱之論方纔知這一書眞是萬世帝王聖賢所不能外

註以詩亡為雅亡是主胡文定說呂成公則云雅亡而風未亡清議猶凜凜焉變風終於陳靈而詩遂亡是以詩亡為風亡與朱子註不同今當依註大抵周之衰也天子之賞罰不足懲而士大夫之清議猶足據於是乎有變雅其又衰也士大夫之議論不足懲而草野之公論猶可據於是乎有變風其又衰也則橫議起而草野之議論亦不足據

矣此論一代盛衰之勢固然然變風詩人之力量
小終不若變雅詩人之力量大所以風雖未亡便
謂之詩亡至夫子春秋之作雖與變風詩人同是
庶人之議而力量又大不同
其義蔡氏謂是王者之義存疑謂是春秋之義存
疑說是蓋雖春秋之義亦即是王者之義但本文
所指則自有所主也
竊取只是謙詞雙峰饒氏謂以匹夫而行天子賞
罰故曰竊取似非註意
君子之澤章。
這一章承上三章是孟子以道統自任之意君子之

澤節引起下節猶云去聖人之世若此其未遠也君子小人俱指聖賢但以有位無位別言之耳孔子之澤雖百世不斬此云五世而斬者蓋即以尋常君子小人之澤言之亦必至五世而斬而天縱之聖可知矣旣在五世之内豈以未曾親炙未得爲徒而其道統遂邈乎不可接耶雖曰仲尼没而微言絶七十子喪而大義乖然其流風餘韻未嘗不存所患者自暴自棄則澤雖存而無益於吾耳若有孟子私淑之力量則雖處百世之下猶能興起而况在五世之内乎一章所重全在私淑句最要看得精實所私淑在何處用何工夫去私淑不可草草看過了所私淑者只

是仁義仁義也者孔子所以接舜禹湯文武周公之統者也人之所以異於禽獸者也君子所以異於庶民者也王伯之所自分也吾儒楊墨之所自辨也一部春秋無非發明此二字親親長長是其本領井田學校是其作用孟子一生願學孔子學此而已至論其工夫大綱只是一箇敬字敬即前章註中所謂憂勤惕勵也其節目則在知言養氣知言即孔門博文虞書惟精工夫養氣即孔門約禮虞書惟一工夫自古聖賢只是用這三件工夫去學仁義無他法也看得私淑二字明則孔孟精微俱在內了這一箇人字註謂是子思之徒蓋孟子未嘗親受業於子思特聞

其道於其徒此處尤可見孟子學聖人的力量子思之徒未必能盡通聖人之道而孟子由其流而遡其源去其疵而得其醇遂直接孔子之統雖未嘗與顏曾子思同升洙泗之堂而顏曾子思不能過也雖淵源於子思之徒而子思之徒不能及也所謂青出於藍而青於藍此是何等力量說到此便隱然見孔子之道萃在一身舜禹湯文武周公之道萃在一身其自任之意亦至矣要之孟子所以必欲如孔子者不是要做聖人只是怕做禽獸天下只有這兩途不是聖人路上人便是禽獸路上人出此入彼中間更無住足之處今學者見人要他學聖便以爲迂遠不知

舍此一途便不得爲人在此一途走雖淺深生熟不同皆人類也不在此一途上走雖聰明蓋世才力過人皆非人類也可不懼哉可不懼哉繼孟子而私淑孔子者周程張朱也其自任與孟子同亦只是要跳出人禽之關耳並不是好高學者看書到這等處要想見聖賢一段萬不得已之心切不可認作迂濶話頭

仁人心也章

這一章是言仁義之切於人而不可不求大抵戰國之人多將仁義看作沒要緊的道理因將聖賢求仁義之學問看作沒要緊的工夫不知若使這箇道理

是沒要緊的聖賢亦何若以此示人若使這箇工夫是沒要緊的聖賢亦何苦以此責人所以孟子指而言之曰這仁不是别物就是人的心人但知有知有覺者心不知這知覺一離乎天理便與禽獸一般如何叫得人心須是知覺與天理合方可叫做人心故這仁乃人心也此是指仁爲心不是指心爲仁這義不是别物就是人的路人但知走得的便叫路不知若不在正理上走便如行荆棘一般如何叫得人路須步步在正理上走方是人路故這義乃人路也此亦是指義爲路不是指路爲義謂之人心人路則是不可須臾離的了而無如世之自暴自棄者拘於氣

稟蔽於物欲有正路而不由反以荊棘之路爲正路也有本心而不守反以禽獸之心爲本心也存於内者純是一團私意發出來全是一段邪氣所以遂成了世衰道微的局面然這箇局面不是不可轉的轉移之機亦在人耳蓋這箇人心人路分言之則有二合言之總是一箇心義亦是心之所發也使人能一日猛省知這箇是吾之心不可須臾離的而奮然求之何難使已放者復入於内還其仁義之本然哉無如視其心曾不若雞犬或溺於功利詞章而不知求或汩於虛無寂滅而不知求自暴者終於自暴自棄者終於自棄氣稟之拘日益甚物欲之蔽日益深安

於荆棘甘於禽獸故世之衰者愈衰道之微者愈微江河日下而不可反也這不是仁義不可求是人自不肯去求耳所以古之聖賢設爲學問之道如大學之格致誠正修以至齊治平中庸之學問思辨行尊德性而道問學其事多端這不是好爲迂濶難人以煩苦之事只是要人復其仁義之本心而已人能從這學問上用力則氣質自然日變化物欲自然日消磨存於中者皆天理而遠於禽獸發於外者皆正道而遠於荆棘由淺而深由生而熟由美大而聖神適還其入心入路之本然程子所謂志氣清明義理昭著而可以上達也誠反覆此章則從事學問以求仁

義自不容已矣但此章先儒之說多有異同須要精辨如陸象山以收攝精神爲求放心而謂求放心之外別無學問這便流入於禪其差不待言矣即朱子初說謂放心不收則何者爲學問思辨存得此心方可做去將學問求放心分作兩段亦是未定之論語類中明明以此說爲未是惟大全雙峰饒氏之說曰上文說仁人心也是把心做義理之心不應下文心字又別是一意若把求放心做收攝精神不令昏放則只說從知覺上去恐與仁人心也不相接了曩嘗以此質之勉齋勉齋云此章首言仁人心是言仁乃人之心次言放其心而不知求末言學問之道無他

求其放心而已矣言學問之道非止一端如講習討論玩索涵養持守踐行擴充克治皆是其所以如此者非有他也不過求我所失之仁而已此乃學問之道也三箇心字脈絡聯貫皆是指仁而言今讀者不以仁言心非矣這一條說得最的確詳盡與語類中所載朱子定論合集註之意亦是如此講家依勉齋之說者或以集註為誤此亦不是蒙引謂求放心是下學事義禮昭著則說向上達非謂求放心而後可學問也得集註之意矣究竟辨明先儒之異同不雜要實下工夫則難學者須將聖賢所謂學問猛力去做擇善固執靜而存養動而省察念念必從天理上

起事事必在天理上行務使仁義之本心一毫不走失卓然出於氣禀物欲之上方成得箇人若不去實下工夫總然辨別得先儒的同異只是遥望得一箇路徑不曾去走也不濟事

淺說以學問之道對學問之事言謂學問之道是中庸尊德性工夫學問之事是中庸道問學工夫此本朱子初說而誤看集註意也集註特以事字代道字非以事字與道字對說也學問之道內便兼得尊德性道問學

按仁義禮智各有體用此以對待者言也若以其流行者言之仁初發出只是一點萌芽及其盛則

爲禮及其成則爲義既成而藏則爲知故或將仁禮分體用或將仁義分體用或將仁知分體用孟子所以指仁爲人心義爲人路其實仁義禮智皆在心皆發出在外

鈞是人也章

這一章論大人之所以爲大人在先立其心詞義明白只是立的工夫孟子不曾明言何也蓋孟子爲邪說以理義爲外故其立言每直指本體示人固有處多而不及工夫如放心章之求字身體二章之養字此章之立字皆懸空說在三字中然有工夫非前後際斷空洞森羅之謂立也象山以先立其大爲宗旨

舉示詹阜民安坐瞑目用力操存半月一日下樓忽覺此心中立象山見之曰此理已顯也然則象山之所謂立立其所立非孟子之所謂立也孟子之立欲得其能思之職如象山論乃不立其大耳然則先立之工夫如何曰此孟子之引而不發也孟子以孔子子思爲宗看孔子子思所說即得之矣先立須如此發揮方不謬愚謂更不如即孟子自家平生所用之功觀之孟子所用之功如何亦曰知言養氣而已知言即孔子所謂博文子思所謂擇善書之所謂惟精是平日間能思養氣即是集義孔子所謂約禮子思所謂固執書之所謂惟一是臨事時能思思之篤實

處謂之誠思之嚴密處謂之敬故范氏箴曰君子存誠克念克敬念卽思也誠敬所以形容其思之妙誠敬卽在知言養氣上見不是離知言養氣懸空有所謂誠敬但誠敬是就大綱說知言養氣是就節目說雖不睹不聞之戒懼亦是誠敬然在思前一層不得專指此也謂之先者葢這知言養氣工夫俱要積累做去不是一日可到的故必及早下手亦不是要人專在不睹不聞時用力也從古聖賢學問只是這先立其大的工夫惟虚無寂滅之學欲人屏絶思慮則心之官便廢了雖自認一箇昭昭靈靈的能爲萬象主却只是一團氣何嘗立得大者所以細看來象山

乃不立其大者也所云小者不能奪猶云道心常爲主而人心聽命焉此處要與志壹動氣氣壹動志分別看蓋志壹動氣有好的壹有不好的壹氣壹動志亦有好的壹有不好的壹以好的論則無論志動氣氣動志皆是能思而得之皆所謂先立乎其大者以不好的論則無論志動氣氣動志皆是不思而不得皆所謂奪於小者不可專認氣壹動志爲奪於小亦不可專認志壹動氣爲立其大也總之凡心得其官則耳目皆從無非思也至若前章所謂求放心卽是先立乎其大者所謂舍其路而不由放其心而不知求卽是奪於小者是不特大人小人之分直是人禽

之分范氏一箴可危可懼學者讀這章書要知常操此心未發之時則戒慎恐懼以立其思之體發於平日則以思去讀書窮理發於臨事則以思去省察克治皆是立其思之用總要此心在天理上便是能立不是空空把捉謂之立也若此心絲毫不在天理上便是爲小體所奪所謂心爲形役也成何人品想至此須刻刻有戰戰兢兢之念方得

張江陵直解講此章云立本固可以應事而制外亦所以養中故必於淫聲美色禁之使不接於耳目庶幾外者不入而內者亦固矣此是將無暴其氣意補在言外不知先立乎其大者固兼得持志

養氣也

艾千子云心之官則思思字中兼人心道心此誤也依此說則思則得之亦未必盡合於義理乎蓋本文得之謂得事物之理非得心之官也艾千子之說謬矣蓋此章思字專以思之善者言若思之不善者多由奪於小者正所謂不思也不思不是冥然無覺不在正路上千思萬想只與做不思

人皆可以爲堯舜章

這一章與滕文公爲世子章俱是堯舜可爲之意而此章自徐行後長以下俱就孝弟說又是指示爲堯舜的下手處故堯舜之道孝弟而已矣是此章最緊

要處然言孝弟却先言徐行後長者葢孝弟二字若廣言之如孝經所云刑乎四海通乎神明亦非學者所易到若徐行後長及衣服言行之間乃是小學工夫而刑四海通神明者之根基也有子所謂孝弟也者其爲仁之本與故先指是言之又是孝弟之下手處其示人之意尤切學者須先認明此孝弟二字勿泛講了集註解堯舜之道孝弟而已矣載陳氏楊氏二說陳氏一條即孝經所言之孝弟也楊氏一條即有子所言之孝弟也陳氏一條其意濶雖堯之於變時雍舜之四方風動不過是人人親其親長其長耳只完得孝弟的事孝弟之外別無道理楊氏一條其

意切堯之於變必本於親九族舜之風動必本於夔夔齋栗許多至廣至大至精至微的道理都從這孝弟始猶云仁之實事親是也義之實從兄是也二說雖互相發明却微不同陳氏一條是實意楊氏一條是正意服堯之服誦堯之言行堯之行俱要切孝弟講堯之服何服也寧朴無華寧平無奇孝弟之服也一切盛麗之服奇衺之服皆是玷辱父兄之服非堯之服也堯之言何言也寧拙無巧寧訥無多孝弟之言也一切虛誕之言躁妄之言皆是玷辱父兄之言非堯之言也堯之行何行也寧卑無亢寧拘無肆孝弟之行也一切矜高之行誇張之行皆玷辱父兄之

行非堯之行也不必遽學其動之放不必遽學其光
之被只此動容周旋閒履繩蹈矩刻刻是祗父恭兄
之念堯以安而我以勉堯以帝而我以儒雖生熟不
同尊卑不同而油油乎孝弟則同被四表格上下之
基本已在是矣不儼然一堯也哉所謂堯舜可爲者
亦爲之於此而已矣不然不但不如堯而且入於桀
之路堯與桀分途亦只在此孝弟亦只在此徐行後
長之孝弟可不懼哉是又明其不惟可爲且不可不
爲者也孟子所以諄諄於此者大約曹交衣冠言動
之間狂妄粗率全無孝弟氣象小學工夫未嘗下手
雖驟告以大學猶無基而厚墉適增其病痛而已故

所以告之如此欲其反而先求之小學也乃交僅答以假館受業之言曾不自知其病痛所在無論其志之不篤即使志果篤而爲之亦無頭腦孟子所以又教之曰夫道若大路豈難知哉言道本人性所固有古今所同然明白易曉講求不難也只是求之有序須要從切實處做起人卻不知求耳不從切實處求雖朝夕講貫無益也故不若歸而求之事親敬長之間衣服言行皆務不離孝弟孝弟之道既盡則其心和順以和順之心觀天下之理觸處可見不必負笈從師而無處非師故集註謂此是餘力學文之意猶論語弟子章先孝弟而後可學文也而擴而充之知

行俱造其極總不外是不待言矣不益信堯舜之可爲哉此最可想見孟子教人循循有序學者讀此章書要知吾人欲爲聖人須從小學做起小學工夫不會做得則道雖若大路然亦體認不出即能窺見一二終不濟事雖日從事於格致誠正之功不免扞格而不入所以朱子特輯一部小學書教人先從事於此而後進於大學與孟子告曹交之意若合符節這箇小學書雖爲童蒙而設然若童蒙時不會做得這箇工夫雖到白頭仍須從這箇做起切莫輕忽了

不勝匹雛舉百鈞烏獲之任講家俱云總在一人身上言見只在用力與不用力固是然力不同

科如何人人能爲獲此還只是借喻世間猶有不盡然者若爲堯舜則無有不可能者

明季講家俱云堯舜之道道字不另講下孝弟卽是道也看來道字較濶卽本立道生之道孝弟則其本也

講家俱云大道明白現前故下句云豈難知哉純以知言與人路蹊字作共由看者不同此亦似拘白文雖以知言似兼得行意致知力行總要從孝弟做起

大全朱子講夫道句云道之精微固難知也然自始學言之則如是而爲孝如是而爲弟如是而爲

不孝知是而爲不孝其大體向背之間豈

易知乎淺說云夫道道字說得廣不專指

謂萬理咸備也與朱子不同然集註却似川淺說

之意今從之

孟子曰人之所不學而能者章

這一章是孟子言仁義非由外鑠言外便有要人盡

仁義之意蓋孟子當時言仁言義人都道是迂濶只

緣不知仁義是人性所固有道是將外邊的道理勉

強他要他學要他慮所以不肯從故孟子平日拳拳

與人言性善只是要人知善乃人所同有便知是不

可須臾離的至此復就良知良能指點之曰聖賢教

人學教人處並不是勉强人人之本來原有不學而能之良能原有不學而能之良知只是囿于氣禀蔽于物欲不學而能者不復能矣不慮而知者不復知矣故學也者所以復其不學之體慮也者所以復其不慮之體並不是以人所本無者强人這良知良能從何處見得只看孩提之童無不知愛其親孩提稍長無不知敬其兄這豈待學慮的豈不是良知良能麽世間不孝不友之人只是喪失其本心而非本來無此孝友也聖賢教人以孝友者只是欲復還其本然亦並非强之以所本無也既知孩提愛敬爲良知良能則仁義皆良知良能不必疑矣蓋這孩提之愛

親便是仁之發仁之實可見仁是人所固有的仁非由外鑠也這稍長之敬兄便是義之發義之實可見義是人所固有的義非由外鑠也但謂孩提之愛親敬長即是仁義這段緣故人未必曉得疑知能之在孩提者與仁義無干這也極容易明白的只看這孩提之愛親敬長不是達之天下無不同之的麽舉天下無一人不如此豈不是天下的大道理仁義只是由此而推廣之耳豈能外此仁義既不外此則仁義非外鑠不必更疑仁義既非外鑠則自當因其端而保守之擴充之由親親敬長以造乎其極變化其氣質掃除其物欲而復還其天命之本然學雖勞慮雖

苦有不可已者這與論性善諸章相爲表裡以孩提愛敬驗仁義之固有就如以乍見入井驗仁以嘑爾蹴爾不屑驗義以平旦好惡驗仁義都是一樣意思自姚江之學興借此章良知二字作宗旨因借不學不慮字樣便欲掃除學慮而孟子之旨盡晦不知孟子所謂良知是指愛親敬長之心言陽明所謂良知乃指一點昭昭靈靈之心言天淵不同孟子言不學不慮只是就人之本心自然發見者言非以學慮爲不好而必欲掃除之也此種議論真是亂道將程朱之書細細玩味自知其謬今日學者讀這章書不怕不知仁義吾所固有只怕迷溺於氣禀物欲中不能

扳出因循苟且過了日子辜負孟子一番提醒須從
愛親敬長做起處處要撥去了氣稟物欲專在仁義
上走認得清守得定擴得開方成得箇人
此章孟子之意是以仁義爲良知良能姚江之徒
却是要尋良知良能來做仁義所以不同明季講
家但云此章欲人自識其良心便易墮入那一邊
夫孟子第一節雖未提出仁義然却暗指仁義
潛室陳氏及存疑俱以親親敬長爲仁義之發新
安陳氏以親親敬長爲仁義之實二說似可兼用
蒙引淺說俱只云親親即是仁敬長即是義似混
淺說以上二節言愛親敬長人之本然末節言愛

親敬長人之同然或疑第二節已有同然意然第二節雖有無不知三字只是帶言淺說是也

達字潛室謂達道達德之達同講家有欲作擴克看者大謬

孔子登東山章

這一章集註謂言聖人之道大而有本學之者必以其漸乃能至也一章大旨已了然但讀者須要細認如何樣叫做大如何樣叫做本如何樣是以其漸要一一尋到實處不要只將註中幾箇字空空說過了所謂大即中庸之發育萬物峻極於天禮儀三百威儀三千語大莫能載語小莫能破者是也道本如是

其大聖人適還其道之大以其體言之則無一理之不具以其用言之則無一處之不到堯舜文武天時水土俱不能出其範圍中行狂狷善人君子俱莫能窺其涯涘所以在一國則高出於一國在天下則高出於天下不但諸子百家難與比擬即亞聖如顏子亦自歎雖欲從之末由也已百世之師如夷惠亦難並其金聲玉振賢於堯舜盛於百王在孔子未嘗有蔑視一切之心而據其地位言之則有不足當其一盼者如此看方是集註一箇大字所謂本即論語吾道一以貫之之一即中庸所謂溥博淵泉所謂立大本知化育上節大字兼體用言此節本字耑以體言

是就大字中抽出言之本只是心但是義理融洽之心一理渾然而萬理畢具者也不是空空一箇心若空空一箇心則是佛老杳冥昏默之心不足以應萬事不可爲本切莫錯看這本旣立無處不可貫位天地育萬物皆從此出猶水之有源猶日月之有明水有源而滔滔汩汩其流自不可限量日月有明而旁燭無疆其光自不可遏抑要如此看方是集註一箇本字然其所謂大豈一蹴可至乎其所謂本豈一蹴可至乎是有其序焉故孟子以成章後達言之而朱子以漸字解之所謂漸者與大學之由誠正修而後齊治平中庸之行遠自邇登高自卑不同大學中庸

是行道之當以漸此是進道之當以漸故慶源輔氏曰如自有諸己之謂信至於太而化之之謂聖自志學至於從心不踰矩其間次第皆是足於此而通於彼講成章及註漸字最明蓋行道之序如讀書者先讀了四書然後讀本經進道之序如讀書者四書也要讀熟了然後講本經也要讀熟了然後講雖同爲循序漸進然却不同須辨時解有以從本至大爲成章後達者指成章爲應觀瀾節指達爲應登東山節此最謬依此說則是行道之漸而非進道之漸與慶源輔氏之說相矛盾且上節有本已是一貫地位豈可僅謂之成章至論成章工夫不外中庸尊德性道

問學而德性問學工夫皆不是一層皆要循序漸進由小成而大成由希賢而希聖而希天如水之滿一坎復進一坎節節有成章節節有箇達求道之大處要如此求道之本處亦要如此前二節歎聖道大而有本猶顏子歎彌高彌堅末一節則猶言循循然也此是自言其願學孔子本領知言養氣四十而不動心便是成章後達樣子學者讀這章書要知天下無不可學之聖道亦無可驟學之聖道惟從事於子思孟子尊德性道問學知言養氣之功而細辨其善信美大聖神之節候做成了一節又進一節不患不到絕頂地位但有一說孟子這段話是爲有志聖道而

未能循序者言今之學者病痛不在不能循序漸進在未有學聖道之志束髮讀書都從名利起見非真欲求升堂入室也故終日對聖賢書只𠯆得自暴自棄須先立起了這學聖道的志然後再論其循序不循序

此章註中聖人似專指孔子正孟子願學之意蒙引淺説俱云泛説不專指孔子者恐非又章首孔子二字領麟士謂應一讀葢以登東山泰山原非實事也蒙引即作孔子登山説卒復元亦疑其實有此事恐皆未是

蒙引云首節四句通是假借形容語小註謂以登

山觀海起聖門難爲言者非淺說云遊於聖人之門一句與上句一例亦是形容說愚謂小註以登山觀海起聖門句固似未妥蒙引淺說謂登東山四句通是形容說亦非須依存疑謂登東山二句是形容說意在言外觀海句起下聖門句

蒙引以泛應曲當爲聖道之大一理渾然爲聖道之本愚謂泛應曲當一理渾然皆是聖道之大處有本則專指其一理渾然者言之

註云成章所積者厚而文章外見也蒙引謂所積者厚如中庸其次致曲曲能有誠文章外見則如所謂形著明也淺說謂成章是下學盡頭處此皆

與大全慶源輔氏之說不同丘月林曰成章乃致知力行之事註謂文章外見只是先解字面如此當依存疑爲是蒙引便認以爲形著明則全說茲驗而下學逐節工夫俱畧矣兄成章方是下學便以爲有本達正是造到大而有本處又只單說箇大此說尤爲誤人駁蒙引淺說之非極明

講家謂成章與論語成章不同狂簡成章尚有病故須裁之此成章是成就箇片段乃中行路上走故能達此分別得是

仁也者人也節

這一章是勉人求仁仁之一字有偏言之者是以愛

之理言當時猶有人知其當重有專言之者是以心之德言當時莫不以爲迂濶而不切於人自仁之一字不明於天下於是蚩蚩之衆惟知負形秉氣有知有覺之爲人而不復知人之所以爲人聰明之士則又各因其所見自成一道道益紛而天下之人益壞不知天下的人斷無有舍仁而可以爲人者天下的道斷無有不根於仁而可以爲道者這箇仁不是可有可無的就是天所賦於吾之性是人之所以爲人者也以其具於人之心而非是無以爲心則曰仁人心也以其具於人之身而非是併無以爲人則曰仁也者人也故人固必有形氣使空有形氣無這箇仁

可以爲人乎人固必有知覺使空有知覺無這箇仁
可以爲人乎是有這仁方成得人有這人卽有這仁
仁與人原是合一的所謂無極之眞二五之精妙合
而凝者也但就靜存之時指其不雜乎氣質者分而
言之則謂之仁就發見之時指其不離乎氣質者合
而言之則謂之道仁卽天命之性道卽率性之道也
喜怒哀樂人之情也而合於仁則喜怒哀樂卽爲道
視聽言動人之事也而合於仁則視聽言動卽爲道
君臣父子人之倫也而合於仁則君臣父子卽爲道
若舍仁而言道不入於浮薄則入於煩苛不溺於虛
無則遁於寂滅是異端曲學之所謂道非聖賢所謂

道也是則一離乎仁不成其爲人亦不成其爲道雖侈然泰然自號曰人其實只是一團形氣耳何嘗是人雖巍然燦然自號曰道其實只是一團意見耳何嘗是道所以孟子嘗曰有時以仁義竝言有時以仁禮竝言有時以仁知竝言有時以仁義禮知竝言總之只是一箇仁至此專提以示人曰仁也者人也合而言之道也此與性善之論實相表裡性之所以爲善者正以性卽仁也孟子一生知言養氣無非所以求此仁故曰學問之道無他求其放心而已矣求放心卽求仁也是卽孔門博文約禮家法也春秋之時人皆知重仁故孔子多言仁之可求孟子之時人不

知重仁故多言仁之不可不求學者讀這章書要知聖賢教人求仁不是好爲迂濶是不得不然之事誠以非仁無以爲人非仁無以爲道也若仁可離得聖賢何苦必以此責人然空言仁之當求亦無益須實從孔孟下手做工夫處猛力向前自强不息必求到熟的地位方不負聖賢這等樣諄篤

此章有重在仁字者有重在道字者有重在人字者重仁重道則是踐形之意重人則是道不遠人之意明季講家大抵皆重在人字蒙引一說重仁一節重道有疑兼重仁道重仁道爲是而重仁者尤長今從之

仁守道字大全朱子謂仁則性而已道則父子之親君臣之分見於人之身而尤著者也蒙引謂仁與道是一時事此處不分性道二說似不同只依朱子爲是

蒙引又云仁也者人也全重在人未有合意至下句方合之以見道之所以爲道處此條亦不是仁也者人也便是合矣只是未就其合處言之耳仁也者人也是本來合合而言之是責人合蒙引殊泥

朱子謂仁也者人也與中庸仁者人也有切已言統言之分此蓋以中庸是偏言之仁孟子是專言

之仁故爾其以仁責人却一樣

朱子又謂言仁而不言人則不見理之所寓言人而不言仁則人不過是一塊血肉耳須知孟子尸氣原不如此互說朱子言仁而不言人此一意是賓意不是正貼本文

四書鈔孟子七卷

清 秘丕笈纂輯

清康熙三十七年刻本

歷亭秘丕笈仲負纂輯

孟子見梁惠王　一章

或問孟子不見諸侯此其見梁惠王何也曰不見諸侯者不先往見也見梁惠王者答其禮也蓋先王之禮未仕者不得見於諸侯戰國之時士鮮自重而孟子獨守先王之禮故其所居之國而不仕焉則必其君先就見也然後往見之若與國之君不得越境而來則必以禮貌先焉然後往答其禮耳曰仁義之説柰何曰程子至矣明道曰仲尼言仁未嘗兼義獨於易曰立人之道曰仁與義而孟子言仁必以義配蓋仁者體也義者用也知義之爲用而不外焉可與語道矣世之所論於義者多外之不然則混而無別非知仁義之説者也而子於論語之首篇論之亦詳矣曰人之所以爲性者五而獨舉仁義何也曰天地之所以生物者不過乎陰陽五行而五行實一陰陽也故人之所以爲性者雖有仁義禮智信之殊然曰仁

義則其大端已舉矣蓋以陰陽五行而言則木火皆陽金水皆陰而土無不在以性而言則禮者仁之餘智者義之歸而信亦無不在也曰然則其或主於愛或主於宜而所施亦有君親之不同何也曰仁者人也其發則專主於愛而愛莫切於愛親故人仁則必不遺其親矣義者宜也其發則事皆得其宜而所宜者莫大於尊君故人義則必不後其君矣曰然則其必爲體用而不可混者何也曰仁存諸心性之所以爲體也義制夫事性之所以爲用也是豈可以混而無別哉然又有一說焉以其性而言之則皆體也以其情而言之則皆用也以陰陽言之則義體而仁用也以存心制事言之則仁體而義用也錯綜交羅惟其所當而莫不各有條理焉程子之言蓋特舉其一偏曰義以制事而言則固外矣而程子非之柰何曰義之爲用則固施於外矣若其施者則又安得而外之乎此其所以有體用之殊而無內外之別學者所宜明辨而熟察之也曰子謂仁義未嘗不利則是所謂仁義者乃所以爲求利之資乎曰不然也仁義之

理之自然也居仁由義循天理而不得不然者也然仁義得於此則君臣父子之間以至於天下之事自無一物不得其所者而初非有求利之心也易所謂利者義之和正謂此爾曰然則孟子何不以是爲言也曰仁義固無不利矣然
看此段則知仁義未嘗不利句孟子口中不肯說也
以是爲言則人之爲仁義也不免有求利之心焉一有求利之心則利不可得而其害至矣此孟子所以拔本塞源而救其弊也曰諸說如何曰程子取字之訓未安其他則皆善矣而其所謂欲之甚則昏蔽而忘義理求之極則侵奪而致怨仇者則尤切於事情學者所宜日深省也張子所謂爾爲爾我爲我各定其分則得爲義之要矣

許東陽曰孟子至梁時魏尚爲侯此章稱之爲王乃著書之時追書耳○存疑要孟子本意是欲行其道而惠王卑禮厚幣以招賢則有可見之義爾

吳氏程曰叟非絕句當連下文○蒙引孟子游齊梁時年皆晚矣故於梁則惠王一見稱之曰叟於齊則曰惡得有其一以慢其二哉是以齒德自居也○存

疑註曰富國强兵之類今節其言求之曰辟土地充府庫君不仁而富之富國也約與國戰必克爲之强戰强兵也曰之類所該尚廣如冉求爲季氏聚斂亦是富國下文註曰上取乎下蓋指此○集說看亦將二字見得惠王當時卑禮厚幣以招賢者所謀無非利國之事所招亦無非利國之人故於孟子亦以此望之耳

朱子曰心之德是渾淪說愛之理方說到親切處心之制是說義之體程子所謂處物爲義是也事之宜是就千條萬緒各有所宜處說楊雄言義以宜之韓愈言行而宜之之謂義若只以義爲宜則義有在外意思須如程子所言則處物者在心而非外也事之宜雖若在外然所以制其宜則在心也○問心之制是裁制曰是裁制問莫是以制其心曰心自有這制制如快利刀斧事來劈將去可底從這一邊去不可底從那一邊去○仁對義爲體用仁又自有仁之體用義又自有義之體用○存疑仁義與利吾國意正相反發一無非非仁也仁

則不殺無罪強兵以殺人不爲也非其有而取之非義也義則不取非其有爭地以富國不爲也他日告宋牼曰先生以仁義說秦楚之王亦是此意但此曰仁義所該尤廣凡君國子民之事皆在內不止不富國强兵二事

達說王曰何以利吾國抵定就惠王身上說須以此句作主下大夫士庶人皆承王貪利來○存疑王曰何以利吾國一定是取之於臣民所謂損下益上也大夫曰何以利吾國一定是取之君與民所謂攘奪其君剋剝其民也○蒙引上取乎下下取乎上故曰交征上取乎下是已下如何取之於上蓋天地間之利只有此數上求利便着取之於下下求利便着取之於上矣不然取將何之如魯季氏攘奪其君是取之上剋剝其民是取之下大夫雖爲君之下猶爲民之上也若夫士庶人曰何以利吾身則非取之於上而又將誰取○萬乘之國四句此分明言上下交征利畢竟上人受虧也看兩箇必字○萬取千焉千取百焉上下之間各安於其分之所當得所謂義也後義而先利則稱欲以求寧

有底極耶必盡取乃已然亦有未已如漢武隋煬又欲兼四夷跨三代故愚嘗
謂克其求利之心必見害而後已○單言義以義利相反對言也兼言仁義亦（不依新安說是）
對利言然該體用之全也○存疑自王曰何以利吾國至而國危矣是自利上
推到有害處萬乘之國至不奪不饜皆是說國危之事萬取千焉至不奪不饜
又只是申萬乘之國弑其君四句○直解萬乘之國至必百乘之家云云蓋地
位相近則淩奪易生必然之勢也
胡雲峰曰人性有五仁義爲先人倫有五君親爲先所以孟子揭此於七篇之
首然此二句本文仁義二字揷下之人而言集註必自人君躬行上說來者蓋
上文先言王而後言大夫士庶惟上之人求利而後下皆求利故集註於此揭
人君躬行仁義而無求利之心故其下化之云云○集說仁義未嘗不利蒙引
以爲與上文利字不同其實利字孟子既一筆抹倒何必添此葛藤○兩未有
字從上文看來見得不奪不饜遺親後君莫甚於此若夫仁則斷未有遺其親

仁義則斷未有後其君者。行仁義之效，較征利何如。口氣如此。
勢覺軒日玩而已矣。與何必之辭。見孟子語意嚴厲斬釘截鐵，斷斷然只說仁
義，更不同利上去。○蓬說此節頂上二節而結之，以致其丁寧之意，與前節虛
說不同。○蒙引拔本以草木言，本根也。塞源以水言，木源害之本源，指利也。

孟子見梁惠王王立　一章

或問張子不保其樂之說尚矣。尹氏麋鹿魚鱉遂性之言，則孟子初無此意也。
亦曰民樂其然則可矣
摘訓立與顧兩事平看。曰字當帶下句讀。此字兼所立所顧說。若依蒙引謂此（玩大文臺池鳥獸句，確是兼說。）
字指鴻鴈麋鹿，是顧之而言，不兼臺池說，則孟子兩箇此字亦當只指鴻鴈麋
鹿矣。
存疑賢者是說人君之賢者。曰賢者亦樂此乎，意賢者必不以此爲樂，而有愧
於心也。孟子也不說賢者不樂此也，不說賢者樂此，惟說賢者而後樂此，不賢

者雖有此不樂見得樂非人君之所禁但要能享與不能享耳賢者而後樂此能享其樂也不賢者雖有此不樂不能享其樂也所以能享其樂與民同也不能享其樂不與民同也孟子之答特出王之意外是因其所欲引他使欣欣喜喜不知不覺上正路去好樂好貨之類皆是如此

詩傳國之有臺所以望氛祲察災祥時遊觀節勞佚也謂之靈者言其倐然而成如神靈所爲也○集說經始只是經量度規模之意營之乃是起手去做集註謀爲二字謀亦是筭計工程如何爲則下手做起○蒙引不日成之成之急也又追言之曰方其經始之時王尚戒以勿亟而庶民歡欣踴躍亦自爾其急也所以不日成之臺既成矣臺下有囿也於是遂言王在靈囿云云囿中有沼也於是又言王在靈沼云云詩人語次恭如此○於嘆美辭此乃民樂之辭與上文麀鹿攸伏止同皆是民樂文王之所有不可謂文王自嘆美也○歡樂之指庶民子來不是包謂其臺以下○存疑文王以民力爲臺以下是孟子解詩

之意詩曰庶民攻之不日成之庶民子來是民反歡樂之也詩曰靈臺靈沼是謂其臺曰靈臺（此是加以美名）謂其沼曰靈沼也詩曰王在靈囿麀鹿攸伏以下（此是樂其所有）是樂其有麋鹿魚鼈也詩之所言皆民樂君之辭故孟子釋之如此○與民偕樂推好樂之心以行仁政使民亦有其樂也○蒙引是說平日有恩惠及人治政之政是也不必兼言勿亟之命又須於經始之日蓋經始勿亟是與下句庶民子來相叫應以見其得民樂之意耳○全在民樂其樂上故註用此句以發揮其意不然亦何以能樂

達說民欲與之偕亡帶下是釋書之辭泛就爲君言勿指桀言豈能獨樂與上節故能樂對看言民不樂其樂而君不能獨享其樂也○許東陽曰此章關鍵全在偕樂獨樂上文王與民同樂夏桀結怨奉已與亡乃其效也○楊龜山曰世之君子其賢者乎則必語王以憂民而勿爲臺沼園囿之觀是拂其欲也其佞者乎則必語王以自樂而廣其侈心是縱其欲也二者皆非能引君以當道

惟孟子之言常於毫髮之間剖析利害之所在使人君化焉而不自知

梁惠王曰　一章

或問諸說皆善　楊見註　伊川曰古者百步爲畝百畝當今之四十一畝也古以今之四十一畝之田八口之家可以無饑今以古之二百五十畝猶不足農之勤惰相懸乃如此問古者百畝今四十一畝若以地土計之所收似不足以供九人之食曰百畝九人固不足通天下計之則亦少有一家九人者只十六已別受田其餘皆老少也故可供有不足者又有補助之政又有鄉黨賙救之義故亦可足

曰既曰魚鼈不可勝食矣又曰老者然後可以食肉何也曰魚鼈自生之物養其小而食其大老幼之所同也至於雞豚之畜人力所爲則非七十之老不得以食之矣先王制度之節始於略而終於詳大率如此曰必五十而後衣帛七十而後食肉何也曰此先王品節之意所以教民尊長敬老而節用勤生也若其意則豈不欲少者之皆衣帛而食肉哉顧其財有不贍則老者或反不得其所當得耳賈誼有言古之治天下者至纖至悉故其蓄積足恃亦此意也曰謹庠序以申孝弟之義徐氏之說奈何徐氏曰老者衣帛食肉而少者不乎則民固已知尊長養老之義矣蓋方其養之而教固已行其間然猶以爲未也故又爲之庠序以申之而

致其詳焉。曰孟子之意未必然。然其爲說亦密矣。大全移粟民自移其粟耳。
蒙引移其民於河東移河内之民於河東也移其粟於河内移河東之粟於河内也設若河内河東俱凶又將何以處之甚矣爲國在行王政也○何也二字是推在歲凶上去末段集註明曰乃以民不加多歸罪於歲凶○惠王自負其盡心恤民而謂其民宜加多而不加多者意亦歲凶所爲人力終無如之何也且一則曰河内凶二則曰河東凶再不曾省及已之政有未善處而一惟歲凶是苛矣要其實則民之饑未必皆歲所爲由惠王不能行仁政而暴虐其民耳雖費力於移民移粟亦何救○說約周禮廩人凡萬民之食食者人四鬴上也人三鬴中也人二鬴下也若食不能人二鬴則令邦移民就穀故曰移民移粟亦荒政之所不廢○竝解我徧察鄰國之政非無歲凶底時節然皆漫無料理謂天下之民王焉說未有如寡人這樣用心者宜乎民之去鄰國而歸寡人也今乃鄰國之民不加少云云

孫疏塡塞也又滿也言鼓音充塞盈滿於戰陣之際〇蒙引鼓字非虛指戰士而言也如孫武子傳於是鼓之於是復鼓之者一例〇存疑孟子此章之論主意在行王道棄甲曳兵而走不能行王道之喻也或百步而後止猶鄰國不恤其民也或五十步而後止猶惠王能行小惠也惠王曰察鄰國之政無如寡人之用心以五十步笑百步也〇戰以勝敵爲上走之遠近弗計也猶治以王道爲上小惠之能行與否弗計也行小惠不可望民加多欲民加多惟在行王道爾故下二節遂言王道〇蒙引且未追咎他前日所行之病只說今日所行之未足以救民至末段乃追舉其時病而切告之

蒙引農時與農隙不相同農時是正治田之時農隙是不治田之時古者四時之田皆於農隙以講武事四時皆有農隙不專謂冬也凡有興作則決須至冬歲十一月徒杠成十二月輿梁成註云農功已畢可用民力此正凡有興作不違此時之說也興作與徒作事也田獵以講武不與興作之目〇滂地勢自然

者池人所鑿者○喪讀如字不音去聲喪謂死而喪之也○胡雲峰曰文王治岐澤梁無禁此所謂山林川澤與民共之即是澤梁無禁無禁者王者愛民之仁也雖無禁而有厲禁文王者愛物之仁也周禮山虞掌山林之政令物為之厲而為之守禁註物為之厲每物有藩界也為之守禁為守者設禁令也守者謂其地之民占伐林木者也鄭司農云厲遮列守之也以是觀之澤梁無禁者不禁民之取而有厲禁者禁民之不以時取也○摘訓不可勝食勝用且說他多尚未到人食用上○陳新安曰法制未備謂聖人未行井田法以前天地自然之利謂穀魚材木之類撙節愛養謂不違農時不用數罟斧斤時入之類王道之始謂王制未備王道未成不過初焉事下一節集註云是王道之成也正與此王道之始相對○集說撙節是不使民過取所以保其往者愛養是更保護長養之所以繼其後者○飲食宮室所以養生祭祀棺槨所以送死則養生喪死俱有上穀與魚鼈材木不是穀與魚鼈所以養生材木所以送死○蒙引

得民心有道所欲與之聚之既能令其養生喪死皆無憾則民心自不能舍是而他適此亦應前面加多之意○當法制未備之時且要安插吾民使得將就生理所以收揖民心使無至於離散所以爲王道之始

趙氏曰古者一夫一婦受私田百畝公田十畝八家是爲八百八十畝餘公田二十畝八家分之得二畝半以爲廬舍城邑之居亦各得二畝半春令民畢出在野冬則畢入於邑在野曰廬在邑曰里廬各在其田中而里聚居也○蒙引豚穉豕也彘牝豕也狗有三等狗獵狗豢狗此是指豢狗也○上文不違農時猶未有百畝之制至此方一夫受田百畝然雖有田百畝而奪其農時亦無益矣故又須勿奪其時○庠序指鄉學非謂國學也學俊秀及凡鄉之民皆教之所謂使契爲司徒教以人倫者也所教之中又以孝弟爲重○既曰申之以孝弟之義則庠序之教不止孝弟明矣孝弟特其重者夫人倫有五而詩書禮樂亦皆教也○集說不負戴於道路乃是卽行路之間一事而言其俱能孝弟之

意不可以此便盡了孝弟之事○淺說七十之者衣帛食肉黎民之少壯者不饑不寒加以（明補註是）人知孝弟禮義與行如此則天下之大皆望風仰德而莫不尊親矣然而不王者未之有也○趙注王天下有率土之民何但望民多於鄰國○存疑法制中就有品節兼教養說饒氏只就衣帛食肉說不是裁成輔相之道○節所以左右其民輔氏陳氏以裁成輔相當養說左右其民當教說不是○盡法制品節之詳所以極裁成輔相之道也

蒙引狗彘食人食而不知檢節所謂殺人以政者也○狗彘食人食而不知檢既有以致人之死塗有餓莩而不知發又無以救人之死是人之死者我也非歲也今也人死則曰非我也歲也云云○註則與先王制度品節之意異矣蓋先王在上數罟不入洿池斧斤以時入山林於此尚爲之制惟恐民用之不繼且又必五十者然後衣帛七十者然後食肉於人尚爲之制惟恐其濫用而無節況於狗彘其肯使食人之食乎○此句上面須知自集註下惠王不能制民

人

之產一句起○則其所移特民間之粟此一句是朱子以孟子言塗有餓莩而不知發見上文所謂移粟者是民粟耳○當時惠王若遂用孟子之言而見之施行必先發倉廩而賑貸以舒目前之急次行王道之始事而後及王道之終事耳或者不察只謂勞初頭便只是不違農時數罟不入洿池斧斤以時入山林不知民只管塗有餓莩等你不違農時數罟不入洿池斧斤以時入山林如何濟得反是迂遠而濶於事情孟子斷無迂濶事且是時民既有饑色野有餓莩矣聖人通變宜民雖使數罟入洿池斧斤不以時入山林亦可也○大全益修其政即上文所言王道○達於天下之民至即是不王未之有意

梁惠王曰　一章

蒙引孟子既曉以小惠之不足以得民又備舉王道之始終以見其所以得民者在此而不在彼末又指其所行之病民者以諷切之惠王蓋有感於其言矣是請於孟子曰寡人願安承教謂之安者見其出於中心之誠而無所勉強也

○淺說承教還有求教之意不是承上文之教也

蒙引孟子向之所告者亦既詳矣爲惠王計者今日切務惟在除去目下所行之虐政虐政既除然後王政可施蓋興一利不如除一害凡害之除亦利之興也不然雖縷縷於王道之陳何益哉此卽所以教之也然以惠王狃於故習猶未知其所爲之病民一至此極也故以挺刃二端先發其意

存疑先以挺刃殺人問及於政發其本心之明也下文所言正是虐政殺人事

蒙引旣曰以刃與政有以異乎曰無以異也孟子乃曰王如知此則今日之政當有在所更張者矣○存疑庖有肥肉廐有肥馬此皆厚斂於民以養之故致民有饑色野有野莩此便是率獸食人也此卽以政殺人無異於刃者也○集說庖有肥肉包凡所豢養以克口腹之欲者在內故註云厚斂於民以養禽獸獸字包禽字亦在內○陳新安曰此因前章狗彘食人食塗有餓莩之意而究言之

陳新安曰爲人君者有作民父母之責固未嘗有率獸食人之心惟徇欲而不恤民則其流至此而不自覺故以率獸食人箴其昏迷之錮習而以爲民父母觸其惻隱之本心○集說不免二字要看爲民父母行政其所以愛養之者尚不知有多少道理反連此等事亦不免焉何在其爲民父母乎○蒙引此條極言人君有子民之責而反爲殘民之事下條又痛言民之不可殘也

趙氏曰木人設機而能踊跳故名曰偶○蒙引不必說到殺人殉葬之漸只謂天地間難得者人今作偶者象人以殉葬猶未至於直殺人也然以其用於死地孔子猶惡之況使民饑而死爲直虐殺其民者耶甚言其不仁也○翼註

註中實使實字正對象字

梁惠王曰晉國　一章

輔慶源曰惠王之志宜若剛勇而有爲者然其敗於三國徒以爭城爭地不免之貪則失之謬猶不知所以自反乃歷叙其喪敗而欲爲死者以洗之此正如

匹夫賤人勢出無聊不勝其忿而求一快者所爲耳豈有君人之度而知所謂
大勇之理哉○蒙引此惠王問詳痛切之辭謂晉國當我先人之時天下莫強
焉及寡人之身乃喪敗如此寡人恥之言辱及先人也甚辱及其先辱之大者
也所以欲爲先人以雪其恥死者卽先人也孟子解之曰地方百里而可以王
雖敗衄猶可爲也莫如爲仁耳又實之曰仁者無敵又何畏乎秦楚之堅甲利
兵此一句當如此說則前後意思都照應矣
存疑地方百里而可以王則瑣瑣報怨俱不足言矣○把惠王所圖底都抹了○
蒙引地方方字不與地字相連乃是猶方百里起之方下四條皆是推明此句
之意註中能行仁政二句不可說太早○地方百里而可以王況以堂堂千里
之梁何以見百里可王王如施仁政云云
蒙引仁政不止此二者此特其大者耳仁政是統言綱領字也省刑薄斂是仁
政裏面事故曰目然仁政莫先於養民而其事莫有大於此二者又當時切務

也故曰大目如關市譏而不征澤梁無禁罪人不孥之類與凡周禮一書所載皆仁政也○存疑省刑罰只刑當其罪便是不是人罪當死都宥了薄稅斂只（較之重刑厚斂便爲省薄）是惟正之供○集說刑五刑罰所以贖刑者以金代之其條亦有五稅是履畝而稅斂則不拘地畝一凡征之於民者皆是二句仍兩兩開說蓋刑罰之事所以傷殘民命者不止是在稅斂上蒙引存疑俱以相因說似欠分曉（謂酷以濟貪）○輔慶源曰省刑罰則民不至無所措其手足而得以安其生薄稅斂則民不至有所闕於衣食而得以保其生下數句則又其效驗也○蒙引深耕深於耕也不苟且鹵莽而已易耨易治也如易其田疇之易有整辦齊飭之意與深意相類俱是得盡力之意○翼註修是修整不但講明便有身體力行意下入事出事正是修處不是修以後事（輔氏作修爲說是）○集說暇日不是耕耨之暇乃是上無所擾而得以盡心於此云耳孝自屬父弟自屬兄忠信又合心與事而言之孝弟亦在內而節又不止孝弟也長凡年齒長於家者與夫君長之長皆是上則以下對之皆爲上

君上上也凡在上者亦上也○修孝弟忠信入事出事且淺淺就民説盖爲下
達秦楚而言若夫庠序學校之教則施仁政中已自包了此特就仁政之最急
者刑斂二事而推言之耳斷以註君行仁政則民得盡力云云爲仁政之效説
裏引以爲都説仁政之施當如此還未是看註又有字可見○存疑出事長上
之道卽入事父兄之道也大學曰孝者所以事君也弟者所以事長也故孝弟
忠信不分者爲是○民所以深耕易耨修孝弟忠信皆本於省刑薄斂嚴刑則
民無所措手足重斂則民不聊生欲深耕易耨修孝弟忠信何可得也輔氏分
深耕易耨屬薄斂修孝弟忠信屬省刑大謬○達説制挺何本尊君親上來故
尊君親上只貼此句○摘訓力耕耨亦能尊君親上修禮義亦能尊君親上可
使制挺須通承（註元如是）一意此以吾得民心而言尚未説到戰處以手執之曰制○朱
子曰魏地迫近於秦無時不受兵割地求成無虚日孟子之言似若容易盖當
時之人焦熬已甚率歡欣鼓舞之民而征之自是見效速後來公子無忌率五

國師亘禱至函谷關可見

蒙引彼奪其民時云云何暇治禮義哉貼此一句則與上文相應而意亦方足

○摘訓奪其民時指定刑罰稅斂不必廣說

存疑彼奪其民時一條卽是陷溺其民也故承之曰彼陷溺其民王往而征之夫誰與王敵所謂百里可王以此而已彼區區報怨雪恥俱不足言矣○蒙引夫誰與王敵非敵不過也自不與我爲敵如紂之前徒倒戈攻於後以北者是也○朱子曰孟子亦是作爲底人如此節云云非不用兵也特其用兵不若當時戰國之無義理耳如五畝之宅樹之以桑而下爲政之實行之既至則視當時無道之君豈可但已哉○達說此二節是因上文可使制梃以撻秦楚之堅甲利兵一句而推原其故也

蒙引以百里可王之言疑於迂濶故引仁者無敵之言以實之蓋以仁者無敵之言觀之則百里可王之言信矣故又勉使勿疑也是請勿疑百里可王之言

〇輔慶源曰註引孔氏之言蓋怨有當報者有不當報者若惠王之事則所謂不當報者也不當報而報則是忿懥者之所為耳忿懥者之所為則其心熏灼焚燒愈撲愈熾不至於大敗極壞而不已若所謂志於救民則至誠惻怛成已以成物一日有一日之功其曰唯天吏則可以伐之其所以自治者嚴矣〇熊勿軒曰當時七雄皆大國也孟子獨惓惓於齊梁者欲得志行乎中國也若秦楚則蠻夷戎狄之裔七篇之書深鄙外之蓋其得志必非天下生民之福自周之衰天下大勢不入於楚必入於秦聖賢已逆知其所趨矣當時孟子止言深耕易耨孝弟忠信則可以制梃而撻秦楚自一等富强而言豈不大迂闊而不切於事情然後來秦亡不過起於揭竿斬木之匹夫堅甲利兵果可恃乎孟子之言不我誣也

孟子見梁襄王　一章

或問孟子以梁襄王不似人君不見所畏而譏之然則必以勢位自高而厲威

嚴以待物然後得爲賢耶曰不然也夫有諸中者必形諸外有人君之德則必有人君之容有人君之容則不必作威而自有可畏之威矣苟無其德而欲矜勢位以厲威嚴是乃所以益見其盈滿而妄作耳曰言之急遽亦何譏耶曰艮之六五以中正而言有序而呂氏之言亦曰志定者其言重以舒不定者其言輕以疾然則言貌固皆內德之符不惟可以觀人學者雖以自省可也曰孔子居是邦不非其大夫而孟子詆言其君之失如此何耶曰聖賢之分固不同矣且孔子仕於諸侯而孟子爲之賓師其地又不同也抑七篇之中無復與襄王言者豈孟子自是而不復久於梁耶

蒙引孟子蓋將去之故出語云云決無久留於梁之理矣凡聖賢之至於其國而見其君皆是欲觀其動靜以卜吾道之興廢不然至彼何爲今見襄王氣象如此其不足與有爲決矣○倪新安曰不似人君無可象之儀也不見所畏無可畏之威也○達說望之二句屬威儀是容貌卒然是詞氣自卒然至末俱是

述問答之語以告人○集說天下惡乎定定字作已定之定說謂天下分爭焦様纔得定了不是來問所以定之之道也故孟子以定於一對之蒙引淺說俱以爲當待何人而後定還未是下孰能一之孰字方指何人而言○達說定於一不是定於能一之人乃是定於一統也葢勢分無統則諸侯得以相侵伐而天下以之不定也惟歸於一統則勢無兩大而禮樂征伐自天子出干戈自此熄矣

存疑孰能一之言列國勢均力敵莫能相尙誰能芟除羣雄收其土地合天下於一也○不嗜殺人者能一之意思於王知夫苗以下見得

存疑孰能與之言列國之民各屬其主孰能越其君而與我也當時既各有疆域則各畫地而守之民欲舍彼趍此似亦難矣必在所禁制也天下莫不與言天下之人莫不越其君而與我其君不能禁也故曰沛然孰能禦之○達說莫不與何且虛講下正言莫不與之意上其如是指苗與言下誠如是指民望言

上孰能禦之指苗言下誰能禦之指水言○集說說箇甘於殺人時君未必心服獨不思率獸食人攻城攻地那一件不是殺人底事而所好在此則甘於殺人而不辭矣說着名聲似難當然在當時却是稱觴錫爵廟祀而求一椿大美事非孟子不能道出○蒙引望與歸不同歸扶携來歸也引領而望且說他得民心之向慕○誠如是也民歸之至孰能禦之重在猶水之就下上蓋上文言引領而望是聞風而向欲歸之之急誠然如是民遂即歸之其勢有若水之就下沛然其莫可禦矣誰復得而制之○不先着箇今天下之民皆引領而望之一句亦無緣起得民歸之猶水之就下而莫禦之意惟其不嗜殺人而天下皆引領而望之此民歸之所以莫禦也設使其心不吾向則未必能遽吾歸而莫禦也此數句斷然是如此有大概曰如有不嗜殺人者至誰能禦之不可卜叅一斷故大註云天下悅而歸之○此節重在今夫天下之人牧未有不嗜殺人者反七八月之間旱則苗槁矣一句因襄王不曉而問孰能與之故以其時勢開

曉之如此○看來天下有可一之理孟子又有能佐其君以一天下之才但襄王未有一天下之器耳孟子既有去志而述此以語人蓋此一段議論所關繫於世道君道者甚大不可以不傳故出以語人而且以垂後世

齊宣王曰　一章

或問王霸之辨曰董子程子楊氏之言備矣見註明道曰得天理之正極人倫之至者堯舜之道也用其私心依仁義之偏者霸者之事也王道如砥本乎人情出乎禮義若履大路而行無復回曲霸者崎嶇反側於曲逕之中而卒不可與入堯舜之道故誠心而王則王矣假之而霸則霸矣二者其道不同在審其初而已易所謂差若毫釐繆以千里者其初不可不審也故治天下者必先立其志正志先立則邪說不能移異端不能惑故力進於道而莫之禦也苟以霸者之心而求王道之成是衒石以為玉也故仲尼之徒無道桓文之事而曾西恥比管仲者義所不由也況下於霸者哉楊氏曰管仲為政於齊足以合諸侯而正天下其功足錄也然學當為王者事故仲尼之徒無道桓文者嬖奚與王良乘王良曰吾為之範我馳驅終日不獲一為之詭遇一朝而獲十管仲之功曾西未必能為之然管仲之功詭遇也詭遇而得禽獸雖若丘陵弗為也曾西羞比管仲正類是與然推其意則猶有可言者古之聖人致誠心以順天理而天下自服王者之道也後之君子能行其道則不必有其位而固已有其德矣故用之則為王者之佐伊尹

太公是也不用則爲王者之學孔孟是也若夫齊桓晉文則假仁義以濟私欲
而已設使僥倖於一時遂得王者之位而居之然其所由則固霸者之道也故
漢宣帝自言漢家雜用王霸其自知也明矣但遂以爲制度之當然而斥儒者
爲不可用則其見之謬耳曰齊王不忍一牛之死其事微矣而孟子遽以是心
爲足以王者何也曰不忍者心之發而仁者天地生物之心而人之所得以爲
心者也是心之存則其於親也必知所以親之於民也必知所以仁之於物也
必知所以愛之矣然人或蔽於物欲之私而失其本心之正故其所發有不然
者然其根於天地之性者則終不可得而亡也故間而值其不蔽之時則必隨
事而發見焉若齊王之興兵結怨而急於戰伐之功則其所蔽爲不淺矣然其
不忍一牛之死則不可不謂之惻隱之發而仁之端也古之聖王所以博施濟
衆而仁覆天下亦即是心以推之而已豈自外至哉王既不能自知而反以桓
文爲問則孟子安得不指此而開示之耶然戰國之時舉世沒於功利而不知

仁義之固有齊之百姓又未見王之所以及民之功是以疑其貪一牛之利非
孟子得其本心之正而有以通天下之志盡人物之情亦孰知此為本心之發
而足以王於天下哉曰然則孟子既告之矣而王猶不能自得其説何也曰是
其蔽之極深是以暫明而遽昧也曰君子之遠庖廚何也曰禽獸之生雖與人
異然原其禀氣賦形之所自而察其悦生惡死之大情則亦未始不與人同也
故君子嘗見其生則不忍見其死嘗聞其聲則不忍食其肉蓋本心之發自有
不能已者非有所為而為之也曰然則曷為不若浮屠之止殺而撤肉也曰人
物並生於天地之間本同一理而禀氣有異焉禀其清明純粹則為人禀其昏
濁偏駁則為物故人之與人自為同類而物莫得以班焉乃天理人心之自然
非有所造作而故為是等差也故君子之於民則仁之雖其有罪猶不得已然
後斷以義而殺之於物則愛之而已食之以時用之以禮不身翦不暴殄而既
足以盡於吾心矣其愛之者仁也其殺之者義也人物異等仁義不偏此先王

之道所以爲正非異端之比也彼浮屠之於物則固仁之過矣而於其親乃反愨然其無情也其錯亂顛倒乃如此而又何足法哉曰器成而釁之禮也今以小不忍而易以次牲可乎曰釁鐘禮之小者失之未足以病夫大體而不忍之心仁之端也由是充之則仁有不可勝用者其大小輕重之際蓋有分矣孟子所以急於此而緩於彼豈無意哉曰所謂見牛未見羊者豈必見之而後有是心耶曰心體渾然無內外動靜始終之間未見之時此心固自若也但未感而無自以發耳然齊王之不忍施於見聞之所及又正合乎愛物淺深之宜若仁民之心則豈爲其不見之故而忍以無罪殺之哉且觀齊王聞孟子之言而必復有戚戚焉則此心之未嘗亡而感之無不應者又可見矣曰老吾老以及人之老幼吾幼以及人之幼而天下可運於掌何也曰天地之間人物之衆其理本一而分未嘗不殊也以其理一故推己可以及人以其分殊故立愛必自親始爲天下者誠能以其心而不失其序則雖天下之大而親踈遠邇無一物不

註以兩全言

得其所爲其治豈不易哉。

蒙引此一章當疊疊看。旁初出一王字。究其所以王者無他保民而已。又究所以保民者無他。是心足以王矣。是心足以王如何。反其所以及禽獸者而以序行之。老吾老以及人之老。幼吾幼以及人之幼。天下可運於掌也。老吾老幼吾幼以及人之老幼。而天下可運於掌者如何。五畝之宅至然而不王者未之有也。

○存疑此章論說雖繁。要看他精神命脉所在。通章主意在是心足以王一句。是就齊王見牛一事而許之也。此心之所以合於王者何也。是齊王不知是心足以王底道理。老吾老一條。是答他所謂是心足以王者在舉斯心加諸彼耳。即註所謂擴而充之也。五畝之宅一條。乃舉斯心加諸彼之實事。今恩足以及禽獸至然後快於心。是發其不能王之故。興兵結怨以求大欲。即是其故。遂言大欲不可得。反而歸之於王。直是與他辨難到事勢不可爲處。然後以數語斡轉之。看他開闔變化。許多意思。許多氣力。

達說宣王溺於功利之私所問在桓文所志在桓文也

朱子曰事者營霸之事儒者未嘗講求如桓公霸諸侯一匡天下則誰不知王於經營霸業之事儒者未嘗言也○蒙引因當時無道其事者故後世無得而傳焉惟其無傳故臣亦未之聞也三句意相承○必欲言之而不止必欲孟子言也（長善謂只是語意如此非强之使言）王謂王天下之道道字重對上桓文之事說○集說王謂王天下之道則王字當作去聲言王於天下也道便是所以王於天下底道理凡下文發政施仁及制民之產便是○摘訓此則聖門所道後世所傳而臣之所聞者也

蒙引德字輕看不必云齊王以王道本於德也只是人君之德當何如乃可王

蒙引本意言卿試度吾能保民否也乃不敢質言而謙之曰若寡人者豈亦可以保民耶言恐不能保民而王也故孟子下文屢屢於不爲不能之辨○釁本釁郄（話也）今日釁鐘則是因鐘之釁而釁之使不復釁也作活字看○達說以羊易（亦王）之只是命人私下取羊與他必欲生此牛也○存疑按釁鐘非牛不可以羊易

牛使不得只是齊王一時良心發動不可遏抑以此替之初不及計慮到此兩全而無害亦孟子主於開導其君爲此遷就之語耳其事之可否弗計也

胡雲峰曰是心何心也人之本心也即此本心而推之所謂先王有不忍人之心斯有不忍人之政者也須看集註察識擴充四字察識爲知擴充屬行○陳新安曰是心足以王矣一句最緊切觀王有此愛物之心即可知王有仁民之心而可以保民矣所以指言王之此心即是足以王天下之本真氏云王道不外乎保民而保民又不外乎此心是也○集說是心謂愛牛這一點底心非謂愛牛之心也註擴而充之則可以保四海是擴充惻隱之心仁之端也而仁之端也上加即所謂三字見王道心即便是所謂仁之端者故可以擴充之也若說擴充愛牛之心恐無此理足以云者言是心擴充之便足以王亦不是說是心便盡了王道註則可以三字便是說足字義存疑以爲註不可就當大文說似未細看○蒙引既曰是心足以王矣又曰百姓皆以王爲愛也臣固知王之

不忍也者明其果出於不忍也所謂是心者卽指此不忍之心也愛字正對不忍字愛則非不忍不忍則非愛愛者計其財而不忍者痛其死孟子著此兩句所以提撥箇不忍字惟其實有此不忍之心故足以王也此兩句又似爲下文根本然下文許多話只是愛與不忍字反覆辨論不忍二字此一章之骨子孟子只得齊宣王吾不忍其觳觫一句遂堅執着不忍字一開一闔百方開導要他察識而擴充之○百姓皆以王爲愛也一句亦甚喫緊若不着此句無以發其論難而啓其察識擴充之端若只言是心足以王矣他不曉問便只恁地說了○察識如下文註所謂乃知此心不從外得者蓋人皆有不忍人之心也擴充則須是自親親而仁民自仁民而愛物所謂反其本而推之有所不忍而達之於其所忍者也○摘訓王曰以下是齊王不能察識這不忍之心而反覆開導之以欲其察識王悅以下是齊王不知擴充這不忍之心而反覆開導之以欲其擴充

□訓然字不是通承只然孤百姓一句〇蒙引齊國雖褊小吾何愛一牛亦不消如此說孟子已曰臣固知王之不忍也了又何消解剝恭孟子此三句語意思量是欲王察識其本心而擴充之今齊王略不見有察識之意只管答得冷淡來所以孟子又設法以開之難之曰王無異於百姓之以王爲愛也云云欲王反求而得其本心也王又只恁順承將去都無合殺孟子乃爲之解曰無傷也云云才起得他此心之所以合於王者一問

蒙引隱其無罪而就死地上既言其若人之無罪而就死地則牛無罪而就死地明矣故此承而言之不必用若字〇夫孟子固知王之不忍也今而曰云云乃亦似以王爲愛然者特故爲此難又云故字是故意之故欲王反求而得其本心耳問王若反求而得其本心則將如何爲辭曰合當云見牛未見羊也於今言之於我心有戚戚焉即問此心之所以合於王者何也便快了〇我非愛其財而易之以羊也是反辭不宜直辭言我若非吝財何故以羊之小易牛之大所謂是誠何心哉語氣最順諸説紛紛不必從所

以宜乎百姓之謂我愛也蓋被孟子難得來廻自迷其向日處心之所以始自
伏將去
朱子曰術字本非不好底字只緣後來把做變詐看了便道是不好却不知天
下事有難處處須著有箇巧底道理始得當齊王見牛之時惻隱之心已發乎
中又見釁鐘事大似住不得只得以所不見者而易之既周旋得那事又不抑
遏了這不忍之心此心乃得流行若當時無箇措置便抑遏了這不忍之心遂
不得而流行矣此乃所謂術也○蒙引初來齊王之以羊易牛亦未有此巧妙
見識亦偶然適合於仁術耳孟子意主於開導故爲此獎誘之說○見牛則此
心已發而不可遏言不可自沮了決須行得透未見羊則其理未形而無所妨
言初未嘗有不忍之心之可遏於事何所妨礙謂之理未形以是時未有心可
言故曰理而已蓋理素具而心隨感而發者也理亦仁也即所謂性也心則統
性情見牛未見羊也則其爲不忍而非愛也不待言矣○摘訓不忍是仁兩全

而無害則不忍之心不至於雖發而終不得施矣故爲仁術不可便以兩全爲
仁術釁鐘如何是仁○存疑君子以下言齊王所爲有合於君子也○集説禮
如祭祀賓客孝養之類皆是○蒙引預養是心而廣爲仁之術焉不能屑屑然
以其所未見而易其所見也養之也預則不至有是心而抑遏不得施故其仁
術自廣蓋有不勝計者矣○摘訓生是將死觳觫之時兩不忍字正與前面不
忍相應庖是宰處厨是烹處正其生與聲可憫之際也遠庖厨則不至於見其
生聞其聲庶無嫌於見其死食其肉矣此則養其不忍之心於未形之先易牛
乃克其不忍之心於已發之後然其仁則一也王之用未見其生未聞其聲之
羊其即遠庖厨之意乎蓋同一不忍之心矣而何嫌於百姓之言哉○胡雲峰
曰一本心也已發在於擴充未發在於預養
蒙引夫子言之專指仁術一條於我心有戚戚焉此句最重所謂乃知此心不
從外得者在此蓋前日之不忍者此心也今日之戚戚者亦此心也正被孟子

見牛未見羊一句打動了。使得他前日見牛觳觫之光景。宛然如在目。依舊是前日之心復萌。豈待外求。○於我心有戚戚焉乃知此心不從外得此二句最要看得仔細。是孟子所以斷知王之可以保民處。故又曰是心固有不待外求。擴而充之在我而已。何難之有。○存疑戚戚心動而有所憐傷也。此心不從外得者若是從外得底物。一過就無了。今有感觸而前日之心復動。可見此心原是吾固有底。不從外得也。○摘訓夫然則是吾之有心而夫子能忖度之矣詩之所謂他人有心予忖度之者非夫子之謂乎○存疑求知反本而推之本對末言親親是本。愛物是末。因其愛物而知此心不從外得反諸其本自親親而推以仁民愛物也。張南軒曰非使之以其愛物者及人蓋使之因愛物以循其不忍之實而反其所謂一本者以親親而仁民而愛物也○王字平聲此圈不知上面是心足以王道理而問也不曰是心足以王而曰合於王者王天下卽王者之所爲故以王天下爲王者○陳新安曰此心之所以合於王者何也王此句亦問得緊切。與孟子是心足以王矣一句相照應。

蒙引許猶可也猶言准他說否。○推廣仁術只是上文仁術但是推廣出去更無難處善處之說矣。○陳新安曰今恩足以及禽獸至獨何與此二句難得最緊切。乃是一大章文意警策處。下文又以此二句再難以結之。○集說此獨何與之意只以禽獸之難及亦猶百鈞秋毫之類也。百姓之易保亦猶一羽輿薪之類也。於難者反及之而易者反求之及此爲何故作詰問他語。○蒙引用恩與推恩何別單言親親亦爲用恩。仁民亦用恩。愛物亦用恩也。推恩則有次第。○摘訓功不加於百姓便是不能保民而王了故謂之不王。○存疑所謂是心足以王者在於擴而充之。非謂只愛一牛便可致王也。老吾老幼吾幼以及人之老幼舉斯心加諸彼善推其所爲節。擴充之說也。然不合下並說。却有見輿薪察秋毫之喻不爲非不能之說者。齊王恩及禽獸則於百姓固所優爲。今恩足以及禽獸而功不至於百姓。此事又差異了。故孟子拿住這一件去辨難攻擊他使他反覆涵思欣然覺悟就那上去此轉移之妙術也○張南軒曰親親而仁民仁民而愛物此天理之大同由一本而其施有序也豈有於一牛則能不忍而不能保民者蓋方見牛而不忍者無以蔽之而其愛物之端發見也其不能加恩於民者有以蔽之而仁民之理不著也然即夫愛物之端可以知夫仁民之理素具能反而循其不忍之實則其所謂仁民者固可得也○輔慶源曰天地之性人爲貴而人之與人又爲同類而相親故惻隱之發於民切於物緩皆自然而然雖至愚之人亦莫不然若夫推廣仁術則仁民易而愛物難所以難所以易者且以凡人言之推廣此心愛及同類者其勢便其事易至於物則有不得已而資以爲用者使之皆被吾之愛而無傷則其勢遠其事難自君人者言之發政施仁使民得以遂其生者其勢便其事易極輔相財成之道使庶類繁殖鳥獸魚鼈咸若者其勢遠其事難今王此心既發於見牛之際而於有以處之而使是心得以流行矣則是於其勢遠而事難者既能有以及之則於

此節只完得不爲也非不能也二句之意

是心而施於勢近而事易與之一同類而相親所謂保民而王者則豈有不能者哉。但自不肯爲耳。

達說挾泰山至非不能也乃泛别一不爲不能之形。故王以下乃申言齊王不爲不能之形。挾泰山以超北海與爲長者折枝各串說。

存疑起老吾老以及人之老意當屬上文百姓之不見保爲不用恩句。方語脉。相貫。謂百姓之不見保爲不用恩。欲保百姓。惟在於用恩。而其序則自近以及遠。自易以及難爾。故曰老吾老以及人之老云云說推恩重在序上。○淺說先盡孝弟以老吾之老而後推之以及人之老使人亦得以老其老焉先施慈惠以幼吾之幼而後推之以及人之幼使人亦得以幼其幼焉○蒙引及人之老（而也二字互讀）自吾老（不能二字）而推之老吾老則自何地而推之曰舉斯心加諸彼而已惟易反其序則是○天下可運於掌恭即上文莫之能禦及足以之意言四海可得而保也

天下對上人字天下則盡乎人矣對下文則老幼吾老幼以及人之老幼是推

四書抄　二五 之二　三

恩天下可運於掌是保四海然又必曰推恩足以保四海者故字承舉斯心說
來○引詩重在序上以心對彼而言則寡妻兄弟家邦盡是彼也心字最重詩
之所云乃舉斯心加諸彼也（加字內有序字意）然則老幼吾老幼以及人之老幼者獨非是心所
推乎解詩就揭一心字以應前是心字是心也所以老幼吾老幼者此也所以
及人之老幼者亦此也如此則天下可運於掌矣是心足以王矣者此之謂也
○摘訓寡妻兄弟是比吾老幼家邦是比人之老幼以字與上兩以字相照正
見是序字○淺說誠能推此心之恩老幼吾老幼以及人之老幼將見蒙恩者
歸化感德者屬心足以保四海之大而有之矣苟或恐心害理愁然無情當親
者不親當仁者不仁則衆叛親離雖妻子可得而保乎○蒙引足以保四海有（步反希）
欲不作效言只作保民言者一則碍推恩二字已有保民在內二則又碍足以（註衆叛親離字便拗）
二字隔者作效說是○古之人指二帝三王言大過人是以保四海之功業言
所以能保四海者惟能推恩而已心之所加者即恩也以其見於行事故又謂

之所爲○故復推本而再問之與前面反其本而推之之本字不同○益即是上
文故字也○推字亦不同○存疑天下可運於掌言保天下如運掌之易也推恩或以運掌只就推恩之易或未安
意思在老吾老二句○天下可運於掌則其效也○引詩只是明此意○以舉斯心加
諸彼句來照看○老吾老幼吾幼以及人之老幼即舉斯心加諸彼也○故承之曰詩
云刑於寡妻至加諸彼而已○故推恩足以保四海二句是結其意古之人所以
大過人三句是引古人以證之○以上答此心之所以合於王意思已盡了○又把
他功不至百姓處重詰之直究到他那病痛根源處○眞西山曰由親以及民
由民以及物○此古人之善推也○能及物而不能及民此宣王之不善推也○胡
雲峰曰此章凡千餘言大要只二句○欲其察識此心於方發之初故曰是心足
以王矣○欲其擴充此心於已發之後故曰善推其所爲而已矣○
蒙引權雖解作稱錘度雖解作丈尺然實當作活字看或曰如此則度字當作
入聲曰還作去聲○不害爲活字若心之應物○則其輕重長短之難齊輕重長短

不在心亦不在物在心之應物上蓋民與物皆物也仁民愛物則是應物也難道物有輕重長短又難道心有輕重長短○朱子曰本然之權度亦只是此心此心本然萬理皆具應物之時須是仔細看合如何便是本然之權度也○蒙引果何以見心之當度尤甚於物處曰試論今有一匹布不用丈尺以二丈爲一丈只是這一匹布上失耳若人君於民物之間失所權度至於恩及禽獸而功不至百姓則將有所謂庖有肥肉廄有肥馬民有饑色野有餓莩者其差視以二丈爲一丈者相去何如看是甚乎不甚乎○朱子註曰物易見心無形度物之輕重長短易度心之輕重長短難此是心爲甚一說又曰度物差了只是一事心差了萬事差所以心爲甚此又是一說今定只依大註此二說俱小異看來只在不可不度上有甚且共曰度心之輕重長短難心安有輕重長短須應物時就那物上方有箇當重而長底或有當輕而短底又曰心差了萬事差如此則心之不差只消一度了蓋事至物來千態萬狀若謂心一差則萬事都

差則未應物時。初何差之可云。既應物。則又未有萬物一一時俱差者。○上既發其端曰今恩足以及禽獸云云。分明是含說箇輕重長短之當度在裏面。蓋齊王正是輕重長短之失度者。○存疑王請度之。爲齊王愛物之心重且長。仁民之心輕且短。請王度民與物孰重孰輕孰長孰短也。若加度焉。則知民當重且長。物當輕且短。自親而及於民。自民而及於物。不至恩及禽獸而功不至於百姓矣。○達說物皆然。當扭上二句講。

蒙引雖正是請王度之處。其實又更深一節。蓋是言其仁民之心所以輕且短處耳。集註分明。○王之所以功不至百姓。興兵構怨累之也。王之所以興兵構怨者。將以求吾所大欲蔽之也。抑王興甲兵云云意謂此比觳觫之牛如何。○存疑此是說齊王功不至於百姓。乃以興兵結怨之故。上註所謂今王反之則必有故。正指此也。蓋此是齊王病痛根源。他那愛民之心所以輕且短者皆繇於此。惻隱之心人皆有之。齊王何不忍於一牛。乃獨忍於百姓。正繇欲心一動。

忿心遂熾爭地爭城糜爛其民有不暇顧爾故孟子前而反覆辨論至此方發之使之將此殺人與殺牛二事彼此稱量自知輕重長短之所在省愆思過頓改速悟於以推恩而保民也

存疑齊王因孟子然後快於心之言亦知此三者非可快之事也故曰云云意以不得已爲此耳孟子因闢其大欲之所在而極言其不可得以今王發政施仁一條易之甚力求所欲則大欲不可得能行仁政則大欲不求而自至此反本之論圖王之略也○蒙引不快於此而必爲此兩此字圖都指三事尚明於他亦指三事之不快獨暗於此則又指欲之誘與上文此字不同

蒙引必闢土地然後朝得秦楚既闢土地朝秦楚然後中國俱吾所蒞而四夷於我乎撫矣蒞中國而撫四夷此句又要看一而字似不苟○緣攀附而上也○摘訓木與水對不與魚對蒙引云木在山魚在水求木物而於山非其地矣又添出循山求不必○陳新安曰所大欲在此所以初發問便欲聞桓文覇圖

事

集說小大國土也衆寡人民也强弱兵勢也○集合齊地猶云截長補短通長

筭之之謂服八服字正是要興兵構怨務必强人而使之服於我也○達說九

若如陳氏以九國言則朱中山安得千里

非九國就地分數言○並解海內之地大約以每方千里計之凡有九區集合

齊地而筭之不過千里餘皆列國所有是於天下九分之中纔得其一分耳今

王欲以齊千里之一分而服海內之八分其小大衆寡强弱勢不相當就如以

鄒敵楚一般必不能勝矣豈不可爲之寒心哉我所謂必有後災者如此○蒙

引此與前註反其本而推之又不同○反本說見下文只是發政施仁其曰使

天下仕者即發政施仁有以使之也故曰發政施仁所以王天下之本也然則

盡心力於與兵構怨以求王天下抑未矣本字當如此照看

達說發政施仁勿平看言發乎不忍之政以施乎不忍之仁且泛講包下制産

意其如是承五倘欲字來即引領而望之一般孰能禦之即民歸之猶水之就

下一般於中自見得大欲已得意○蒙引以一服八何以異於鄒敵楚哉所謂覇必有大國也今王發政至孰能禦之所謂王不待大也○張南軒曰行王政者心非欲傾他國以自利也惟以民困爲已任爲吾所當爲而天下自歸心焉夫欲朝秦楚莅中國自世俗言則以爲有志自聖賢觀之苟不本乎公理特出於忮求矜伐之私耳齊王惟汲汲於濟其私非惟不克濟而禍患隨之蹈私欲固危道也由孟子所言以發政施仁則公理之所存可大之業自可馴致此天理人欲之分也

淺說王曰王天下誠不外乎仁政顧予資質昏昧未能得其所爲仁政者而施行之願夫子開吾之昏以輔吾之志政如何而發仁如何而施指實條陳明以教我我雖不敏請試行之○摘訓是字指發政施仁說堂學字訓試下試字又有行意

蒙引王曰吾惛云云孟子以爲惟保民而已故曰無恒產云云左右是前面意

亟辨而詳言之耳○放始逆於道僻則波淫矣邪則成其惡矣侈則益肆矣○
補陳復申曰恒產常生之業則下文所言五畝之宅百畝之田是也恒心常有之
善心則下文所言善與禮義是也善又禮義之總名緣民無常產所以無常心
故不知禮義而陷於放辟邪侈也若遂從而刑之是誠無異於以羅網罔民歟
其不見而取之也○存疑無恒產而有恒心以下四條是反覆而言以起下文
五畝之宅一條意
淺說恒產所係之大如此是故明君有見於此度民分地計口授田必使仰足
云云
淺說今也制民之產經畫不詳分授無法雖緣古之名而分地授田失古人之
意矣奚暇治禮義見雖驅而之善亦不能從也
陳新安曰發政施仁是所以王天下之本使民有常產又是發政施仁之本也
○蒙引此反本又與前反本不同註曰使民有常產者又發政施仁之本也是

指發政施仁中之大者以爲之本也如孝弟爲仁之本一般都只是仁中事
蒙引王欲行之謂發政施仁也則其本又在制民恒產焉而恒產之制也何如
五畝之宅云云乃繼以庠序之教孝弟之義分明是先使民有恒產然後得有
恒心然後驅而之善也不是教養平說故註統以爲制民之產○此保民之實
事也所謂及人之老幼而運天下於掌也○此一章書通是說王道之易益因
齊王謂德何如則可以王矣又曰若寡人者可以保民乎哉又曰何由知吾可
也皆是難之之辭故孟子答之一則曰保民而王莫之能禦也又引胡齕之言
而曰是心足以王矣及明足以察秋毫之末以至天下可運於掌言舉斯心加
諸彼通是易得意思至於百畝田五畝宅然而不王者未之有則所謂保民而
王莫之能禦者豈不信哉○說約此節雖趙注云爲齊梁各陳不嫌其重然前
對小惠爲王者之大道此對霸功爲王者之正道亦各有頭項也蓋篇中曰與
兵構怨曰求大欲曰辟土地朝秦楚云云依舊是齊桓晉文一則話此節卽了

無以則王意爲一章大照應結句耳又不可不知○胡雲峰曰此章甚詳集註斷之甚約蓋欲黜霸功則心之所向者正能行王道則心之所充者大先王有不忍人之心斯有不忍人之政今雖有不忍之心而不能推之以行不忍之政無他奪於功利之私也功利二字依舊是向霸功上去入於彼必出於此世安有不能黜霸功而能行王道者哉此孟子所以斷然以爲仲尼之徒所不道也

莊暴見孟子　一章　見註

或問首章范楊之說不同何也曰非不同也范氏以孟子之言爲救時之急務而楊氏亦以爲姑正其本則其意固皆以爲使孟子得政於齊則夫所謂世俗之樂者必將以漸而去之矣但二公之說皆有所未竟故使人不能無疑然從范氏之說而失之不過爲失孟子之微意而未害乎爲邦之正道從楊氏之說而失之則是古樂終不必復今樂終不必廢而於孟子之意爲邦之道將兩失之此不可以不審也

蒙引見孟子見如字特地來見也暴見於王他日見於王音現有因而見也○直解暴背者進見於王王自以其情直告於暴道他喜好音樂暴於此時既不敢謂其所好爲是又不敢謂其所好爲非固未有以對也不知好樂何如果有

兼二意是

害於治乎抑無害於治乎○摘訓曰好樂曰字非暴曰也乃述王言如此○蒙引庶幾言可王也不只謂能治其國○通篇之意已具而暴不能再問也故他日云云如子曰無違其中正有意在而懿子不能問故因樊遲發之

存疑王變乎色慚其所好不可以聞於賢者也故曰寡人非能好先王之樂也直好世俗之樂耳

朱子曰孟子開導時君故曰今之樂猶古之樂至於百姓聞樂音欣欣然有喜色處則關閉得甚密如好色好貨亦此類也○蒙引今之樂猶古之樂也言世俗之樂何傷○言但好樂之甚則齊其庶幾不必計樂之今古也○今之樂猶古之樂此皆實理蓋古樂好之甚固足以王今樂好之甚亦足以王分明今之

樂猶古之樂也。

存疑可得聞與言好樂如何爲甚。如何齊其庶幾。欲聞之也。○蒙引不兼今樂猶古樂，不重在此。

蒙引上樂如字，自令有鼓樂意在下。樂音洛。○與人與衆所。謂甚。也。就不若字照見得。即所謂與百姓同樂者也。○獨樂不若與人之爲甚。與少樂不若與衆之爲甚。此是開導出齊王之善心處。不消吾爲之開說。蓋天理之權衡在彼之心所自有者。吾特導之使自見耳。○存疑獨樂不若與人是與人之樂甚。獨樂未甚也。與少樂不若與衆是與衆之樂甚。與少未甚也。今使滿堂燕飲有一人向隅而泣。滿堂之人必爲之慘然不樂矣。其樂能甚乎。使人君鼓樂爲樂。忽聞百姓愁嘆之聲。君心必爲之戚然不樂矣。其樂能甚乎。故滿堂燕飲而無向隅之泣。然後滿堂之樂甚。百姓皆樂而無愁嘆之聲。然後人君之樂甚。

存疑不若與人。與衆是好樂甚底道理。齊王已知之。其本心已明。可與言

矣故承之曰臣請爲王言樂蓋好樂甚不過是與民同樂與民同樂則民歡樂
之而可王所謂齊其庶幾不過如此是因其所明而導之也下三節就是此意
摘訓鐘金音鼓革音管籥竹音羽以翟羽注旗竿之首旄以牛尾注旗竿之首
○蒙引鐘鼓之聲管籥之音猶郊社之禮禘嘗之義互文耳下車馬之音可見
不必拘聲成文者謂之音○疾首蹙頞蓋饑者弗食勞者弗息之情狀然對欣
欣然有喜色看亦是臨時然也上帶聞字蓋其心元有憂樂之異故聞王之樂
而憂樂之容亦隨之○夫何使我至於此極言其但恣己之樂而不念民之瘼
也○不與民同樂獨樂耳獨樂不若與人非好樂甚也○言鼓樂而兼田獵者
田獵亦君之樂事齊王必嘗事此故帶言之○蓬說父子二句只是上極字不
與民同樂與民同樂俱就平日說
存疑吾王庶幾無疾病與何以能鼓樂也是欣幸之詞言吾王邇來庶幾幸無
疾病何其恁地能鼓樂也曰庶幾曰何以皆欣幸之詞不可作自相問答曰吾

王庶幾無疾病與不然何以能鼓樂也如此則是因鼓樂而知其無病不見欣幸之意○蒙引與民同樂者非同鼓樂也推好樂之心以行仁政（此理有制使民樂樂利利也）云云也下文言好樂而能與百姓同之所是推好樂之心以行仁政也○蒙引因上文言一與民同樂不同樂則民之憂樂有如此以此見得王能同樂○則天下之民皆歸己而王業成矣豈但其國之民欣欣相告而已哉○今王與百姓同樂則王矣只用說好樂且應上文王之好樂甚則齊其庶幾

齊宣王問曰文王　一章

蒙引蓋宣王時已有侈心矣故有四十里之囿當時愛君者或規以其制過大而諛佞之臣必有引文王之囿以爲之辭者宣王蓋喜其言之便於己也故質諸孟子云○文王非縱意於田者當時靈囿亦豈至七十里之廣信然文王亦非制節謹度者矣況三分有二以服事殷則擬不敢安於七十里之囿使眞有之似已侈於紂矣縱曰紂爲宮室以爲苑囿文王之囿七十里亦五十步之於

百步者耳註曰其亦三分天下有二之後也與囿亦致其疑矣○問孟子所謂傳有之者如何朱子曰想他須有據但孟子此說其意亦只主在諷齊宣王爾若文王之囿果然縱一切人往則雖七十里之大不過幾時亦爲赤地矣又焉得有林木鳥獸之長茂乎周之盛時雖天下山林猶有厲禁豈有君之苑囿反縱芻獵恣往而不禁乎亦無是理漢武帝規上林苑只有二三十里當時諸臣已皆以爲言豈有文王之囿反如是之大○輔慶源曰於傳有之亦言據古書有此說耳○金仁山曰孟子言事多因其辭意以開導之初不辨其事之虛實有無

存疑王曰若是其大乎便有自嫌之意孟子曰民猶以爲小也此句亦不苟便有下文意思了○民以爲小不亦宜乎若云囿之所出有限民之所取無窮七十里之囿不足以供民之所求宜民以爲小似切但似民只見利不見義了若謂與民同之民愛上而忘其大又似七十里囿之爲大愚見意思全在芻蕘雉

旣與民同之上與民同之則君之囿即民之囿一國之民共七十里之囿安見

其大哉自其小矣盖一國之民盡往七十里之囿七十里之地寧有許多是非

囿小也往者之多見其小也

蒙引殺其麋鹿其罪本不至與殺人者等也但齊王有殺其麋鹿者輒以殺人

之罪加之○集說爲阱註云陷民於死訓義自明蒙引存疑俱以爲以囿爲阱

以麋鹿爲餌當時齊王亦只嚴禁自己之囿何嘗以麋鹿爲餌而有心以誘民

而必致之死哉大約只是說設此一塊險地令民陷之即死如阱然耳○趙註

設陷阱者不過丈尺之間今王陷阱乃方四十里○淺說一人專之而衆人避（對與民同之說）

之一人以之爲樂地而衆人以之爲死所民以爲大不亦宜乎

齊宣王問曰交鄰國有道乎　一章

或問子聞之亡友何叔京曰仁者以天下爲度一視而同仁惟欲使人各得其

所不復計彼此强弱之勢故以大事小而不以爲難如葛與昆夷之無道湯文

懇惻而厚卹之及夫終不可化而禍及於人然後不得已而征伐之仁之至也
智者達於事變而知理之當然故以小事大而不敢忽然而必自強於政治期
於有以自立如獯鬻與吳之方強太王勾踐外卑辭而事之內則治其國家利
其民人終焉或興王業或刷其恥此智之明也使湯文保養夷葛惡極而不能
去其不仁而縱亂也使太王勾踐惟敵人之畏而終不能自強是無恥而苟安
也又何取於仁智哉其說當矣曰畏天之威於時保之此周頌之言保天下之
事也而以畏天爲言何哉曰聖賢之言各有攸當彼以成王而言則固以畏天
而能保文武之天下矣且古人引詩斷章取義固不如是之拘也諸說如何曰
程子至矣呂氏亦得之伊川曰凡人有所計較者皆私意也孟子曰唯仁者爲能以大事小仁者欲人之善而矜人之惡不計較小大強弱而事之故能保天下包而不較亦樂天順理者也呂曰畏天者以人畏天天人未合樂天者天人已合天道在己
蒙引宣王之時諸侯失睦今日東國來侵明日西國來伐以兵則或不敵以盟
則或不信以禮則又或適以示弱而已宣王所以有交鄰之問也況交鄰講好

亦先王之令也〇如梁惠王則東敗西喪幾至於不支但憤於喪敗故有雪耻之倚在齊宣王則與鄰敵相持互有勝負宜有息爭求寧之意故問交鄰之道此一問亦好意思〇仁者以大事小智者以小事大大概都是恐小忿而已〇仁人之心寬洪惻怛寬洪故能含容人不恭惻怛故能矜人之惡而不較〇智者明義理識時勢小之事大一則義理之當然一則時勢之不得不然也此正所謂天者理勢之當然也智兼明理勢仁則惟見理而不見勢〇勢在已則當忘勢在人則當順知者之識時勢順其勢之在人也仁人之無計較大小强弱之私忘其勢之在已者也樂天畏天之分正在此〇陳新安曰惟仁者能忘已之大而事鄰國之小實只字之若事之耳惟智者爲能安已之小而事鄰國之大朱子云不特見得利害明道理自合恁地小之事大弱之事强皆是道理合恁地〇胡雲峰曰大之字小猶未足以見其仁必小國雖或不恭而字之之心自不能已乃見大者之仁小之事大猶未足以見其智必大國雖見侵陵而事

是樂天畏天意思

之之禮尤不敢廢乃見小者之智○朱子曰仁者自然合理智者知理之當然而敬以循之其大概是如此若細分之則太王勾踐意思自不同也○蒙引文王事昆夷事實見詩大雅大抵亦非以肆不殄厥慍不殞厥問二句爲文王事昆夷事實也蓋亦以昆夷事在大雅之緜而因可見文王事之之大略而已○按緜詩周太王事昆夷猶爲以小事大至文王時國勢日削則爲以大字小矣但太王事昆夷在事獯鬻之後昔者太王居邠則爲獯鬻所侵及去之岐山之下則又爲昆夷所擾是兩項事○說仁者爲能以大事小必曰湯事葛文王事昆夷說智者爲能以小事大必曰太王事獯鬻勾踐事吳見得大事小小事大古之人皆有行之者而今當法而行之也如言有故事然○孟子胸中是先有箇湯事葛文王事昆夷四句然後說出惟仁者爲能以大事小惟智者爲能以小事大況仁者智者已有所指了

問樂天畏天不同以仁者而居小國固不免爲智者之事使智者而居大國則

未必能爲仁者之舉何者智者分別曲直未必能容忍而不與之較如仁者之爲也朱子曰得之○仁者與天爲一智者聽天所命與天爲一者嘉人之善矜人之惡無所擇於利害故能以大事小聽天所命者循理而行順時而動不敢用其私心故能以小事大○輔慶源曰天者理而已矣卽程子所謂夫天專言之則道也○存疑上解智者兼理勢此解天只說理者理字兼勢在内○胡雲峰曰字之之心自不能已卽是自然合理事之之禮尤不敢廢卽是不敢違理〇存疑以大事小者那小者之勢全不足畏初無人逼勒我去事他是出於自然其心樂爲非有所畏而爲註謂自然合理故曰樂天以小事大是見得大小卽理一不得一不然之勢不得不然分明是有所畏故曰畏天○樂天者保天下只是他那無計較樂字畏字大小强弱處這度量大天下之人何所不容眞猶天地之無不覆幬無不持載俱在心上說保天下保其國俱從心上推出也畏天則可以殄人之慍悶免人之侵陵也○蒙引制字與謹字相對制猶守也節限也節字與度字相對謹度謹守法度也須就以小事大上論○氣象無

迹而難量規模則有限矣〇集說二保字亦微有不同保天下容保之保也保其國保守之保也〇保天下保其國是就仁智上見其氣象規模如此且未說到天下一國之見保上蒙引以爲效驗說到天下歸心上似未是〇愚按語類云保天下保其國只是說其氣象規模如此故集註亦云保天下之氣象保一國之規模自是確不可易蒙引乃云眞實會保天下會保其國或只論其氣象規模者非愚謂有此氣象規模則其眞實會保天下保其國又何消說得又保天下之氣象二句是正解保天下保其國意存疑謂尚在保天下保其國上面亦非是〇保天下就天下弱小之國說方於交隣之義爲切若說作容保天下底百姓便似下文安天下之民語頭覺得不是〇上云惟仁者爲能以大事小此便接云以大事小者樂天者也樂天者保天下此是層層推出見仁智交鄰之道之美遇小國便當法仁者遇大國便當法智者是要宣王兼盡仁智之道也

饒雙峰曰天理當然違之則有禍此便是天威了○摘訓觀詩之所云可見畏天者之能得其國而樂天者保天下亦可以併見矣

直解夫子論仁智交隣之道能事大恤小便可以保國保天下可謂大哉言矣寡人也有心向慕但生來有一件病痛性氣粗暴偏好剛勇遇小國不恭常不能包容遇大國侵陵常不能忍耐如何做得這仁智之事○蒙引寡人好勇猶言不能忍氣相似

蒙引撫劍按劍也○集說匹夫之勇敵一人要知血氣所爲不出於義理雖典兵危士千軍萬馬究其本止是撫劍疾視之類而已

蒙引密人不是來侵周乃侵阮也但文王是方伯而密人乃敢擅興師以侵阮是無文王矣故曰密人不恭敢距大邦○其阮國之地名則徂共者是密人侵阮已至於共矣○集說篤周祜者周家積功累仁本是有福今則治亂持危則其福愈厚矣答天下仰望之心者天下原望我保全仁愛若有事不去救護他

便負了他心了要知此皆詩人之辭如此不是文王要篤周祜以對於天下○陳新安曰怒者勇之發也因王赫斯怒一怒字發出一怒安民之說蓋自赫怒整兵以對於天下而生出此意○摘訓此文王之勇也且只說勇文王一怒而安天下之民方是大勇言文王之勇如此使其不足以安天下未見其爲大也然文王纔一怒而遂足以安天下之民則其勇不亦大乎怒上見勇安天下上見大○達說一怒安民只就上文省出不是另生意○愚按一怒一字與再字對卽一戎衣一字言不煩再舉也

蒙引惟曰其助上帝蓋天能生民而不能使遂其生天能賦民以性而不能使盡其性今作之君師正頼其能治民使遂其生教民使復其性爲有助於上帝故上旣曰天又曰上帝者帝以主宰言也○寵之四方因君師有以助乎上帝故上帝寵異之於四方使之高位乎九重之上統有乎萬方之衆而富莫與敵貴莫與並矣○一人衡行於天下言天下設有一人作亂而暴民者一人註無明訓

不必指紂言。凡諸侯卿大夫亦有稱亂者。○存疑有罪無罪惟我在言已得誅討之也。天下曷敢有越厥志言已不能容之也。此便是一人衡行於天下武王恥之。故曰武王之勇也。武王恥之必除之以安民也。故曰武王一怒而安天下之民。○集說此是武王自言。天降下民五何還且只泛說天作君師之意如此。至有罪無罪以下方實指自己身上說。○並解今我既受天之命作民君師則凡有罪者我得誅之無罪者我得安之天下何敢有過越其心志者云云。○達說自天下曷敢有越厥志以上是書詞。一人以下是釋書意。亦一怒亦字對上文王說。

存疑今王亦一怒而安天下之民終上文王請大之之說○蒙引承上文文王武王之一怒安天下而云也故註以王若能如文武之為釋之是乃設辭也民惟恐王之不好勇言要他如此也○集說總註云言人君能懲小忿則能恤小事大以交鄰國。能養大勇則能除暴救民以安天下。看來則。原是。兩段。話說。然。

其理則自相通耳如齊王無好勇一段話說則孟子語義自完故說仁智交隣止就交隣上論非即埋伏下大勇一段此所以爲兩段話說也然仁智交隣亦只盡其在已雖或不恭雖或侵陵而所以事之者亦不容已然特其相安無事與小之不恭侵陵耳若夫作亂害民仁智者亦無坐視之理矣此所以爲理自相通也諸家開口便以仁智勇牽合固不是蒙引以自宣王言好勇則是已不能事大恤小矣故孟子又從他好勇引將去不復拘其事大恤小矣亦未是雖道說問交隣則告以事大恤小他說不能事大恤小即便告以不必事大恤小而惟好大勇恐孟子必不若是交隣是此章正主意大勇者交之不可則怒之而已只是無妨於仁智而更有以濟其不及之意前半不可牽後半後半儘可收繳前半

齊宣王見孟子　一章

輔慶源曰離猶別也別在其所居宮室之外故曰離宮○蒙引時王館孟子於

雪宮而就見之也若王在雪宮而見孟子則當云孟子見齊宣王於雪宮矣○雪宮之樂在賢者分上元無許多道理可說若只管以爲當有則賢者似不宜以此爲事故孟子只用一箇有字答了便罷再不復顧此問只引向與民同樂上說○皆有此樂謂宮室安居之樂也非謂雪宮與民共之乃爲有此樂○存疑賢者亦有此樂乎要說得仔細最易傷着孟子若說賢者草茅蓬蓽之居素無此樂便傷着孟子言雪宮寡人時游以爲樂也賢者至於是邪亦有此樂乎蓋自賢其能待賢也故曰其辭誇孟子答之意謂君既以是待賢而不爲過則賢者宜受之而不爲泰雪宮之樂賢者固宜有也雖然君能以是與民共之則人皆有此樂若人不得此樂則非其君上矣倘當推以及民非但當與賢者共之也集註人君能與民同樂則人皆有此樂解在人不得則非其上句內不是解有字○

蒙引不得而非其上二句用上句以陰助下句非是平說○達說言下固不可

不安分而上亦不可不恤民以見不可不與民同樂也

蒙引樂民之樂者所欲與聚憂民之憂者所惡勿施也○達說二其字指君言

民之樂自是民之樂其樂自是君之樂君民各有其樂如推好樂之心以行仁

政使民各得其所便是樂民之樂不必說以民之樂為樂君民憂樂須寬說○

集說上憂樂二字乃是我去憂樂之包心與事俱在內下民亦樂憂亦然○摘

訓樂民之樂憂民之憂正是與民同樂處民亦樂其樂民亦憂其憂正與不得

而非其上相反蓋樂民之樂憂民之憂則民無不得者民亦樂其樂民亦憂其

憂又豈有非其上者哉樂以天下二句通兼君民說君樂民之樂民亦樂君之（此二句是過脉語）

樂則上下情意歡洽周流無間而樂與天下共之矣（以字當如此解）○集說樂以天下二句從

（總承上四句以起下文）上四句說來註訓自明蒙引存疑俱只歸重上樂民之樂句憂亦然謂其皆不

以已也說極是然又恐人遺却下二句愚意必以兩層意發之而但歸重於上

二句方好淺說云樂民之樂是樂不以已而以民固為樂以天下至於民亦樂

其樂則是吾一人之所獨樂者亦衆人之所共樂也豈非樂以天下乎憂以天下做此○達說以此決其必王者得其民斯得天下也

存疑上文意思已盡背者以下是與齊之故典以告之○蒙引蓋帶閒有省方觀民之意矣不然無此問也然至於大戒於國出舍於郊始興發補不足則所謂欲觀轉附朝儛放於琅邪者皆不果矣

蒙引巡狩述職又必解曰巡所守述所職者言一爲巡諸侯所守而行一爲述所職於天子而行正以見其無非事者非訓解之辭○存疑無非事者非字當無字說○春耕之時舊穀既沒新穀未升民之乏絶正在此時也若有不足則不能盡力於耕一年之計俱失矣故察民之不足而補補之秋斂之時民之所收或有或無或豐一歲之用或不豐一歲之用皆在此時若不察知其有無豐處以周助之則民將必有狼狽失所者矣故察民之不給而周助之○省斂內亦有蠲租如今蹈災傷相似亦是助不給○蒙引省耕省斂天子諸侯都有此

此節事字最緊要結上亦以生下吾註不敢無事

優遊的可知

此節大意較重省耕省斂上

補助只是發倉廩

吾下爲諸侯度句諸

侯當從天子倒說

法都是先王之制也。此又在巡狩述職之外，不是巡狩述職就便省民以補不足也。天子只是省其畿內，於天下則但巡狩以考其田野之治否、老幼之得養與否，而為之賞罰耳。○省耕省斂，每年春秋二行，至於巡狩述職，三代則王十二年方一巡狩，諸侯六年方一朝，堯舜五載一巡狩，羣后四朝。○上言巡狩述職，只說非無事而空行，說恩惠及民；不得恩惠及民，須是補助不足。故夏諺只可帶省耕省斂說，不可通帶上文。但省耕省斂，天子諸侯皆然，夏諺獨言王者，恭畿內之諺也。孟子引以為諸侯，則不拘於諸侯耳。（畿內正有諸侯省耕省斂意在。）○或曰：省耕省斂為民事也，非遊豫也，而乃以為遊豫，何哉？曰：巡狩述職亦豈遊觀也哉？而孟子乃以答遊（段段要切）觀之問，何歟？（觀字並論）故省耕省斂亦說得遊豫，以夏諺獨省耕省斂斷無疑。○存疑：遊與豫當分合看。分看則遊是巡遊，豫是遊樂；合看則巡遊即所以為樂也。二句疊言承歌之體也。○達說：休助無二義，只是不足得補、不給得助之意。○蓋解若吾王不來郊野一遊，則補助之政不行，吾民那得蒙上之休？王不來郊野

一豫則吾民之不足不給者那得蒙上之助○集說不敢無事慢遊以病其民
不敢二字緊跟皆取法焉○是指當時之諸侯不敢如此也○
蒙引左氏曰君行師從○卿行旅從○師字當如此說故大註曰二千五百人爲師○（說約言師行即是其衆多亦非閒句也○）
○集說君行則師從○師行則糧食○蒙引供億之費○民實出之○夫征之擾○民實供
之○供億以財物言○夫征以力役言○供是供運糧食之類○以給其師者○不是師行
爲夫征之擾也○此節只重在民間之苦○上觀下飲食若流○单就糧食說便見○
饑者弗食二句極言其供應繁難不堪之狀耳二句連說淺說以有供給之費（只是）
（言一飯之暇亦不得○）
而民饑者不得食有夫征之擾而民勞者不得息分說未足○饑者弗食卻不是
民館則盡之說○連說饑者數句就所至之地說○與上有恩惠及民反對看饑
（說王民不勝其勞○）
者二句○王見其勞瞒瞒二句○承饑者二句來○存疑瞒瞒胥讒就是民乃作慝○
○蒙引胥相也其也胥讒非交相怨謗謂相與怨謗也○若流如水之流無窮極
也○此與從流下而忘反謂之流不同○從流下分明是放舟隨水而下以遨遊也○

乃實事也○若流之流水流也流連之流舟流也○存疑方命虐民二句只是
上面意王者之命諸侯本欲使之安民也師行糧食使饑者弗食勞者弗息睊
睊胥讒民乃作慝則是方逆王命而虐民矣飲食若流是就糧食一句說又只
是虐民裏事不說師行者舉此該彼此古人文字也流連荒亡承上文說輒謂
四字言其無底止也
行糧食以下至於流連荒亡也○直解是乃縱於遊樂流連荒亡徒爲所屬諸
侯之憂而已豈若先王之省方觀民可爲法則者乎○集說看方命虐民句則
今也節適指當時諸侯說故集註以爲諸侯憂爲附庸之國縣邑之長○爲諸
侯憂者供給之繁也○蒙說此節乘今時遊觀之害要與上文相反方見一是
先王之法一是今時之弊
蒙引此釋上文之義也是晏子自釋也並至惟君所行也皆述晏子之言○從
不訓順乃逐也從流下自上逐流而下也從流上自下逐流而上也從獸亦是
逐○摘訓流是流蕩而無節連是留連而不已饒雙峰曰荒是廢時亡是失事

○連謂從流上而忘反亡從獸樂酒皆先王所有者但忘反無厭則非也上二句
重忘反字下二句重無厭字
集說蒙引云言先王之遊非巡狩則省耕省斂是無流連之樂荒亡之行也不
必指是往也又云或曰是爲先王之法如此則兼得述職意蓋景公時諸侯猶
朝於天子觀其先王之法四字則後說較勝○存疑言先王之法本非時之弊這
二者係在昔之所行不干別人事或欲專主行先王邊惟守說不去若行先王之法是亦先王矣若不行先王之
法則爲今所失矣一古一今皆不在人而在乎君可見當自勉也告滕文公問喪
禮同是在世上亦是此意
存疑景公說至與發補不足是叙景公之事爲我作君臣相說之樂是引景公
之言蓋徵招角招是也是說其所作之樂其詩曰畜君何尤是說其樂章皆是
孟子之言畜君者好君也又是孟子解詩意○蒙引大戒於國謂布告境內以
圖回政治也如今政令凡一切勞民傷財之事悉皆停免凡一切奸宄情弊之

事盡行禁革。凡諸利於國利於民之事。盡許陳納無隱之類。蓋人君但有志於圖回政治。便須有一番告命。以彰境內之耳目也。○出舍於郊自責以省民也。蓋以示不敢安居深宮之意。且於省民爲便。省民者省民之耕斂也。故出都但不知出舍之時爲春爲秋耳。此則不必求者也。舍是止宿○興發舉發也。○集說興發舉倉廩而發之。○君臣相悅。還至在興發補不足之後。說君悅臣之進言。臣亦悅君之能受其言。故曰相悅。君說晏子之進言。便爲說其君。似不通。○作者仍是將此一段意思製爲詩歌以被之於樂之意。若說原來有君臣相說之樂。而今特奏之以爲作。不是。○蒙引樂有五聲。獨舉徵招角招二者。以角爲民。徵爲事。取其切者也。○每一音之樂皆須具宮商角徵羽。如徵招之內固有宮商角徵羽。角招之內亦須有宮商角徵羽也。此之徵招角招者。又是箇大角徵。當孟子時此樂蓋猶在也。故舉以實之。言今所傳之徵招角招是其樂也。○其曰招者舜樂也。當時招在齊。齊景公蓋用之。而被以新詩。故其樂亦謂之招也。若說蓋

是舜樂則畜君者何尤之詩又說不來今觀是言晏子能畜止其君之欲○畜
君者好君也既出於好君夫何尤哉如此說方見釋詩意○紹聞編畜君止君
之欲使不行也詩言畜君何尤而孟子釋之言畜君者愛君也則從君之欲者
其得爲愛君乎忠臣之心惟恐其君之有欲晏子之於景公是也姦臣之心惟
恐其君之無欲趙高之於二世李林甫之於明皇是也然而多欲之君於忠臣
之言不以爲愛已而反尤之者多矣於姦佞阿意之言不惟不之尤而反以爲
愛者多矣○胡雲峰曰齊景能聽晏子之說而齊不能受孟子之說是可惜也
○說約引景晏事大段是望其納誨意多○然王意亦終在同民也○

齊宣王問曰　一章

或問范氏之說正矣其愛君之切而欲窒其利欲之原其意亦已深矣然於孟
子因機納諫之權剖析毫釐之妙則有所未察也蓋謂公劉齊王同爲好貨特
以公私之異而有厚民賊民之分則其勢不甚相遠而不難於矯革若直謂此

為厚民而彼為好貨則其勢隔絕而不復可以相移矣然此猶特為守正而不變之論耳至謂太王之事為正家則避難倉皇之際攜其婦子而來何以見其所謂正家者哉至於楊氏并前章好勇者為說則有意乎孟子之權矣然於孟子陳善閉邪之正似亦未察於毫釐之際也蓋齊王之小勇正所以害夫達德故孟子請其無好此勇而大之非欲其廓此小勇而大之也好貨好色人情所不免但齊王專於私己而不思及民故孟子欲其與民同之非欲因其邪心而利導之也此其為失特辭義名言之間有所不盡非有甚害然其說恐未免於曲學阿世之譏也

直解昔周天子建明堂於泰山下周室既衰地為齊有時人以天子既不復巡狩而齊為侯國非所宜居理當拆毀故齊宣王問孟子說人皆謂我毀明堂果當毀乎抑且止而不毀乎○許白雲曰宣王之意正是欲不毀○說約蓋已稱王即欲行天子之制也

蒙引議者但以爲非一統之王者不宜居此故欲毀之以臣論之王如欲行王政則亦可以王而明堂即王之所居矣何必毀哉

蒙引益王雖未能必行王政而實不能無羨慕於王天下也故曰王政可得聞與○許東陽曰文王未嘗稱王而所行却是王政○存疑九一待農也世祿待士也譏而不征待商旅也無禁均利於民也不孥惡惡短也○蒙引澤謂潴水梁謂魚梁饒氏曰澤是水之所都處梁是水之所通處水所通處正可絕流而漁故以爲魚梁也雲峰謂澤梁無禁者不禁民之取而有厲禁者禁民之不以時取也○或謂發政施仁指上文耕者九一至罪人不孥非也發政施仁是虛字先者重之也亦非先恤窮民而後行九一世祿之法也人君不發政施仁則已一行仁政便是此數者一時出令但此數窮民尤在所宜留意耳故曰尤宜憐恤必以爲先也此先字亦如後義先利之先字不可拘以時之先後爲言也

○凡民之老幼文王則導其妻子使養其老而恤其幼鰥寡孤獨之人則無父

母妻子之養而官養之者也○想當時諸侯興兵結怨無時或已兼凶荒頻仍天下鰥寡孤獨之民多故孟子之言如此○只此數句見得文王當時治岐擧許多人等都區處得當了○大學曰君子賢其賢而親其親小人樂其樂而利其利此以沒世不忘也此之謂也○摘訓鰥字從魚愁不能寐目常鰥鰥然如魚目不閉也○陳新安曰正月末章之意云亂至於此富人猶或可勝煢獨甚矣其可哀也

存疑好貨必多取於民以遂其好賦民必重待士必薄關市必征澤梁必禁窮民弗養故不能行王政○蒙引乃積乃倉言田畝有秋或露而積之或倉而貯之也遂裹餱糧於橐囊之中言有行齋之具矣於是思安集其民人以光大其國家而有弓矢干戈戚揚之器備於以往遷於豳焉蓋公劉被西戎之侵擾民不得安堵而國亦以弗振故曰思安集其民人以光大其國家○與百姓同之者好貨而推己之心以及民便是耕者九一云云矣好色與民同亦然

又云囊為袋則橐合是兩頭皆可入設乃並束結而載之者也

存疑好色則心志蠱惑用度奢侈便至多取故不能行王政○陳新安曰來朝
其來以朝也○蒙引來朝走馬奔狄人之難而來急也蓋同時率西水滸而至
於岐下也太王不忍委其民而與之偕豈使其妃獨後乎詎胥相也宇居也來
相其居也○摘訓兩箇與百姓同之便是王政於王何有便是王者然則明堂
何必毁哉因是周家明堂故把周家三箇先王來說○問孟子答梁惠王問利
節掃除之此處卻如此引導之何也朱子曰此處亦自分義利特人自不察耳
○蒙引究公劉之好貨止於乃積乃倉乃裹餱糧而已他無所謂好貨也究太
王之好色亦止於爰及姜女聿來胥宇而已他無所謂好色也然則亦所謂其
爭也君子雖然乃積乃倉乃民之貨非公劉之貨也爰及姜女乃天理人情之
當然豈可委其妃而獨行哉然則亦何好色之有孟子之權辭耳○存疑公劉
好貨太王好色本詩無此意孟子特就其中看出箇意思來引導其君耳公劉
詩只用居者有積倉兩句點出民富足意而公劉好貨能與民同之意就在其

中故承之曰王如好貨云云太王詩只說內無怨女兩句而太王好色能與民同之意就在其中故承之曰王如好色云云○孟子於齊王好貨好色都不禁他但勸他與民同葢與民同則好貨不自私必公於民而好貨之念衰矣好色必有節不至荒淫奢侈節用裕民好色之心亦衰矣此孟子之大才其變化人主之術最爲巧妙也不禁他也不縱他中間自有斡旋底方法使他都不知覺入將去○蒙引不止就事論事毋因事而格其心也○是非以理言得失以效言歸字重看是者歸於天理而爲有道之主非者歸於人欲而爲無道之君得者歸於王而可以保四海失者歸於亡而不足以保妻子○云端者言下克己復禮之工夫自此始葢己之與禮所謂同行異情幾微之際者也

孟子謂齊宣王曰　一章

蒙引非是自楚反彼乃凍餒其妻子葢反之日乃知彼之凍餒其妻子也○則如之何托以妻子者當何如處也棄之絕交也

摘訓不能治士是不能統御其所屬之士人而使刑罰不中也則如之何是君當如何以處士師也

蒙引四境之內不治或治道乖方而邑里之蕭條或教化陵夷而風俗之薄惡○受人之託妻子而凍餒之者固不得辭其責矣爲官長而不能治其屬者亦不能辭其責矣四境之內不治人君獨得以辭其責乎一則曰棄之二則曰已之固矣四境不治已獨且奈何哉○四境之內不治則如之何並說在王身上

○輔慶源曰顧左右以釋其愧言他事以亂其辭有護疾忌醫之心無責己求言之意○饒雙峰曰自責下問集註自爲他開兩條路當言此則寡人之罪也這便是自責又當言如何可以治人這便是下問齊王亦無服善之心故顧左右而言他後來因孔距心之辭則不憚於自責矣然亦恥於下問

孟子見齊宣王曰　一章

或問進賢如不得已之說曰楊氏後段之意甚善齊王之所以無臣正坐此耳

問或謂人主之權當自主持是否楊曰不爲臣下奪其威柄此固是也書稱湯曰用人惟己而孟子亦曰見賢焉然後用之則人君之權豈可爲人所分然孟子之論用人去人殺人雖不聽左右諸大夫之毀譽亦不聽國人之言因國人之公是非吾從而察之必有見焉而後行如此則權常在我若初無所見姑信己意爲之亦必終爲人所惑不能固執矣

蒙引喬木世臣皆故國所宜有蓋古人立國凡廟朝壇壝宮府及臺榭之所皆必植之名木如三槐九棘之類歲數既久則成喬木或千尋之高或百圍之大是亦故國之一證也若新造之邦亦安得有此○夫國有故國亦有新造之國今人槩指喬木之類以爲故國之證殊不知故國所重在人不在物也○世臣累世勳舊之臣蓋自其先世有大勳伐於國家而又代有聞人世其祿位與國同休戚者也在商則有伊陟巫賢在周則有召穆公虎爲康公奭之十六世孫也故詩曰文武受命召公維翰無曰予小子召公是似故國之爲故國有在於世臣者如此有國者其可弗知所重耶○王無親臣責其輕視臣下也○大凡有爲之君必有親信之臣堯舜之於禹皋能君臣日相都俞吁咈於一堂之上

而無間然。湯之於伊尹，高宗之於傅說，武王之於周召，無不皆然。後世如漢高之於蕭何，一不在左右，則如失左右手；於韓信，初間解衣衣之，推食食之。光武之於鄧禹，嘗與同臥起。太宗之推心房杜。或剪鬚和藥賜功臣。太祖雪夜幸趙普第。我太祖之作大誥三篇，亦托始於君臣同遊，蓋皆有見乎此。此理斷不可誣也。若無親信之臣，繫是庸庸之君。夫其所以無親臣，正坐於不知人也。而知人有道，孟子此章，緊繫之矣。○許釋昔者為昨日，對下文今日言也。此進字不（昨日今日，見幸易之意。）是泛泛進用，蓋其所親幸而將倚以為腹心者。故以不知其亡為無親臣也。若（或謂只重）百僚庶官之中，有今日進而明日亡去，亦何恠得王之不及知。○達說世臣必（在親臣上，不重以親臣為世臣，如此則首二句閒了。）自親臣始也。今王則親臣尚無，況世臣乎？然則齊亦安得為故國乎。

存疑此不但自解其昔者所進今日不知其亡之失，實欲得真才而用之，以免向日之弊也。言此亡去者皆不才之人，我初不知而誤用之，故今不以其去為意爾。從今以始，吾何以預識其人之不才而舍之？所用者皆真才，不致後日之輕視乎。

存疑如不得已須看得明白。先看不得已三字有着落。然後看如字則明白矣。如有個人。已本欲不用他。此欲已也。却有人要用他。我不能主張得。不得不用。此不得已也。凡不得已者。皆猶豫留難。遲慢不急向前。曰如不得已則非眞不得已。特如之爾。葢這人本是已要用的。初若已不欲用他。因他人要用。我不得已而用他。如此其遲慢留難也。特以欲得眞才。審之又審。至再至三至四。遲遲慢慢。留留難難。有似於已本欲不用。逼於人不得已而用之爾。○達說所以如此其謹者。果何爲哉。葢自用之而待以不次之位也。則謂之尊。苟尊非其人則其勢必易以賢之卑者是使卑者踰尊矣自用之而寄以心膂之托也。則謂之戚。苟戚非其人則其勢必易以賢之疏者是使疏者踰戚矣夫尊卑有等。國家之名分攸繫。使卑者踰尊。則名分亦紊亂矣。此所以自今尊之。亦自今而慮乎或有以踰之。而不可不慎也。親疏有序。朝廷之體統攸存。使疏者踰戚。則體統亦褻矣。此所以自今戚之亦自今而慮乎或有以踰之。而不可不慎也。蒙引左右皆曰賢者可矣。猶未也。諸大夫皆曰賢可矣。又未也。至於國人皆曰賢可矣。又必自察之。然後進而用之。其審之又審。略不少苟。眞若意不欲進而不得不進者。○見賢焉然後用之。則後日自不至於卑踰尊疏踰戚矣。見不賢焉然後去之。則今日既無倖進之失。後日亦無踰等之患矣。○左右皆曰不可者亦是今日所欲進用之人。不可謂是已在位而尊親之不賢者也。不但進賢如不得已。退人亦如不得已。方爲退得當。下文殺人亦如不得已也。總是好惡與民同也。○左右皆曰不可勿聽云云者。誠恐其失賢也。恐其失賢者。正欲其得眞賢也。故二條總歸於進賢如不得已。蓋不果進則在退列矣。進退相形非固增一箇退人説也。○陳新安曰如此方見進賢謹之之至。如必不得已而然者要之用舍之道參之於衆而察之於獨。不賢者固去之勿疑矣。賢者必任之勿貳。是即君所親信之臣也。此非親信之以己之私。而實親信之以國人之公。

所謂民之所好好之也今日爲王之親臣他日託孤寄命即爲國家之世臣矣存疑因說用人帶說刑殺葢用舍刑殺人君大事也〇蒙引此條不可依南軒新安帶連上文進退人才言不可而甚者則殺之如舜之於四凶非也葢不可而去之者正是所進之人才詢察其不可進而退之者亦何至有可殺之罪耶若四凶自是積惡犯罪非是因人薦進之際知其不可而殺之也集註明曰此言非獨以此進退人才至於用刑亦以此道分明果斷了〇大註天命指進退人才言天討指刑殺言如何以退人才亦爲天命有德耶曰有進便有退以此相形言耳意重道賢退只是不用不可謂之天討若下文民之所惡惡之則兼去之殺之

集說末節雖總上二節之意然用刑一邊亦只帶言〇大學此之謂民之父母頌之也此云如此然後可以云云責之也

齊宣王問曰　一章

蒙引宣王素以朝秦楚莅中國爲心實有滅東周而自帝之意此一問亦可以窺見其志矣○

朱子曰賊仁者無愛心而殘忍之謂也賊義者無羞惡之心之謂也○問賊仁是害心之理賊義是見於所行處傷其理曰以義爲見於所行便是告子義外矣義在内不在外義所以度事亦是心度之然此果何以别盜賊之罪重殘之罪輕仁義皆是心仁是天理根本處賊仁則大倫大法虧滅了便是殺人底人一般義是就一節一事上言一事上不合宜便是傷義似手足上損傷一般所傷者小尚可以補○輔慶源曰凶暴淫虐指發於中者言顛倒錯繆指見於事者言然發於中者必見於外見於事者實生於心絕滅天理則是殄閥其本根傷敗彝倫則是損害其枝葉衆叛親離不復君之此賊仁賊義衆惡皆備之證驗也此事自君言之則理所當然自臣下言之則不得已之大變故集註下文引王勉之語所以著萬世爲臣者之大戒○蒙引孟子是以一誅字換了弑字○

此是就賊仁賊義二字細分之如此其實紂惡已極所行件件不

皆有何所補

只重以大木喻大賢為室使工師意不重
只重以彫琢璞玉比治國家使玉人意不重

一夫字換了君字○達說獨言紂是因獨夫紂句不是紂罪浮於桀也

孟子見齊宣王曰　一章

蒙引勝其任謂大木勝巨室之任也不謂工師勝任○先儒謂任賢不如任匠非是不如任匠乃是不如任木也○幼而學者仁義也故壯則欲行夫仁義今王曰姑舍汝所學而從我是欲令舍其所學之仁義而狥吾所欲之功利也○賢者所學者大道之大者不外於仁義也○夫人幼而學之此孟子之所謂學也故曰所學者大也亦緣上文求大木字照出

蒙引萬鎰言其價值之少也以萬乘之國而視萬鎰之玉其輕重較然矣萬鎰不爲少而何○教字不必重是命字之意言玉則教玉人琢之而國家則不使賢者得伸其志以治之豈非愛國不如愛玉哉○摘訓教玉人即上文使玉人也教玉人彫琢是愛玉異於教玉人彫琢便是不愛國何以二字乃猜疑詰難之辭○蒙引前是譏其不任賢後是言愛國者必任賢王不任賢則其視國家

何以異猶云爲甚麼緣故乃如

蒙引易以木
好

爲何如是愛國不如愛玉矣兩段意自相叫應○饒雙峰謂前譬任賢不如任匠後譬愛國不如愛玉此說雖未得兩喻相貫之意然猶未甚失至陳新安以爲前譬小用賢者後譬不專用賢者又全不識孟子意矣兩段都是姑舍汝所學而從我不知何以說上是小用賢者下是不專用賢者

齊人伐燕勝之　一章

存疑以萬乘之國伐萬乘之國五旬而舉之亦是燕國自亂非齊眞能勝之也齊王言人力不至於此意者其天乎不取是逆天也必有天殃今欲取之何如可乎齊王不有利燕之心特托天以自文耳

存疑孟子告之曰天意不可知其視聽皆在於民卽民可以知天矣取之而燕民悅是天與我也則從而取之古之人有行之者武王是也取之而燕民不悅是天不與我也則勿取古之人有行之者文王是也○朱子曰此亦是齊王欲取燕故引之於文武之道非謂文王欲取商以商人不悅而止武王見商人悅

已遂取之也直是論其理如此耳○問取之而燕民悅至文王是也竊疑文王豈有革商之念曰此等難說孔子謂可與立未可與權到那時事勢自是要住不得後人把文王說得忒恁地却做一箇道行看着不做聲不做氣如此形容文王都沒情理以詩書考之全不是如此

蒙引若欲民心之歸則須是以仁易暴蓋以齊萬乘之國而伐燕萬乘之國彼燕之民簞食壺漿以逆齊之王師豈有他哉爲燕所虐而望救於齊耳王於此時正宜發政施仁以大慰燕民之心可也若更爲暴虐如水益深如火益熱則民將轉而望救於他人矣齊焉得而强取之哉○按後一條分明是說齊未能得燕民之悅而未便有可取之理其曰如水益深如火益熱蓋已窺見其有將殺其父兄至遷其重器之意矣然當時猶未有其事方是始勝之日也○如水益深如火益熱此如字是假如之如也非如似之如也即集註若更爲暴虐之若字若作如似之如則[illegible]如字而必於此方用如字何也

故斷是作若字用○蓋以上條觀之固未見得民悅齊亦未見得民不悅齊故此條勸以行仁政猶或可取也及齊不行仁政而更爲暴虐致煩諸侯之兵孟子乃轉教以置君而去蓋是時已失燕人之心矣無復可爲者矣○或謂此處是教齊王如何樣行仁政以慰其壺漿相迎之意耶或說是要着他反旄倪止重器而別立君非也此時未擬到此節蓋虜掠其父兄係累其子弟云云是取之以後事此則方是圖謀要取之耳何未嘗俘掠其父兄係累其子弟云云也○蓋此處只是教他反燕政以慰民望即如沛公入關與秦民約法三章餘悉除去秦苛法則善矣○陳新安曰欲知天命當觀人心欲得人心當施仁政○摘訓欲知天命當觀人心而齊王則未見其能得人心也欲得人心當行仁政而齊王則未見其能行仁政也惡在其可取哉孟子意只在不可取一邊

齊人伐燕取之　一章

存疑取之不用孟子之言也○集說諸侯將謀救燕不是真心救燕乃借救燕

為名不忍齊之并有其國耳下文固畏齊之強云云便是○違說將字是謀已定而兵尚未興也故孟子末節教以止之○蒙引何以待之謂何以備之也○陳新安曰七十里為政千里畏人並兩句為在下文分應之

蒙引湯十一征決不是滅其國而取之以為已有故其非富天下之心昭然於四國而無或疑如睃日之在天也○說天下信之便見得齊不為諸侯所信是以動天下之兵也必曰西夷北狄與其遠者言則近者可知也○只是願其雨而又恐其不雨故只管望之看是雲是霓耳若望雲者仰其來也若望霓者又疑其不來也（此望字是霓望之望與民望望字不同）○淺說書曰葛伯無道湯初征則自葛始而天下已信其志在於救民矣蹊是東面而征西夷怨南面而征北狄怨怨之者皆曰何為不先來征我之國也按書此言觀之可見湯所未征之國則民望之若大旱之望雲霓也及湯既至則歸市者不止耕者不變誅其君而弔其民（弔者存恤慰安之也）若時雨降民大悅矣故書又有曰徯我后后來其蘇則其望之切而悅之至也何如哉○節約按蔡傳

湯師之未加者則怨望其來曰何獨後予其所往伐者則妻孥相慶曰徯我后久矣后來我其復生乎明作兩截故此節斷當於雲霓句一畫上已舉書文而申言之下將舉書文而先釋之也以已意夾說在書內又引經一體達說謂徯我二句總証民望民悅非是此二句只証民悅又實其大悅之言也

集說若殺其父兄若字如云若像這等之若非未然之言也則殺其父兄係累其子弟當作實事毀其宗廟遷其重器亦是已出今要如此做皆已然也故曰（按語今以不行仁政而）（肆爲殘虐元倍已然說）如之何則可又曰不行仁政蒙引以爲殺者當時猶未殺也下做此故下云止其重器然獨不曰反其旄倪乎當時一番吞併殺者係累者自不勝數不必如此拘拘〇蒙引遲倍地已不是了緣當時齊已取燕故孟子只重在仁政上不復各其倍地也〇存疑此節要見得與上文湯所行相反方是今燕虐其民與湯之征葛無以異也民以爲將拯已於水火之中簞食壺漿以迎王師與商民之東征西怨南征北怨曰奚爲後我民之望之若大旱之望雲霓無以異也殺

其父兄係累其子弟毀其宗廟遷其重器則與誅其君弔其民若時雨降者異矣故曰如之何其可也○㬪猶忌也齊之强天下固㬪之第無釁可乘耳今又倍地而不行仁政則在我有釁而人得執以爲辭天下之兵從此起矣故曰是動天下之兵也○摘訓自如之何其可以上是無以慰燕民之望下是無以服諸侯之心然相因說非兩平意

有疑此是爲齊王畫策正答其何以待之之問○蒙引旄與耄同九十曰耄○蓋當時諸侯謀伐齊者以齊之殺燕父兄係累子弟等爲辭故教以反其旄倪出令只反止二項下二句不在令中云云蓋只論曲直未暇論强弱與勝負也○則猶可及止也當時齊王惟恐無以止之非惟燕終不爲已有而故物亦恐不能保也○旣動天下之兵了而爲之計則須是置君而去若只施仁政亦無開交蓋曉矣若初間倍地而行仁政則燕民戴之諸侯亦無釁可乘○使齊王若用孟子上章之言則[illegible]可取今旣不從其言而遂取以召諸侯之兵[illegible]則孟子爲之計只得從[illegible]置君

去之而已。所謂理之可爲者，不過如此。不然，以理言之，既自失於前；以勢言之，又不敢於後。不及今爲善變之術，恐日後有噬臍之悔矣。

鄒與魯鬨　一章

達說：昔鄒與魯構兵而鬨。鄒穆公問於孟子曰：吾有司爲我死敵者三十三人，（下君之民三字，正與吾有司三字相對。蓋公只知有司爲君之有司，不知民亦君之民也。）而民莫肯爲有司死焉。夫民之不用情於有司如此，吾欲盡誅之，則人衆不可盡誅，難乎其爲刑矣；若不誅之，則疾視其長上之死而不救，又難乎其爲有司矣。不知如之何而可以處此民也。穆公此問，是盖徒知歸罪於民，而不知反求諸已也。○說約：莫之，莫爲之也。疾視，何言今日無以謝有司，不爲懲戒，後日計如之何則可。盡問誅之乎，且止乎。

蒙引：凶年，凡疾疫之類，皆是饑歲，只是歲不熟。○存疑：君之倉廩實，府庫充，君之慢也。有司莫以告，有司之慢也。○集說：倉廩以粟言，府庫以財言。○摘訓：幾千人，見死亡之多。正與三十三人相應。倉廩實，府庫充，是君厚斂獨富，而有以（正是孳在府求富）

致民之死亡莫以告是有司坐視不賑而無以救民之死亡莫以告兼告民之（正是有司不知恤民）
死亡及發倉廩府庫也殘下則是君及有司皆疾視其民之死而不救矣○出
爾反爾正見當戒之乃泛言不曾指定君臣○存疑出乎爾者反乎爾感應之（看戒字○說不好遮說）
理必然也上慢殘下民心已恨於平時但未有隙得反耳及今戰鬪之時而後
得反之也此固感應之理無足怪矣故曰君無尤焉○張南軒曰有司視民之
死而不救故民視有司之死而亦莫之救所以爲得反之也○說約有司莫以
告句最重是說與民之死之故
陳新安曰有司所以然者皆君不行仁政之故孟子對鄒君言故略有司而專
勉君正本之論也○說約淺說云親上死長此長上俱指有司親之死之俱在
危難之時親以心言死以身言平時非不親也但此句是應疾視長上句意各
有指也○愚按注君行仁政則有司皆愛其民而民亦愛之矣亦如此說○愚按
行仁政只照范註卹饑寒救疾苦說是益此節與上節對上節從凶年饑歲說

此節亦庶照凶年饑歲說非遺却平時也

滕文公問曰　一章

存疑文公事齊事楚之問是欲擇一最强者事之以求自安之策也

蒙引是謀非吾所能及也以其欲爲僥倖苟免之計而拒之也○存疑無已則達說與民守之帶上句言效死而民弗

有一焉乃自立之道也鑿池築城守之具也與民守之率其民以守也此獨未去見變故之臨

着力效死而民弗去方着力效死已致死以守也民弗去民亦爲之死守也○

輔慶源曰築城鑿池致死以守者守義也使民亦爲之守死而不去則非愛民

者不能也○陳新安曰守義守死社稷之義以倡其民也愛民當在平時○蒙

引嘗疑智者爲能以小事大而保其國今滕文公欲事齊楚而孟子乃曰是謀

非吾所能及何與蓋以小事大文公自能之不待教也但文公全欲憑大國之

援以僥倖旦夕之無事而特不知有自固之義故孟子獨以所缺者箴之南軒

曰與其望二國矜已以求安不若思所以自强而立國雖曰自强立國然論到

道理十全處齊楚還當事他當以鄭子産爲法○此數章意實相承初因文公問而告以死守後因其問又告以太王之遷及其又問也則合死守遷都而請其自擇蓋理之可爲者不過如此

滕文公問曰　一章

或問李氏之言得矣李氏曰孟子數語文公以太王之事蓋以其國小人弱不過能爲善以待子孫其次則效死而已固不以湯文之事望之也然當時諸侯賢而有禮能篤信孟子之言而力行之未有能過之者惜其國小人弱非有湯文之德不能以興起耳故曰雖有智慧不如乘勢雖有鎡基不如待時此之謂也

直解滕與薛同處於齊之西境勢相依倚今齊人將取薛之地築以爲城薛亡此時滕國與齊其後滕不亡於齊而亡於宋則滕之勢益孤而齊之侵陵益迫此誠危急存亡之秋寡人深以爲懼不知當如之何而可免於吞併之患也

存滅齊人將築薛滕之禍急在旦夕孟子乃舉太王遷國之事告之不知教他遷將安之大抵滕當時時勢已難爲今之計只是遷國守死二者而已守死之

第已陳於前。到此只得以遷國告之也。雖是遷無所之。然春秋書紀侯大去其國。亦是逼於强國而去。無已。無亦出於此爾。○味不得已也。是無可奈何之辭。存疑苟爲善至爲可繼。是泛說道理。單太王在內。君如彼何哉方入事。○其曰苟爲善後世子孫必有王者。亦是以後來事慰解他。固不敢謂有濟於目前。又曰成功則天。亦非敢取必於後也。總是計無所出。爲此不得已之謀爾。○紹聞編爲善指修其德政意。非以遷國不爭爲爲善也。創業垂統應爲善說。成功則天應了子孫有王者說。○創業垂統泛言。或指遷國圖存言非也。事有次第謂之業。爲之自我謂之創。繼在後人。而使可繼在我也。○摘訓創業垂統一串下。不可平對。但能不失其正。就指創業垂統說。不是創業垂統了。又另不失其正。○準說强爲善而已矣。味而已矣三字。可見此外便是僥倖苟免之圖也。○直解承上文說太王遷國於岐。雖出一時避難之權。而周家興王之業實由此起。使爲君者果能修德行仁。如太王之所爲。則雖暫時失國。後來子孫必有應運而

此二句只是

照下成功何

只是爲所當爲

即權泰之爲也

興如周之文武爲王於天下者此天理之必然者也然人君創基業於前垂統
緒於後但能爲所當爲而不失其正使後世子孫可繼續而行耳若夫興起王（須照註用但字方得語意）
業而成一統之功則上天自有主張豈人力之可必乎今齊强滕弱勢固不敵
君將奈彼何哉爲君計者只宜勉强爲善盡其在我聽其在天而已矣此外則（敵强國弱故爲善須强）
非意慮之所能及也○滕文之意在免禍於目前而孟子却教以爲善使之積
德於身後蓋目前之計止可徼幸於一時而積善以貽子孫乃所以爲國家長
遠之慮也○愚按蒙引云太王避狄遷都不忍殘民以與敵爭此是太王爲善
處孟子令文公强爲善者意蓋亦欲其如此方續得太王遷岐云云愚謂善字
所該者廣凡積德累仁之事皆是註云强於爲善使其可繼豈但令後世繼續
其遷國之事乎此似說不去然則上節如何接續蓋孟子既告以遷國又恐其
以失地爲慮故又以爲善必王慰解之言能爲善目前雖失其地後日自有大
好處下文云云又言天理可必天命難必但當勉强爲善盡其在我者以俟之

而已矣。細看大註語意似只是如此。或人又謂前既告以效死此又告以遷國不幾二耑其説乎。孟子説强爲善而已矣。只是教他一心爲善以自守。元非教以遷國。愚謂此說正忠郯下章君請擇於斯二者一句。○胡雲峰曰前章是守義愛民。當盡其在我者。而不可僥倖其在人者。此章是勉强爲善。當盡其在我者。而不可僥倖其在天者。

滕文公問曰　一章

或問程子至矣　伊川曰衆人必當就禮法。自大賢以上則看他如何不可以禮法拘也。且守社稷者國君之職也。太王則委而去之。守宗廟者天子之職也。堯舜則以天下與人。如三聖賢則無害。他人便不可。然聖人所以教人之道。大抵使人循禮法而已。然其曰大賢以上不可以禮法拘者。權而得中。是亦禮法而已矣。但常人未至於此。則不可輕效聖賢之所爲。寧不盡乎禮法之變。而不可失其常也。

蒙引言吾以其志在財幣。故事之皮幣。又事之犬馬玉帛。今皆不得免焉。然而狄人之所欲者。非皮幣也。非玉帛也。非犬馬也。是欲吾土地也。今吾欲與之爭則勢力不敵徙使吾民膏血於鋒鏑之下云云○存疑舊說二三子何患乎無君是太王與民別之言蒙引獨謂是率民而去之言似有理曰二三子何患乎無君又曰我將去之便是有君也○君子不以其所養人者害人亦邠民以不爭之意也若此必見奪於狄人而邠民無君矣然非所患也我將去之矣不爭地以見奪於狄人疑於無君棄地而往遷於他邦是無君而有君也蒙引曰仁人也不可失也以下昔有德於民言非惟一時所謂不以其所養人者害人數語而感動民之樂從也仁言不如仁聲之入人深也○許東陽曰太王自邠遷岐民從之如歸市史所謂居三月成城郭一年成邑三年成都而民五倍其初蓋非獨邠民近於岐周之民皆歸之也當時西方地近戎狄皆閒隙之地非封國之疆界故大王得優游遷徙若滕在中國又介大國之間無可遷之地民雖或從之亦無所往孟子特舉太王之得民以警文公爾故下文言效死乃其正也

蓋引非已所能爲言不可輒舍去而遷之他也。

輔慶源曰遷國以圖存者太王是也守正而俟死者國君死社稷是也在文公唯有此二法故併舉以告之然權非大賢以上不能爲經則人皆當勉也故使文公審己量力擇而取其一焉夫太王之事非文公所能爲然則孟子之意固欲文公勉守其常法耳○問集註義字當改作經字朱子曰恐之誠是蓋義便近權或可如此或可如彼皆義也經則一定而不易既對權字須著用經字○問孟子對滕文公三段皆是無可奈何只得勉之爲善之辭想見滕國至弱都主張不起故如此曰滕是必亡無可疑者况王政不是一日行得底事他又界在齊楚之間二國視之如太山之壓雞卵耳若教他粗成次第此二國亦必不見容也若湯文之興皆在空閑之地無人來覷他故日漸盛大若滕則實是難保也。

魯平公將出　一章

或問范氏所言魯侯不可言天者甚善蓋出於李泌君相不可言命之說范曰在孟子可以言天在魯侯不可以言天賢者在己者有義在天者有命修其在己而聽其在天至於人君則當尊用賢德奉行天命不當諉之天也
達說昔魯平公因樂正子之言將出而就見孟子蓋庶幾好善而忘勢矣嬖人臧倉者云云○集說人君出入未有不昭示於其下者乘輿已駕而未明告有司此蓋因樂正子言孟子之賢故不謀於左右而往見之亦是平公一段好處但好賢之念決不勝便嬖之私耳○何哉猶言何爲是說何故君所爲輕身以先於匹夫者以爲賢乎看一者字乎字當作詰問之辭○蒙引爲如字言君爲此輕身匹夫之事○前解大賢者舉動必循乎禮作事必合乎義這禮義宜從賢者身上做將出來我聞孟子前時喪父其禮甚簡後來喪母卻極其豐厚過於前喪則是厚母薄父不知有禮義之大道何得爲賢君勿輕身而往見也○摘訓原來初時敢請已有此意蓋佯爲不知所之耳

喪字指其所行之禮而言

蒙引樂正子只用說前以三鼎後以五鼎而乃先之曰前以士後以大夫並是

要露出士大夫字以陰折之○此非問辭乃固問而辭也○前以士後以大夫不即是三鼎五鼎○據禮記士有士之喪禮大夫有大夫之喪禮亦各有定制不必專以三鼎五鼎祭禮實之也盖三鼎五鼎只是祭禮與喪禮皆○三鼎豚魚腊用特豚而以魚腊配之五鼎羊豚魚腊膚用羊豚而以魚腊膚配之祭不必喪後方有祭自初喪未葬之前皆有祭○美字應前踰字恭以棺槨衣衾人人皆可以自盡時時皆得以自致固不拘其爲士爲大夫而孟子之後喪實美於前喪耳非以前爲士後爲大夫之有制者議之也○存疑恭以三鼎五鼎禮有定分不得謂踰棺槨衣衾人人之所得自盡而有厚薄乃所謂踰也○蒙正子承平公之言謂孟子之喪母棺槨衣衾異於喪父是非有意於踰其父也時之貧富不同也其前之喪父也爲士也貧也後之喪母也爲大夫也富也貧則無財不可以爲悅是欲厚而不能富則得之爲有財故得以盡其心○集説貧富不同在俸祿上說○達説貧富不同此豈可謂之踰乎既非所謂踰則無害

於禮義而不失爲賢者矣君何爲而不任見也

遂說人之行而仕或有人使之而行人之止而不仕或有人尼之而止○孟解行謂言人之行人之止與道之將行道之將廢不同只是總說出處二字使之尼之言或有人在君前稱道其賢使之見用或有人在君前阻遏其進使之不遇也○遂說天指氣數言說得大若道之將行也命也乃吾身之命不同

○蒙引遇字重看若但以駕乘一見爲孟子之遇魯侯則孟子平日所遇亦多矣如齊宣梁惠相見不旣頻耶○吾之不遇魯侯天也以其爲治亂興衰之所係也不偶然也謂氣數未亨吾道當窮故平公將行而有臧倉之沮也沮之言雖出臧倉之口然要其所以臧倉亦朗爲而有是沮也蓋皆氣數之爲不但孟子之出處制於天而臧倉之一沮亦受命於天者也○輔慶源曰章旨之說深得聖賢出處之道樂正子亦未免以世俗之心窺孟子故孟子以此發之

四書鈔上孟卷一　終

歷亭秘玉笈仲直纂輯

公孫丑問曰 見註 章

或問楊氏初說甚善其論五伯假之管仲知義之說亦皆得之楊曰王道本於誠意觀管仲亦有是處但其意別耳如伐楚事責之以包茅不貢其名則是若其意豈爲楚不勤王然後加兵但欲楚尊齊耳尊齊而不尊周管仲亦莫之詰也故孟子曰五霸假之也蓋言其不以誠爲之也又曰自古但詳之徒皆知義是以勝利然不爲利疚而遷者幾希如管仲亦知義故所爲多假義而行

蒙引當路居要地路者人所必由也如掌刑罰之權則凡入刑罰之科者必由焉如操錢穀之柄則凡有錢穀之數者必由焉是彼當要路而我必經由其路而通塞有在於彼者故曰當路也○許猶期也謂自期也○輔慶源曰觀其語意恐孟子不敢以管晏自許是全未知孟子也○真西山曰齊宣既慕桓文丑復慕管晏蓋霸者功利之說深入人心已久故不惟時君慕之而學者亦慕之

也○

蒙引知管仲晏子而已矣言管仲之外更有抱格心致主之學掀天揭地之功者皆所不知也○聖賢之事謂正心修德而致主於王道也即大學一部孟子所謂以齊王者

蒙引子路勇於義而不可以勢利拘又負大有爲之才若達却爲國以禮道理則便是堯舜氣象結纓一節有行一不義殺一不辜而得天下不爲之心所立如此曾子服之非謙辭也然曾子惟其知畏子路此曾子之所以爲曾子也○或人初擬曾西於子路因其不敢當乃始以管仲擬之此人見識優於公孫丑若丑必不以子路爲優於管仲第猶未知曾西耳○烈猶光也指功業之著見者言也謂古之聖賢間有功烈不至於大就者則以不得君之專任或在位之不久耳今管仲　此其所以不足多○曾之言則也乃也謂何乃比予於是也是字承得君專行政久而功烈卑言謂爾何乃比我於此等之得君專行政

以而功烈卑者耶○楊氏以範我馳驅比子路以聖門規矩作爲也不獲以比子路僅可治千乘之賦而九合一匡有所不逮也以詭遇比管仲之行霸術以獲禽比管仲之九合一匡之功業也楊氏之說只取範我馳驅及詭遇字○問聖人分明是大管仲之功而孟子硬以爲卑如何朱子曰孟子是不肯做他底是見他做得那規模來低

蒙引孟子只說管仲者以或問曾西只及管仲故只承之曰管仲曾西云云非以晏子事功不及管且未嘗專齊政又以其近正而無可譏也（俱新安說）○一從孟子說故許爲自許○一從丑說故願爲相願○摘訓由上文觀之可見管仲曾西之所不爲也我與曾西同一學術同一志趣既曾西之所不爲則亦我之所不爲矣而子乃爲我願之乎是不以曾西待我也末貞補出晏子來

蒙引夫管仲以其君霸有可言者矣晏子以其君顯處何如曰當晏子時五霸俱沒中夏諸侯惟齊最強大景公在位且五十八年諸侯莫侵侮之者其任晏

子或用其省耕省斂之言而興發或用屨賤踊貴之言而寬刑或增其室或更其宅此皆賢君所爲如夾谷之會能歸侵疆亦庶幾知强仁義者在當時宜其視他諸侯爲獨顯也蓋有所謂彼善於此者歟其晚年失政使陳氏得厚施於國又多內嬖而不立太子則自其失矣○蓮說此節丑極稱管晏之功以申可復許之意但上疑其難許此明其可許也

蒙引此是孟子自負也以言能輔佐之也正承上文以其君霸顯二以字說來皆謂能致其君也下文雖只說齊之時勢易德行速而不及孟子致君之事然行仁政以解倒懸非孟子佐之而誰克舉此○存疑以齊王猶反手言霸顯之不足爲也

蒙引言以管晏爲不足爲弟子既已惑矣今又言以齊王猶反手則惑轉甚也

○德蓋指治岐之政九一世祿不征不禁之類下文德行速亦指仁政也且與未洽及大行字意相符不只就文王一身上說○不可謂在位百年也在位無

百年只言其壽之長以見其在位之久也○遂說且以文王之德其及於人者不爲不盛○又百年而後崩其德之施者不爲不久○摘訓德兼洽教說○未洽德未洽也武王之治周公之教總是德之大行大行則洽於天下矣○集說未洽只是不能遍王於天下意○蒙引然後大行兼武王周公說○集註云文王三分天下有其二武王克商乃有天下周公相成王制禮作樂然後教化大行此大行只就周公一邊說與本文大同小異○且武王只是克商以有天下如何亦說大行曰沛然德教溢乎四海無遠弗屆非前日青兗及冀非有周政化所及之日比也○集註於周公必曰教化大行者承制禮作樂言也孟子只言大行古文也朱註却要分明與後人觀○在武王爲政化大行在周公爲教化大行○若易然謂似無難然者○摘訓今言王三字就道指以齊王猶反手一句說○不是到若易然上才說出猶反手來○謂文王之難如此○今夫子言以齊王猶反手○則無待於百年○無待於相繼○比之文王又若甚易然者矣○

蒙引當猶敵也以其德不可當也孰謂文王不足法哉但文王所遭之時勢難
耳○由湯至失之也此言其時之難○以下係註云自文武至此七百餘年異於商
之賢聖繼作至異於紂之猶有善政可見尺地至是以難也是言勢之難○愚
按時之難又分作二段自由湯至難變也作一段○是總說商家一代賢聖之君
難變言難[illegible]商而事用人也○
最多而以久則難變也收之○自武丁至失之也作一段○是又從商家末後一箇
賢聖之君說下○而以故久而後失之也收之○然上文已總說○下又單提武丁○[illegible]
重在武丁上○雖在紂之時去武丁未久也○蒙引湯崩太甲顛覆湯之典刑伊
尹遷太甲於桐處仁遷義既復辟而保惠庶民不敢侮於鰥寡號爲太宗太甲
五世至太戊修德而祥桑死商道復興太戊三世至祖乙以河決之害去亳遷
耿祖乙六世至盤庚又以河決之害遷於亳有盤庚三篇行湯之政商道復興
盤庚三世至武丁得良弼戒雉雊伐鬼方商中興焉又八世而爲紂凡一百單
八年云○賢聖之君六七作則其教化之陶淑民俗者厚惠澤之固結民心者

深。故繼之曰天下歸殷久矣久則難變也○蓋商自盤庚之後小辛小乙二王
繼立商道又衰諸侯多不來朝矣。天下多非其有矣。而武丁能用人修政於是
諸侯無敢不來庭者商道遂赫然中興故曰武丁朝諸侯有天下猶運之掌也
言其中興之盛也惟有鬼方負遠不服於是有三年之師亦可想見其中興之
盛○故家舊臣家也遺俗舊民俗也此在下者。流風以修身齊家之化言善政
以紀綱法度言此全是在上者。○賢人作五箇人看。久而後失言失之於武丁
時。不在文王手頭失也。○集說舊臣之家與國休戚。舊民之俗忠義於上。修身
齊家之化訓勑其民。紀綱法度之施統馭其下。總見武丁遺澤尚在紂未能一
日便蕩滅盡了。雖至無道。而賴武丁之遺尚撐持幾年也。○輔相不是得行其
道左右厭辟只是在下邊暗中維持幾分而已。此在未奴未去未死時說。○摘
訓其故家其字單指武丁說。言武丁中興之盛如此。其家其俗其風其政可知
矣。紂去其盛時未久。則武丁之故家云云。蒙引云曰故曰遺曰流皆自商先王

之身上來未是武丁至猶有存者爲一小段又有至輔相之爲一小段而以故
久而後失之也總收之蓋久而至於武王之世則向之猶有存者以漸而失其
舊相與輔相者以漸而無其人所以失之也○蒙引問周自太王之時商道寖
衰而周日强大矣何文王猶方百里起也耶曰是時太王王季雖盛商運雖衰
微然王制猶未改故只是仍舊百里之國太王王季又非挾若無已而併吞鄰
國以自封殖者其所謂强大者只是國勢內實而有可畏不可敵之勢耳文王
由方百里起之言固自無可疑○摘訓由方百里起則百里之地比之尺地莫非
其有百里之民比之一民莫非其臣其廣狹多寡相去霄壤矣是以難也○向
緊接上句語
雖亦致王
使紂之前而無六七賢聖之君則人心之變也易紂之時而無武丁之餘澤無
賢人之次輔則天下之失也速紂之地與民不盡乎天下且文王不止於百里
則亦不至如此之難所謂王猶反手者益無足言矣然則文王何可當哉
蒙引正韻註鎡基鉏之別名○雖有智慧二句以作事言雖有鎡基二句以種

明言〇達說說智慧乘勢然後以鎡基待時譬之今平平說亦罷今時時字只
作今日字看補時勢在下與末惟此時爲然相呌應看〇淺說吾謂以齊王猶
反手者亦以今時之時勢則易然也
蒙引此言其勢之易易是甚事謂齊王易也或者只以地辟民聚爲勢易而以
行仁政而王爲勢易之外句誤矣〇夏后殷周之盛皆天皆王土率土皆王臣
之日也盛字重看言其盛時王畿猶不過於千里則齊之千里之地所以爲廣
也〇人之所居必有雞犬故云則是人烟接連無間斷處也不既庶矣哉〇言
地已闢而不待再闢矣凡改者皆是更圖之辭如改卜改筮改日之類〇摘訓
地不改闢異於文王百里之地民不改聚異於文王百里之民〇蒙引行仁政
二句言以此之勢行仁而王易也與下條饑者易爲食二句相對〇摘訓而王
是有天下之地求天下之民〇饒雙峰曰勢是指事力而言有地則有財有民
則有兵地廣則財富民衆則兵强所以舉事易文王百里地狹民少所以難

蒙引問勢易時易如何分曰勢易以齊力量而言時易以天下機會而言有其時而無其勢固不足以致王滕文公是也有其勢而無其時亦不可以致王太王王季雖周日强大然商命未絕至文王亦只三分有二是也○集說且字承上節言不但勢易而時且易又如此也○蒙引饑者云云以況憔悴之民易爲德也此之饑渴猶下文之倒懸也皆是喻○存疑未有疏於此時未有甚於此時而時字是時勢之時此時而施仁政不待深仁厚澤而民快於心猶饑渴之久易爲飲食而人適於口也○達說要補仁政在饑者上要補致王在爲飲下饒雙峰曰德之流行即是應前面文王之德底德字盖德是不全靠時勢不得有智慧而後可以乘勢有鎡基而後可以待時若無德雖有時勢何以行之○蒙引孔子此言不必在時勢易上來盖德之感人自是速其感應之妙機有捷於置郵者孟子引此明德行亦不自速也○德之流行一條不必言時勢既易則德行自速盖自爲一條上文雖言行仁政而王莫之能禦也饑者易爲食渴

者易爲飲然其實只據見成時勢道雖兼德化意不曾兼德化對說至此方說
出德行之速而下文方總之曰當今之時萬乘之國行仁政民之悅之猶解倒
懸方實說出由時勢易而德行速意若上文行仁政而王者猶是輕帶說○馬
遞曰置步遞曰郵大抵置長而郵短故置用馬遞而郵用步遞也卽今官文書
常者遞鋪遞急者驛馬遞○德行雖速不過於置郵之傳遞而乃以爲更速何
也曰此亦甚言其速耳如云捷於影響豈眞有捷過影響之理○說約問曰則
文王不足法與答曰文王何可當也皆指其德而言大段謂此須兼時勢故難
易別耳但如此則似看德較輕故引孔子語又周旋說德亦自好以起下仁政
得時勢則反手可必之意仁政卽德畢竟急着乘時藉勢斷在今日也（與文王對音篔明）
蒙引當今之時時易也萬乘之國勢易也行仁政民之悅之猶解倒懸德行速
意也此節意重在德行速○時兼時勢（此時時字）時勢易則德行之速者愈速矣故連德
行速說在內○達說夫德行本速固不假於時勢之易況加以當今之時王者

此字與惟字相呼應

不作斯民憔悴又有萬乘之國地不改辟民不改聚而能行不疾而速不行而至之仁政焉將見民之悅之猶解倒懸之苦也故所施之事半於古人不必積德於百年也所收之功實倍於古人不至未洽於天下也是非今之人有過於古之人而古之人不若乎今之人也正惟此時時勢易而德行速故用力少而成功多如此也○集說行仁政內要見得任賢圖治之意方與上文以齊王相應却不是專專責齊行仁政一般說話○摘訓解倒懸是得民心功必倍之方是王天下手此則真能以齊王猶反手矣區區管晏何足道哉○德行謂德之流行也

須是孟子作之

公孫丑問曰 章

或問孟子之不動心何也曰盡心知性無所疑惑動皆合義無所畏怯雖當盛位行大道亦沛然行其所無事而已何動心之有易所謂不疑其所行者蓋如此而孔子之不惑亦其事也曰孟施舍之於曾子北宮黝之於子夏奈何曰二

人勇力之士耳孟子特以其氣象之所似而明之非以其道爲同乎二子也曰
孟子既以孟施舍爲守約矣又曰舍之守氣不如曾子之守約何也曰守約云
者言其所守之得其要耳非以約爲一物而可守之也蓋黝舍皆守氣以養勇然
以黝比舍則舍之守爲得其要至以舍而比於曾子則曾子之守尤爲得其要
詳集註說
也曰如子之言則告子之所不得者己之言也孟子之所知者他人之言二者
亦不同矣而以一說貫之何耶曰是亦嘗欲一之矣然以告子之所不得爲人
之言則與其下文心若氣者爲不類而所謂勿求諸心者與後所謂生於其心
者亦復不同以孟子之所知爲己之言則不應無一辭之合理而常自處於詖
淫邪遁之間也是以反復推之而得其說如此蓋告子不自知其言之所以失
而孟子乃兼貫物我舉天下之言所以失者而知之是以其心正理明而無疑
於天下之故至其由是以集義而無不慊於心則非義之襲亦不得以入於其
朱子曰集義工夫在知言之後不知言則亦不能集義
間而與無不慊於心矣又曰告子之學他雖無所考證然以孟子此章之言反

復求之則亦有𣈆然可見而無疑者蓋其先引告子之言以張本於前後言已之所長以著明於後今以其同者而比之則告子所不得之言即孟子所知之言告子所勿求之氣即孟子所養之氣也以其異者而反之則凡告子之所以失即孟子之所以得孟子之所以得即告子之所以失也抑後篇告子論性數章皆卒然立論而辭窮即止無復思惟辨論之意是又吾所謂不得於言而不求諸心之一驗而其所謂勿求者二亦文同而意異蓋一以爲無益有損而不可求一以爲理所必無而不必求讀者審之則得其文意而知其所以失矣曰持志養氣之爲交養何也曰持志所以直其內也無暴其氣所以防於外也兩者各致其功而無所偏廢焉則志正而氣自完氣完而志益正其於存養之功且將無一息之不存矣曰程子所謂志動氣者什九氣動志者什一何也曰此言其多少之分也而孟子所以猶有取於勿求於氣之云者而不盡善之於此亦可見矣曰知言養氣之說如何曰程子謝氏得之矣程子曰知言然後可以養氣謝曰知言是智

氣思

蓋孟子之不動心知言以開其前故無所疑養氣以培其後故無所懼如仁智勇之將勝敗之形得失之算已判於胸中而能虎豹貔貅百萬之衆又皆望其旌麾聽其金鼓敵爲之赴湯蹈火有死無二是以千里轉戰所向無前其視孟子之不動心止猶勇夫悍卒初無制勝料敵之謀又無蚍蜉蟻子之援徒恃其所養勇而挺身以赴敵也其不爲人擒者特幸而已曰何以言氣之配義與道也曰道體也義用也二者皆理也形而上者也氣也者器也形而下者也以本體言之則有是理然後有是氣而理之所以行又必因氣以爲質也以人言之則必明道集義然後能生浩然之氣而義與道也又因是氣而後得以行焉蓋三者雖有上下體用之殊然其渾合而無間也乃如此苟爲不知所以養焉而有以害之則理自理氣自氣其浩然而充者且爲慊然之餒矣或略知道義之爲貴而欲恃之以有爲亦且散漫蕭索而不能以自振矣曰氣所以配乎道義者也而又曰集義所生何耶曰吾所謂有理然後有氣故必明道集義然後能

生浩然之氣者亦詳且明矣曰孟子深闢義外之說矣而其言曰集義又似有取乎彼而集之於此者何也曰義者心之所以制事而合宜之謂也事物之來無不以義裁之而必合其宜焉是則所謂集義者也豈曰取於彼而集於此哉曰有事勿正勿忘勿助何謂也曰必有事焉言必當有所事乎此也勿正者言不可預期其效也心勿忘者言不可忘其所有事也勿助長者不可强其所謂克也大抵今人之學或以預爲之期而不爲其事其或能有所爲者則亦必期其功期而不至則或以爲無益而忘之或不勝其欲速而助之此衆人之通患也故孟子言養氣者唯當集義以爲事而不可預期於襲取之功不可以集義爲無益而忘之又不可以其氣未充而助之也然助之長之害甚於舍之何也曰舍之之害特不察乎義之所在無以慊足其心而已助之長則知其不慊而又作爲以張之也較是二者則爲罪之輕重可見矣曰程子所謂活潑潑地者何也曰此所以形容天理流行自然之妙也蓋無所事而忘則人欲之私作正焉

而助之長則其用心之過亦不免於人欲之私也故必絕是二者之累而後天
理自然之妙得以流行發見於日用之間若鳶之飛而戾於天也魚之躍而出
於淵也若曾點之浴沂風雩而詠以歸也活潑潑地者蓋以俗語明之取其易
知而已或者乃以此語為原於禪學則誤也曰上文兼言志氣而以持志為主
此乃專言養氣而不及持志何耶曰養氣以集義為功而集義以居敬為本此
言集義則固非持志不能矣程子曰志為之主乃能生浩然之氣至於浩氣已
成則又何者為志氣之別正謂此也曰張子呂氏四辭之別如何曰詖而不安
則必為淫辭以張其說淫而過實則必有邪辭以離於道邪必有窮故必為遁
辭以自解免凡曰異端無不具此故程子以為楊墨兼有而張子亦以釋氏為
然張子曰釋氏之言流遁失守窮大則淫離行
則詖致曲則邪求之一卷之中此弊數數不必指一人以主一事也曰六
子之不同何也曰聖人之道大而能博門弟子不能遍觀而盡識也故學焉而
各得其性之所近如游夏得其文學子張得其威儀皆一體也惟冉牛閔子顏

淵氣質不偏理義完具故其默而識之不言而信者獨能具有聖人之全體但猶役於思勉滯於形迹未若聖人之大而化之無復限量之可言故以為具體而微爾○曰伯夷伊尹之行一不義殺一不辜而得天下有所不為何以言之也曰以其讓國而逃諫伐而餓非其道義一介不以取予於人觀之則可見矣

蒙引此章當分五節看首節至曾子之守約也言孟子能不動心只略露其端敢問夫子之不動心至反動其心則言孟子之不動心異於告子者且從養氣一邊說敢問夫子惡乎長至必從吾言矣乃詳孟子之心所以不動處兼知言養氣二者言宰我子貢至則學孔子也皆是願學孔子之意又見得孟子雖不敢自以為聖然知言養氣學已到聖處蓋已寓繼孔子之意矣伯夷伊尹至未則盛言孔子之聖以見孟子之所以願學者也○朱子曰雖由此霸王不異矣言從此為霸為王不是差異蓋布衣之權重於當時如財用兵甲之類盡付於他樂毅統六國之師長驅入齊○公孫丑非謂孟子以卿相富貴動其心謂霸

王事大。恐孟子擔當不過有所疑懼而動其心耳。不知霸王當甚閑事。○公孫
是不難只依此解。不必即照下說。下句
丑初間謂任此重事還動心不動心孟子答以不動心極容易底事我從四十
只是明上句意。蓋告子未為知道。尚能早已不動心。況孟子之知言養氣乎。
已不動了。告子又先我不動心。公孫丑又問不動心有道理無道理。孟子又告
可見是不難。
以有於是又舉北宮黝孟施舍之勇也是不動。然彼之所以不動者。皆强制於
外。不是存養之功。故又舉曾子之言。云自反縮與不縮。所以不動只在方寸之
間。若仰不愧。俯不怍。看如何大利害。皆不足以易之。若有一毫不直。則此心便
索然。公孫丑又問孟子所以不動者如何。孟子遂答以我知言我善養吾浩然
之氣○達說此承上章卿相即前當路也。因孟子說管晏不足為齊王猶反手。
故言成霸王無難矣○蒙引任大責重如為知府則一府之事皆其職任若府
事之治不治則皆其責也○公孫丑以管仲晏子期孟子既為孟子所斥於此
又混舉伯王為言丑之識見如此七篇之旨決非其所能述也○此字指得位
行道○存疑蓋恐懼疑惑就是動心處。恐懼疑惑又何計動心矣。饒氏謂是

心之所以動許氏謂疑懼又在動心之外俱不是○集說恐懼疑惑是朱子補出此四字以爲下文知言養氣張本且只可在恐懼疑惑上說動心不可便將知言養氣義理來說○既然任大責重則於國家之事稍有承當不起處此心便恐懼稍有剖判不到處此心便疑惑人情大抵如此乃恐孟子雖功業有餘而當其做此功業之時此中或不能無所安排計較臨時周張費力也○蒙引理在事物爲道故曰明屬無所疑理得於己爲德故曰立屬無所懼

蒙引過孟賁遠矣謂其勇於擔當也孟賁以力孟子以心乃非全不比而以孟子之不動心爲孟賁類也故曰借若全以爲一類亦不得爲過之遠○摘訓言孟賁之勇僅能舉一物之重夫子之心乃能荷一世之重豈不過之遠哉○大全賁齊人能生拔牛角秦武王好多力士賁往歸之○輔慶源曰告子外義未爲知道然未四十時已能不動心其不動心又先於孟子以此觀之則不動心（先我言早似我也）未見爲難可知也○朱子曰告子之不動心是硬把定是粗法強制而能不動

氣稍孟子酬酢萬變而不動也○蓋其天資剛勁有過人者乃能堅忍固執以
守其一偏之見所以學雖不正而能先孟子不動心也
存疑不動心有道乎是通承上文孟子四十不動心與告子先我不動心而問
故孟子舉北宮黝孟施舍曾子告之北宮黝之養勇是北宮黝之不動心有道
也孟施舍之養勇是孟施舍之不動心有道也曾子之大勇是曾子之不動心
有道也北宮黝之道以必勝為主孟施舍之道以無懼為主曾子之道以理直
為主即北宮黝孟施舍之不動心告子之不動心大略可見矣即曾子之不動
錄公孫丑未能救後面復有夫子與告子不動心
心孟子之不動心大略可見矣此孟子答問之意也○達說曰有或以且慮言
有道者來說出註心有主亦不妨蓋下節各舉其人心之有主者以實之亦全
不見重復也今只虛着了一不得○摘訓曰有謂有道也心有主正是道不可就
把心有主當有字說
達說不膚撓二句是不屈於人下是必報乎人不撓不逃勿作已被刺者蓋被

刺決無不撓不逃之理但黜務勝人不至於被刺也不膚撓二句作一段看思

此段言不但不被刺

以一毫至無嚴諸侯作一段惡聲至兼諸侯褐夫看此二句又一段歷歷一段推深一段見其必勝人處○摘訓不受二句卽申上文若撻於市朝視刺二句卽申上文不受蓋若撻正是不受不受正是要刺存疑謂視刺二句又是一意未是○說約不膚撓二句便見必勝意不當如存疑謂自思一毫以下方見其必勝且存疑又云不膚撓目逃是不怕痛不怕死之意則依舊是無懼非必勝矣○許東陽曰一毫挫於人謂所辱者至小也不受者必報之也不惟必報於賤者雖貴者亦必報之惡聲至必反之謂不惟等來必報雖言小不善亦必報也○集說萬乘之君卽諸侯之大國者如上章萬乘之國是也不是天子○蒙引褐爲賤服猶可寬大之衣如何爲賤者之服蓋以其貼身衣少自然寬博褐寬博是兩般不是褐衣寬大也以許有之衣二字○無嚴諸侯只是說天下諸侯不見有可畏者甚言其勇而已要之此等人若遇真主亦自當垂首喪氣安

能得無畏懼不見李密之見秦王世民乎況以道德爲威者哉

朱子曰視不勝猶勝也此是孟施舍自言其勇如此○量敵慮勝是說他人之言○逆戰雖不勝○其是不勝不作逆料之

舍自云我則能無懼而已○蒙引言我雖戰不勝自視猶勝也何也彼量敵而謂○猶勝言如勝了他一般

後進慮勝而後會便已是無勇而畏三軍者也則雖勝而未免於懼猶不勝矣

舍豈能爲必勝哉但能不懼耳○存疑戰勝則無懼不勝則懼視不勝猶勝言

無懼也量敵慮勝此正夫子所與行三軍者他却以爲無勇皆他意思只是以

無畏懼敢往直前爲勇那勝敗處都不計此正夫子所謂暴虎馮河之人也○

摘訓進是往與之戰會則已進而戰矣量敵謂量敵之可勝慮勝謂慮己之能

勝末二句又是自解其視不勝猶勝之意○集說二子之勇俱云養亦緣他自

始至終成就這一家不肯因別箇念頭壞了他底勇氣○陳新安曰黝舍皆以

心有主而能不動一則主於必勝一則主於無懼盖是粗猛之不動心孟子此

處且敷演粗說○許東陽曰黝舍不動心本又在告子之下公孫丑又以孟賁

比孟子。故孟子亦以勇士之類言之。

問子夏篤信聖人朱子曰這箇雖無事實但看他言語如日知其所亡月無忘其所能博學而篤志切問而近思看他此處孟子又把北宮黝來比便見他篤信聖人處○蒙引黝務敵人。所務在外舍專守己。所務在內也。子夏篤信聖人。所務亦在外。曾子反求諸己。所務亦在內也。故論其大略氣象曰孟施舍似曾子北宮黝似子夏饒氏曰孟施舍取必於己。其氣象如曾子之反求諸己。北宮黝取必於人。其氣象如子夏之篤信聖人。取必二字妙。○舍似曾子黝似子夏此只是言二子之所以為勇者其不同有如此。未說到優劣也。○北宮黝亦有守約是心有主也心有主便亦是其所守但所守不如舍之約也故註云論其所守則舍比於黝為得其要也○優劣亦不足深辨守已二字亦輕看大抵是漸次説上去如殺人以挺與刃有以異乎獨樂樂與人樂樂之類孟子立言之法大槩如此○存疑舍比於黝為得其要者黝務敵人。舍專守己。雖人皆不可必在己者有可據以力勝人者人亦以力勝之其心主於必勝而不動人或以力勝之未免爲之動矣舍專於守己而無懼戰勝無懼不動心固也戰雖不勝我之無懼自在其心初不爲之動此舍比於黝所以爲得其要也蓋務敵人心或有時而動務守己者心無時而動也

朱子曰引曾子謂子襄之言以明不動心之由在於自反而縮下文詳之○儀禮禮記多有縮字與衡字作對下文直養之說蓋本於此乃一章大指所繫不可失也○黝舍是不畏死而不動心告子是不認義理而不動心曾子是自反而縮而不動心○饒雙峰曰縮不縮指理言不惴吾往指氣言理者氣之主理直則氣壯理曲則氣餒吾之理不直雖一夫之賤亦爲之屈吾之理直雖千萬人之衆在所必伸孟子因見有過孟賁之語所以先說黝舍然後說歸曾子來○蒙引子襄所好亦是小勇故曾子云云○自反而不縮二句要以起下段之自反而縮○吾不惴焉焉猶乎也猶云吾得不怕他不受於褐寬博者不知

此義也。能無懼而已矣者。亦不知此義也。正可以相形觀。○雖褐寬博吾不惴焉。非怕褐寬博也。怕理也。雖千萬人吾往者。非輕視千萬人也。恃吾理之勝。不見千萬人之爲衆也。○摘訓大勇只末二句上見之。○陳新安曰此曾子之大勇。以義理之直爲主。而不動心者也。孟子之論至此始精細。○説約此節了一出孔子。

問不動心一條朱子曰此一段爲被他轉換問。所以答得亦周匝。然就前段看。語。脉。氣象。雖無。後截。亦自。可。見。前一截。已。自。且得。後面。許多意思。足。○孟施舍就氣上做工夫。曾子就理上做工夫。○蒙引不足以氣字對約字言舍所守雖約。猶是氣耳。其守約又不如曾子也。○以舍視黝則舍爲守約。以曾子視舍。則曾子爲守約。故皆謂之守約。○存疑曾子比舍尤得其約者。蓋師直爲壯。曲爲老。舍之無懼。初不以義理爲主。舍是血氣所爲者。而人以義理勝之。未有不屈服。者。如項羽力拔山氣蓋世。殺卿子冠軍弒義帝。一何勇也。漢高帝用董公之說二第編未爲義帝發喪名其爲賊羽之氣從此屈矣曾子之勇則以義理爲主理直而氣壯王公失其貴秦楚失其富儀秦失其辯賁育失其勇隨他天來大事皆不能屈服矣此之於舍豈不尤得要○蒙引孟子之不動心在集義以養氣而孔子所言正以直養氣之說也是孟子得之於曾子曾子得之於孔子者也故曰其原蓋出於此此字承上句反身循理說然孟子之不動心實兼知言養氣而養氣中許多節目皆未及也故又曰下文詳之○說約此節又出氣字前是已與人之辨此是理與氣之辨

蒙引此是問孟子告子所以不動心之道處正承不動心有道乎因有而云也下文告子之不動心其道在不得於言勿求於心不得於心勿求於氣孟子之不動心其道在知言養氣雖有得失精粗之不同然要皆心有主而能不動者也丑問意兩乎孟子只述告子之不動心者而論斷之亦就見得已之所以不動心者也○朱子曰不得於言勿求於心便見得告子只是硬做去更不問言

之是非便錯說了也不省如與孟子論性說性猶杞栁也既而轉性猶湍水也他只不問是非信口說出定要硬把得心定不得於言謂言之失也勿求於心謂言之失非干心事也此其學所以與孟子異故孟子章末云我故曰告子未嘗知義以其外之也○蒙引愚始以不得於言之言爲告子自己之言後以知言一節集註云彼告子不得於言而不肯求於心則又以他人之言爲疑今觀雲峰胡氏註云或疑兩言字不同告子不得於言己之言也孟子知言天下之言也應之曰理一而已告子於己之言且不能（發揮或問意最明）反求其理如何能於天下之言而求其理孟子於天下之言能究極其理則於己之言可知也以此證之則告子不得於言爲己之言益信而與孟子知言者相反亦自不相妨矣理雖一而（音註最精語類又有一段主他人之言者）界限都要分明且知言節註云至爲義外之說則自不免於四者之病其何以（與此不合）知天下之言而無所疑哉益見其爲自己之言無疑矣○存疑不得於言者口欲言而不得所以言如言性則不違性之理言事則不違事之理是也不得於

言由心中義理不明也正當反求其理於心審思明辨使義精理明而達之於言可也告子以爲如此則心爲之動矣故寧舍置其言不必反求其理於心○言如何舍置隨他不達隨他鶻突都不去審思明辨使義理通明而可達之言便是舍置也○不得於心如應一事差失於心有所不安或接一人差失於心有所不安也不得於心由氣之應接失其道也正當更求其助於氣悔過謝愆而補其差失可也告子以爲如此則心爲之動矣故力制其心不必更求其助於氣事也隨他差失人也隨他差失更不悔過謝愆以補其差失也○蒙引不得於言本是心之失也而乃勿求於心不得於心本是氣之失也而乃勿求於氣○朱子曰不得於心勿求於氣者不失其本則猶可也不得於言而不求於心以考其所失則其中頓然無所知覺無以擇其義之所安故斷之以不可○以下文觀之氣亦能反動其心則勿求於氣之說亦未爲盡善但心動氣之時多氣動心之時少故孟子取其彼善於此而已至於言則雖發於口而實出於

心內有蔽陷離窮之病則外有詖淫邪遁之失不得於言而無求諸心則其察理日益精矣孟子所以知言養氣以爲不動心之本者用此道也而告子反之是徒見言之發於外而不知其出於中不知言便不知義所以外義也其害理深矣故斷然以爲不可於此可見告子之不動心所以異於孟子而亦豈能終不動哉○輔慶源曰不得於心勿求於氣可氣固有時而能動其心然心之不正則未必皆氣使之大抵心是本氣是末此不得於心勿求於氣所以爲急於本而緩其末猶之可也猶言尚爲可也○蒙引心者氣之主也力制其心而不爲氣所動是亦知心之爲重也此只就力制其心上說他急於本若正論急於本則須是持其志方是謂之僅可則有不可者在矣○存疑不得於言勿求於心不可總是說心是箇本是緊要底物不得於言由心上義理不明正當就心上理會到明白也乃勿求於心則心一發蹈暝冥惘懂根本一亂萬事都從此錯亂了如何做得所以不可集註既失於外遂遺其內是也○陳新安曰下文

知言養氣其根已安於此告子不得於言與不求其理於心是不知言也不得於心即不求其助於氣是不養氣也孟子告子其不動心之名雖同而其所以不動心之本則相反而全不同者在此○大全若論其極以理之極○輔慶源曰心有知而氣無知雖云氣一則能動志然大抵是氣隨心動故以志爲氣之將帥氣從志所使猶卒徒之聽命於將帥也不言心而言志者志者心之動而有所之處也持志則就其動處言故尤切耳下文又言是氣也而反動其心亦可見矣心無形而氣有質雖云心爲本氣爲末然人之所以充滿其身而不至餒乏者實賴氣爲志之卒徒也志而無氣則志無所使亦猶將帥而無卒徒則亦虛名而已○蒙引凡視聽言動皆屬氣如目視而耳聽手持而足行皆氣之寓也一惟心所役運非志爲氣帥乎目之視人但知其爲目之視而不知其所以視之者心實使之也耳之聽人但知其爲耳之聽而不知其所以聽者心實使之也○自首至足都是體氣則行乎體之中體無氣則餒而不能運動矣故

曰體之充既曰志氣之帥則氣非志之卒徒而何〇問血氣之氣與浩然之氣不同朱子曰氣便只是這箇氣所謂體之充也便是〇問志至焉氣次焉此是說志氣之大小抑志氣之先後曰也不是先後也不是大小只是一箇緩急底意思志雖爲至然氣亦次那志所爭亦不多蓋爲告子將氣忒放低說了故說志最緊要氣亦不可緩〇問持其志無暴其氣此是言養氣工夫內外須是交盡不可靠自己自守其志便謂無事氣纔不得其平志亦不得其安故孟子以蹶趨形容之告子所謂不得於心勿求於氣雖是未爲全論程子所以言氣動志者什一二正謂是爾曰然兩者相夾着方始德不孤〇問無暴其氣只是喜怒哀樂之時持之不使暴戾曰此乃是持其志志者心之所向持志却是養心也不是持志之外別有箇養心持者把提教定當喜時也須喜當怒時也須怒當哀時也須哀當樂時也須樂審教定後發必中節這是持志若毋暴其氣又是下面一截事若不當喜而喜與喜之過分不當怒而怒與怒之過分不當哀樂

而哀樂與哀樂之過其節者皆是暴其氣暴其氣者乃大段粗也○凡人多動
作多語笑做力所不及底事便是暴其氣且如只行得五十里却硬要行百里
只擧得五十觔重却硬要擧百觔凡此類皆能動其氣今學者要須事事節約
莫教過當此便是養氣之道也○集說此養氣之道在臨時事事上說與下集
義勿忘正助微別此方是論志氣故且在臨時說不妨下文因丑之問而言養
氣之功又從工夫根源處說也○胡雲峰曰集註於持志謂守其志可也必曰
敬守其志添入一敬字最有意蓋孟子養氣之功在集義而所以集義者在敬
敬義夾持方為成德之事○陳潜室曰集註謂致養其氣即無暴氣發得暴失
養故也必言致者見養氣之難須以集義為本又無正忘助長之弊方為能致
養也○朱子曰此一節只言告子所以先我不動心者皆是以義為外故就告
子所言以辨其是非耳○蒙引夫志氣之帥以下全是破不得於心勿求於氣
之說以見內外本末交相培養而不可只力制其心而不求助於氣也其不得

於言勿求於心一句已斷以爲不可了故不復論然此處雖不多破他至下文說知言處自是不破之破矣○兩本末字皆同兩內外字則惟內同而外不同失於外之外指言內外交相培養之外指氣○摘訓夫志以下六句俱要抑揚說非兩平意觀註中三個字兩亦字及卽字可見○達說固守其心便是必其不動知言養氣便是自然不動

朱子曰孟子才說志至云云便以志爲至以氣爲第二等事故又問何故又要持其氣○志動氣是源頭濁者故下流亦濁也氣動志者却是下流壅而不能反濁了上面也○問蹶趨反動其心若是志養得堅定莫須蹶趨亦不能動得否曰人之奔走如何心不動曰蹶趨多遇於不然不虞之際所以易得動心曰是○輔慶源曰志者心之所之故可言向氣則做出來底便是不可以向言只得下在字○蒙引此氣之不由於志者也蹶是忽然喫一跌若趨走則是着意者如何以爲氣動志曰趨走雖着意然亦非預擬之者人之趨走則氣喘

而心懷爲之折拍不寧靜矣但要反動其心意也○氣動志不止於蹶趨上視
聽（明道云藥也兩也亦是也）言動氣用事到勝處皆能動志所以說致養其氣自蹶趨而言則是當謹慎
步履之間不使至於蹶趨是爲不暴其氣也○蹶趨便是暴其氣故饒氏曰君
子所以見容重手容恭聲容靜氣容肅行中鸞和步中釆齊皆是要無暴其氣
○直解夫志壹動氣可見志爲至極而氣壹亦能動志可見氣即次之矣此所
以既持其志又必無暴其氣也子何以此爲疑哉
蒙引上文所說已見孟子不動心之大略然孟子只是即告子所以不動心者
而論斷其得失而孟子之所以不動心者亦因之可以見其大略矣其實孟子
未嘗丑告以我之所以不動心處如何然丑因孟子之言便知得孟子之不動
心異於告子矣故復問曰告子之不動心如此而夫子之不動心所以異於告
子如此者有何所長而能然能然者能不動心也而孟子又詳告以其故也其
故即所謂所長也○朱子曰孟子論浩然之氣一段（大文雖平說其實理則如）緊要全在知言上所以大

學許多工夫全在格物致知○問養氣要做工夫知言似無工夫得做曰窮理在知言之前窮理是做知言工夫能窮理然後能知言○知言是知得此理告子便不理會故以義爲外○浩然之氣乃指其本來體段而言○問與血氣如何曰只是一氣義理附於其中則爲浩然之氣若不由義理而發則只是血氣○才說浩然便有箇廣大剛果意思如長江大河浩浩而來也富貴貧賤威武之類皆低不可以語此公孫丑本意只是設問孟子能擔當此樣大事否故孟子所答只說許多剛勇故說出浩然之氣只就問答本文看之便見得仔細○浩然之氣似今人說氣魄相似人若有氣魄方做得事成於世間禍福得喪利害方敵得去不被他恐動若無氣魄便做人衰颯怵怯於世間禍福利害易得恐動只是如此他本只答公孫丑不動心纔來纔去說出許多養氣知言集義其實只是箇不動心人若能不動心何事不可爲○孟子是活底不動心告子是死底不動心○黄洵饒曰盡心是知至知性是物格○蒙引知言以知也養

行也蹶成功言其用功則在精義集義上以志對氣則持志與無暴其氣爲一事以知言對養氣則養氣內自有持志在○或失養或助養皆非善養也○知言則彼不能惑於我養氣則我無所懼於彼○輔慶源曰孟子能知人言之是非告子乃自以其言爲外而不復考孟子善養其氣而告子乃以氣爲末而不知求此所謂正相反也○黄洵饒曰冥然無覺不得於言勿求於心不能知言是也悍然不顧不得於心勿求於氣不能養氣是也○陳新安曰冥然無覺則不能無疑悍然不顧非眞能無懼也

斷此所稱即謝氏云須於心得其正時識取即此意

達說此節問答俱就孟子身上說難言也非終不言也只是道這箇微妙話頭如此說耳故下遂備言之非爲難言下文只糊亂苟且說幾句也

效字是但此節不重

朱子曰至大至剛氣之本體以直養而無害是用功處塞乎天地乃其效也○

在說效上

蒙引至大初無限量盛大也至剛不可屈撓流行也其體段本如是也○存疑

體段一字止說剛大

至大是極盛大他那力量隨甚麼事都做得雖旋乾轉坤事也做得故曰初無

限量至剛是極剛勁他要做便做隨甚麽人都止他不得雖刀鋸在前鼎鑊在後也止他不得故曰不可屈撓○朱子曰天地之氣無處不到無處不透是他氣剛雖金石也透過去人便是稟得這箇氣無欠缺所以程子曰天人一也更不分別浩然之氣乃吾氣也○問集義工夫只是養曰義便是直此直字從曾子問大勇於夫子自反而縮處說起後來又說集義與此以直養而無害皆一章緊切處所謂浩然之氣纔說是仰不愧於天俯不怍於人無所疑畏故上面從北宮黝孟施舍說來只是說箇不怕但二子不怕得麄曾子不怕得細膩○養而無害要養又要無害助長是害處○今人說養氣皆謂在必有事焉而勿正心勿忘勿助長四句上要緊未必在此藥頭只在那以直養而無害及集義上這四句却是箇炮炙煆煉之法直只是無私曲集義只是事事皆直仰不愧於天俯不怍於人便是浩然之氣而今只將自家心體驗到那無私曲處自然有此氣象○問他書不說養氣只孟子言之何故曰這源流便在那箇心廣體胖

（所見[illegible]所謂[illegible]不可以言語形）

內省不疚夫何憂何懼處來抵只是一氣又不是別將箇甚底去養他但集
義便是養氣知言便是知得道義○一爲私意所蔽蔽是遮隔之意氣自源道
不息○一爲私意所遮隔則便去不得○集說直字即縮字但縮字在臨事自反
上說此在終始一直上說即下所行合義無不慊於心之意常常如此便是以
直養地而又無所作爲以害之作爲即下正助之病○許東陽曰塞天地只是
應物皆合道義而物莫不從至於郊則格廟則享鳥獸魚鱉咸若而人倫日用
不言而知○存疑凡天地間無一事不做無一處不到上而天下而地中而人
看許說及此段非致而何
物皆其運用所及莫不塞乎天地中庸曰是以聲名洋溢乎中國施及蠻貊至
莫不尊親禮記曰夫孝置之而塞天地溥之而橫四海皆是塞乎天地意禹隨
山浚川地平天成萬世永賴文武一怒而安天下之民真塞乎天地也
存疑上曰以直養而無害則塞乎天地之間下曰其爲氣也配義與道皆是就承
直養無害說故註曰人能養成此氣○朱子曰兩箇其爲氣也前箇是說氣之

體段如此後箇是說道氣可將如此用○上文既說浩然如此又言其爲氣也配義與道謂養成浩然之氣以配道義方襯貼得起不然雖有道義其氣懾怯安能有爲無是餒也謂無浩氣即如饑人之不飲食而餒者也○問合而有助助字之訓如何曰道理是虛底物本自孤單得這氣貼起來便自張主無所不張主皆去聲達如今人非不爲善亦有合於道義者若無此氣便只是一箇衰颯底人李先生曰配是[illegible]襯貼起來又曰若說道[illegible]襯貼却是兩物氣與道義只是一滾發出來思之一滾發出來說得道理好襯貼字說配字極親切○問集義到成此浩然之氣則氣與義爲一矣及配助義道則又恐成二物否曰氣與義自是二物只集義到充盛處則能强壯此氣便自浩然所以又反來助道義無是氣便餒而不充了問配者助也是氣助道義而行又曰集義所生是氣又因義集而後生莫是氣與道義兩相爲用否曰是兩相助底意初下工夫時便自集義然後生那浩然之氣及氣已養成又却助道義而行○論集義所生則義爲主論配

義與道則氣爲主一向都欲以義爲主故失之○道義別而言則道是體義是用體是舉他體統而言義是就此一事所處而言如父當慈子當孝君當仁臣當敬此義也所以慈孝所以仁敬則道也故孟子後面只說集義○道是體一事行一理是體到隨事區處便是義○程子曰在物爲理處物爲義道則是物我公共自然之理義則吾心之能斷制者所用以處此理者也○配義與道如云人能弘道○道義是公共無形影底物事氣是自家身上底道義無情若自家無這氣則道義自道義氣自氣如何能助得他○配義與道只是說氣會來助道義若輕易開口胡使性氣却只助得客氣人纔養得純粹便助從道義好處去○方集義以生此氣則須要勉強及到氣去配義與道則道義之行愈覺剛果更無凝滯尚何恐懼之有○配義與道無是餒也將這氣去助道義方能行得去若平時不得養此氣衰颯了合當做底事也畏縮不敢去做如朝廷欲去這一小人我道理直了有甚怕他不敢動着知他是小人不敢去他只是我

這氣自衰了其氣如此便是合下無工夫所謂是集義所生者須是平時有集
義工夫始得到行這道義時氣自去助他集義是平時積累工夫配義與道是
卒然臨事氣配道義行將去此兩項各自有頓放處○問無是餒也是指義是
指氣曰這是說氣曰下面如何便說集義所生曰上截說須養這氣下再起說
所以生此氣每一件事做得合義便會生這氣生得這氣便自會行這義○蒙
引配義與道正是說他不動心處上節直養無害正是說他善養浩然之氣處
蓋至善養浩然之氣則自然不動心故集註曰養氣則有以配乎道義而於天下
之事無所懼也然其實不是今日善養氣明日方能不動心○其爲氣也配義
與道正言氣之功用無是餒也特反言以明之耳非並舉之辭○無是謂無此
氣也餒字對充字氣是人之所以充滿於身者也若無此氣則無以充其體而
餒矣餒則道義無所配而不免於疑懼矣安能不動心註云則亦不免於疑懼
而不足以有爲矣貼在餒字下

朱子曰孟子許多論氣處只在集義所生一句上○浩然之氣無他只是事事合宜仰不愧俯不怍無一毫不快於心自生浩然之氣○義本於心不自外至積集此義而生此氣則此氣實生於中○問此氣是當初稟得天地底來便自浩然抑是後來集義方生曰本是浩然被人自少時壞了今當集義方能生曰有人不因集義合下來便恁地剛勇如何曰此只是麤氣便是北宮黝孟施舍之勇底亦終有餒時○以直養是自反而縮集義是以直養集義是歲月積久之功襲取是一朝一夕之事○是字與非字應其意益曰此氣乃集義而自生於中非行義而襲取之於外云爾○生字正與取字對生是自裏面生出取是自外面取來○襲如用兵之襲有襲奪之意如掩人不備而攻襲之謂如才得行一件事合義便將來壯吾氣以爲浩然之氣可以攫拏而來夫是之謂襲若集義者自非生知須是一一見得合義而行今日行一義明日行一義積累既久行之事事合義然後浩然之氣自然而生○存疑集義所生是發生之生是

對不慊說

雲峰曰義襲而取之卽是有所作爲以害之

新安曰猶言是如此非如彼也

便合下外字義

氣候到自然生不繫人力安排得此豈旦夕可能所以說箇集義集義工夫不是小可須是無量工夫只管聚集自一而十而百而千而萬以至於無一欠缺遺漏方是○集義如何生浩然之氣蓋集義則自反常直而心無愧怍人所以怕事而氣餒只緣自家心中有愧爾心苟無愧則氣自壯隨他甚樣大事都不怕這便是浩然處故曰自反而縮千萬人吾往此處都是出於自然不待勉强得義襲而取是行一件事偶合於義便緣此欲做剛强不屈的模樣說道我能擔當事隨他死生禍福皆不怕不知此須集義工夫到無一毫愧怍於心方能有此氣他雖是一件事合義其餘不合義者多矣心中原自有愧所謂雖褐寬博吾不惴焉者有之如何得有此氣○蒙引兩餒字同皆謂體不充行有不慊於心則餒矣故曰非義襲而取之也兩何相發明蓋只行一事偶合於義則其不合於義者多矣行有不合於義而慊於心則餒如何可義襲而取之哉○三中。有。句皆見得義內處註云然則義豈在外哉亦通管上三句○陳新安曰集義則

浩然之氣生行有不合義而心不慊則氣餒可見義在內非繇外矣○問註二
告子外義蓋外之而不求非欲求之於外也朱子曰告子直是將義屏除去只
就心上理會因說陸子靜云讀書講求義理正是告子義外工夫某以爲不然
如子靜不讀書不求義理只靜坐澄心却似告子外義○告子之病蓋不知心
之慊處卽是義之所安其不慊處卽是不合於義故直以義爲外而不求○蒙
引以其外之也不可謂指不得於言勿求於心蓋大詳只是因舉以証之耳故
曰卽外義之意又曰見告子上篇○上文不得於言勿求於心卽外義之意蓋
不得於言言中自有義也註云不求其理於心義卽理也其理卽言中之義也
○告子以義爲外則必不能集義以求慊於心是浩然之氣無自生矣其能先
孟子不動心者豈其不動心之謂哉○摘訓我故曰蓋是平昔之言也不是如
今我故曰
朱子曰必有事焉是須把做事做○問勿正頗有後獲之意曰頗有此意○正

猶等待之意今日集得多少義等他氣生明日集得多少義又等他氣生這都是私意憑地則不惟氣終不會生這所集之義已不得爲是了問此便是助長否曰正未是助長待其效而不得則漸漸助之長矣○勿正者勿期其浩然也勿忘者勿忘其下工夫也助長者無不畏之心而強爲不畏之形○助長者氣未至於浩然便作令張王謂已剛毅無所屈撓便要發揮去做事便是助長○人能集義以養其浩然之氣故事物之來自有以應之不可萌一期待之心少間待之不得則必出於私意有所作爲而逆其天理矣是助之長也今人之於物苟施種植之功至於日至之時則自然成熟若方種而待其必長不長則從而拔之其逆天害物也甚矣又云集義是養氣底丹頭必有事便是集義底火法言必有事者是養氣之法度也養得這氣在此便見得這箇自重那箇自輕如公孫丑言加齊卿相得行道焉以爲孟子動心於此不知孟子所養在此見於外者皆由這裏做出來○必有事焉勿忘是論集義工夫勿正與勿助長是

論氣之本體上添一件物事不得不要等待不要催促○必有事焉而勿正心勿忘勿助長也下兩句非是覆解上兩句此自有淺深勿正是勿期必其如此勿助長是不到那地位了不可硬要充去如未能集義不可硬要浩然纔助長在我便有那欺偽之心施於事末梢必不勝任譬如十鈞之力而負千鈞故助長之害最大○養氣一章在不動心不動心在勇勇在氣氣在集義勿忘勿助長又是那集義底節度若告子則更不理會言之得失事之是非氣之有平不平只是硬制壓那心使不動恰如說打硬修行一般○集說以集義爲事而不可預期其效此是一截乃是正用工夫當如此若夫用功既到而體自充足則自然之效也然此氣卻無一旦便能充足之理其或未充中途又有兩般病痛忘助是也故又要勿忘勿助此又是一截論工夫則只必有事焉四字論病痛則有正忘助三者然病痛又有初終之分正字在先忘助在後勿忘又在有事一路助長又在正之一路○勿忘只跟有事來說跌重下勿助長句耳諸說以

此段說通章大義更覺明暢

節度猶言法則

此段正好發明淺深二字之意

正之無益必忘忘之不可必助忘助俱從正字生若不是蒙引亦然蓋助長乃

大註 只助長跟正字

正之甚者忘乃有事之不終者還只兩路相承說爲當緊要其或未免句要看○饒雙峰曰有事勿忘是說以直養勿正勿助是說養而無害必有事焉而勿忘是集義工夫正而助長是要義襲而取集義義襲兩句乃是一段骨子以集義爲無益而忘之者不耘苗者也以義襲爲心預期其效而助長者揠苗者也惟其是集義所生者故當必有事焉心勿忘惟其非義襲而取之故當勿正勿助長以直養而無害是養之之正道集義所生是養之之成功有事勿忘是做工夫處○問天下之不助苗長者寡矣其意謂何曰此是說天下之人平時不能養其氣者皆是臨時助長以暴其氣也似浩然却不是自家集義所生底故乍長乍消易盈易縮適足以戕賊其氣而已○輔慶源曰集義而不忘其所事則氣得其養勿正而不妄作爲則氣無所害又曰所謂揠而反害之者正指告子而言○張南軒曰學者多知忘之爲害不知助長之爲害尤甚故引揠苗爲

亟消縮上

喻○蒙引孟子曰以爲無益云云先氣而後苗直說也集註曰舍之而不耘云云先苗而後氣倒說也互相發也○天下之不助苗長者寡矣言天下之養氣不似那宋人之助苗長者寡矣彼以以爲氣無益而舍之不養者猶似不耘苗者耳未爲害也至於助氣之長者正如揠苗者也則非徒無益於氣而又反害於氣矣重在助長之害不可以無益而舍之者對看○存疑忘其所有事者但不能生氣無益而已於浩然之氣固未害也助之長者非但不能生氣而已其於浩然之氣反爲所害○無益者但是氣不能生遏亜不敢向前做若能養起來（如苗不耘則）尚能生浩然之氣尚可向前去做事（也耘則未有不長者）助長者自以爲剛強要向前去做事一經（如苗揠則必槁槁則不）摧折荼然沮喪一敗塗地再不能培養使氣復充向前去做事矣（可以復長矣）

朱子曰孟子說知言處只是詖淫邪遁四者知言是幾多工夫何故只說此四字蓋天下事只有一箇是與不是而已若辨得那不是底則便識得那是底了謂如人說十句話有四句不是有六句是若辨得那四句不是則那六句便是

是底了○詖淫邪遁蔽陷離窮四者相因心有所蔽只見一邊不見一邊如楊氏爲我墨氏兼愛各只見一邊故其辭詖詖是偏陂此理本平正他只說得一邊蔽則陷陷深入之義也是身陷在那裏如陷溺於水只見水不見岸了故其辭放蕩而過說得迥遼浩瀚纔恁地陷入深了於是一向背却正路開去愈遠遂與正路相離了故其辭邪既離去了正路他那物事不成物事畢竟用不得遂至於窮窮是說不去了故其辭遁遁是既離後走脚底話如楊子本是不拔一毛以利天下却說天下非一毛所能利夷子本說愛無差等却說施由親始佛氏本無父母却說父母經皆是遁辭○見詖辭則知其心有所蔽見淫辭則知其心有所陷詖是少了那一邊淫是添了這一邊然詖與淫只是見偏了猶自是道理在然只管淫而不止便失了那道理既是不正無緣立得住便至於遁遁則多討物理前來遮蓋○孟子離此四病所以知人言有四病○蒙引平正對偏陂而言正則不偏平則不陂通達則不窮而遁矣言有四病反之者獨

言平正通達何也平正原其始通達要其終而淫邪之反者在其中矣○詖者
心蔽而言亦蔽也淫者心陷而言亦陷也邪者心離而言亦離也遁者心窮而（窮者其心）
（偏於正理言覺其難通也）
言亦窮也但在言謂之詖淫邪遁在心謂之蔽陷離窮各以類耳理則一也○
饒雙峯曰詖淫邪遁起於詖當看四箇所字如看病相似詖淫邪遁是病證蔽
陷離窮是病源所蔽所陷所離所窮是病源之所在墨氏之蔽在於見仁而不
見義楊氏之蔽在於見義而不見仁其蔽雖同而所以蔽則異孟子知言如明
醫然纔見病證便識病源在何處欲治蔽陷離窮之病在先去其蔽無所蔽便
無下面三件蔽之源不一有爲氣稟所蔽有爲物欲所蔽有爲學術所蔽有爲
習俗所蔽問去蔽之道當如何曰孔子嘗謂六言六蔽皆基於不好學欲去蔽
者當自好聖賢之學始○胡雲峯曰集註釋我知言曰識其是非得失之所以
然此所謂言之病者其然也所謂心之失者卽所以然也○饒雙峯曰政者事（一時事不分）
之大體事者政之條目心纔不正到處有害政事皆心之所發於大體既有害

則小者可知故曰發於其政害於其事後篇說作於其事害於其政是條目上先後既有害則大者亦可知○蒙引先之端微發之迹著政不是有位者之政只是大綱所在政與事猶小事大事一般○知言只是知其蔽陷離窮而已而又兼及政事者蓋心之病一路發於言一路發於政事言病則政事亦病孟子亦不過是因辭之詖淫邪遁而知其心之蔽陷離窮即就此而并知其蔽陷離窮之害於政事之必然耳豈不亦是知言之事乎○聖人復起只帶生於其心四句不違因知說必從吾言所以明其爲理之必然非固自矜其言之必信也○存疑告子不得於言正由其心之失正當就心上理會乃不求其理於心隨他鶻突如此則自家之言且不能知況欲知人之言哉○蒙引至爲義外之說則亦是詖淫邪遁之說也是自不免於四者之病矣故總之曰其何以知天下之言而無所疑哉○知言獨就詖淫邪遁不好邊說亦是從告子說來以上節節都是與告子反者語意都從缺間夫子惡乎長說來故往往歸着告子○朱子曰

人在堂上方能辨堂下人曲直此只是言見識高似他方能辨他是非得失若見識與他一般如何解辨得他○陳新安曰此章甚長頭緒頗多其要旨未易究也朱子與郭冲卿帖云孟子之學蓋以窮理集義爲始不動心爲效蓋惟窮理爲能知言惟集義爲能養氣理明而無所疑氣充而無所懼故能當大任而不動心考於本章次第可見矣此章要指惟此帖盡之集義故能養氣孟子所已言窮理故能知言孟子所未言此章雖未終於此而正意止於此

直解宰我子貢道兩人說底言語皆使合道理當事情而善爲說辭冉牛閔子顏淵這三人素有德行故說着身心上底道理便親切有味而善言德行數子各有所長如此○說辭辭命都是言語○蒙引善言字輕德行字重丑之學識粗淺蓋以爲只是善言德行而已不能善說辭也以此當孟子之善養氣若以理言則實是兼言語德行然丑之見不及此○問善爲說辭則於德行或有所未至善言德行則所言皆其自己分上事也朱子曰得之○公孫丑疑孟子說

知言養氣忒擔當得大故引我於辭命則不能以詰孟子○輔慶源曰知言則在我在人一也知其如此則於言語辭命何患不能養氣自集義生豈非德行乎○胡雲峰曰此以後因公孫丑提出一聖字爲問故專發明一聖字饒雙峰曰不厭不倦須粘上聖字說言學聖人之道而不厭又以聖人之道教人而不倦○朱子曰中庸成己仁也是體成物知也是用此學不厭智也是體教不倦仁也是用○這說夫子學而能不厭是求此理於已欲其無所不知是乃自明之智也教而能不倦是推此理於人欲其皆有所就是乃及物之仁也○存疑這智就是自明者故曰智之所以自明這仁就是及物者故曰仁之所以及物曰自明曰及物是就解智仁見學不厭誨不倦所以爲智仁意○黄洵饒曰子思之言主於行子貢之言主於知此乃入德之事（此段本中庸或問）以進學而言彼乃成德之事以行道而言○蒙引孟子既是不敢當既聖則只引到聖則吾不能或到我學不厭而教不倦也亦可今乃引到夫子既聖矣是明孔子雖既聖而猶

皆有數句大約
丑意俱作賛詞
方得問所安意

不自聖以見巳之尤不敢當也○愚按黄洵饒説原本朱子確不可易蓋夫子
原辭成德而居入德之事子貢却由入德之事説歸成德故下文云仁且智夫
子既聖矣然近人皆不依朱子説奈何
朱子曰顔子所知所行事事只與聖人爭些子所以曰具體而微○微只是小
只取其體上
然文意不在小字上只是説體全與不全○趙注體者四肢股肱也一體者得
一肢也具體者四肢皆具也○集説聖人俱指孔子言
並解立志要人取法要高道數子雖賢且都置之而勿言此非我之所欲處也
○潘天台曰孟子之志是誠有不足於顔子者葢非不足於顔子以顔子不幸
短命而未至於聖人之域
有疑丑曰伯夷伊尹何如問其所安否也曰不同道言伯夷伊尹與巳不同道
葢二子仕止各有所偏而巳則願學孔子故爲道不同見亦不欲以二子自處
也○蒙引曰不同道就是姑舍是之意○問伯夷何以見其治則進曰如文王

作興曰盡歸乎來曰非也此所謂來就養非求仕也○伯夷無治則進之實事此只是伴說蓋亂則退則治而進必然矣○久久於其國也速去之速也仕止以出處言久速以去就言危邦不入亂邦不居去就也有道則見無道則隱出處也○集說孔子之道大固不止於仕止久速而仕止久速乃其時中之道所顯而尤可見者又與上二聖相形故一例說來○摘訓伯夷是偏於止且速者伊尹是偏於仕且久者○直解非其君不仕云云此伯夷之道也何事非君云云此伊尹之道也可以仕則仕云云此則孔子之道也這三人之所造皆不思不勉從容中道都是前古底聖人我豈能全體而遂行之哉○趙注此皆古之聖人我未能有所行若此乃言我心之所庶幾則願學孔子所履進退無常量時爲宜也○胡雲峰曰孟子以顏子具聖人之體而未極其大故欲學其大者以伯夷伊尹有聖人之德而未極其全故欲學其全者故此以下則專言夫子之聖○達說要之說夷伊孔子處亦不宜優劣太明蓋以下文猶有若是班乎

一段疑也○

蒙引乃所願則學孔子則伯夷伊尹於孔子其高下已判矣彼乃因皆古聖人也一句而復問若是班乎可見其學識所到○存疑自生民以來未有孔子則不但非夷尹所可及自堯舜以來群聖人亦有不及矣○非夷尹所及者以時中也○非堯舜群聖人所及者以事功也○

蒙引以百里而王天下不以土地甲兵之力也苟非其德之盛安能以百里而王天下耶德之盛則近悅遠來所謂仕者皆欲立於王之朝耕者皆欲耕於王之野矣○其處心之正假使行一不義殺一不辜所失者如此其小而可以得天下所得又如此其大彼亦不屑爲之則其心之正爲何如○葢聖人之所以爲聖人者根本全在德上○故德之盛爲根本之大○然取與之際最是大節目處○故心之正爲節目之大○摘訓二事兩平而意則相承○言其德足以得天下而○其心又不肯苟得也○得天下又兼朝諸侯有天下二項說○問浩然之氣後面

說伯夷伊尹是則同處朱子曰後面自是散說出去不須更回顧前頭這裏地位極高浩然之氣又不足言不須更說氣了有百里之地則足以有天下然行一不義殺一不辜則有所不爲此是甚麽樣氣象大段是極至處了

存疑汙對上文智字說○蒙引智足以知聖人分明是高明了然縱使其汙下而不高明諒亦不至阿私所好夫雖汙下尚不至阿私所好而空譽之況智足以知聖人豈肯阿私所好而空譽之乎○摘訓旣汙矣如何又能不阿蓋三子所學皆正縱使不明而心則至公也○輔慶源曰反覆極言之以明三子之言必可信耳

此下三節答所以異處

達說以予觀者對人之稱○胡五峰曰成一時之勳業有限開萬世之道學無窮○輔慶源曰語聖則不異以其德言也事功則有異就其所爲事與成功而言也堯舜治天下夫子又推其道以垂教萬世此言事功久遠之不同也堯舜之道非得孔子則後世亦何所據哉此言事功始終成就之不同也○陳新安

時説皆以其字中包有孔子誤矣

曰輔氏有言當時若無孔子今人連堯舜也不識由此言之則孔子爲天地立心爲生民立命爲往聖繼絶學爲萬世開太平其功業豈不賢於堯舜遠哉

問見其禮而知其政聞其樂而知其德是謂夫子是謂他人朱子曰只是大槩如此説子貢之意蓋言見人之禮便可知其政聞人之樂便可知其德所以由百世之後等百世之王莫有能逃我之見者所以斷然謂自生民以來未有孔子此子貢以其所見而知夫子之聖如此也○蒙引見其禮而知其政聞其樂而知其德此是子貢由百世之後等百世之王底訣子言今日見其所遺之禮而可以知其當日之政今日聞其所遺之樂而可以知其當日之德在當日者註中人字卽指王者既與其人俱往矣而禮樂之遺於後者尚未與之俱往固可卽此而推之○存疑見禮知政自王者言之政是紀綱法度所以爲治者禮是文爲制度所以文飾治道者如體國經野設官分職馭臣馭民皆帝王之設施以爲治者也尊卑上下之等車旗服色之辨賓祭婚喪之儀皆帝王之制作以飾治者也禮與政

皆出一心之經畫其餙治者如此則其爲治者可知矣故觀汙尊抔飲之習上古朴略之政可知矣觀籩豆簠簋之美後世尚文之政可知矣○聞樂知德蓋樂以崇德也以韶武來看最明蓋舜之德性之也故其樂盡善武王之德反之也故其樂未盡善觀韶之盡善則舜之德可知矣觀武之未盡善則武之德可知矣○（以下論夫子不可及章雖之自見）達說未有夫子就德政看○說約按紹聞編夫子分上不復更說禮樂蓋夫子不得位未嘗制禮作樂况子貢親炙夫子又豈待見禮聞樂而後知其德與政哉

摘訓豈惟民哉只就民說尚未比到聖人上言豈惟民與民爲類哉正是起聖人之於民亦類也一句而先以四句作比例耳蒙引存疑似是以民起物言豈惟聖人之於民相類哉夫物則亦有然者矣是於首句中白添出聖人字來而下文聖人之句反失之贅了若謂中有五句隔着勢難遥應須以民起物方於文氣爲順然民乃同類中平等之人麒麟走獸之屬則同類中懸絶之甚者如

三

何起得○集說類字正言其同中之異如走獸之類中有麒麟云云若以爲非
類則固其類也若以爲類却是出其類者意是如此○蒙引出於其類拔乎其
萃只承聖人之於民亦類也說不復粘着麟鳳山海矣○拔乎其萃是形容申
達說類以賦稟
明那出於其類此二句言自古聖人固皆異於衆也○存疑拔乎其萃又是自
言當以會衆言　小解小天下是也
其出類處說既出乎其倫類就拔出許多人矣○摘訓民與聖人同得天地之
希
理以爲性同得天地之氣以爲形然聖人則能盡其性能踐其形○聖人爲人
註分明用然字轉○小鏡十作一蒙說非
之道夫子又爲聖之至盡又出類拔萃之尤者矣○由三子之言觀之則夫子
賢於堯舜又生民以來之所未有又生民以來之所獨盛豈夷伊所可班哉○
直解孟子此章始言知言養氣以明不動心之原末復推尊孔子以申願學之
意○蒙引擴前聖所未發者只謂養氣而小註乃曰指養氣與知言而言也蓋
聖人復起必從吾言之意亦見是發前聖所未發

孟子曰以力假仁者霸　章

或問以力假仁者不知仁之在己而假之也以德行仁則其仁在我而惟所行矣以執轅濤塗（轅濤塗陳大夫）侵曹伐衛之事而觀夫東征西怨虞芮質成者則人心之服與不服可見若七十子之從孔子至於流離饑餓而不去此又非有名位勢力以驅之也孟子此章可謂長於譬喻也

朱子曰行仁便自仁中行出皆仁之德若假仁便是恃其甲兵之强財賦之多是以欺人是假仁之名以欺其衆非有仁之實也○以德行仁德非止謂有救民於水火之誠心道德字說得來闊是自已身上事都做得來是無一不備了所以行出來便是仁且如湯不邇聲色不殖貨利至彰信兆民是先有前面底方能彰信兆民救其水火之中若無前面底（只是救民說）雖欲救民不可得也武王亶聰明作元后是亶聰明方能作元后救民水火之中若無亶聰明雖欲救民其道何由○以力假仁仁與德是兩箇以德行仁仁便是德德便是仁○蒙引孟子意謂人有恒言曰王霸究其所以爲王霸者何也以力假仁者是霸也以德行

仁者是王也○假借其事以爲功如救邢存衛定襄王定王世子之類方是假
仁之功然此非以其力亦不能糾合一時諸侯以爲此事蓋其心不信於人故
須以力驅之耳如湯一征自葛始天下信之則不同矣○理得於心之謂德自
吾之得於心者推之無往而非仁鑿鑿乎皆濟人利物之實事也○集說土地
謂土地之廣甲兵謂甲兵之强皆是力量有餘處仁字在事上說本無是心本
無仁心也借其事借行仁者之事以爲功是以爲已之功大字正力之所自來
霸者無大國則仁之事自假不起來若王者原不借於力更何待於大乎○湯
七十里文王百里二以字且未說到以此王於天下只說他當時以德行仁七
十里百里便能以之行仁不待大也
存疑上節是說王霸之心誠僞不同下節是說人應之其誠僞亦不同蒙引以
下節作解上文霸必有大國王不待大意看來不是蓋爲霸必有大國王不待
大衰自有意義不待此解也○上只說以力假仁以德行仁下突說出箇以力

服人以德服人蓋以力假仁中已含箇以力服人意以德行仁中已含箇以德服人意了○蒙引以力服人者謂以力得人之服也非謂用這力去服那人也集說蓋爲與以德服人一例看若以德去服那人則是以善服人了義亦小異當辨○直解霸者以力假仁而人服之雖外面順從却不是真心愛人字確是指列國諸侯說戴特倡於力之不足寡不敵衆弱不敵強故不得已而服之耳若王者以德行仁而人服之非是勉強順從乃其中心愛慕喜悅有發於至誠而無所強者○摘訓誠服是正意中心悅爻稍在誠服之前服從悅上來不可平看○蒙引自古帝王如成湯文武舜禹孰非得人之心悅誠服乎而必獨以孔子爲譬者蓋孔子布衣耳初無勢力位號又當時亦極流離困苦而七十子咸心服之而無所爲此尤可見其心悅誠服處○無思不服言無不心服也與中庸神之格思不可度思之思不同○直解服盡於東西南北則德之所被者廣服出於心思則誠之所結者深此正王者以德服人而心悅誠服之謂也彼霸者何足以語此哉○達說引孔子是狀心悅誠服之事引詩是證心悅誠服之義引孔子引詩各開說由孔子渡到詩若大段○存疑此

章大意是辨王覇之所爲及其所應欲人之慎於所處也○黄洵饒曰以善服人以善養人重在服養二字此章重在力德二字○

孟子曰仁則榮　章

或問國家閒暇人心無事日力有餘可以從容審諦而有所爲之時也然人情安肆則亦易以怠惰是以因循苟且常失其可爲之時以至於蠱弊積而禍敗生則倉皇廹遽雖欲爲之而有所不及矣故惡夫不仁之辱者必及此可爲之時而爲之則可以無因循之失而有積累之功顧乃不然而欲及此之時肆其荒樂惟恐日之不足其甚者雖明知禍患之來近在朝夕而不暇顧也若高緯楊廣之流是矣其國有不亡哉曰夫子引鴟鴞之詩而歎其知道何也曰孔子誦周公之詩而有感於其言也

朱子曰仁則榮不仁則辱此亦只是爲下等人言○若是上等人○他豈以榮辱之故而後行仁哉○伊川易傳比彖辭有云以聖人之心言之固至誠求天下之比

以安民也以後王之私言之不求下民之附則危亡至矣蓋且得他畏危亡下之
禍而求所以比輔其民猶勝於全不顧者正此謂也○達說仁就本諸心而見
諸事者言即下明政刑是也榮即大國必畏也不仁即般樂怠敖是也辱即自
求禍也今指諸侯言今惡辱二句只是起次節意○集說惡濕居下註云不去
其得之之道不能免也不去其得之之道分明便說自取了諸說只說不能免（不能免）
（是不可說）而已義尚未足
倪新安曰彊仁謂勉彊行仁也貴德以下皆彊仁之事也○達說莫如二字當（貴德者不貴功利與詐一惟貴德）
貫到政刑上○有疑德是人之所共士則指其人德字兼下文賢能猶孔子曰
才難兼才德也○賢者未嘗無才而德其所長曰賢自其所長言也能者未嘗
無德而才其所長曰能自其所長言也○蒙引賢者在位尊賢也能者在職使
能也在位在職自不同○註中兩足以字好看是未見於修政立事然既有其
人則已足以修政立事正君善俗亦然且正君善俗亦不是容坐無爲者政刑

二字盡之矣○集說明政刑要看明字不閑暇政刑亦不容苟且輕忽然大抵國家多事雖所行亦要合宜然畢竟或持其大綱而纖悉周密之處多有未遑講求曲盡但稍有暇時便與賢人君子取而修明之綱舉目張而無或有所遺制械法立而無或有所弊此是細心講求治道工夫也○惟日不足四字要看不止趂稍暇聊以明之而已中含幸時之來又恐時之往一義○蒙引當以下文及是時般樂怠敖相對看問何以必及國家閒暇乃明其政刑也曰戰國之時七雄虎視無日而不干戈之逞無歲而不城野之爭國家多事常是危急存亡之秋故孟子有此云彼般樂怠敖者乃其未閑暇時亦不得以般樂怠敖故云及是時○預收賢能以實吾國一旦國家可以有爲則遂及時而使賢者能者各效其力以明其政刑則吾仁矣如是則雖大國必畏之矣仁則榮理固然也

蒙引此爲鳥言我及天未陰雨之時而往取桑根以纏綿巢之穴隙使之堅固

以備陰雨之患則此下土之民誰敢有侮予者鳥之巢在民居之上故曰下民
或敢侮予何誰字向未有巢時每被人驅擊今既有巢可安人莫我奈何矣亦以
比已深憂王室而預防其患難之意○此出鴟鴞之詩然所謂鳥非指鴟鴞鴟
鴞鳥之害也以迨天之未陰雨比及時以徹彼桑土綢繆牖戶比明其政刑以
今此下民或敢侮予比雖大國必畏之○胡雲峰曰爲此詩者其知道乎知治
國平天下之道也

蒙引正韻般旋也遊也般樂蓋樂而又樂樂而忘返故有般旋之意此所謂縱
欲也怠惰也敖恣慢也此所謂偷安也般樂以動言怠敖以静言○般樂怠敖
不恤政刑也不恤政刑無求於賢才而惟姦諛是親是用矣自與本文相反對
饒氏曰般樂則不暇明其政刑怠敖則不暇貴德尊士此說不必從○達說不
仁如此由是國勢日弱外侮沓來是自求禍也（對大國必提說）

集說禍之自求即般樂怠敖而自求禍所謂不仁則辱也禍之自求即貴德尊

士明其政刑而大國必畏所謂仁則榮也故曰結上文之意此爲結上文則此
之謂也〇此證禍福無不自己求之者何矣註意自明
蒙引言猶念也大抵言者心之形念之所在也故解之爲念凡人所存所念往
往於言語間見得心存於是則其言亦不覺出於是不曰永念配命而曰永言
配命亦見古人心口如一之意〇命天命詩作天理常自省察使其所行無不
合於天理則盛大之福自我致之行不求而自得矣〇天作孽如水火盜賊之
災誠猶可避至於放僻邪侈以陷乎罪姦盜詐僞以失其身者是直無所逃於
天地之間而舉天地之間皆爲牢獄也
孟子曰尊賢使能　章
饒雙峰曰俊傑謂人中之俊傑者即指賢能而言尊賢使能便是俊傑在位尊
非禮貌之虛文與之共天位治天職以至去讒遠色賤貨貴德皆尊賢之道〇
蒙引俊傑即賢才故曰才德之異於衆者以其異於衆故曰俊傑俊傑在位言

在位皆非搢克庸劣之徒也○蓬說天下之士亦民中之俊秀者。願字就心言。
邦未歸而心已歸附之。○集說天下二字便把鄰國都在內了。
問市廛此市在何處朱子曰此都邑之市國都如井田樣畫爲九區面朝背市（蒙引有圖）
左祖右社中一區君之宮室宮室前一區爲外朝朝會藏庫之屬皆在焉後一
區爲市市四面有門每日市門開則商賈百物皆入賦其廛者謂收其市地錢
蓋逐末者多則賦其廛以抑之少則不廛而但治以市官之法所以招徠之也
市官之法如周禮司市平物價治爭訟謹權量等事皆其法也市中惟民得入
公卿士大夫皆不得入入則有罰左右各三區皆民所居而外朝一區左則宗
廟右則社稷在焉此國君都邑規模之大槩也○市廛而不征謂使居市之廛
者各出廛賦若干如今人賃鋪面相似更不征稅其所貨之物法而不廛則但
治之以市官之法而已雖廛賦亦不取之也○蓬說此市字與下關字耕者字
廛字。徵讀。叫起。說。不與下句相連。○蒙引市與廛亦不同。市是大總言。廛是市

中列肆故曰市宅也官爲之者〇存疑廛市宅也本是死字今都作活字用蓋
取其税也〇集説逐末者多人皆趨於利也趨於末則妨於本矣農是本商是
末不得不抑之故賦其市宅之廛使不至於太多而有妨於本務若夫逐末者
少或天災流行人啇於財或道路不通物踊其價倘再廛之則無市矣以無易
有亦國家之事不可廢者故此時但治以市官之法逋廛也不賦他了此雖先
王定制然都是活法也〇或廛或不廛總無征其貨之理亦總無不治以法之
理但戰國時想廛與貨並取之故孟子言此〇愚按註逐末者多多字明是以
人言者一者字可知若以貨言則須於者字下添一貨字始不可從
饒雙峰曰關譏之制凡衆途所會之地則立關以限之行旅有節傳乃可度關
以此稽考其來歷以防姦宄節是使者所持之節傳如今鄉引及州縣移文或
用節或用傳周禮所謂以節傳出納之者是也
集説當時亦不是又助又税蓋助法不行亦已久矣只是按畝向民加賦故孟

子言此。

問一里二十五家之布朱子曰亦不可考又問民無常産者罰之如何恁地重曰後世之法與此正相反農民賦税丁錢却重而游手浮浪之民泰然都不管他○達說此廛字與上廛字不同上主賦言作店字用此主地言只作宅字看○輔慶源曰先王之政宅不種桑麻與閒民無職事者上之人皆有法以抑之此所以當其盛時民皆著業而無游手與貧困者所謂窮民不過鰥寡孤獨者而已戰國時如夫里之布一切取之皆末流之害也○蒙引一里二十五家之布布縷之征也一夫百畝之稅粟米之征也一家力役之征則力役之征也○布縷之征粟米之征力役之征是惟正之供者常法也一里二十五家之布一夫百畝之稅一家力役之征却是先王所設以警游惰之法非常制也如市宅之民已賦其廛猶爲常制今既廛其居又征其貨又以額外所罰游惰者之夫里之布爲常額而併取之非惟受在市一切之賦又併出在田無名之征不以

講注一家力役之征乃朱子述全文不必用

一說夫字對里布

爲詞乃以爲賦戰國之君蓋亦不復知夫里之布之所自來矣可嘆哉○存疑
宅不毛者有里布他不受有五畝之宅却拋荒而不種桑麻故從而罰之使出
一里二十五家之布也民無常業者出夫家之征是不工不商游食之民故從
而罰之使出一夫百畝之税一家力役之征也市宅之民是爲商者其所居之
廛乃積貨之所原非可種桑麻以商賈爲業又非無常業而游手游食者不可
以不種桑麻無常業罰之也戰國之時忘其所自來但見從前有宅不毛民無
常業之罰謂市宅之民是宅不毛無常業者槩使出夫里之布則重併矣民焉
愚詳看則都邑市廛非左右各三區之民廛也
得不病哉○一廛字皆同均爲在市之宅孟子所以分作兩條說者是見當時
待商有此兩層事廛與貨並征已不是又舉先王之罰游民者併取之益不是
了故先說那税商處不是見得意思未盡又說那併取不是○摘訓就市中交
易言故曰商就廛中居處言故又曰民
蒙引上五條且條舉王道而言其理如此此則言當時人君誠能云云○鄰國

之民仰之若父母吾爲其父母則彼爲吾子弟矣率子弟以攻父母其誰能與之○尹氏曰士皆願立於其朝商皆願藏於其市旅皆願出於其路農皆願耕於其野民皆願爲之氓如是則鄰國之民仰之若父母矣○摘訓率者鄰國之君率之也○集說信能行此五者在人君身上說鄰國之民仰若父母自天下歸心上說率子弟攻父母未有能濟自鄰國不能與我爲敵上說無敵於天下却又寬說不論他來攻不來攻且往而征之矣○直解如此則無敵於天下言這等樣人心歸服則人不能制我而我常可以制人天下誰能敵之○饒雙峰曰無敵於天下一句乃是此章之大旨蓋能行王者之政則可以與王者之治當時諸侯不得民心惟務侵人土地故孟子教之但行王政以撫其民使吾國之民仰之若父母則天下之民亦仰之若父母矣如此則東征西伐何向不服不然吾國之民亦仇敵也況鄰國乎○吏君所命天吏天所命君所命者可以刑人殺人凡有罪者得而刑殺之天所命者可以征人伐人凡暴亂之國皆

得而征伐之。○集說註廢興存亡四字是說去廢之興之存之亡之。但視天意所在（帝心意）奉而行之不敢不從也。天意何以視之。亦曰天視自我民視天聽自我民聽而已。

孟子曰人皆有不忍人之心　章

或問孟子專論不忍人之心而後乃及乎四端何也。曰不忍之心即惻隱之心也。蓋性之爲德無所不具總之則爲仁義禮智而一以包三者仁也。情之所發無所不通總之則爲四端而一以貫三者惻隱也。然則其言之也又安得而無先後輕重之別耶。曰子以四端爲情而孟子皆以心言之何也。曰心統性情者也。故仁義禮智性也。四端情也。而皆得以心名之。蓋以其所統者言爾。曰其不言信者何也。曰程子（見註）言之詳矣。蓋信之於五常猶土之於五行也。五行非土不立。而土無定位。五常非信不有。而信非一端。故曰誠者物之終始。不誠無物。此亦可以觀矣。

伊川曰心生道也有是心斯具是形以生惻隱之心人之生道也雖桀跖不能無是以生但戕賊之以滅天耳始則不知愛物俄而至於忍安之以至於殺克之以至於好殺豈人理也哉○朱子曰人皆有不忍人之心者是得天地生物之心爲心也蓋無天地生物之心則沒這身才有這血氣之身便具天地生物之心矣○天地以生物爲心別無所作爲只是生物而已亘古亘今生生不窮所謂爲心者豈是切切然去做如云天命之豈諄諄然命之也但如磨子相似只管磨出這物事○天地生物自是溫暖和煦這箇便是仁所以人物得之無一不有慈愛惻怛之心又曰人物皆得此理只緣他上面一箇母子如此所以生物無不肖他○眞西山曰天地造化無他作爲惟以生物爲事觀夫春夏秋冬往古來今生意周流何嘗一息間斷天地之心於此可見萬物從天地生意中出故物物皆具此理何況人爲最靈宜乎皆有不忍人之心也○蒙引不忍人忍字是反字饒氏謂人心慈愛惻怛才見人便發將出來更忍不住者非是

不忍人不忍害人也○問人皆有不忍人之心是說性是說情曰是亦情也故下條解怵惕惻隱云此即所謂不忍人之心也○愚按看到第四節連下四非人也則知此人字宜着意說不得順口讀去皆有字對先王說言不獨聖人有之衆人亦有之也

饒雙峰曰斯猶即也聖人之心無物欲之蔽纔有不忍人之心即有不忍人之政不待充廣而後能也若衆人則須待充廣○真西山曰人有是心而私欲間斷之故不能達之於用惟聖人全體此心私欲不雜故有此仁心便有此仁政自然流出更無壅遏天下雖大運以此心而有餘矣○蒙引全體此心隨感而應由仁義行者也不待着力察識而擴充之察識擴充其次致曲者也有不忍人之心斯有不忍人之政矣是自然能充者也看斯字最緊○全體字與上文物欲害之一句相反照本文先王有不忍人之心此一句無全體意朱子解之以爲先王有不忍人之心何以便有不忍人之政耶先王全體此心無物欲之

害故也此朱子釋經之法○以不忍人之心行不忍人之政則老者衣帛食肉黎民不饑不寒然而天下不治者未之有也○人皆有不忍人之心此句如云人皆有之先王有不忍人之心此條如云賢者能勿喪耳非爲先王詳也（通節斷斷只就先王說）故下條卽接之云所以謂人皆有不忍人之心者不然是隔着先王一段了○存疑說人皆有不忍人之心就說先王有不忍人之心斯有不忍人之政者其意欲（可[illegible]下知皆擴而充之句說下三句對下節能充之足以保四海說）人擴而充之也意謂人雖皆有不忍人之心但衆人失之獨聖人能推之於政以見人當擴而充之○使民心自我而得自我而失也○此章首兩節當做一章大旨看○擴充上看程子總註人皆有是心惟君子惟能擴而充之句可見自所以謂人皆有不忍人之心以下是申說人皆有不忍人之心自凡有四端於我者以下是申說人當如先王有以推不忍人之心人之有是四端一節是結上文起下文之意○集說不能察識便含末節知字推之政事之間便含末節擴充字

真西山曰孺子未有所知而將入於井乍見之者無問賢愚皆有傷痛之心方
此心驟發之時非欲以此內交非欲以此干譽非欲以避不仁之名也倉卒之
間無安排矯飾而天機自動此所謂真心也○胡雲峰曰集註與謝氏皆着得
乍見二字緊蓋惟倉卒怱然而見之時此心便隨所見而發正是本心發見處
若既見之後稍渉安排商量便非本心矣○輔慶源曰怵惕心驚懼而起念之
意緣卒乍而見故心驚懼而動也惻隱由傷切而痛深自淺而深皆所以名狀
不忍人之心可謂善形容矣○朱子曰此身軀殼謂之腔子滿腔子是惻隱之
心只是滿這箇軀殼都是惻隱之心纔觸着便是這箇物事出來大感則大應
小感則小應○滿腔子是惻隱之心不特是惻隱之心滿腔子是羞惡之心滿
腔子是辭遜之心滿腔子是是非之心彌滿充塞都無空缺處○問心所發處
不一便說惻隱如何曰惻隱之心渾身皆是無處不發如見赤子有惻隱之心
見一蟻子豈無此心○如孺子入井如何不推得其他底出來只推得惻隱之

心出來蓋理各有路如做得穿窬底事如何令人不羞惡偶遇一人衣冠而揖
我我便亦揖他如何不恭敬事有是非必辨別其是非試看是甚麽去感得他
何處一般出來○方其乍見孺子入井時也着脚手不得縱有許多私意要譽
鄉黨之類也未暇思量到但更遲霎時則了不得也○問惡其聲而然何爲不
可曰惡其聲已是有些計較乍見而惻隱天理之所發見而無所計較也惡其
聲之念一形則出於人欲矣人欲隱於天理之中其幾甚微學者所宜體察○
蒙引怵惕惻隱四字不忍人之心之目也其形容也怵惕在先○惡其聲朱子
何疑不傷便是不仁也
謂是惡被不救人之名真氏謂不仁之名愚謂今人乍見孺子將入於井皆有
矣安只是惻心不救又見後
局
怵惕惻隱之心只是乍見時光景未說至救處亦當辨也只用不仁之名說然
既怵惕惻隱則隨而救之矣○蓋說大文而然也總頂上三句方與註非由此
三者而然也相合○存疑即乍見孺子入井而怵惕惻隱之心生非有造作而
然見此心是人所固有也蓋非人所固有則乍見之間不能發動如是之速矣

故遂承之曰由是觀之無惻隱之心非人也云
黄莆田曰由是觀之是字指孺子入井一事說○輔慶源曰人之所以爲心雖
不外是四者然仁則又貫乎三者之中故此因論惻隱而悉數之也至於言人
若無此心則非人也者所以明其必有而使人知反求之於已也○真西山曰
孟子始言惻隱之心至此則兼羞惡辭讓是非而言者蓋仁爲衆善之長有惻
隱則三者從之矣惻隱不存三者亦何有哉然賦形爲人孰無此心苟無此心
則非人矣所謂無者豈其固然哉私欲閉塞而失其本真耳○問上蔡見明道是朱子問
先生舉史文成誦明道謂其玩物喪志上蔡汗流浹背面發赤色明道云此便
是惻隱之心公且道上蔡聞得過失恁他慚惶自是羞惡之心如何却說道見
得惻隱之心朱子曰惟是有惻隱之心方會動若無惻隱之心却不會動
惟是先動方始有羞惡方始有恭敬有是非動處便是惻隱若不會動却不成
人若不從動處發出所謂羞惡者非羞惡所謂恭敬者非恭敬是非者非是非

天地生生之理這些動意未嘗止息看如何梏亡亦未嘗盡消滅自是有時而動學者只怕間斷了○羞惡辭讓是非雖與惻隱並說但此三者皆是自惻隱中發出來因有惻隱後方有此三者惻隱比三者又較大○惻隱之心頭尾都是惻隱三者則頭是惻隱尾是羞惡辭遜是非若不是惻隱則三者都是死物蓋惻隱是箇頭子羞惡辭遜是非便從這裏發來○這說因惻隱悉數三者爲人所必有歸重首二句○蒙引是非字是活字是其所是非其所非也

伊川曰孟子曰惻隱之心仁也後人遂以愛爲仁惻隱固是愛也愛自是情仁自是性豈可專以愛爲仁孟子言惻隱爲仁（公都子章惻隱之心仁也）蓋爲前已言惻隱之心仁之端也旣曰仁之端則不可便謂之仁（下一端字便見當據克意）○朱子曰四端未是盡所以只謂之端○惻隱只是情仁自是性性卽是這道理仁本難說中間却是愛之理發出來方有惻隱義却是羞惡之理發出來方有羞惡禮却是辭遜之理發出來方有辭遜智却是是非之理發出來方有是非仁義禮智是未發底道理惻隱羞惡辭遜是

非是已發底端倪如桃仁杏仁是仁到得萌芽却是惻隱又曰仁義禮智本體自無形影要捉摸不著只得將他發動處看却自見得程子云以其惻隱知其有仁此八字說得最親切分明也不道惻隱便是仁又不道掉了惻隱別取一箇物事說仁又曰惻隱羞惡多是因逆其理而見惟有所可傷這裏惻隱之端便動惟有所可惡這裏羞惡之端便動若是事親從兄又是自然順處見之〇仁字是箇生底意思通貫周流於四者之中仁固仁之本體義則仁之斷制禮則仁之節文智則仁之分別也正如春之生氣貫徹四時春則生之生也夏則生之長也秋則生之收也冬則生之藏也〇性者心之理情者心之用心者性情之主〇性是靜情是動心兼動靜而言統猶兼也性情皆出於心故心能統之統如統兵之統言有以主之也仁義禮智是心統性惻隱羞惡辭讓是非是心統情〇以體用言之有體而後有用故端亦可謂之尾若以始終言之則四端是始發處故亦可以端緒言之〇陳潛室曰端者端倪也物之緒也譬之繭

緜外有一條緒便知得內有一團緜若其無緜在內則緒何由而見於外○達
說此節四端平看說惻隱羞惡辭讓是非而曰仁義禮智之端者言情而歸之
性也性爲人所固有而情却本於性則這不忍之心寧不益信其爲人所必有
耶
達說人之有是四端一何雖結上數節必有意却起下句自賊賊其君意而自
賊賊其君又言當擴充以起下節意○直解人有這心決然有這四端就如人
有這身決然有這四體天下無四體不備之人則亦豈有四端不具之人乎既
是人皆有之則擴充之功人皆能之矣故有是四端而自謂不能擴充者是豈
是不以先王自待
以先王待其君
其身於不善之地而自害者也或謂其君不能而不勉之以擴充之功者是引
是不
其君於不善之地而害其君者也爲人臣者固不忍薄待其君而愛其身者又
豈可自處其薄哉○摘訓自賊是責君賊君是責臣
不問知皆擴而充之矣莫是知得了方能擴而充之否朱子曰知皆擴而充之節

是苟能知去擴克則此道漸漸生長如火之始然泉之始達　閒矣字文意不
斷克是滿其本然之量耶就上有擴字則是方知去推擴要克滿他所以如火
之始然泉之始達○問知字是重字還是輕字曰不能擴克者正爲不知都只
是冷過了若能知而擴克其勢甚順如乘快爲放下水船相似○問兩說克字
未曉曰上只說知皆擴而克之只說知得了要推廣以克滿此心之量下云苟
能克之足以保四海是能克滿此心之量上帶着一擴字說下就能克滿說推
廣而後能克能克則不必說擴也○惻隱之心仁之端也乍見孺子入井此只
是一件事仁之端只是仁萌芽處如羞惡辭遜是非方是義禮智之萌芽處要
推廣克滿得自家本然之量不特是孺子入井便恁地其他事皆恁地如羞惡
辭遜是非不特於一件事上恁地要事事皆然方是克滿慊足無少欠闕也知
皆擴而克之矣知方且是知得如此至說到苟能克之足以保四海即掉了擴
字只說克字蓋知字與始然始達字相應克字與保四海字相應才知得便自不

能已若火始然便不可遏泉才達便涓涓流而不絶〇人於仁義禮智惻隱羞
惡辭讓是非此四者須當日夕體究（是察識息）令分曉精確此四者皆我所固有其初發
時毫毛如也及推廣將去充滿其量則廣大無窮故孟子曰知皆擴而充之〇
問四端須看逐處擴充之曰固是纔常常如此推廣少間便自會密自會潤到
得無間斷少間却自打合作一片去〇問推字與充字曰推是從這裏推將去
如老吾老以及人之老幼吾幼以及人之幼到得充則填得來滿了如注水相
似推是注下水去充則注得這一器滿了蓋仁義之性本自充塞天地若自家
不能擴充則無緣得這箇殼子滿只是箇空殼子〇問知皆擴而充之若火之
始然至以事父母曰此心之量本足以包擴天地兼利萬物只是人自不能充
滿其量所以推不去或能推之於一家而不能推之於一國或能推之於一國
而不足以及天下此皆是未盡其本然之量須是充滿其量自然足以保四海
〇人誰無惻隱只是不能常如此能常如此便似孟子說火之始然泉之始達

苟能充之足以保四海若不能常如此恰似火相似自去打滅了水相似自去
淤塞了如草木之萌芽相似自去踏折了便更無生意○問人心陷溺之久四
端蔽於利欲之私初用工亦未免間斷曰固是然義理之心纔勝則利欲之念
便消且如惻隱之心勝則殘虐之意自消羞惡之心勝則貪冒無恥之意自消
在水草則辭讓與攘奪字對
恭敬之心勝則驕惰之意自消是非之心勝則含糊苟且頑冥昏謬之意自消
○達說凡有四端於我者者字要作人字看蓋天下那箇人無四端所以說凡
有四端於已之人知全是察識○蒙引擴推廣之意有所不忍而達之於其所
忍也有所不為而達之於其所為也即中庸所謂致曲○存疑火始然泉始達
皆有莫遏之勢若火始然若泉始達言善端之發勃勃充長日新月盛其勢不
可遏也彷彿生則惡可已意○蒙引所以日新又新不能自已者蓋因其有而
推易為力也若非本性所有此身一擴充之而遂沛然燁然之不可禦○苟能
充之是仁無所不愛義無所不宜禮無所不敬智無所不明也○苟能充之足

以保四海是有不忍人之心而能察識擴充之以行不忍人之政者也至於足
以保四海則亦治天下可運之掌上矣○事父母亦須用四端無四端則不孝
矣○人之性情即心之體用也本然全具體也即四德之渾然在中而未發者
也各有條理用也即四端之發於外隨感而應者也○此章亦如仁則榮及矢
人豈不仁二章皆爲當時諸侯發○木位乎東金位乎西火位乎南水位乎北
皆有定位也而土惟寄乎四者之間是無定位木以生發爲名火以明盛爲名
金以堅利爲名水以源活爲名皆有成名也而土惟寄乎四者之間是無成名
木火金水各得生長收藏之一氣是皆有專氣也而土惟寄乎四者之間是無
專氣○名職名也不然既名曰土矣又何謂無成名○定位成名以質而語其
生成者也專氣以氣而語其流行者也○木火金水無不待是以生者如每季
九十日各除末十八日爲土春木末十八日爲土則木之所以生火者此也夏
火末十八日爲土則火之所以生土爲旺又因以生秋金者也秋金末十八日

為土則金之所以生水者此也冬水末十八日為土則水之所以生木者又此

也

孟子曰矢人豈不仁於　章

蓬説此孟子勉當時諸侯為仁之意首何就本然之心説只引起下句之詞二

惟恐字與註一利字指今日為術之心説（推明説是）言果有仁不仁之異也見得始焉同

皆心之本然終焉異者術之使然故人之擇術不可不慎寧與為函為巫者同

其道而無與為矢為匠者同其機也於此不慎凡何而不為仁之害耶○蒙引

此術字不只是藝術而已此節之意非為矢函巫匠設也○摘訓術字泛言以

起下意且未可直説到擇仁上去

陳新安曰孔子之意本言擇里孟子引之以証擇術微有不同集註於此只以

孟子之意釋孔子之言故與論語註小異○存疑論語處仁指仁里言此處仁

指仁道言○蒙引得之最先不是得仁在義禮智之先當依朱子説人得那生

言人生合下就得此生物之心
底道理所謂心生道也有是心斯具是形以生也不然則本註天地生物之心一句可去了只云仁義禮智皆天所與之良貴而仁者得之最先而兼統四者亦俱完了○天之尊爵就人分上指出天說以付予之際言也○得之最先已
二義兼統始全
有尊爵之義兼統四者亦爲尊爵之義○看來只是兼統義禮智如何說統四者曰有仁之德有仁之義有仁之禮有仁之智云云○豈不是兼統四者仁兼統四者則仁當性字也○仁義禮智皆天所與之良貴於爵字見仁者天地生物之心得之最先而兼統四者於尊字始見○在人則爲本心全體之德亦爲尊言則包四者之義有天理自然之安無人欲陷溺之危於安字較見人當常在其中而不可須臾離於宅字較見○淺說仁爲天之尊爵人之安宅則仁道之關係於人者大矣且莫之禦而不仁是其是非之心不明而昧於擇術也豈非不知之甚乎○存疑夫仁以下是孟子釋擇不處仁焉得智意尊爵安宅見是人之所當爲莫之禦言無人沮止之見得是自不爲意○莫之禦而不仁是不

智也是不仁由於不智。下曰不仁不智。是不智由於不仁。眞西山曰仁乃我所自有苟欲爲之誰能止者乃甘心於不仁豈非不智乎故仁智二者常相須焉不仁斯不智矣下文言之不智斯不仁矣此是也○集說首節仁字。指愛之理。上。說此節仁字。指心之德。上說。蓋即一端之仁。引說到全體之仁也。○尊爵安宅。即反照下節人役說。

蒙引夫人之所以不仁者固由於是非之心不明然既以是非之心不明而爲不仁則其心日益昏頑而自此又不智矣不智則憒然無知又何有於禮義是其身無一之足貴而自流於汙賤之歸矣○摘訓不知禮義之所在所以無禮無義。不可便以不知禮義之所在。爲正指無禮無義說。○存疑不仁不智無禮無義則德不足以服人彼有德有力者皆足以服我而我當爲之役矣故曰太役也○弓人矢人如何恥爲弓矢攻於小藝以供民用而不能大有爲以服役人故自羞恥不能自强以服役人但爲人役而恥之亦猶是也蒙引曰皆是激

而進之之辭○饒雙峯曰此役字即小國役大國楚六千里爲讐人役之役○
集說人役而恥爲役一以見恥之必不能免一以見尚有此恥心之可用也
此正是擇術處
集說惟不仁故不能免此恥欲免此恥便自另尋別道不得故莫如爲仁○直
解所尊者天爵始可去卑而爲尊所居者安宅始可易危而爲安自强之計無
出於此○饒雙峯曰是敎時君因恥辱而勉於仁
蒙引爲仁便是仁者承上文莫如爲仁來○存疑旣曰如恥之莫如爲仁又曰
仁者如射云云是示以爲仁由己之意使自勉也射者正己而後發發而不中
不怨勝己皆就射上說爲仁由己之意則在言外○朱子曰仁者如射但那發
時毫釐不可差○集說如之云者如其正己如其反求諸己合得與不得俱如
之也○正己而後發發字中亦有中意在非謂發一定不中也勝己者內便含
人役之意○集註爲仁由己而由人乎哉蓋莫之禦而不仁但反求諸己便自
此理具足耳何待外求○蒙引反求諸己修德自强也○愚按以正意推之正

已是要純乎天理而無人欲發是見之行事不中是所行未能盡仁勝己是我未能仁而人能仁或國之強大於我者便是反求諸己是只知責己之未能盡仁道也然不怨二字亦甚緊要孟子見當時諸侯好勝忿爭不思正己反己卒底滅亡故以此箴之○此章仁字較仁則榮仁字頗□看二節註語可知蒙引仍以前章貴德尊士云云解之竊恐未然○陳新安曰此章以尊爵安宅論仁其理甚精微勉人爲仁其意甚切至既言莫之禦而不仁又言反求諸己皆言爲仁由己其機在我不在人也仁固包義禮智然人所以不爲仁者由於是非之心不明與羞惡之心不正耳故孟子先言是不智也欲人以是非之智而擇爲仁之術繼言如恥之欲人以羞惡之義而決爲仁之機也○集說爲仁者擇術當如何蓋天下只有仁不仁而已到仁底一路上便是尊爵安宅無限安榮到不仁一路上便是人役無限困苦然其初卻只在一念之分故須擇其善者而從之○此章前後是兩段意思首二節在初擇術上說不仁不智以下卻

自擇術已是不慎地位翻轉回頭處說

子路人告之以有過則喜　章

或問善者天下之公理本無在己在人之別但人有身不能無私於己故有物我之分焉惟舜之心無一毫有我之私是以能公天下之善以爲善而不知其孰爲在己孰爲在人所謂善與人同也舍己從人言其不先立己而虛心以聽乎天下之公蓋不知善之在己也樂取於人以爲善言其見人之善則至誠樂取而行之於身蓋不知善之在人也看兩不知字便見人己爲一處此二者善與人同之目也然謂之舍己者此句與註異特言其無私順理而已非謂其己有不善而舍之也謂之樂取者又以見其心與理一安而行之非有利勉之意也此二句本一事特交互言之以見聖人之心表裏無間如此耳觀其居深山中聞一善言見一善行則若決江河沛然莫之能禦及其格於文祖則詢於四岳闢四門明四目達四聰則其自始及終無毫之私一息之間可知所謂自耕稼陶漁以至爲帝無非取於人者豈虛語

哉

輔慶源曰人受天地之中以生本自無過所以有過者非出於氣禀之偏則由乎物欲之誘人能知而改之則可以復於本然之善不知則其過愈深將陷溺焉而失其所以爲人矣是豈可不懼哉人有告我以過我因得而改之以復於善則又豈可不以爲喜乎然非子路之勇於自修則亦不能然也

輔慶源曰子路賢者也故不能無過但勇於自修是以喜於得聞而改之禹則聖人也其心純是天理本然之善故不待其有過但一聞善言則至誠缶巳拜而受之

朱子曰禹聞善言則拜猶着意做舜與人同是自然氣象聖人之拜固出於誠意然拜是容貌間未見得行不行若舜則眞見於行事處巳未善則舍巳之未善而從人之善人有善則取人之善而爲巳之善○存疑子路人告之以有過則喜是見得巳未善而善在人禹聞善言則拜是見得善在人而巳未善都是

把善做人所私有底物不謂人己之所同也善與人同是把這善與人做公同底物不做在己底也不做在人底故曰公天下之善而不爲私不爲私不但爲己私做在人底亦私○善與人同之善不可把作舜之善說乃是天下之善舜把他做人與己之所同故曰公天下之善而不爲私○取諸人以爲善不知善之在人是也舍己從人不知善之在己何處見得不能舍己從人只是見在己底善不能舍得便是知善之在己舍己從人都不見得在己底善在人有善便舍己從人這便是不知善之在己也○或曰聖人亦有未善何也曰聖人之心不自滿假進善無窮己或見得己之善未至十分人之善有勝乎己便舍而從之直欲求到至善地位蓋是聖人自見得未善非若凡人之不善也○蒙引善與人同無物我之痕迹在胸中也舍己從人己字重從人卽是樂取諸人也蓋二句本一事也舍己之未善而取人之善以爲善也故下只言無非取諸人者○取諸人以爲善不可謂只是取人之善言如好問用中之說耳須兼言行故

曰聞一善言見一善行若决江河沛然莫之能禦也○

史記五帝記舜耕歷山歷山之人皆讓畔漁雷澤雷澤之人皆讓居陶河濱河濱器皆不苦窳一年所居成聚二年成邑三年成都○摘訓耕稼二字平說乃兩事也種五穀曰稼○蒙引無非取於人者實兼物我兩忘之意○愈見舍己二句當合看○外忘其善之在人○內忘其善之在己○存疑是說他平生爲人都是如此○

蒙引取諸人以爲善則是引其人以爲善矣所謂許助同是引之之意○朱子曰人樂於見取便是許助他爲善也○輔慶源曰舜之取人以爲善者未嘗有助人爲善之意也○孟子推說其事故以爲取諸人以爲善是乃助人之爲善也○因吾取人之善以爲善○而使天下之人皆勸於爲善○則是聖人成己成物之事○故曰君子之善孰大於此○倪新安曰語錄云三者本意只是取人但有淺深○而與人爲善○乃是孟子再叠一意以發明之即此條以證集註之說則是三人

皆有樂善之誠。子路樂於聞人告之以有過，禹樂於聞人之善言而拜，舜樂取
人以爲善。雖有淺深，是皆在人者有以裕於己也。末一句所謂在己者有以及（惟此一句单）
於人（説錯），乃是申明孟子再叠之意耳。輔氏謂末二句皆单説舜，竊恐未然。○陳新
安曰：舜事優於禹，禹事優於子路。然學者之希賢希聖，未有無其序者。常人猶
欲皆理講遍飾非，覗子路之心已相背馳，何敢言舜禹事？必先忘私克己，然後
能至公，而自然無私，故必如子路之克己私，始漸能如聖人之與人爲公耳。○（大文分明接舜説下）
達説：此節專就舜言，君子亦暗指舜説。○存疑：聖賢樂善之誠，初無彼此之間，
彼此作人己説，不可指三人説。○愚按摘訓云：不可以莫大與有大相應。前以
公善爲大，是大於由禹；此以兼善爲大，又是自家善之大處，乃因前面之大而
另推出一層大也，不必又纏由禹。此説非也。按前面大字宜虛説，由公善而推（意本董懸白）
至於兼善，方以莫大二字結之。末句正與有大句相應。蓋舍己從人，樂取於人，
未足以見舜之大，惟能使天下之人皆勸於爲善，而後見舍己之極功，樂取之

宏度眞有如天之無不覆地之無不載者君子之善孰大於是所謂大舜有大焉以此

伯夷非其君不事　章

或問卒章程張諸說皆以爲隘與不恭非夷惠之過乃其流之弊耳子之說不然何也曰諸先生之意厚矣然以孟子之言考之則恐其意未必果然也

蒙引此條是節節說深去（只要人道出斷章）不立於惡人之朝不但非其君不事足亦不立其朝不與惡人言不但非友不友口亦不與之言○或說不立於惡人之朝只是非君不事曰非也宜別說而深一節且如孟子不仕於齊梁然豈不亦暫立其朝邪又如人臣爲君聘於鄰國豈不亦暫立其朝邪與人言亦未便是與爲友也今人所與言（俱是惡惡）亦多矣豈箇箇便是友耶○塗是泥炭是火塗炭水火之分故云（此上）民墜塗炭○鄉人又未至於惡人推惡惡之心至此者極言之也推孟子推之思伯夷自思也此無實事孟子本其心而形容之如此耳是故二子承上文此

却是實事自推惡惡之心至此文勢相連○存疑又不但惡人之朝不立惡人不與之言鄉人之冠不正亦少失禮耳要未必惡也亦若將浼焉又不但鄉人少失禮不與立至於諸侯之善其辭命而至初無少失禮矣亦所不受○集說不受即不納之意○蒙引辭命雖善而其人未善也故亦不受若孔子則交以道接以禮斯受之矣○解其不受之故由其心之不屑也○朱子曰注云屑潔也潔猶美也○大全小註不屑就言不以就之爲潔而切切於是合趙氏說文二說以解一屑字

朱子曰不隱賢謂不隱避其賢如已當廉却以利自汙已當勇却以怯自處之類乃是隱賢是枉道也○進不隱賢便是必以其道人有所見不肯發出尚有所藏便是枉道○問集註謂不隱賢不枉道也疑與下文必以其道意相重曰兩句相承只作一句讀文勢然也○蒙引不羞汙君不卑小官是進也然進不隱賢而必以其道則未免於遺佚阨窮矣然遺佚而不怨阨窮而不憫阨窮潔

集說怨是怨人憫是自心悲

於遺佚遺佚是去位也阨窮是困也阨窮是遺佚後事○摘訓君雖污亦事之
而不以爲羞官雖小亦居之而不以爲卑事污君則不足以有爲居小官則下
得以有爲宜或隱賢而不以道也彼則進不隱賢必以其道以道而至於見棄
宜或怨而且憫也彼則遺佚而不怨阨窮而不憫事君之和如此則其處衆亦
此故字承不羞不卑不怨不憫來故字都只承爾爲爾我爲我說來
然矣故曰爾爲爾云云處衆之和至於如此所以有援而止之者而止也○
此節道是說他和之極處不隱一句只是起不怨不憫意耳不自失亦是帶說
言我自必以其道雖遺佚阨窮亦不足介意
但不重在此觀必以其道之下就說不怨不憫之下就說爾爲爾不自失
之下就說援而止之而止可見只重在和上蒙引謂不羞污君不卑小官和也
只要道此不羞惡
進不隱賢云云不憫是和而介也却重介處了○亦是一節深一節○存疑爾
爲爾至浼我哉是惠自言其不去之意故由由然與之偕以下是孟子之言○
集說不自失其正亦是我爲我之意見得我自有主即與之偕亦猶是也○蒙
引與之偕之字指爾爲爾者言不必拘袒裼裸裎援而止之而止言欲去之際

援而止之則亦止也泥説不肯去者不以去爲高而必於去也
朱子曰伯夷既清必有隘處柳下惠既和必有不恭處道理自是如此孟子恐
後人以隘爲清以不恭爲和故曰隘與不恭君子不由也○諸先生恐傷觸二
子所以説流弊今以聖人觀二子則二子多有欠闕處纔有欠闕處便有弊所
以孟子直説他隘與不恭不曾説末流如此如不念舊惡不以三分易其介固
是清和好處然十分只救得一分救不得那九分清和之偏處了○問柳下惠
不恭是待人不恭否曰是他玩世不把人做人看如袒裼裸裎於我側是已○
清和皆是一偏學之便有隘不恭處使懦夫學和愈不恭鄙夫學清愈隘矣可
爲百世師謂能使薄者寬鄙者敦頑者廉懦者立君子不由不由其隘與不恭（人[illegible]明説隘與不恭君子不由）
也（存疑乃謂是不由其清和非也）○夷隘惠不恭不必言效之而不至者其弊乃如此只二子所爲已有此弊
矣（節却無此意）○胡雲峰曰道惟中則無弊夷惠不合乎中庸之道故君子所不由夫子之
道大中至正之準故孟子所願學○陳新安曰孟子一書言夷惠者不一以伯

說法則知去節總為學夷惠者說法似無願學孔子意

世之師稱之以聖之清和許之此章則譏其隘不恭以若相反者孟子實欲人法夷惠之得又恐人不知戒夷惠之失其憂學者至矣〇呂伯恭曰學伯夷者未必得其清而先得其隘學惠者未必得其和而先得其不恭大抵清之極易至於隘和之極易至於不恭學之者當法其清和之得而戒其隘不恭之失可也

四書鈔上孟卷二終

壓亭[illegible]輯

孟子曰天時不如地利　章

蒙引舉用兵所恃者而第其輕重○示人當知所重也○天時二字兼時日支干孤虛王相之屬時謂四時王相蔡氏說該十二月在其中日則該十二時支干是時日之支干孤虛王相是時日支干之孤虛王相時日有支干而支干有孤虛王相也兵家蓋只就孤虛王相上論吉凶○孤虛一類然孤自孤虛自虛王自一類然王自王相自相之屬（如歲星所在皆是）二字所該者廣其在兵家不止孤虛王相而已○孤而空亡二事一説論空亡曰甲子旬中戌亥是甲戌旬中申酉是甲申旬中午未是甲午旬中辰巳是甲辰旬中寅卯是甲寅旬中子丑是○問何以謂之空亡甲子旬中遁至酉而十干足以無戌亥為空亡也空亡即孤也甲戌旬中

遁至未而十干足以無申酉爲空亡餘倣此○虛者子實則毋虛如甲乙木實則壬癸水虛丙丁火實則甲乙木虛之類○王相者如春木旺木生火則火相夏火旺火生土則土相旺者爲主相者輔之○次乎王者爲相得其助也敵乎王者爲孤以相克也生乎王者爲虛子實則毋虛也大意㮣如此○饒雙峰曰非謂可以全無天時地利但不如人和耳○達說此兩不如且平講然講此二句全要含蓄若說得實則不消下二段說話矣

蒙引此條申天時不如地利就攻上說○達說三里七里極有意思言小小城郭亦足自固（環字內有非一朝一夕之意）曠日持久縱遇着十分好天時亦難破之況城郭至大而天時其足恃乎

蒙引此條申地利不如人和就守上說○趙氏曰古甲以革爲之故函人爲攻皮之工後世始用金曰鎧○集說堅屬革利屬兵○金仁山曰黃牛皮者爲犀甲青牛皮者爲兕甲卽今水牛也有殼曰粟無殼曰米粟卽穀也古人米與穀

兼積米切用而易腐殺氣全而可久緩急兼儲後世軍儲獨以米故大創不可
食〇逵說兵革米粟皆出於地利如中國長技五據敖倉粟是也〇存疑委而
去之言人心不和委而去之雖有地利無與其守也
逵說夫地利不如人和如此有國者當知所以得人和矣故曰域民不用封疆
之界恃人心非封疆之所能限也固國不用山谿之險恃人心非山谿之所能
制也威天下不用兵革之利恃人心非兵革之所能服也惟在得道云云〇兵
革之利利字該堅字〇陳新安曰封疆山谿兵革皆末也不以不全以此也其
本在得道而已〇蒙引封疆山谿意不主地利言此節無地利專言得人和之
所以和得道此聖賢之兵法也所謂不戰而屈人兵者也〇存疑得道言為國
得其道孟子嘗曰王如施仁政於民省刑罰薄稅斂云云又曰貴德而尊士云
云是也〇直解誠能得其道而恩惠浹洽則民心有所固結莫不親上死長樂
為効力而扶助之者多矣如或失其道而舉措乖方則民心無所繫屬莫不幸

災樂禍渙然瓦解而扶助之者寡矣○達說寡助之極非特國人畔之雖與我
相愛而相憂者亦將離心離德而畔之矣多助之極非特國人順之雖天下之
大兆民至衆者亦將同心同德而順之矣○順之只是悅而願歸之若作歸之
則下節說不去了○存疑此條言得人和處得道正是得人和之本多助天下
或謂多助是
順之方得人和也○達說得道六句正以終域民三句之意此節只極言當務
人和之效非是
得人和而其意思又歸在下條言得人和之可戰以終上文所言之意
達說以天下之所順是我為天下所順之人也只是以我攻彼意非謂率天下
之所順也○淺說自我之攻彼而言則是以至仁伐至不仁而仁者不可為衆
也自彼之敵我而言則是率子弟以攻父母而未有能濟者也故君子有不戰
則已戰必勝矣○達說至此則地利固無所用而天時尤不必拘矣○陳新安
曰此章言用兵在得人心得人心在得道得道以得人心貴地利之險人為之
守天時之善人為之乘先王之守國家用天下本末具舉如此固以得道得人

心爲本。而亦不廢天時地利之末。孟子見當時用兵者惟以天時地利爲務。而不知以得道得人心爲本。故發此論。

孟子將朝王　章

或問孟子本欲朝王矣。王召之則辭而不往何也。曰孟子於齊處賓師之位。未嘗受祿。非齊王所得臣也。王不能見而乃召之。既失禮矣。其託疾又不誠。若之何而可往哉。

此意帶說

問與是齊王不合託疾否。朱子曰未論託疾。孟子之意。只是說他不合來召。爲其有師。有事則上門求見。或自往見。若王召之。則有自尊之意。故不往見。在他國時諸侯無越境之理。只得以幣來聘。故賢者受其幣而　見之。答陳代如不待其招而往何哉。此以在他國而言。答萬章天子不召師而況諸侯乎。此以在其國而言。○摘訓如字依蒙引訓往爲是。言寡人本意乃往而就見者也。○蒙引朝將視朝上朝字謂來日也。不識可使寡人得見乎。分明是召。既有召命而

終答只是此意

四書鈔　孟卷三　三

往則是賓師應召矣所以執而不往

摘訓東郭氏景丑氏註俱解云齊大夫家也蓋氏字正指其家而言○存疑辭疾出弔欲齊王知其非疾求其不赴之故而悟已之不當召也孟子於景丑則力辨於公孫丑乃不與言者欲因景丑以悟齊王丑爲門人久之當自悟也達說問疾醫來是兩意一問其疾一治其疾也昔者有王命至能至否乎是失孟子之意使數人至而造於朝是强孟子之行仲子不知辭疾之意猶夫公孫丑也且權辭以對又要之造朝卽景丑之見也○蒙引采薪之憂病則不能采薪故曰采薪之憂也

存疑孟子辭疾出弔是欲使齊王知其非疾使問醫來正可達齊王之機也孟仲子乃權辭以對又使人要請造朝以實已言如此彌縫則孟子一段意思竟不得達於齊王其心良亦苦矣故不得已而之景丑氏宿焉蓋景子齊臣宿其家欲使齊王知其非疾卽前日出弔之意也○五者皆人之大倫獨舉父子君

臣者君臣一倫正是所論之事以父子一倫與並言也○集說主者一主於此恩字兼父子敬字兼君臣父主於恩子亦主於恩君主於敬臣亦主於敬也○蓬說王之敬子泛就平日言非指問疾醫來未見所以敬王且勿露不應召之下文乃並識之○此實含有不應召之意○存疑惡是何言也言謂我爲不敬王此言是何言也正以已非不敬王下遂言已之敬王處○堯舜之道仁義而已敬上曰仁義下曰堯舜之道○蒙引露出堯舜字見其以堯舜望其君所以爲敬君也

蓬說子謂以仁義告王爲敬斯言否也我謂子不敬王者非以子不以仁義與蒙引謂不論其心但以禮貌而論也王言之謂也但以君臣之禮有未盡耳○此節景子引禮只重不俟駕上○蒙引孟子時在賓師景子以臣禮律之誤也○孟子且未暇與明此一節○但下云云亦以賓師論也○惟朱子有服月總註曰見賓師不以趨走承順爲恭云云不以人臣對下人君字有音也

存疑豈謂是是字指景子所言說以孟子之不赴召爲不敬景子之所言也豈謂是者言我之意豈說道如子之所言也孟子之言以我不當不赴王之召我之意則以王不當召我也曾子曰以下至惡得有其一以慢其二哉正是說不當召已之意然其意猶未甚顯至故將大有爲之君以下三條則意思明白說（如此說）出矣至管仲且猶不可召而況不爲管仲乎則圭角盡露矣○愚按仁則體無（方可暗照下輔世句諸說皆非）不具用無不周亦極天下之至當也義則宰群動權萬變亦極天下之至貴也○蒙引彼以其富我以吾仁吾何慊乎哉其詞則兩平其意則重在仁義蓋富爵之與仁義自是抵對不過○夫豈不義而曾子言之是或一道也本不消如此說只緣景丑俗人恐他未信得到不得不如此提撥所以深明其言之可信也朱子曰文勢似使管子而愚人也則可○存疑引曾子之言旣曰夫豈不義而曾子言之是或一道也則天下有達尊三以下當是解曾子所言之意蓋曰朝廷莫如爵輔世長民莫如德德便是仁義此所以不慊於彼也大意是如此

○蒙引。朝廷莫如爵，故爵爲一達尊。鄉黨莫如齒，故齒爲一達尊。輔世長民莫如德，故德爲一達尊。三句中言爵齒德爲天下之達尊也。朱子隨在致隆之說，不是正意，只是議論辭。若說隨所在而致隆，則所謂慢其二者，孟子於王又豈有鄉黨之分哉。○三句是各自爲說，非以相值之時言，不當作齒在所重則爵與德在所後等說。○鄉黨莫如齒，孟子於齊王何鄉黨之論乎，此只要齒字出，不以鄉黨也。○輔世對御世者言，如五百年必有王者興，其間必有名世者，王者便是御世者，名世便是輔世者，就人臣之分言，故不曰御世而曰輔世。○長民長治也，君長之長，自天子至大夫士皆說得長民，非長育之長也。○達說爵主君爵言，輔世長民主名世之臣言。○存疑。有其一以慢其二，是說齊王以爵慢己而召也。○蒙引此句接上文，當過文云，夫天下三達尊，今齒德二者皆在我，而齊王僅有爵耳，惡得有其一以慢其二哉。只是以一二較多寡而爲屈伸，不復拘於朝廷鄉黨與輔世長民矣。○摘訓。上數句正見是或一道也，末句方引入己事來。

蒙引惡得有其一以慢其二，明其不可召也。夫不可召而王召之，則王疑於不足與有爲矣，故繼之曰故將大有爲云云。○集說看一將字及下不足與有爲也，仍在初起作事之人說。大有爲只是行仁義而王於天下而已。○必有一字乃自將大有所爲者說。蓋大有爲之君，必能識得此人，必能敬得此人，故一定有之也。○存疑必有所不召之臣，言有所不可召之臣也，不可說不召臣。不召之意就在其中。○淺說故將興道致治以圖大有爲之君，則必有所致敬盡禮而不可召之臣，可以賓禮處之，不可以臣禮拘之；可以師道尊之，不可以臣道屈之也。○蒙引欲有謀焉則就之，正是不召也，帶上文看。○德就賢者身上說，道就賢者所抱說。如仁義忠信、樂善不倦，其德也；平治天下之具，其道也。尊德樂道不如是，謂不如其尊德樂道，非尊德樂道而又不如是也。○自古名世之士，大抵皆以此卜其君，以决其去就。○淺說尊德樂道雖主君言，還作賢者欲其如此方與程註合。方大文與字有着落。

存疑湯之於伊尹桓公之於管仲學焉而後臣之尊德樂道也。不勞而王霸者足與大有爲也。看味節方將管仲摘出此處自應平看臣之註訓任之最妙。〇達說二段平看正發明上節意。學與臣非兩平。須重學上。正見尊德樂道意。〇饒雙峰曰何處見得學而後臣蓋學師之臣相之也觀尹之辭無所受於湯桓之於管一則曰仲父二則曰仲父亦可見師之之意

存疑地醜言無一人能辟土地德齊言無一人能奮發有爲故曰莫能相尚好臣其所教不好臣其所受教於學焉而後臣者異矣此所以不足與有爲而莫能相尚也。〇蒙引德齊之德以所就功業言。好臣其所教之人惟言莫違也。不好臣其所受教之人姑舍女所學而從我也〇今天下地醜德齊莫能相尚不能大有爲也。好臣其所教而不好臣其所受教尊德樂道不如是。無不可召之臣也。〇達說臣字作任字看。與上節一類。

摘訓湯之於伊尹二句輕。只照上文說起。重在管仲且猶不可召上。言伊尹固

不可召矣○管仲一伯者之佐耳○非伊尹匹也○召之似若無傷○然尚且不可召而況不爲管仲者○顧可託疾以召之耶○此直示以已不可召也○知我之不可召則我之不可應召明矣○乃謂我爲不敬乎○達說管仲且猶不可召重桓公不召管仲上○勿云不可屈而召之○

陳臻問曰　章

蒙引一鎰二十兩也一百鎰二千兩七十鎰一千四百兩五十鎰一千兩○前日之不受云云　重在非字上居一於此謂不免於一不是也

蒙引主於義言○故曰皆是○不必說皆是義也○惟其皆適於義○故得爲皆是○陳臻之問只在是字○無義字○

達說行者必以贐辭曰餽贐則義可受矣○以義字貫

達說予有戒心辭曰聞戒則義可受矣○蒙引當時列國各有封疆之界○一出薛之關○則非薛之令所能行矣○故薛君之於孟子只得以金爲之兵備也○讒

約上曰餽贐可接受字此止曰聞戒不可接受字故補曰故爲兵餽之然故爲
兵餽之自對行者必以贐何亦倒裝文法
大全未有所處則無辭而義不可受矣○存疑未有處之處是處物爲義之處集說處物
比事當於義是有所處若於義無當是無處也今人作事必云處得停當可見指處那物也
處字意○蒙引兩箇辭曰字重看正與未有處相應孟子於齊未有處也而齊
王乃餽之則無辭矣○貨謂以物餌之也從餌以去則爲貨取矣兩貨字皆是
活字○朱子曰取是羅致之意輕受之便是被他以貨賄籠絡了○摘訓下三
節正前言皆是之意在宋在薛以有辭而受見今日之受不爲非也於齊以貨
之而不受見前日之不受不爲非也然則非皆是而何○張南軒曰人於不當
受而受其動於物固也當受不受亦是爲物所動何則以其蔽於物而見物之
大也聖賢從容不迫惟義之安外物何有焉物有大小義之所在一耳○陳新
安曰孟子辭受從容惟義之安陳臻欲辭則皆辭受則皆受而不知隨事以酌

其義固哉

孟子之平陸　章

大全戟有枝兵也趙氏悳曰雙枝曰戟單枝曰戈○蒙引枝旁枝也如鋸只直
刃而無旁枝○達說此孟子將正距心失職之罪故先以失伍發之○失伍不在
伍也此就行師之時言若平時訓練節三不在伍亦未至於殺也○集說持戟
之士只是說戰士不在伍不是逃去不在只亂其隊伍不在他本等汛地便是
存疑然則千之失伍也亦多矣是借其失伍之言而責其失職也彷彿以安社
稷爲悅意○饒雙峰曰凶年說得闊如水旱疾疫之類饑歲只是五穀不熟○
摘訓亦多矣與三失伍相照言其失伍又不止於三也下面民之轉且散者幾
千人正見是失伍之多○蒙引溝長壑深皆有水者○存疑此非距心之所得
爲言乃王之失政使然吾力不能如之何也○達說此字并下二此字俱承民
展轉流離言○

蒙引牧牧地也芻草場也就地食草也芻盖刈去之草〇大抵春夏則就牧地牧秋冬則須用刈草亦隨所居之便今之養牛羊者大抵不出此二端〇凡養畜日則飼之以牧夜則飼之以芻〇說約兩爲之一樣箇常言替他也〇達說註何不致其事而去孟子非直欲其去也只是言其不去則不得辭其責耳此心之罪只歸不求之罪不得歸不及之罪及在求之後所以心許未嘗求則距心之罪亦不指不去言只言已在位而使民流離與轉雖辭其責也

蒙引邑有先君之廟曰都蓋其邑嘗爲先君所都後遷之他乃只爲邑故猶有廟在而稱都也〇知識也爲王誦之此句記述之言非孟子曰爲王誦之〇存疑論已與距心言及距心之答已二節語也此則寡人之罪言使人民流離轉轉民牧不得盡其職乃寡人不能行仁政之故是寡人之罪也〇胡氏曰齊之君臣一時聞孟子之言皆知其罪天理之在明也終於不改人欲錮之也

孟子謂蚳鼃曰　章

存疑似也言其事近似有理爲其可以言乃解其意今既數月矣未可以言與

是激之使言以孟子今既數月矣未可以言與之語觀之可見當時刑罰不中可言處必多。

達說當諫而諫得事君之忠當去而去得守已之義○孟子有以激之意○

存疑孟子只激蚳鼃使言未嘗教他去蚳鼃諫於王不用遂致爲臣而去或謂其去非出於孟子以愚觀之有言責者必言不得其言即去此自古士大夫去就之律令也○孟子使蚳鼃言便是教他盡職他若盡職便料到不用處揀一箇去中間豈有立足之地哉○斷斷是如此○孟子曰今既數月矣未可以言與其意便是如此亦不可謂蚳鼃之去非出於孟子也○

存疑有官守者以官爲職有言責者以言爲職一失其職便是曠官素餐所以當去古人一日居乎其位則一日業乎其官一日失乎其官則不敢一日居乎其位正爲有見乎此耳○摘訓不得其職謂不得盡其職不得其言謂不得行其言也○蒙引進退即去就也進字對退字生○此孟子最高處蓋自見王於

祟退而有去志便商量此一着了○蔡氏曰餘裕是寬綽不迫之意賓師從
于以臣道處蚳鼃而以賓師之道自處其進退之際自是不同
容規諷以漸而入如今朋友相似少焉不入亦當去但覺得些子不如那有官守言責者恁地逼迫不得其職不得其言則目下便着休○張南軒曰孟子與乎蚳鼃故得從容不迫陳善閉邪以俟王之改可徐處乎進退之宜也然卒致爲臣而歸誠意備至啓告曲盡而王終莫悟則有去之而已然三宿出晝猶庶幾王之改終從容不迫也豈悻悻者所能識之

孟子爲卿於齊　章

問孟子賓師之禮如何朱子曰當時有所謂客卿者是也大槩尊禮之而不居
卿字還就客卿說是不然則賓師二字說不去
職任事召之則不往又却爲使出弔於滕○蒙引問既是賓師如何謂之使曰所以使王驩爲輔也此孟子所以不辭行也○集說王命出弔原以孟子爲重王驩何人而可使之爲輔行乎當時使孟子以自重其國也使王驩以重孟子也其心則是其行則非矣朝暮見亦是王驩重孟子處反字包一往一還俱在

氏。故註云往而還也。不是只在還時說。○輔慶源曰使事謂弔祭之禮邪交之儀凡禮文制數皆是。

蒙引不可謂孟子爲正卿驩攝卿以行爲齊卿齊還是齊國○夫既或治之言自行人理之了不必與驩言也朱子是於或字生出有司字○輔慶源曰夫既或治之正答公孫丑未嘗與之言行事一句。○陳新安曰孟子於王驩不欲與之言於弔公行子亦可見今答丑不過平平說。所以不與言之意未始及也。蓋夫既或治之云云雖是托詞耶亦是此時道理。欲使丑自悟耳。○直解説孟子之言蓋既不肯妄與之交以流於苟合。又不肯不依輔氏專就夫既或治之分貼直斥其故以傷於已甚。可謂不惡而嚴者矣。

孟子自齊葬於魯　章

蒙引敦督也非自治也使虞敦匠事爲何。嚴言孟子喪事怒怒也。嚴字另是一句。○不曰木棺也而曰木椁木也重在木字。棺之美惡只在木之厚薄堅脆。若制作無甚工否。○愚按督下文非直爲觀美及不爲天下儉其親二句。則知虞之意。蓋疑其過侈而爲

觀美也
達說古之棺槨任其厚薄無有尺寸之度○饒雙峰曰周七寸只如今四寸許
○蒙引言聖人制禮棺槨皆令得致其厚者非爲觀美爲然後盡於人心也○（言聖人制禮之意如此）
言俗但有爲觀美之事者此卻非也育字帶下讀○達說堅厚久遠不可平看
惟堅厚則久遠也
蒙引不得不可以爲悅一段重在有財上蓋上段自天子達於庶人已是法制
得爲了○達說古之人指周公制禮以後之人言
愚按蒙引云且比化者一條不是別一段意即上文然後盡於人心也蓋得之
爲有財而遂用之正爲無使土親膚耳此說未爲不是然看一且字其實只一
意而本節說愈入情也古者節就禮制得爲上說如此然後盡於人心不得節
就財力又能爲上說吾何爲獨不以此爲悅且比節又就化者肌膚上說到快
然無所恨處此時至情真不容已說更深切矣看來本節還說深一層爲是若

論盡於人心字悅字恔字則都是一意也

存疑是因上文之意而反言以結之言得之又有財若不用之而使土親膚是爲天下愛惜此財物而薄其親君子不爲也○朱子曰以猶爲也不爲天下惜棺槨之費而儉於其親也○蒙引天下猶言世上言無來由爲世上惜此物而薄於吾親爲何是愛其所不必愛而薄其所不當薄

沈同以其私問曰　章

或問孟子於沈同之問曷爲不盡其辭以告之也曰沈同固非能伐燕者且其以私來問又不言齊之將伐燕也則直以可伐之理告之足矣若遂探其情而預設辭以待之則是猜防險詖之私爾豈所謂聖賢之心哉且齊雖無道若能拯燕之遺民於水火之中而無殺戮係累之暴則其伐之也亦何爲而不可哉

輔慶源曰沈同問燕可伐否耳固不問以齊伐燕爲如何也若是以王命來問孟子必當詳告之不但曰可而已矣○蒙引初燕王噲讓國於其相子之而國

大亂有釁可乘齊人謀伐之時孟子在齊齊之君臣豈有利人土地之心而又
愆爲賢者所不與沈同蓋齊臣中用事者故私以其事問而卒行其事○言子
噲子之之以國私相授受何以異於以爵祿而私相授受者所以著其罪也著
其罪所以明燕之可伐也
朱子曰孟子言伐燕處有四燕父子君臣如此固有可伐之理然孟子不曾教
齊不伐亦不曾教齊必伐但曰惟天吏則可以伐之○饒雙峰曰惟士師則可
以殺有罪之人泛泛如何可以擅殺惟天吏可以伐無道之國諸侯如何可以
擅相征伐天吏天所命者士師君所命者天吏以其有道故天命之征伐如湯
武是也沈同安曉此理但知人之可伐而不知己之不可伐人○達說未也是
答言無勸齊伐燕之事自沈同以下皆是詳未也二字意○蒙引令有殺人者
人可殺與兩人字不同下一人字是殺人之人也○存疑沈同只以其私問可
伐與否孟子之答只得如此要齊之伐燕後來所以多事由不用孟子之言而

取之亦不係其伐不伐也

燕人畔王曰　章

或問周公管叔之事呂游之說不同何也曰呂氏之疑游氏辨之詳矣見註其原蓋出於程子之說所謂天理人倫之至者學者宜深味之程子曰象憂亦憂象喜亦喜蓋天理人情於是爲至舜之於象周公之於管叔其用心一也夫管叔未嘗有惡也使周公逆知其將畔果何心哉惟其管叔之畔非周公所能知也則其過有所不免矣故孟子曰周公之過不亦宜乎

是說慙於孟子是慙不能行其得民心而後取之之言置君而後去之之策此其羞惡之心有不能自已者

朱子曰周公當初本是怕武庚畔故遣管蔡霍叔去監他爲其至親可恃不知他反去與武庚同作一黨不知如何紂出得箇兒子也恁地狡猾想見他當時商人見兄弟立者多故周公攝政商人疑之日夜去炒那管叔說道周公是你弟今却欲篡爲天子汝是兄今却只恁地識叔彼他炒得心熱他性又急所以便發出這件事來〇蒙引陳賈意只要坐不

知於周公故下文又云周公知其將畔而使之與曰不知也實斷曉得不是知其將畔而使之○亦斷曉得孟子不以為是知其將畔而使之○蓬溪曰仁智周公未之盡也不是皆未盡只是不能兼盡也○摘訓解之解王之慙也

蒙引然則聖人且有過與不智是過若不仁則不止於過也過字要如此認○存疑周公如果是不知其將畔而使之蓋愛兄之心蔽之也若謂本知其將畔但不忍以不仁待其兄而姑使之是以惡養天倫若莊公之於叔段其不仁甚矣故蒙引謂是不止於過○兄弟至親使逆知其將畔而棄之似可免於不明之譏而無兄之罪大矣故周公之過當有不當無○蒙引周公之過天理人情所不能免之過也蓋必求其過須逆探其兄之惡而棄之矣然則孰與有過之為愈乎蓋有過之過小無過之過大此等過真是聖人之不幸而已何可求免也○周公之過所以為宜者此惟仁者能知之薄於骨肉者所不知也陳賈亦未必便深曉其所以為宜處○朱子曰胡氏云象得罪於舜故封之管蔡流言

將危周公以間王室得罪於天下故誅之非周公誅之天下之所當誅周公豈得而私之哉舜處其常周公處其變此聖人所以同歸於道也○輔慶源曰周公不忍料兄之惡而使之故不免有過是以孟子亦言周公之過不亦宜乎不說周公無過也○胡雲峰曰詎忍逆探其兄之惡而棄之此一句最見得周公之用心舜之心誠信而喜象不忍逆以其弟爲詐舜爲兄之道盡矣周公之心誠信而任管叔不忍逆以其兄爲畔周公爲弟之道盡矣故曰此天理人倫之至人倫之至人倫即是天理特分而言之天理其自然者人倫其當然者爾○摘訓使[illegible]非聖人之比而事非兄弟之際則過之不宜有而有者又未可以是例論矣

達說夫聖人有過固非衆人之比而夫人處過亦有古今之異且古之君子云云○蒙引且古之君子過則改之云云此是一節意古之君子其過也云云此又是一節意此與下文三句相反對見得不是爲之辭所謂磊磊落落如青天

白日者若爲之辭則前無民皆見之後無民皆仰之○存疑通節意思謂古之君子有過則就改了今之君子有過就順將去古之君子其過也如日月之食至爲之辭只是申過則改之一何義蓋於過則改之上又說箇無隱諱意於過（皆仰何輕）則順之一下文說箇爲之辭意總是節上句而克拓之也○過既萌只依他做去更不更改便是順也○蒙引其過也與及其更也相對皆就君子身上說民皆見之民皆仰之亦全就君子身上說○更之則無損於明明君子之明也及其更也民皆仰之何內間說有如日月之食而復其明者意謂上已有如日月之食了○存疑爲字讀平聲改是君子自改順是君子自順辭是君子自辭故爲字不讀去聲○蒙引林氏註謂陳賈鄙夫方且爲之曲爲辯說此爲字去聲亦是圈外註○責賈不能勉君遷善改過而敎之以遂非文過此意要微微說當時賈不曾明說出孟子亦安得顯然責之故君子字不可認作齊王又不可認作陳賈只是泛論而寓責賈之意於不言之表聖賢是甚次第○集說燕人畔

矣而陳賈便來有此一番議論聖賢之心如明鏡止水自然知他是爲此說故（蒙引謂未知其爲王解燕人畔之慚）

隱責之（非是）○摘訓遂非文過是兩意遂非應過則順之文過應從而爲之辭

孟子致爲臣而歸　章

蒙引致送至也致爲臣送還其政於君也○達說孟子雖不受齊卿之祿而亦嘗爲卿於齊至是則致還卿位而歸焉蓋始以行道而來終以道不行而去也

蒙引本是孟子千里而見王今日得侍是言已得侍賢者也本兄齊王自喜今日同朝（謂群臣也）甚喜見得同朝皆喜則王之喜文當何如亦善爲辭也○直解離夫子高尚之志（是不留爵頃）已不可畱而寡人願見之心自一不容已不識云云○達說孟子雖畱道之不行猶未忍絕望於齊故因繼見之問而曰不敢請固所願何等委曲不敢請者自守之義也固所願者愛君之仁也○集說請是請之於王而詩約其相見之日所願指以後相見而言

蒙引他曰王謂時子曰我欲當國之中授孟子以室廬使得便於居處且其贍

子自遠方來者數多自給為難吾將養其弟子以萬鍾使吾國中諸大夫及國
人皆有所矜式吾此意子盍為我言於孟子庶幾其少留乎○達說孟子欲去
齊王不曾留到他日見其去未成而為此留其留之不誠亦可見矣他日二字
可玩見孟子不忍去與齊王留不誠意孟子以道不行而去乃欲以萬鍾之利
留之為矜式義既無謂況又不誠乎此所以必去也室與祿不平豈祿上養弟
子以萬鍾當就弟子說然養弟子即所以養孟子也為我言之正欲留之使勿
去也蓋不以臣道屈之而以師道尊之不以常祿拘之而以傀養厚之是則齊
王假托留行之意也○蓋解當國之中是士民湊集底去處○集說授室猶云
購置之所矜式二字相聯乃敬而法之非敬自敬法自法也
蒙引因依托也此方是托陳子以告孟子下句方是陳子以時子之言告孟子
不然下一句是衍了○達說齊王不敢自達而托於其臣齊臣不敢輕達而托
乎門人亦可謂知所尊矣惜乎以利誘之而實非能尊孟子者此孟子所以拒

而不受也

集說孟子去之之意原爲道之不行此時若說王不行我之道豈所以爲聖賢輔氏云顯言之則訐揚齊王之失而

之言故註云有難顯言者有決於我固所願之仁一又字對時子不知而言還只是道不行非另有一

番話說也○蒙引然字只因陳子所述時子之言而曰是如此耶夫時子惡知

其不可爲此而留耶○存疑夫我之至齊本非欲富也如使予欲富則我前日

爲卿嘗辭十萬之祿今乃受此萬鍾之饋是我雖欲富亦不爲此也況不欲富

乎○摘訓既欲富使當受其多者今乃辭十萬而受萬是辭其多而反受其少

則外之甚矣安在其爲欲富乎○自如使予欲富至末通是申明不可二字之

意或謂惡知其不可就是註中其義不可以復留意欲富又另是託辭非也孟

子原不曾露出正意一字來○集說是教時子自思不是欲富卻是爲道從來此依註說不主辭十萬而受萬說但道不行意只從孟子意中看明說出

蒙引且吾既以道不行而去乃復以萬鍾之饋而留則不得於彼而又欲得於賜又是顯而矣

此其趣不足言矣季孫曰云云○已叔疑也一使字不同上使字是如使之使

下使字是子叔疑使之○獨字與執不字相反應獨於富貴之中有私龍斷焉

直指子叔疑也○存疑斷絕也龍斷高龍之絕高處也

饒雙峰曰左右望是欲全得之萬一不得於此亦可得於彼○集說罔如羅網

即所謂一網打盡之意○按而罔市利蓋是有何物利多何處人稠我便逐此

利去如魚鹽利多則販賣魚鹽穀粟利多則糴糶穀粟欲使利盡歸於己也存

疑亦其處利穀粟則以穀粟趨之其處利魚鹽則以魚鹽趨之蒙引云以魚鹽

時在無魚鹽處而貿遷又以穀粟趨在無穀粟處而貿易俱似罔天下之利非

罔市利也○人皆以爲賤是只在市之人說初間從而征之或只以其崇利妨

人明之有司所以示罰而已然此端既開後世遂通商人一概征之故曰征商

曰此賤丈夫始矣此節只說登龍斷者之可羞可賤以釋龍斷之說如此則私

龍斷者可知矣○蒙引龍斷而利是上古時人然陰古之時尚以此爲賤而今

世皆以此爲當然而不復以爲怪惟恐貨利之不克而已是又可以論世道矣

○此章當以程子之說求斷他程子曰齊王所以處孟子云云蓋孟子之去齊者以道也而齊王之所以留者利也此齊王之所以終爲不知孟子孟子之所以終不留於齊而其道之所以終不行齊之所以終於不振也○陳新安曰孟子行引喻以終之而不復說上正意者此章之類是也

孟子去齊宿於晝章

或問泄柳申詳無人乎繆公之側則不能安其身二子之賢其心固如是乎曰非謂二子之心爲然也語其勢則然耳若二子之心如此則與世之回面汙行而事君側便嬖之人者何以異乎○

淺說孟子去齊宿於晝蓋亦遲遲其行而未忍遽去也此處無三宿字只在近邑二字上見

直解當時有箇齊臣見孟子行得遲緩意其可以復留乃不奉王命而自以其意來見孟子欲爲王留行是不知留賢之道矣及既坐而言孟子只由他自說竟不答應且憑几而卧若不曾聽聞者以示絶之之意焉

不敬無人乎子思之側則君之誠意不達於賢者賢者有望望而去之者矣無人乎繆公之側則君或未知所以待賢之禮萬一有不至賢者有望望而去之者矣蒙引曰泄柳申詳無人乎繆公之側只見其類同故引之耳是孟子非止泄柳申詳之匹亦非止望齊王待以泄柳申詳之禮者故下文只言子爲長者慮而不及子思○摘訓一則君使人留賢一則人勉君留賢皆非無君命而私留者也○

蒙引子絶長者乎要下一先字問而不應不可謂不是絶○存疑子絶長者乎長者絶子乎兩語是兩截之其意則是說他先絶巳而後巳絶之也集註得其意而曰是所以爲我謀者云云

孟子去齊尹士語人曰

蒙引聖賢要做事業都有箇準擬在胷中如孔子當時最準擬箇魯後來不合而去所以遲遲其行也孟子最準擬箇齊所以當時亦遲遲於去齊○識其不

可然且至則是志不在於功業不過只是求些小恩澤以自潤而已矣○千里而見王豈能輕於去哉不過故去蓋有不宜不去者矣乃三宿而後出晝是何濡滯也言其猶有戀慕不决之意也○士則茲不悦言平日敬慕孟子只因此是有不足於孟子者○摘訓原來尹士之言只重在濡滯上前二事又是即今日去齊之失而并溯其前日來齊之失耳說千里而見王又把上二事撇開○言往事有無固不可知只今如此濡滯則又求其說而不可得矣○茲字只指濡滯說○故下文孟子遂不辨那不明干澤○只辨濡滯○集說不明干澤雖尹士亦有疑於孟子○然尚是不决之辭○故兩曰則是猶云若恁底便是這樣了之意○至濡滯而曰是何○分明有不能代爲之解者○故曰茲不悦○

蒙引尹士譏孟子有三段今孟子只辨是何濡滯也一句上二句都不管何那曰千里而見王是予所欲也則是有意於王之爲湯武○而非干澤可見矣○故於上二譏不條析○千里而見王肯欲行吾願也不遇故去則遂吾願矣豈能以

遂去哉此孟子之意也○存疑見王欲以行道在是乎所欲也不可說道是乎

所欲說是乎所欲只當虛說要其所欲者則是行道也

摘訓上文千里而見王○不遇故去乃尹士濡滯中語故孟子先就此一句辨之

正爲三宿出晝張本耶尹士說我千里而見王○不遇故去是謂我去之正速不○

當三宿而後出晝也○如見王是我之所欲○去是我之所不得已○非其不得已

是一意○

所以三宿出晝於予心猶以爲速○速乎止是彼那濡滯乎存疑乃以此條爲明

其非千里欲有摘他濡滯之語耶辨非千里之事者乎千里而見王既爲濡滯

中語乃謂是上文識其不可則去至意亦謬矣○蒙引尹士只譏其三宿而後

出晝其所謂濡滯者指其三宿之時言孟子則謂吾三宿而出晝在吾心猶自

以爲急何也王庶幾改之王如改諸則必反予予之所以願望於齊王者如此

此所三宿時心事也○庶幾望之之辭言我之於王尙望其能改之也然王如

果能改之則必追我而反之

存疑矣出晝條又是一意言三宿出晝之後歸志已決猶有拳拳不忘之意猶
以見三宿出晝有望於王非濡滯也○蒙引吾出晝而不見王人之來追也其
時心方決去耳雖然猶有不舍王之心又是既歸之後所望於齊王者如此其
未衰也○爲善是後日事下三句正是見用爲善處○言毋謂三宿出晝爲濡
滯也吾猶以爲急也今雖決去矣猶望王必改之而復來也正反尹士之意○予
日望之仍又是王如改諸則必反予之意○陳新安曰孟子所歷如滕文雖慕
道然國微弱道必難行其次如魯沮於臧倉文必不行大國齊梁也梁惠不足
與有行襄尤劣矣庶幾焉者其齊宣乎齊行易以安天下之勢孟子又行安天
下之道王天資誠樸若可與有行者所以眷眷望之行不能自已焉於此終不
遇合則孟子之道知其不行矣○摘訓前段云不得已則是去三宿出晝之
究原非有決去之心所以三宿出晝如此之濡滯也後段云予日望之則是既
三宿出晝之後何不忘復返之想則節節○日顧望又節節加深節節惜乎三宿出晝

之爲涵濡也。前後意思總歸在中段上。

豈解我之從容去國而猶有望於王。蓋一 爲世道民生計。豈似那一等規模促狹。

不識大體底小丈夫。諫於其君。云一云進乍 陜底人。只曉得自家底去就。全無愛君

憂國之心。君子忠厚之道不如是也。我齡 丁受涵濡之久。其忍以小丈夫自處耶。

○存疑此條合上文兩條只是一意反覆 言之以辨其涵濡之機也

集說尹士引咎亦只在涵濡一路上。○蒙 引尹士最有功於孟子。當時若無尹

士之譏評無以發孟子之本心七篇中所 載諸人與孟子相辨論者皆無如尹

士之優柔而深切。主於義理而不主於勢利。其人品爲獨高也。且聞孟子之言

而遂憣然賓已曰士誠小人也。嗚呼尹士其亦誠君子哉○汲汲之本心。千里而

見王。是予所欲也。惓惓之餘意。是不遇故去。至予日望之。○朱子曰孟子與尚

實皆是憂則遠之。但荷蕢果於去。不若孟子 遲遲吾行。蓋得時行道者聖人之

本心。不遇而去者聖人之不得已。此與孔子去魯之心同。蓋聖賢憂世濟時之

心誠非若荷蕢之果於去也。

孟子去齊充虞路問曰　章

或問孟子既曰憂天下之憂矣又曰何爲不豫何也曰或問文中子曰聖人有憂乎曰天下皆憂吾獨得不憂又曰樂天知命吾何憂若孟子不忘天下之憂而亦不害其樂天知命之樂其幾是乎

淺說前日虞問諸夫子曰君子不怨天不尤人以此言觀之則當無所而不豫也而今有不豫則與前日之言反矣○集說虞之問只是說孟子不豫。不是說孟子怨尤。孟子之答亦只是說不豫之故耳。

直解孟子處之說不怨不尤這兩何是我平時請法孔子的言語我何嘗有怨天尤人之心但我今日之不豫所以異於前日者亦自有說蓋君子守身之常法與用世之微權各自有一種道理我前日不見請候不曾想着用世只是獨仁由義不愧於天不怍於人便欣然有以自樂彼同一時也其在今日則要得

君行道輔世長民然而遇際不偶則出與天命下悲人傷於心自有不能恝然者此又一時也時之所值不齊而心之憂樂亦異豈可以一律論哉○與定波說云遇今日之時雖胸中豁然而素無怨尤者亦未免有不豫也說甚好不是說彼一時無怨尤此一時則不免於怨尤也言雖自不怨不尤而亦何能無不豫哉○摘訓二句有抑揚非兩平意下一節正是說此一時也之意

蓮說此節言明良相遇之有定期（是爲下節數與時張本）以起下節意五百年帶王者看一必有字重看言決不爽期也二句宜分講不必以君臣交互說○輔求仲曰其間指將與未與時言之（看註未論便知）此以名世下王者非以王者下名世若泥上句看下似名世因王者始行則此一時王者不作亦遂無名世乎惟說名世先王者而有爲王者所必賴遂覺孟子壯懷若揭而必有字益英英有生氣矣○趙氏悳曰堯在位九十八年舜在位五十年禹至桀十七王四百三十二年爲商是堯舜至湯其五百八十年湯至紂三十王六百二十八年而周興○集說名世亦非指定一人

看註舉皐陶稷契等而又曰之屬可見

蒙引由周而來三句是一段事以其時考之則可矣又是一段意其歸則同〇言王者不興則不得一有所爲以立吾名世事業能無不豫乎〇摘訓五百年便有王者興數過於五百年其興尤可必矣過是幸其過不是恨其過時謂亂極思治可以有爲之時非只解時字乃離一句而通解之也亂極二字是解時字所以有爲是解可字思治二字又是解所以可意蓋亂極之時則人心思治故可以轉亂而爲治也一是就數上看一是就時上看總見得王者當興而已當爲名世者〇言王者之興有個一定之期又有個適逢之會者數非過期或時非亂極則王者尚未必興也今數則過矣時則可矣二者交相湊合便宜有王者應期遭會而興矣當此數窮時延之際乃不得遇王者出而爲一名世之臣將復何數之可乘何時之可待耶註云於是而不得一有所爲此何非與上文可以有爲相應乃總承數與時言以應此一時也之句

存疑上兩節是言其所以不豫此節是言其無不豫。○蓮說首節只叫起下文意。如欲平治天下也。有王者。興意。舍我其誰謂舍世在我也。實何不自任一邊。益自慰也。註樂天天字以理言。入支天字以氣言。蒙引曰此段似亦負其所有。不知朱子如何以爲樂天。益言道不終窮。有藏器待時之意。在孟子分上亦樂天之事也。○輔慶源曰不能無不豫憂世之志也。實未嘗不豫樂天之誠也。憂樂自常情觀之。則相反。自聖賢言之。則並行而不悖也。

孟子去齊居休　章

或問孟子見齊王而有去志矣。而其去也則又曰王猶足用爲善何也。曰齊王無湯武之姿。此孟子所以有去志也。然比當時之諸侯則猶有可取者。而況孟子居齊之久。又當有所啓發而增益於前者。且其君臣之義亦略定矣。所以將去而不能無眷眷之情也。

陳新安曰不受卿祿。此孟子最高處。其超然不屈。進退餘裕。本全在此。一受其祿則爲祿所縻是爲祿而仕耳十萬之祿脫屣而去齊王猶欲以萬鍾縻之豈知孟子者吾意戰國之世高節如許惟孟子一人而已庶幾焉者其魯仲連乎

淺說孟子曰非古道也吾之所以不受齊祿者以義不當受也蓋於崇吾得見王知其不能用我退而有去志此志不欲變故不受也一受其祿則爲彼所羈縻而不得去矣○再辭使王能用我焉可以久留於齊則雖受其祿亦無不可

○摘訓此言不受祿之故下文自解所以不即去之故

集說雖以請去㫖假朱子主於義而言孟子雖在賓師之位然已爲卿矣國有兵事倉惶之際豈有飄然獨往者存是兼陳氏戒嚴之說而兩用之亦於不可以請之義不合○張南軒曰孟子之去齊三宿出晝猶以爲速而謂初見已有去志久於齊非我志何也蓋孟子雖庶幾齊王之可與有爲而可去之幾未嘗不先覺也初見齊王之情必有不能受者又以其質亦有可取故不受其祿爲留以觀其感悟與否也初志雖欲去而猶有望焉豈徒爲苟留也哉此篇載孟

子於齊始終去就久速之義甚備。學者所宜深究也。○輔慶源曰。禮則有常經

則有權。如君命召不俟駕。禮也。有不召之臣。便是義。孔氏謂仕而受祿。禮也。不

受齊祿。義也。說得自好。

滕文公爲世子　章

或問性善者以理言之。稱堯舜者質其事以實之。所以互相發也。其言蓋曰。知

性善。則有以知堯舜之必可爲矣。知堯舜之可爲。則其於性善也。信之益篤而

守之益固矣。曰夫子之言性與天道。子貢猶有不得而聞者。而孟子之言性善。

乃以語夫未嘗學問之人。得無陵節之甚耶。曰性命之理。若究其所以然而論

之。則誠有不易言者。若其大體之已然。則學者固不可以不知也。蓋必知此。然

後知天。理。人。欲。有。賓。主。之。分。趨。善。從。惡。有。順。逆。之。殊。董子所謂明於天性。知自

貴於物。然後能知仁義。知仁義。然後重禮節。重禮節。然後安處善。安處善。然後

樂循理。程子所謂知性善。以忠信爲本。此先立其大者。皆謂此也。曰世子疑孟

子之言而孟子不之拒何也曰孟子之言非當時之所常聞也故聞者非徒不之信也而亦莫之疑也是其漠然如飄風之過耳亦不可復冀其思繹而信從矣世子復來則豈其思之未得而不合於心與故孟子之言雖若絕之實則善其能思而將有以進乎此也

蒙引世子太子天子諸侯之子通稱後世乃分○直解昔滕文公為世子時將此作近道來見說往楚國修交鄰之禮因平日仰慕孟子聞得孟子在宋國乃先過宋而見之觀世子之急於見賢正是他天性之善可與入聖底機括

朱子曰孟子見滕文公便道性善他欲人先知得一箇本原則為善必力去惡必勇○陳新安曰性善是虛說其理稱堯舜是指能盡性之人以實其說○蒙引欲其知仁義不假外求則道性善聖人可學而至則稱堯舜仁義不假外求者以仁義皆吾性所固有也聖人可學而至者以聖人與我一性也○直解人生下來便有箇性乃天所命於人底正理本有善而無惡自聖人以至途人性

中箇箇有仁箇箇有義其有不仁不義者必是物欲害之而非其本然之性也○堯舜之所以爲聖者不過由其本善無惡者充之以造其極也稱堯舜之仁便見得性中間有見仁稱堯舜之義便見得性中間有是義○吳氏澂曰孟子道性善是就氣質中挑出其本然之理而言○胡雲峰曰性者人所稟於天以生之理也此一句便斷倒告子所謂生之謂性蓋生不是性生之理是性天地間豈有不好底道理故曰渾然至善未嘗有惡者今只是一箇道理故曰人與堯舜初無少異孟子道性善言其理也稱堯舜以實之言其事也天下無理外之事能爲堯舜所爲之事便是不失吾所得以生之理然而人不能皆堯舜者氣質之拘物欲之蔽也集註言物欲不言氣質蓋以孟子不曾說到氣質之性故但據孟子之意言之○陳新安曰集註聖人可學而至云云已包後面成覸第二說之意○集說不倫於用力便是句句說到世子身上○說約此節頗與爲王詡之論語子告之曰其在斯其在斯一例撮叙語耳不必盡悉當時所言

何等也孟子道性善言孟子與世子所道者性善言必稱堯舜言孟子與世子

每言必稱堯舜俱要跟住世子

朱子曰孟子初見滕世子想是見其資質好遂卽其本原一切爲他啓迪了世子若是負荷得時便只是如此了及其復見孟子孟子見其領略未得更不說了只是發他志但得於此勉之亦可以至彼若更說便漏逗了○當戰國之時聖學不明天下之人但知功利之可求而不知己性之本善聖賢之可學聞是說者非惟不信往往亦不復致疑於其間若文公則雖未能盡信而已能有所疑矣是其可與進道之萌芽也故孟子於其去而復來迎而謂之曰世子疑吾言乎而又告之曰夫道一而已矣蓋古今聖愚同此一性則天下固不容有二道但在篤信力行則天下之理雖有至難猶必可至況善乃人之所本有而爲之不難乎○蒙引世子自楚反復至宋而見孟子蓋恐別有卑近易行之說以其前言之難克也孟子曰夫道一而已矣固不可抑之使高亦不可貶之使卑

吾安能復有異說哉當味箇一字不容二說也○有疑疑者疑性善之說未必
然或有性不善也人皆可爲堯舜之說未必然堯舜或另是一性而不可幾及
也故孟子曰夫道一而已矣言道理在人一而已矣更無兩個上古聖賢也是
這一個道理如今塗人也是這一個道理更無聖賢是一個道理塗人又是一
個道理也此正以解其疑也○此道字分明是指性說但不可直說作性只當
說作道蓋道是活潑道貌字隨處皆說得○蒙引此處不必拘於中庸性道之
分或以道由於性性一故道一者泥矣
摘訓成覸之言爲景公發也不可以我吾二字爲自道○集說丈夫亦只是箇
人至言聖人固丈夫而我亦丈夫何獨畏縮以爲不可企及○蒙引舜何人也
予何人也意謂豈是兩樣人哉舜之所以爲舜者能有爲也能有爲者盡其性
而已矣吾亦能盡性則是有爲矣有爲則亦如舜矣○存疑此條若彼丈夫我
丈夫舜何人予何人等處都要以性入說○彼丈夫也我丈夫也吾何畏彼哉

以道一也舜何人也予何人也有爲者亦若是者亦以道一也文王我師也周公豈欺我哉亦以道一也使道不一聖賢又有一箇道則聖賢不可幾及成覸等何以謂聖賢不足畏有爲亦若是哉○蒙引此節是明上文道一之旨註云篤信力行以師聖賢不當復求他說者言外意也○據此三人之言可以見道之無二致也道無二致則力行以求其必至豈不存乎其人哉

蒙引亦上文言聖賢旣可學而至但恐世子自安於卑近不能自克則終不足以望聖賢矣○存疑猶可以爲善國言猶堪做好國言足以爲治也然不敢許以大有爲故僅曰猶堪做好國○朱子曰滕小不過如今一鄉孟子只說可爲善國終不成以告齊梁之君者告之○摘訓觀一將字是言其雖小而亦不是小尚略有可乘之勢也如此說方接得猶可字○朱子曰人要爲聖賢須是猛起如服瞑眩之藥以除深痼之病直是不可悠悠○存疑治深錮之疾須以毒藥去攻他使頭目昏暈方能拔去病根若和平之藥服之不能使人頭目昏暈

猶不服耳苟不能已疾人之爲善必痛創猛省克去因循之弊如服瞑藥而昏
暈然後可以去惡爲善若悠悠忽忽則終於沉溺而已矣不足以振拔有爲〇
此二句承猶可以爲善國說來言雖可以爲善國然亦須其作爲何如必猛勇
奮振克去即循之弊然後可也若安於卑近不能自克如服藥之不瞑眩然則
不足以去惡爲善如厥疾之不瘳亦不足以爲善國矣〇蒙引猶可以爲善國
言猶可以自立也此於性善堯舜之說何預蓋惟其自克而不安於卑近則必
擴充其仁義之心而以堯舜爲法其心必正其身必修其國必治矣此其體用
一原之理又有不可易者〇安於卑近本自其持身言謂以其國小勢弱而不
求大有爲不謂安於國勢之卑近也故就其持身言若安於卑近不能自克不
足以去惡爲善則其國亦不得爲善國矣〇摘訓厥疾不瘳且只比不足以去
惡耳爲善意尚稍在後發爲善國又在爲善之後既不足以去惡則不能爲善
而所謂猶可以爲善國者終不可以爲善國矣再加爲善字正是要應出前面

師聖賢求方好將到善國上去○黄勉齋曰歷引三人之言所以釋滕文之疑終以藥瞑眩所以厲其志

滕定公薨　章

或問三年之喪何也曰人子之心無窮也聖人以爲子生三年而後免於父母之懷也故爲之立中制節使賢者不得過不肖者不得不及也齊疏之服飦粥之食何也曰服美不安而食旨不甘也其爲大本大經何也曰自盡其心者喪禮之大本也三年齊疏飦粥喪禮之大經也孟子生於戰國分爭之際不得見先王之全經矣然其學得孔門之正傳而於文武之道則既識其大者故其考論制度雖若疏濶有如張子之所病者而於大本大經之際則毫釐之間有不可得而亂者以是爲主而酌乎人情世變以文之則禮雖先王未之有者亦可以義起矣後世議禮者不明乎此故常以其節文度數之小不備而不敢爲卒以就乎大不備而後已此劉向所以深歎之也然無孟子之學而强欲爲之則

叔孫通曹褒之流是又不免乎私意之鑿而已矣

遂說此世子有感於孟子之論性而欲復資之以論禮也言於宋是性善堯舜之言也問孟子然後行事邪有欲與性善堯舜之說合意（此句也即此所以私叩之意）

遂說不亦善乎依註看親喪固所自盡就人子之心上說註吉乎文公何補在下層文公字把世子字換之親喪固所自盡此因其所能而與之亦因以加勉（看註外字則知自字只是自己之自）之也下告以三年喪之禮正所以盡其心也引曾子之言只引起喪禮當盡意

三年之喪何重故註詳解之下二句皆是三年喪中事○朱子曰今欲處世事於陵夷之後乃一向討論典故亦果何益孟子於滕文公乃云諸侯之禮吾未之學便說與齊疏之服飦粥之食哭泣盡哀大綱先正了○蒙引諸侯之禮吾未之學也此其分之殊者也雖然吾嘗聞之矣至自天子達於庶人此其理之一者也分之殊者節文度數之詳固非今日所可考理之一者乃其大本大經之所在出於天理人心之不容已者則固無庸致疑於服行也此孟子之學所

以爲識其大者。○趙氏曰：自天子達於庶人，是無貴賤之别；三代共之，是無古今之異。

古今貴賤四字平看。

蒙引：定爲三年之喪，則所謂齊疏之服、飦粥之食在其中矣。○達說：定爲三年之喪，只是志已决，猶未行也。行雖是世子行，亦未有世子行而臣下不行者，故父兄百官皆不欲也。是以下節欲以自盡以感發之也。○金仁山曰：宗法，諸侯之公子，蓋先君之子，今君之兄弟，不敢以君爲宗，而君爲公子之庶者，使宗其公子之適者。蓋使諸庶弟以一適弟爲宗。天子亦然，武王爲天子，則諸弟不敢以武王爲宗，而以周公爲宗。故凡文王之子有國者，管、蔡、郕、霍、邢、衛、毛、聃、郜、雍、曹、滕、畢、原、酆、郇，皆謂魯爲宗國也。○趙氏惪曰：文王之子周公旦，旦子伯禽封於魯。文王子錯叔繡，武王庶弟，封於滕，侯爵。○張南軒曰：考滕世子問孟子之辭，則三年之喪其廢也久矣，其在周之末世乎？故曰"吾宗國魯先君莫之行，吾先君亦莫之行也"。又曰"喪祭從先祖，吾有所受之也"。然則其廢也久矣，世之治

凱訓豈非其根柢耶○遺訓喪祭從先祖乃先祖示後世之言未句則父兄百
不特先初上法先祖訓只是舍先祖法語者錯
言稱志曰之意吾者先祖自吾也謂先祖敎後人從其喪祭之禮者其意蓋曰
斯禮也吾有所受之而非始於我也然則魯先君及吾先君皆莫之行詎是有
所受者也○至於子之身而反之○則是不從先祖而爽於古記之言矣○豈可哉○
說約集註上世以來四字即吾有所受吾字○
集說未嘗學問好馳馬試劍則素無知禮之稱足以取信於人矣○直解今我
欲行大禮父兄百官心裏都不滿足說我行不得古禮這等衆志未孚恐不能
盡送終之大事○蒙引世子此問蓋以其阻於父兄百官之不欲而莫知所處
也既不得遂行孟子之教又不敢輕從父兄百官之議却是一團不決之意此
時之情視向日初問之情頗有危機矣孟子告之云惟在世子之自盡彼之不
欲者姑置之蓋知人子秉彝之心自有同然之理在世子既有以先之彼必終
於感悟而無異辭也○存疑言當喪禮廢壞之久于之平生又未足取信於人

一旦欲行禮而父兄百官不汝足誠是也然爲子計者但當求之於己不可以他求隨他足不足都莫管他子但自盡而已此是因其疑惑之際而贊决之術進之故未復丁囑之曰是在世子引孔子之言是說求之於己未有不應者○輔慶源曰當責之於己是應前面固所自盡之說在世子自盡其哀是應上句不可他求之意○饒雙峰曰君薨君字說天子諸侯而言聽於冢宰是國家政事皆聽命於冢宰非聽政聽訟之謂○摘訓孔子之言有二層意先之指歠粥二句說以下都是泛言謂百官有司莫敢不哀以其能先之也然先之如何便集說百官泛指大小之臣有司則有事於官喪者莫敢不哀蓋上有好者下必有甚焉者矣然上有好者如何便下必有甚焉君子之德云云○夫草加之以風必偃小人加之以君子之德必應矣然則上有好者下有不甚焉者乎此所以歠粥面深墨卽位而哭以先之而百官有司卽莫敢不哀也觀孔子之言如此則是在世子自盡其哀以先之而已豈可以他求哉○大全必偃以上皆孔子語○集說自盡其哀哀者心也盡其哀并禮俱在

氏。獨言哀者。亦舉其重而言之耳。
存疑。然是誠在我。是因孟子不可以他求。是在世子之自盡。而直承當之也。○言大
子說的是這個要的在我。非關別人事。五月居廬未有命戒。正是自盡之事。○百
官族人以下。是人應之也。自五月居廬以下。但是敘其事。上文孔子之言相
應。正見得上有好者。下必有甚焉處。○蒙引是誠在我一句最好。若今之世而
欲行古之道。變今之俗。如此而已矣。是認得孟子是在世子一句話。君子不以
成敗論人。世子亦偉人哉。○倚廬者。於中門外東牆下。倚木爲廬。但以草夾障。
不以泥塗飾之也。○集說五月二句。是世子決行三年之喪。其規模度數自此
一一做起。○輔慶源曰。可當作皆。如作可。不成文理。○蒙引諸侯五月而葬。同
盟至。則四方來者必有鄰邦使者在內也。弔者大悅。是四方來弔者也。父兄百
官不與存焉。○直解及至葬期。四方之人皆來聚觀。見世子顏色云云。凡諸侯
賓客來弔者。亦無不相與悅服焉。○摘訓五月居廬未有命戒。喪之盡禮也。可

謂曰知，則近者有以應之矣。顏色之戚，哭泣之哀，葬之盡禮也。弔者大悅，則遠者亦有以應之矣。

滕文公問爲國章

或問所言井地之法，以周禮諸說考之，亦有未悉合者，何也。曰吾於前章固已論之矣。大抵孟子之言，雖曰推本三代之遺制，然常舉其大，而不必盡於其細也。師其意，而不必泥於其文也。蓋其疏通簡易，自成一家，乃經綸之活法，而豈拘儒曲士牽制文義者之所能知哉。曰三代授田之多少不同，何也。曰張子嘗言之矣。陳氏徐氏亦有說焉。然皆若有可疑者。蓋田制既定，則其溝涂畎域，亦必有一定而不可易者。今以易代更制，每有增加，則其勞民動衆，廢壞已成之業，使民不得服先疇之田畝，其煩擾亦已甚矣。不知孟子之言其所以若此者果何耶。陳氏曰夏時洪水方治，可耕之地少，至商而浸廣，及周而大備也。徐氏曰古者民質用約，故田少而用足；後世彌文而用侈，故受田之制亦隨時而曰貢法，大禹之遺制，而其不善若此，何也。曰蘇氏林氏嘗言之矣。蘇氏曰

[illegible]
及其既貢而後知其有不善也○林氏曰禹貢之法○九州之賦有等[illegible]
不以爲歲之常數○又因旋豫則視其豐凶而補助之○周制通用貢[illegible]
狹之鄉○遂野則用夏年之上下以出斂法則其弊不至如龍子之所爲[illegible]
儀用助法○曰先王之學教民其效如此後世學校固未嘗廢而獨未知[illegible]
之弊耳○
耶○曰先王之學以明人倫爲本○故自其咏歌弦誦之間灑掃應對之際○所以[illegible]
摩誘掖○勸勵作成之者○無非有以養其愛親敬長之心○而教之以修已治人之
術○是以當是之時○百姓親睦○風俗淳厚○而聖賢出焉○後世學校雖存○而不復此
意○所以教之者○不過趨時干祿之技○而其所以勸勉程督之者○又適所以作其
躁競無恥之心○雖有長材美質○可與入於聖賢之域者○亦往往反爲俗學頹風
驅誘破壞○而不得有所成就○尚何望其能致化民成俗之效如先王之時哉○
蒙引民事不可緩言君當以民事爲急也亟其乘屋其始播百穀民自以農事
爲急也惟民所急在此故君當以爲急○於茅索綯乃冬月事索綯謂索是絞
集說茅是覆屋者○索綯是絞以爲
編以束茅者○另是一物○非即以茅爲絞也○
也○說約首句當緊貼爲國言爲國惟民事不可緩也○○存疑民事不可緩是

一章大指引詩是證民事不可緩之說下節是說民事所以不可緩處民之陷罪由於無恒心無恒心由於無恒產此民事所以不可緩而民之恒產不可不制也故承之曰賢君云云自夏后氏至雖周亦助都是說此事設爲庠序一節又是既富而敎之事不在民事內蓋必敎養兼具然後爲治法也然終歸重在民事上故自使畢戰問井地後只說井田不復言學校

達說此節只言恒產所係之重無敎意○集說民之爲道道字虛看只是說民之所以爲民之意

集說是故二字緊承上節言民事惟不可緩如此故自來賢君必如此云云也

○蒙引賢君與爲富二條帶下文請條作一段說看都是植民生之事○恭儉（儉二字最重乃爲國之根源處一切制度皆從此出）以持身言禮下取民有制自其處物者言乃恭儉實德之流行也不可以爲指（下即君下）恭儉之實看則能二字○孟子云恭者不侮人儉者不奪人禮下則不侮人取（民即野人）民有制則不奪人也○上言仁人之急於制民產只是儉德下復兼恭儉者蓋

恭與儉皆賢君事也恭者必儉儉者必恭且分明制取二者相須制取即禮下之
之事分明即制民産之事

蒙引罔民者但知自利而不知利民故曰爲富不仁矣此上下文相關之意○
達說嘗聞陽虎有言曰人而爲富雖利之是求則必以私滅公斯不仁矣人而
爲仁惟理之是循則必以公滅私斯不富矣○直解陽虎本是不仁之人其意
主於求富然就這兩句言語看來有國家底若罔民而取之無制便是爲富不
仁若能制民恒産取之有法便是爲仁不富爲君者宜知所擇矣○摘訓此結
上文兩節之意以起下文也

朱子曰嘗疑孟子所謂夏后氏五十而貢殷人七十而助周人百畝而徹恐不
解如此先王疆理天下之初做許多畎澮溝洫之類大段是費人力了若是自
五十而增爲七十自七十而增爲百畝則田間許多疆理都合更改恐無是理
孟子當時未必親見只是傳聞如此恐亦難盡信也○呂晚村曰多寡諸解朱

子亦取陳徐二說爲近或云易姓更步異名同實田數無增只放長短以新其法耳是將殷周聖王都說做朝三暮四欺詐之徂公矣亦是後世心術不正之論最害道○朱子嘗云今人讀書欲卒乍如某也難某然用功夫來乃朱子之所未詳者而後人必欲取而論定之其不至於穿鑿附會非聖畔道不止也○存疑貢助徹是三代田法之名三句是渾淪說言夏后氏授田每夫五十畝而行貢法殷人七十畝而行助法周人百畝而行徹法註是細解不可用他說本文觀孟子自解曰徹者徹也助者藉也可見○蒙引五十七十百畝制常產也而貢而助而徹則其取之之制也還要分析方明若單言貢助徹則該制產之義矣蓋制民恒產以私田言取之之制以公田言夏無公田則計其五畝之入者爲取之之制也○鄉遂用貢法見於周禮遂人凡治野夫間有遂遂上有徑十夫有溝溝上有畛百夫有洫洫上有涂千夫有澮澮上有道萬夫有川川上有路以達於畿都鄙用助法見於考工記匠人匠人爲溝洫九夫爲井井間

廣四尺深四尺謂之溝方十里為成成間廣八尺深八尺謂之洫方百里為同同間廣二尋深二仞謂之澮專達於川○十夫有溝八家同井夫與家一般一夫上有父母下有妻子或九人或五人所謂數口之家也非夫與家不同也然則何以言十夫周禮十夫有溝溝上有畛故用其文云十夫○耕則通力而作（合家通力而作計畝而分所以謂之徹徹通貢助皆然也不是通用貢助二法故謂之徹）收則計畝而分此周家之徹兼鄉遂之貢與都鄙之助皆然也其曰計畝而分者十夫有溝者亦然也若純以都鄙之助法言則為計區而分而該不得鄉遂之貢矣○夏時一夫受田五十畝而計其五畝之入以為貢是於五十畝之內取其五畝○商時井田之制八家私田各七十畝而其助耕公田七十畝公田內除地十四畝為廬舍見在公田僅五十六畝八家所助各得七畝七八五十六是於七十畝之外取其七畝○周制鄉遂用貢法十夫有溝十夫各受田百畝也而各自貢其十畝之入亦是於十分之內取其一○都鄙用助法八家同井八家其受私田八百畝而其耕公田百畝公田內除地二十畝為廬舍則公

田僅八十畝每夫所助僅十畝亦是於十分之外取其一○貢法是於十分中取其一助徹二法是於十分外取其一大槩則同故曰其實皆什一也○公田百畝中以二十畝爲廬舍云云乃都鄙用助法者也不言鄉遂用貢法者十而自賦其一不用解也○陳新安曰二十畝分爲八家家各二畝半以爲治田時所居所謂二畝半在田是也○存疑貢法十中取一似重於助蓋鄉遂附郭其地肥饒故其賦獨重都鄙野外之田不及鄉遂故其賦輕又鄉遂之法五家爲閭五人爲伍是家出一兵井田之法一甸之地六十四井五百一十二家方出兵車一乘士卒七十五人是不及七家給一兵又甚輕於鄉遂者蓋鄉遂之地既饒其兵又止於衛王室無征行之勞故其役重都鄙之地既磽其民又有征行之苦故其役輕朱子所謂恣調者不用用者未恣調是也先王立法各有深意○逢說什一也分上是叙三代之田賦其實同下是釋其義也○釋義不言貢者蓋貢自爲賦當世已行惟助徹則未行也○說約此節必重在其實皆什

本上句只是釋義者說表其立法之美似礙了節

一句有疑云貢助徹是三代田法之名名者對實而言也百畝而徹只以通力

合作計畝均分爲義不必遠兼貢助蓋此處方以徹與貢助二者之名並列亦

不直能兼耳且雖周亦助至而我節纔想像說出而貢助兼行則請野節始明

言之然亦必是貢少而助多以見其法之通融實不是要行貢助監二代也

蒙引上節屬與先王取民有制之法此節則從而裁其所宜行於今者○存疑

通節說貢之不善正反照出助之善意在末不然則是善於前句無著落矣

校數歲之中以爲常者校量數歲之所入酌其適中之數而立爲常法也如一畝

有歲收二石者有歲收一石五斗者有歲收一石者則就中校量以有餘補不

足只作一石五斗算收二石時只得便宜五斗或只收一石時可以補之是爲

適中○遂十中取一取一斗五升而貢於上就立做常法使年有豊歉而稅無增

減然年歲不常有收不彀一石時有全無收時皆必責其本數所以其弊如龍

子所云也○蒙引校數歲之中以爲常蓋亦禹之舊設使盡是後世流弊則湯

之興只去其流弊而仍用其正法亦可也何必又改用助法今人只是恐傷了

大禹耳○夫聖人隨時有作○法則因時詳略○禹去唐虞未遠○世尚古朴○只用貢亦足治矣○至後世子孫不善用之○不能隨時豐歉以爲賦之增損○而拘守成法○則見其弊耳○故後世改用助徹○而儒者之論○亦不能不置優劣也○○狼戾猶狼籍言粒米饒多狼籍棄捐於地也戾字亦有顛亂之意○凶年糞其田而不足謂以其所得者供壅田之費而不能給也糞田亦必資米穀以爲餉○摘訓盻盻然連著○不得養○父○母○說○非因終歲○勤動○而盻盻○也○蓋一年辛苦所得○曾不得用以爲養○而盡以輸之於官○其恨當何如○○盻盻然將終歲勤動不得以養其父母是所有者已不得爲奉養之資○又稱貸而益之是所無者又不免有稱貸之苦○都從取盈上來○所以使老稚轉乎溝壑也○或因二使字遂將父母老稚作兩件平看者非○○直解至使官糧私債○上下逼迫○仰事俯畜○一無所資○那老稚之民皆轉死於溝壑而莫之救矣○○達說貢法之不善如此○若助法則○隨公田○所得○之多○寡○而取○之○豈有○若是○之弊○哉○此助○法之○所以○當行○也○○蒙引龍子下見

禹時之貢其爲此論固宜安得以此累禹○使文王武王周公生於大禹之時
亦決只是行貢法而已蓋是時洪水方平懷山襄陵之患始息上窟下巢之君
始變其民大槩是若散處其田亦大槩段落不相聯屬若聚其田而經界之聚
其民而使之同井大抵是難歷四百年而爲商又五百年而爲周則天下之田
十蓋已經緯天下之生齒益以繁庶且周監於二代安得不會貢助而爲徹哉
故曰時也不至聖人不能先時而有爲時之既至聖人不敢後時而不爲龍子通節俱
之言蓋激於當日之弊而未及考聖禹之時也○大抵貢之法若常有禹用之
則決無弊若禹生於周時亦不止用貢於此亦可以判其得失之所在矣
存疑既引龍子之言見助法當行又說夫世祿滕固行之一句意含只是未行
助法耳遂引詩以証雖周亦助以教文公之行助法也○蒙引上方論貢助徹
之法而忽着此一句者蓋耕者九一仕者世祿二者王政之本也故言此以起
下文見二者當並行而不可偏廢即下文無君子莫治野人無野人莫養君子賢者節兼說轉下節即此意

之意況世祿雖行而助法未舉則所取於民以供世祿之需者猶未出於王政之本意今則其所已行而使併舉其所未行則不惟其所未行者得因以行而其所已行者亦因得以正矣此句特以起下文孟子之意固有在矣○夫世祿滕固行之矣此不必是公田所需者蓋當時助法不行那有公田只是於貢法隨俗加賦而取之正是取民無制者也○貢法無公田而集註乃曰蓋世祿者授之士田使之食其公田之入實與助法相爲表裏云云此蓋正言之乃承上文耕者九一仕者世祿而云也

朱子曰考之周禮行助法處有公田行貢法處無公田孟子也不曾見周禮只據詩裏說用詩意帶將去後面說鄉田同井云云同養公田說井田只說得這幾句是多少好這也是大原大本處却不理會細碎○孟子只把兩我公田証周亦有公田讀書亦不須究盡精微蓋病矜繳也○違說上節兼世祿見助法之未行此舉晚村云孟子境繳徵行徵而擬爲卧之善見徵也妙正以助爲當請野節自是非欲廢而而行助也詩詞見助法之當行○集說雖周亦助不是說周行貢也是助正是說周之徹

法亦是變通助法即都鄙用助之意也當時助法雖廢此籍不存惟公田之籍猶有可見者如此若周時亦是都鄙用助則一樣田丁有個公私之分其云公田私田者惟助爲行之由此觀之雖周之徹蓋亦是用助也未嘗曲六將鄉遂用貢田助徹之異名耳則助法之善自古所之其可行也必矣公奈何不行之也

存疑設爲庠序學校以教之教文公亦設也意周制是如此故學記曰古之教者家有塾黨有庠術有序國有學蓋周制也○蒙引陳氏曰古者二十五家爲閭同在一巷巷首有門門側有塾民在家者朝夕受教於塾也愚謂八歲所入之小學即此五百家爲黨黨之學曰庠教閭塾所升之人術當爲州二千五百家爲州州之學曰序序則教黨學所升之人也雖皆是鄉學然黨庠州序所教大抵皆十五以上者謂之入大學矣○庠者養也或養國老或養庶老所以教民之老老而長長也○校者教也教民不外乎六德六行六藝之屬也○序者

射也必內志正外體直持弓矢審固然後可以言中也○趙氏惠曰王制有虞
氏養國老於上庠養庶老於下庠夏后氏養國老於東序養庶老於西序又冀
正以禮屬民而飲於序是庠序皆可言養也文王世子云書在上庠是庠亦可
言教也孟子特因立名之義舉其重者爾○問鄉學如何朱子曰皆是農隙而
學曰孰與教之曰鄉大夫有德行而致其仕者教之○蒙引古者國學惟天子
之都以及諸侯之國都有之鄉學則隨所在而酌立之鄉里子弟之秀者則以
次升之至於國學而待用其不然者則歸之農而士農分矣○庠以養老爲義
序以習射爲義而所教實兼五品之人倫此皆鄉學三代所教皆同但取一義
以名學○集說庠者養也三句言自古鄉學之義有不同夏曰校三句言三代
立鄉學之名有不同學則三代共之言三代國學之名則同總是說其名義雖
有同不同而大抵皆以明人倫爲主也○摘訓明於上是在上者建學立教以
申明之闡揚其理而顯然以示人也不是躬行亦不作講明說○饒雙峰曰

子教時君行仁政只是教與養而事井田以養之學校以教之者齊王滕文皆
如此小民親於下者蓋百姓不親五品不遜所以教以人倫使之君與臣自相
親父與子自相親長與幼自相親非尊君親上之親○問夫婦有別如何相親
曰夫婦無別則相瀆瀆便相離了○存疑古人建學惟在於明人倫使民親於
建學只是造士何以小民使相親益
下耳其閒俊秀成材者則升而用之今之學校惟欲養士以待用已無古人教
七者小民之所賴以相得而生各民之意
民意思存其所以教之文只是區區文藝之末非古人所以造士之舊矣○集
說彼成材者勿論矣但人倫既明則小民亦皆有朝夕觀摩觸動良心之處故
自相親於下○說約設爲何總說庠者至其之申庠序學校四字皆所以何申
教之二字人倫明二句推其當明也
問滕文公爲善加何只可爲後法朱子曰他當時大故展拓不去只有五十里
如何做得事看得來滕國亦不甚久便亡○問所謂小國七年者非是封建小國
恐是燕韓之類曰然○達說此節以勢論之而期以師天下之效也取法指教

養說註仁政亦兼教養看未要補澤足以及天下意

達說此節以理推之而期以王天下之效也（國正與爲國相應）力行指教養說玩力行字樣有奮發自振不沮於國勢之畢弱意新國承新命來故曰亦也一新字一樣看○愚按引文王者文滕祖也然須說文王能力行九一世祿之仁政故受天命而有天下方起得下文子力行之二句意註云自文王始言周自后稷以來舊爲諸侯到文王身上纔受天命而有天下卽吳氏所云沈悅遠來三分天下有其二是也不是說周後來有天下開自文王也蓋以勢言似未必能興王業以理言則不但可以爲王者師而直可以自爲王者也○集說制產民事也（教養不偏說者）與學所以成其事也果力行之便可以師王者而新其命益知民事之不可緩矣

存疑孟子合下就說民事不可緩主意還重在養上故文公獨使畢戰問井地蓋必先養而後可教也○蒙引此仁政專指分田制祿○饒雙峰曰溝塗封植之界經緯錯綜直者爲經橫者爲緯只舉經字行緯在其中溝洫塗道之類

塗封土擬植種木爲界○蒙引溝來界也如曰澮曰川皆是塗畔界也如曰徑曰畛曰涂曰道曰路皆是○摘訓匪謂彼此之分限皆明公私之疆域不亂也○饒雙峰曰分田制祿雖平說然亦相因經界則井地中公田收其穀以爲祿分田始可制祿○陳新安曰分田以給野人制祿以待君子○蒙引經界不正則田無定分而在上之豪強者得以兼并故井田不均而野人有失其所者矣賦無定法而在上之貪暴者得以多取故穀祿不平而君子有失其所者矣○此上民之所病而暴君汙吏之所利也蓋暴君汙吏正所謂豪強之兼并貪暴之多取者也慢其經界然後田無定分而豪強始得以兼并賦無定法而貪暴始得以多取惟經界一正則豪強不得以兼并矣貪暴不得以多取矣○摘訓暴君汙吏雖正是豪強貪暴亦槩言之耳汙吏兩樣都說得若暴君只說得貪暴說不得豪強○愚按豪強或指民間言愚以爲若指民間之豪強兼并不知暴君汙吏亦何利於此斷指在上者說是○豪強兼并四旁民田是君子并了

野人底故野人有失其所者貪暴在公田中多取是君子多了君子底故君子有失其所者○集說是故二字緊接井地不均穀祿不平二句來蓋井地不均穀祿不平乃暴君汙吏之所甚喜也暴君不仁之君汙吏貪汙之吏吏即指卿大夫士而言以臟罪言則曰吏必欲慢而廢之用一廢字甚好不特不留心於此曰要一切廢却盖以井地之均穀祿之平原不便於他們故必慢而廢之也○摘訓不均不平是推經界不正之害可坐而定是推經界既正之利正以見仁政必自經界始○達說此後六節是詳告以經界之法

蒙引將殆也非將然之將言殆必有爲君子者焉殆必有爲野人者焉此兩樣人皆不可無則分田制祿兩樣法皆不可缺矣○達說無君子二句不重相須意只反言以見其必行也○存疑分田制祿是尋起前面恭儉禮下取民有制說無君子莫治野人故祿不可不制無野人莫養君子故田不可不分○集說註偏廢偏字要看主意多重在分田上盖世祿滕已行之但制之不得其道耳

若分田則全然不行此法久矣。

朱子曰：國中行鄉遂之法，如五家爲比，五比爲閭，四閭爲族，五族爲黨，五黨爲州。（[illegible]兵於鄉[illegible]則爲比閭族黨州鄉之民[illegible]）又如五人爲伍，五伍爲兩，四兩爲卒，五卒爲旅，五旅爲師，五師爲軍，皆五五相連屬，（伍兩卒旅師軍[illegible]）所以行不得那九一之法，故只得什一，使自賦。如都鄙行井牧之法，鄉遂之法，次第是一家出一人兵，且如五家爲比，比有一箇長了。井牧之法，次第是三十家方出得士十人，徒十人。○集說陰氏曰：鄉遂在近郊遠郊之間，平原廣野，可盡爲萬夫之井，故有溝洫塗路。都鄙謂甸稍縣都，包山林陵麓在內，難用溝洫齊整分畫，且遂處盡爲井田。蒙引於爲國段亦宗之爲說，至此則云：國中郊門之內，鄉遂之地也，包山林陵麓在內，難用井田齊整分畫，只絕長補短計之，約田百畝，則授一夫，使自貢其什分之一於上也。與前說自相悖。大抵山林陵麓無地不有，何分鄉遂與都鄙？其所謂鄉遂用貢者，只依朱子之說爲是。（存疑亦只依朱子說）○蒙引：溝洫亦經界之法，井田亦有溝洫，此云田不井授，但爲溝洫者，貢法只有溝洫無井田也○請野云云　總言行周之徹也○輔氏云都鄙用助法則收公田所入以爲君子之祿鄉遂用貢法則使什自賦一以充國家所用此謂意周蓋君子之祿即所謂君十卿祿卿祿四大夫大夫倍上士者皆有畝數决是助法之公田無疑然國家供費萬端又將於何取給故知貢法所取者實以給之此外又有布縷力役之征工商衡虞之入凡皆野人所供也○鄉遂之地少都鄙之地多則行貢法之地必少（助字重）而行助法之地必多（什一二字重）○輔慶源曰集註以其請野九一而助則知助法之不行又云國中什一使自賦則當時之貢法亦有强取其賦於什一之外者矣○金仁山曰國中自賦民無逆輸之勞野九一而助則卿大夫食邑無過取之失（此以鄙域言）○集說九一而助却是十一分而取其一曰九一者以形體之制而言也（此以畝數言）什一自賦却是十分中而取其一但以體制言然其中有輕重之分○自賦自字對助法八家而言八家各耕公田十畝是八家同養公田也至貢法則每一夫所耕自一夫賦之而已非十夫一溝共賦也

存疑卿以下自卿以至下士也○蒙引據大註圭潔之義自明趙氏惠曰圭潔自起德行潔白始與之田亦太繁矣只是專以奉祭祀故云○五十畝卿以下皆同蓋制祿之法則有定分卿祿四大夫大夫倍上士上士倍中士中士倍下士推圭田乃分外加厚之田則一視同仁無卿大夫之別蓋先王之特恩也○問卿大夫之圭田必有耕之者要亦有耕屬可耕乎朱子曰恐圭田只是給公田之在民者大抵古者田祿皆是助法之公田克而八家因爲之屬如有田一成有眾一旅是也圭田恐亦如此○說約按祭法大夫三廟曰考廟王考廟皇考廟適士二廟曰考廟王考廟官師一廟曰考廟王考無廟而祭之注適士諸侯之上士也官師諸侯之中士下士爲一官之長者一廟祖禰共之故王考雖無廟亦得祭之也又曰庶士庶人無廟死曰鬼注庶士府史之屬死曰鬼者雖無廟亦得薦之於寢也可見是有廟則有祭有祭則有圭田故曰一視同仁無卿大夫之別而降至下士爲一官之長者亦預之○達說制祿以養君子卿以

下同有常制。然其所入漸以約。而於祭享或未之給。是故必有圭田之錫。而其數則五十畝焉。庶乎追遠之費。不待分其養廉之需。而孝享之誠。亦可以自致矣。○通解見又以濟世祿之所不及也。

饒雙峯曰圭田餘夫亦是百畝中撥與他。半分則五十畝。四分則二十五畝。問各受田百畝。六十歲傳與其子。子養其父。但只是長子受父之田。次子便是餘夫。別請二十五畝。若無子則百畝納之官。曰然問人物繁庶。公家安得有許多田分授。曰天地間只著得許多物事。少間人物過多。便自有來除。亦理勢使之然也。○蒙引此亦井田之制也。非井田法外之制。但是分田制祿常制之外。其圭田則都是井田之中而未有所屬。中分之為五十畝。餘夫則是或都鄙之井田或鄉遂十夫之田而四分之。為四個二十五畝。○通解計丁授田。固所以厚野人然一夫之外有未成丁之餘夫。倘未受田。不有以給之。則恒產有限而不足以相贍矣。於是有餘夫之田二十五畝。以待其壯而更授之百畝。是又以濟

分田之所不及者也○趙注王制曰夫圭田無征謂餘夫王田皆不當征賦也
時無圭田餘夫孟子欲令復古所以重祭祀利民之道也
達說此節言助法之善有以善乎民俗見其當行也死徙五句只散散豐豐說
落乃得孟子論氣則百姓親睦須負上五句看有說把鄉田同井作足首句看
謂並以鄉田同井故無出鄉也似太着力有說謂鄉田同井之人以出入則相
友是把此句只可過帶落說又似太輕出入一句是處常守望二句是處變但
文須三平看此節不是效只言助法之善至願受一廛而為氓處方是效也○
死者從者舉無出鄉而入懷舊土之思鄉田之治同此一井而入安其業之風
友猶伴也莫看作朋友之友　守是守護望是瞭望
以出入則相友而和好以洽其情以守望則相助而預防以避其患以疾病則
相扶持而保愛以全其生是聯隊以為親而和平之俗以興合異以致同而和
乘之風以息而百姓無不親睦者矣助法之善為何如哉○孫疏相助以守而
此不可以威武奪相助以望而彼不得以投隙來○趙注守望相助助察姦惡

也疾病相扶持扶持其羸弱救其困急也

蒙引王制井田形體之制尤詳○古者建步立畝六尺爲步步百爲畝畝百爲夫夫三爲屋屋三爲井井方一里是爲九夫八家共之一夫一婦受私田百畝公田十畝是爲八百八十畝餘二十畝以爲廬舍民受田上田夫百畝中田夫二百畝下田夫三百畝歲更耕之換易其處○註何休门司空謹別田之高下善惡爲三品上田一歲一墾中田二歲一墾下田三歲一墾肥饒不得獨樂磽确不得獨苦三年一換土易居其家衆男爲餘夫亦以口受田如此○民年二十受田六十歸田○淺說方一里言方方一里也○爲一井井有九百畝經畫分明正是說正經界處○界爲九區中百畝爲公田以爲君子之祿外八百畝爲私田以爲八家之所受○直解這公田就教那八家百姓同出力以治其事凡耕耘收穫之時必先治公田公事已畢纔敢去治私田之事雖通力合作而實有公私之分雖彼此均勞而實有先後之辨這是爲何葢以分別君子野人之分使在上者食人之食而不爲泰在

下者事上之事而不爲勞耳○摘訓方里二句是井田形體之大綱中公外私以定其區先公後私以定其分是井田形體之細目○達說自夫仁政至此都是說井地重在助法上貢法特帶說所以辨井地之不通處耳故死徙節便只說井田之法有以厚民俗此節言井田形體之制所以終惟助爲有公田請野九一而助之意也末節亦只勉其通變以行井田之法都不粘着貢矣

達說此其大略此字總承夫仁政說來（分田制祿之規模內外公私之制）莫依淺說只指方里一節上文大註既詳言井田形體之制此乃曰此其大略何也蓋古今異時彼此殊勢或利之者寡而病之者衆或效見於今而弊生於後如此之類皆不得詳言之也○或問潤澤之說饒雙峰因前面說底是箇硬局子到這裏須是要會變通使合人情宜土俗可也潤澤非文飾之謂乃是和軟底意思不全是硬局子（蒙引潤柔而不硬）滋潤滑澤方可行得此（□□□而□□）朱子善於形容孟子用心處○張南軒曰井田王制之本而經界又井田之本也大要在分田制祿二事而已田得其分則小民安其業祿得其制

則君子賴其養上下相須而各宜焉治之所繇興也人皆知商鞅廢井田開阡陌考孟子之言則井田之廢久矣蓋孟子時井田之法雖廢而井田之名猶在暴君雖去其籍猶不敢易其名也至鞅始蕩然一泯其迹而掃除其阡陌併與其名亡之矣○蒙引自仁政必自經界始至所以別野人也此比周禮亦為略今動輒以周禮律之蓋孟子不見周禮王制又漢儒剌六經為之者故講孟子者只用孟子大意不必過求强合益紛紜而不相入矣但其所以異處亦當考而知之○命世命者名也命之訓名猶今人題署名亦云命之曰何書

極是

有為神農之言者　章

或問許行為神農之言而有君民並耕市不二價之說何也曰程子之言盡矣然以易考之二者皆神農之所為也當時民淳事簡容或有如許行之說者及乎世變風移至於唐虞之際則雖神農復生亦當隨時以立政而不容固守其舊矣況許行之妄乃欲以是而行戰國之時乎曰禹之功大矣而孟子以皋陶

見註

䧃之何也。曰：皋陶之學純粹精密，而其陳謨種德明刑弼教爲功尤多，故舜欲傳位於禹而禹獨讓之，則其德業已爲固聖人之偶矣。曰：尹氏之說如何？曰：是其爲說當矣。然亦必有所指，非徒言也。尹曰異端邪說眩惑時君，各欲售其說者，昔有既甚，孟子力闢許行之言歸之。正道，可謂盡善盡美矣。雖然古之爲異端者，則亦自處於異端而已。至於後世，則又有學孔孟之道而志於異端邪說者，此道之所以益難明也，亦時之不幸也夫。

蒙引：有爲神農之言者，着一爲字，便見其言本非神農之言矣。○衣褐二字爲讀。其所以衣者也。捆屨織席以爲食爲一項，其所以食者也。○淺說：其徒數十其徒數十人，是許行有意借此數十人來以見尊信者衆，所以明其道之可從也。人皆衣褐而捆屨織席以供食，其必以是供食者，蓋以人必勞力而得者，然後可食也。此亦可以微見其意之所主也。○存疑：此其所以爲道，欲干滕君施之治國也。又曰：許行此來，直是欲反孟子之說。

直解：陳相兄弟是儒者之徒，其聞風歸附，本是仁政所感。○淺說：其遠負耒耜而至者，亦不爲出疆而舍其耒耜耳，非若許行直欲售其邪說而來也。○達說

下三句亦是對文公說玩閭君字可見○摘訓井地乃周之良法文武之所行也故謂之聖人之政

蒙引陳相見許行而大悅盡棄其學而學焉則惟見許行之道爲是而孟子之道爲非矣未聞道蓋謂神農之道也○許行之言所刺在滕君而其所以刺則在孟子○陳相見孟子而道其言蓋將有所軒輊于奪於其間也○許行之學亦將思以易天下者然真所謂邪說也○存疑賢者與民並耕而食正是許行邪說害道處故通章節節辨之○直解蓋所謂賢君者當勞已以養民不勞民以自
用且字好即下耕且爲意○
養常時與民並耕自食其力不會費了百姓的供給且自朝饔夕飧而兼理治人之事這纔叫做賢君今觀於滕有倉廩以貯穀粟有府庫以藏貨財都是取百姓每的脂膏以自奉養害及於民而利歸於上不復知有並耕饔飧之事矣惡得謂之賢哉○愚按饔飧只是食字食即並耕之所得者○二句一串看只是耕且爲意○摘訓並耕二句正是道今也云云則是厲民自養而與道背矣故

曰未聞道。

蒙引許子必種粟而後食乎曰然此決知其然者以起下句之雖爾曰否許子

衣褐陳相本以衣褐迎孟子之駁也然豈恬身皆是褐乎要亦迎不得續以許（褐亦必須人織）

子冠乎曰冠又曰奚冠恐其如衣褐之說彼則曰冠素冠素乃有爲之也即曰

自織之與至此則陳相無逃處矣曰否以粟易之則已自爲孟子闢之之地矣

又曰害於耕則盡之矣○曰許子奚爲不自織曰害於耕則已可折之矣然孟

子欲多其邪遁之辭以爲折服開悟之地故不即闢之而又曰許子以釜甑爨

以鐵耕乎彼則又曰然又曰以粟易之然後曰以粟易械器者云云人但見孟

子之多其辭說而不知此法即省了許多辭說也不然彼之邪說蔽錮已深其（此但舉所）

執拘論辨可遽取吾說耶○上文因論冠彼曰以粟易之則詰之曰許子奚爲（冠說是）

不自織論釜甑爨鐵耕彼又曰以粟易之則不復曰許子奚不自爲之蓋以其

（集說要曉得蒙引是謂大義謂治天下獨可耕且爲節意）

理之同也○此一段意總謂莫道是爲人君者難以與民並耕而食饔飧而治

巳包含在此節內了非謂此節便明明道出也

便是他這一匹夫之身已不能盡兼他技况人君一身百職攸萃乎故每詰之

云

云　果不待辨而自支離矣

陳新安曰厲陶冶厲農夫之説乃是因行厲民自養之言承其厲字而明辨以

闢之○王方麓曰窮其説至於以釜甑爨以鐵耕皆不能自爲而以粟易之也

然後辨之曰如子之言以粟易械器者所以濟陶冶之養而非厲陶冶以械器　四句丙有相濟意看

易粟者所以濟農夫之用而非厲農夫奈之何君有倉廩府庫則爲厲民以自　下節此正猶農夫陶冶數句可知

養乎且如許子之意不欲以自養者而煩人則許子何不自爲陶冶而械器皆　相字濟也

取諸其宮中何爲紛紛交易而不憚煩乎○存疑舍皆取諸其宮中而用之言

凡百器用止皆取諸其家中不必索之外也○達説以粟易械器四句闢其厲

民自養之説重相濟上然猶未闢其並耕乃勢有所不能偏以見其非厲民自

養也又以且許子何不自爲陶冶句他不可耕且爲之語出而折之所以闢其

並耕之説重不能相兼上

逵說然則然字是然其農難兼工之意因其百工之事固不可耕且爲之之言孟子卽應之曰然則治天下獨可耕且爲與○摘出兩箇且爲不同上爲字指百工之事下爲以爲治言兩箇耕且爲亦不同上以耕字爲主下文以耕字爲客謂治天下比之耕者其事之煩簡心之勞逸相去萬倍百工之事尚不可以耕且爲如此則治天下獨可耕且爲與蓋百工之事而耕且爲則工害於耕治天下而耕且爲則耕又害於治矣○蒙引天地間大綱有兩樣人亦大綱有兩樣事大人自有大人之事小人自有小人之事○存疑二句是承治天下獨可耕且爲說治天下大人之事也耕小人之事也但止說治與耕是兩事不是上文治耕不可相兼意○蒙引且一人之身云云此卽因陳相所謂百工不可耕且爲之說而敷暢言之所謂因其所明通其所蔽也○逵說非惟大人不能爲小人之事也且以一小人之身在此必然備用百工所爲之器械如箇箇器械都必自爲而後用之是率天下之人奔走道路無時休息也夫小人尚不能兼

爲小人之事如此況大人能兼爲小人之事乎故下即引古語六句言即古語（摘訓大小既不相兼則必以大治小而相濟矣故）觀之（曰云云）可見小人賴君子以治君子賴小人以養以此相易正猶農夫陶冶以粟與械器相易乃所以相濟而非所以相病也這等相處是乃通天下貴賤之所共由也然則治天下者豈必耕且爲哉惡可以此而誣其厲民自養乎只是一意錯出語次之間○蒙引註恐人只以或勞心二句按故曰二字爲古語而以下四句爲申釋之辭故因解治於人等句而承之曰此四句皆古語而孟子引之也○摘訓或勞心二句且先兩下以開說下文方交互言之中二句從上二句生來下二句又從中二句生來須依次遞說下去而相濟之意就中自有之末句是孟子斷語○謂古語有云天下之人或有爲大人而勞心者焉或有爲小人而勞力者焉各因分以盡其事初未嘗有以相兼也然於不相兼之中而實有相濟之利蓋勞心者治人勞力者則治於人治於人者食人治人者則食於人夫君子無小人則饑今也勞心者則治人而食於人是君子以我之治易彼

之食而不至於饑矣小人無君子則亂今也勞力者則食人而治於人是小人以我之食易彼之治而不至於亂矣如此相濟猶之天理爲宜度之事勢爲便酌之人情爲順乃事理之當然古今之常法也

存疑天下之通義以上是卽民生日用之常來辨析當堯之時以下又是舉堯舜治天下之事來辨析益掌火禹治水稷教稼穡契敷五教皆爲治之事也其事皆出於堯舜堯舉舜舜舉禹益稷契故曰堯以不得舜爲已憂舜以不得禹皋陶爲已憂上曰舜使益烈山澤而焚之則下文曰禹疏九河稷教稼穡皆舜使也○蒙引恭惟洪水氾濫草木得水則暢茂矣禽獸得草木則繁殖矣禽獸（五穀不登何重下中國可得而食應此）草木皆妨害五穀者故五穀不登則人類益稀而禽獸逼人舉中國多是禽獸之地矣○洪水橫流云云使於是而遂施治水之功則草木之暢茂者道途既爲之梗塞而不通禽獸之逼人者又方巢穴於其中而不可避舜灼見其理勢乃先使益烈山澤而焚之烈熾其火也焚之者灰之也草木既焚禽獸失其所

依乃皆逃匿遠去然後禹得以施功於水土如黄河之水天下之最大者也禹則於兖州之域疏大河之流爲九河以分其勢又疏通濟水漯水并九河皆注之海九河濟漯皆西北方水也又次南决汝水漢水排淮水泗水而注之江天下大水只有此數者今導其流而注之江海之中然後大地就平中國之民可得而粒食以相生相養而免於墊溺之患矣（只依本文如此說是）○河爲四瀆長禹治河在兖州分爲九道以殺其溢其間相去二百餘里徒駭最北鬲津最南蓋徒駭是河之本道東出分爲八枝也○金仁山曰汝出今河南梁縣天息山至蔡州下入淮漢出今漢中利路之間兩縣嶓冢山東南流二千四百二十里至漢陽軍大别山入江淮出唐州桐栢山千七百里至海州入海泗出襲慶府泰山陪尾有泗源南至下邳入淮當是疏九河瀹濟排淮江而注之海決汝泗而注之淮決漢而注之江○朱子曰決汝漢排淮泗而注之江此但取其字數足以對偶而云爾只是行文之失無害於義理不必曲爲之說也○摘訓此時尚未[illegible][illegible]稱未便

得食須看一可字〇陳新安曰雖欲耕得乎是提掇耕字以照應前獨可耕且爲與何〇蒙引本文雖欲耕得乎只承禹八年於外說而暇耕乎亦只承勞來數句說似於舜益后稷諸公有欠詞焉然古之文多取意足而已其於辭有不屑屑然者而實足以互見而相發也抑亦多是舉其切而重者以該其餘如此段禹八年於外三過其門而不入則於不暇耕之意尤切放勳曰勞之來之云云聖人之命官教民叮嚀煩悉如此其於憂民之意尤切故曰聖人之憂民如此而暇耕乎其他則皆可以意會矣

蒙引水土方平稷便教民粒食以免其艱食之患急於民之事如此是亦自有不暇耕意在〇呂晚村曰自舜使益以下直至五穀熟而民人育方一歇此是聖人養民之憂下人之有道也四句又與前天下猶未平九句相對聖人有憂之與堯獨憂之句相對使契爲司徒與使益禹稷相對乃聖人教民之憂也故契爲司徒另用使字起而禹稷上不消加使字者益掌火上之使字須讀斷直

貫至此也○摘訓飽食煖衣是民人育逸居屬在無教上不可以飽食煖衣與逸居相連近於禽獸正與人之有道相反○蒙引民纔得粒食又慮其無教而入於禽獸之歸又便急急使契爲司徒教民人倫（達下三叉字妙）堯又且叮嚀告戒之曰勞來匡直輔翼云云聖人之憂民如此而暇耕乎此聖人與聖人有憂之聖人獨指堯言舜命契者舜攝政事時也然當時堯爲天子誥勅之類必皆出於堯故下文云放勳曰勞之來之云云而聖人之憂民如此與聖人有憂之二聖人同指堯也言堯之憂則舜與契亦非恝然無慮者矣○朱公遷曰此人倫以道言指（要知只是因其固有者而道之）其異於禽獸者○達說舜使契爲司徒教民以人倫使之父子有親云云而盡此五倫之大也舜既命契爲司徒矣放勳又且丁寧告戒之曰勞之來之至振（皆大文語）德之聖人憂民之近於禽獸而汲汲焉以教之如此○摘訓勞來匡直輔翼作三項說使自得之總承○（勢是如此）民有彈力於人倫者則勞之以嘉其所已能而歆其有未至趨向於人倫者則來之以啓其從入之門而導其向往之路背於人倫

而不正者。則範之以規矩。及其邪而使之正。乖於人倫而不立者。則約之以繩墨。矯其枉而使之直。委靡而不能立者。則輔之而有所挾持。退縮而不能行者。則翼之而有所鼓舞。六者委曲成就如此。務使他遷善改過。自得其本然之性而後已。然得之固難。失之甚易。故又從而振德之以保其終焉。大聖人之於民。方人倫之未得也。則憂其不能得之。及人倫之既得也。則憂其或復失之。其憂民至於如此。○直解勞來以嘉其善。匡直以救其失。輔翼以濟其不逮。○集說使自得之。註云。使自得其性。意自明白。不是從容以俟其自得之自得。○問振德是施惠否。朱子曰。是。然不是財惠之惠。只是施之以教化。上文匡直輔翼等事是也。彼既自得之。又從而教之。○達說教以人倫至朋友有信。是舜命契以為教之道。放勳至振德之。是堯命契以施教之方。○陳新安曰。聖人之憂民如此而暇耕乎。是再提暇耕乎。以照應獨可耕且為與一句。

蒙引。上二條言聖人憂民之事備矣。此則承言聖人之憂民如此。固非事事而憂之也。惟先務其大者耳。○存疑上言堯舜憂民急於爲治而不暇耕此言堯舜憂民所憂之大而不必耕要之得人意上面堯獨憂之舉舜而敷治使契爲司徒衰便都有了但上文方重在急於爲治不暇耕上耳未及此意至此則專露其意見聖人憂民所憂者大不惟不暇耕而亦不必於耕也觀註不惟不暇耕與不必耕二句便見得有兩層意。○陳新安曰接上文三憂字而又發明出三憂字。聖人之憂在不得聖賢而用之得而用之則足以釋已之憂矣此集註所謂急先務也。聖人所以憂民者其大如此若農夫之憂憂之小者耳許行又欲聖人憂百畝之憂可乎。○蒙引堯以不得舜爲已憂一句治人而食於人者也。夫以百畝之不易爲已憂者農夫也治於人而食人者也。○集說以不得爲已憂初間尙只是懸想此等人廼後有舜禹皐陶而後可謂之以不得舜禹皐陶爲已憂也不是知道有舜等而以不得爲憂。○淺說堯舜憂不得人何以見其不必耕言其所憂者特其大者耳。凡治民（謂烈山澤等事）庶務亦不必身自爲之而況於

乎以見其不必耕也所憂者大乃大綱大體之大非恩惠廣大之大○說約上
兩節無臯陶而此舜之憂無益稷契獨禹臯並列者亦大槩之言不得分配耳
是說上言聖人得人爲憂民之大此又承上得人之意而推言有濟民之仁正
見其大也分人二句輕特起下句仁字是故以天下一句只承謂之仁何者是
故以天下何又只起得人難句○補慶源曰以已之善而教人使人皆爲善則
是有愛民之實矣然其所及亦止於吾力之所能與吾身之所及而已故有限
而難久也○堯之得舜舜之得禹臯陶則能盡吾力之所能而俾其恩惠極於
廣大繼吾身之所存而俾教化推於無窮矣然後可以謂之仁○摘訓爲天下
人字如舜與禹臯之類不得說輕了
得人泛說詰雖指出堯舜然有一若字乃就而比例之辭○以天下與人亦泛
說是把這件極難底事來相形耳如爾厳曰又比例中庸一般○恩惠廣大是
應惠字教化無窮是應忠字益分人以財謂之惠而已非仁也教人以善謂之
天下字對上人字看便得分別
忠而已非仁也爲天下得人則不必分人以財而自有莫大之惠不必教人以

善而自有曲盡之忠，方可以謂之仁。○並解：夫仁覆天下，而惟繫於得人，則得人豈易言哉！是故天下大器，而推以與人，誠若至難，然以聖人之心視之，猶以爲易。惟是爲天下得人，則必擇之至當，選之至公，而後可託以天下，乃爲難耳。○蒙引：是故以天下與人易，爲天下得人難，此何與上文爲天下得人者謂之仁何所關？曰：是故二字可味也。蓋上文謂爲天下得人者謂之仁，言得人之功大也，故下爲天下得人之難，以見其功之所以大也。○惟爲天下得人難，此堯舜之所以孜孜然用心於得人也，故曰堯以不得舜爲己憂，舜以不得禹皐陶爲己憂。（此條總是推原憂）惟難故憂也。（不得人之故以其難爲也）○摘訓：此節是於仁上見出箇得人之難來，方於難上見出箇堯舜之憂來。

蒙引：惟堯則之，則，法也。法字與論語解訴準義亦同。蓋法天則亦與天同其大矣。（補此意最妙）○並解：巍巍乎有天下而不與，而惟以治天下爲憂，豈是克盡君道者也。○夫堯稱蕩蕩，舜稱巍巍，自古帝王無有如其盛者，則堯舜之治天下，豈誠淡然於兆民之上。而一無所用其心哉。當其時民害未除。思得人以除之。民生未遂。思得人以遂之。民行未興。思得人以興之。此皆其用心之所在也。但不以百畝爲憂而用之於耕耳。然則並耕之說。可謂無稽之甚矣。○存疑。孟子辨許行並耕之說。意思層見疊出。當堯之時兩節是一意。堯以不得舜兩節是一意。引孔子之言。又是一意。○陳新安曰。亦不用於耕耳。至此三提掇耕字。以照應收結獨可耕且爲與一句。不特辨鬭明白痛快。文法亦照顧得好。以上已辨倒許行之說。下文乃責陳相也。○愚按許行爲神農之言。而孟子只稱堯舜。此又即孔子之所稱堯舜者。以斷之蓋益以見許行無稽之言之不足信也。

輔慶源曰。陳良楚人而北學於中國。則是用夏變夷。陳相素學於陳良。乃爲許行所變。則是變於夷也。○蒙引此條言陳良非可倍者。而倍之爲乖方也

存疑。孔門弟子不倍師。有西相嚮而哭。皆失聲。不倍師也。獨居三年。然後歸。不倍師也。欲以所事孔子事之。亦不倍師也。曾子曰不可。亦不倍師也。下文獨曰

亦異於曾子者從然尾一人不倍師尤得其道者言也蒙引作二段說則子張子夏輩是倍師矣要三子不是倍師其欲以所事孔子事有若者特以致其思慕之心如後世丁蘭刻木之類耳○淺說濯之暴之此二之字指孔子道德言猶云吾夫子之道德如江漢濯出來底秋陽暴出來底極其潔白不可加也只用潔白二字盡皜皜之意明著光輝揔是潔白之意蓋有點汚蔽蕪遂不光明也潔白亦是借來字面本上二句說下但當實說不可謂如物之潔白也○存疑江漢水多而濯之潔無一點汚也秋日燥烈而暴之乾無些濕氣也在聖人（霑濕了便不白）則是一疵不存萬理明淨人欲淨盡天理流行○達說濯以江漢則至潔在夫（集說按趙）子天下無有過其潔暴以秋陽則至白在夫子天下無有過其白其殆皜皜乎（注意以濯屬潔暴屬白）不可加已○謂夫子道德如此有若安能擬其彷彿有若既不足以彷彿夫子而乃事以事夫子之禮不惟尊信有若爲過高以夫子爲有若所可同其待夫子友卑矣而可乎

達說此節言陳相之倍師異於曾子之尊師也。非先王之道，指偕爲並耕之說而告仁政言。非字對是字看。莫訓作詆毀。○存疑亦異於曾子，不可說作不倍師。當有斟酌。夫三子欲以所事孔子者事有若，是乃欲致其思慕，未必有倍師之意。曾子尚爲不可。今也南蠻鴃舌之人，非先王之道，子倍子之師而學之，亦異於曾子矣。

直解倍陳良之道而學於蠻夷之人，其於取舍之間，可謂不知所擇矣。○集說此節亦借詩言之意而言之如此。集註引詩言以證幽谷喬木之說也，只就出幽谷遷喬木以言其當舍下就高，未聞下喬木入幽谷，反舍高而就下也。舍先王之正道而趨於夷，非就下而何。不可作他處引詩一般話。○蒙引此二句與吾聞用夏變夷一意，而叠出所以深責之也。

摘訓用夏變夷是善變，變於夷是不善於變。爲猶是也。不可云爲不善所變。

摘訓此一節遁辭也。言許子並耕之說雖未爲是，而許子之道，除並耕之外則

又有可從者也布帛以下止是說首句所謂許子之道○布之類不同各有長
短帛之類不同亦各有長短其長同則價之多者相若其短同則價之少者相
若也不可把布帛等混說○蒙引如一尺布五文錢二尺布十文錢通天下布
價一定如此下倣此看來此說亦一路通但天下通是一樣則可若布不能無
高下則其價亦安得不為之高下雖戰國之世處士橫議者多然求其悍然全
不顧理勢而倡為此等狂論邪說者計亦惟許子陳相二人而已○輔慶源曰
若不以精粗美惡言之則無由說得通此義未有人看出至集註而義始明○
饒雙峰曰長短以丈尺言輕重以權衡言多寡以斗斛言皆是比而同之與其
耕相似便是齊物剖斗折衡而民不爭之說凡託神農黃帝者皆老氏之說也
摘訓不齊是精粗美惡不齊情實也蓋氣化有厚薄人力有工拙乃萬物自然
之實理不容强合者也倍蓰什伯千萬言其精粗美惡相懸之等差如此正是
不齊處不必指物價說○集說物之不齊乃就一樣物上論非謂此等物與彼

等物不齊也。倍蓰什伯千萬亦都在那一般物上說。○蒙引巨屨小屨與上文屨大小不同。此巨屨小屨設言皆精粗美惡說。言巨屨與小屨同價，則人豈肯爲大其者哉。物若不論美惡，美者與惡者同價，則人又豈肯爲其美者哉。○摘訓上言屨大小同，則價相若，是大者與大者相若，小者與小者相若。此則言大者與小者相若。蓋此以屨有大小，喻物有精粗。以人豈爲其大，喻人豈爲其精耳。然不言布帛諸物而獨以屨言者，許子捆屨爲食，則此尤其所明者也。○是亂天下也。且虛唱起巨屨以下止是申明亂天下之意。相率爲僞，從國中無僞來。治國家止與亂天下相反。蓋謂從許子之道，則相率而爲僞耳。人心日偷，奸弊百出，其何能治國家？故曰下比而同之，是亂天下也。子乃謂從許子之道，則國中無僞，莫之或欺，豈其然哉。○存疑惡能治國家只相率爲僞上就見得。○集說末句只在治市上說，不關並耕，亦不是泛論。○許東陽曰：此章孟子曰以下三大節，自許子必種粟而後食乎至不用於耕耳，闢其假託神農之言。吾聞

用夏變夷至不善變矣責其倍師從許子之道以下陳相之遁辭故又闢其市價不貳之說

墨者夷之因徐辟章

或問夷之請見者再而孟子不許何也曰孟子雖以闢邪說爲己任然不過講明其說傳之當世使聞者有以發癖於心而自得之耳固不輕接其人交口競辯以屈吾道之尊也譬如變夷寇賊之害聖人固欲去之然豈肯被甲執兵而親與之角哉曰天之生物使之一本而夷子二本何也曰天之生物有血氣者本於父母無血氣者本於根荄皆出於一而無二者也惟其本出於一故其愛亦主於一焉蓋一體而分血氣連屬眷戀之情自不能已固非他人之可比也自是之外則因其分之親踈遠近而所以爲愛者有差焉此儒者之道所以親親仁民以至於愛物而無不各得其所也今夷之乃謂愛無差等則是不知此身之所從出而視其父母無以異於路人也雖其施之先後稍不悖於正理然

於物而謂之施焉則亦不知愛之所即加矣是非二本而何哉而說者乃或曰其施由親始之言牽合於吾儒之一本者愚以爲差之毫釐繆以千里爲是說者亦自不知一本所以爲一本矣曰夷子之學於墨矣而必推其說以求合於儒者何也曰天下之理其本有正而無邪其始有順而無逆故天下之勢正而順者常重而無待於外邪而逆者常輕而不得不資諸人此理勢之必然也且胡不以近世之佛學觀之乎夫吾所以拒彼至矣而彼未嘗不求自附於吾儒者也雖其陰陽離合有不可信要不如是則吾知其反側而無以自安也其理之悖說之窮於此亦可槩見皆乎世無孟子無能因其所明以誘之者是以卒於漂蕩而不反也

達說夷之求見孟子分明是悟墨教之非所學非一端與又求見孟子可知矣

夷子不來莫作記者言乃孟子謂夷子不必自來恐爲上有我且往見句

集說可以見意是在求見之誠然孟子口中都只在病愈上說○摘訓且字與

可以守正相應未見而先直也吾聞以下便是直之處○夷子既思以薄易天下定是以薄爲是而貴之也以薄爲是而貴之則必以厚爲非而賤之矣夷子葬其親厚乃不用其所貴而用其所賤何耶

蒙引夷子是甚次第聰明蓋曉得孟子之意欲以兩路揜護他若伸我之厚者是則與其道之薄者夾矣若伸其道之薄者是則我之獨厚又無謂矣左右皆坑谷也乃爲執中之說騎墻之勢曰吾之兼愛與儒者之保赤子何異但謂之如保赤子則所施當自親者始我之獨厚亦未爲倍也蓋兩救之詞也○儒者之道三句是喚起那之則以爲愛無差等施由親始來此兩句是夷子自以[illegible]意解書之言以釋己厚葬其親之意○存疑舉子之言意謂孟子以吾兼[illegible]非是也然儒者之道如康誥之言古人保民若保赤子此言何謂也不獨吾之兼愛者乎在之則以爲愛無差等矣但其施必由親始於此宜稍從厚此吾所以厚葬其親也然愛無差等其施由親始如何便只從厚其說亦自不通○抑

[illegible]源曰夷子蓋以儒者若保赤子是愛他人子如愛我之赤子有似於墨子愛無差等之說故謂其欲引儒家入墨教中去○陳新安曰之又曰墨氏兼愛之學愛其親與愛外人無差等之殊但施則自親始耳施由親始一句髣髴竊取儒家立愛自親始之意是推墨氏而依附於儒家也○摘訓此言何謂也便已有愛無差等意了下文愛無差等之句不重只是帶過下句說耳○愛無差等施由親始都從一個若字上看出若保赤子則民與赤子雖不同而其保則同便是愛無差等然若保赤子則先有保赤子然後有若保赤子便是施由親始○存疑孟子又解書之意以闢之謂夫夷子看康誥之語貴實以爲人之愛其兄之子若愛其鄰之赤子都無分別乎彼書之言有所取也書之言以爲小民之犯法出於無知非故犯之罪猶赤子匍匐將入井出於無知非赤子之罪也故保民當如保赤子其犯法則哀矜而勿喜非謂愛其兄之子與若愛其鄰之赤子也謂儒者之道亦兼愛不亦謬乎○摘訓兄之子是比赤子鄰之子又是

小民謂且無論愛赤子過於民即如兄之子其親不若己子鄰之赤子其疎不若民也親其兄之子與鄰之赤子親疎雖未甚相遠然亦自有差等則亦不與民親疎相去之尤遠者其有差等明矣○爾猶然也這便是有所指了不可照蒙引將爾也二字全作語助辭看○饒雙峰曰夷之引若保赤子來證愛無差等孟子謂其差認了此句意彼有取爾是說周書別有所取譬也下二句却解周書本意○問愛無差等夷子既如此說便當一親疎合貴賤方得今却曰施由親始則是又將親疎對待而言豈非吾之愛又有差等也哉其辭牴牾信乎其遁而窮矣朱子曰夷之所說愛無差等此其大病其言施由親始雖若粗有差別然亦是施此無差等之愛耳故孟子但責其二本而不論其下句之自相矛盾也夷之所以卒能感動而自知其非蓋因下文極言非爲人泚之心有以切中其病耳此是緊要處當著眼目○施由親始一句乃是夷子臨時撰出來湊孟子却不知愛無差等一句已自不是了他所謂施由親始便是把愛無差

心施之然把愛人之心推來愛親是甚道理○人之有愛本由親立推而及人自有等級今夷子先以愛無差等而施之則由親始此夷子所以二本如一本有兩根也○愛無差等何止二本蓋千萬本也○存疑愛無差等待其親如路人待路人如其親是親其親一本也路人亦其親又一本也非二本而何○饒雙峰曰一本便有厚薄如木然根幹枝葉自有大小次第一本則天下皆是愛却無分根幹枝葉了蓋親親而仁民仁民而愛物各有差等不同夷子不識以爲愛無差等○摘訓二本且就夷子所親說故也二字方說到言語上謂夷子所以解書如此之誤者其故何也蓋天之生人止有一本而夷子獨親爲二本故其言如此也上面說他言之誤這又發他邪言之所以誤處○說約夫夷子借以爲至非赤子之罪也先辨儒無兼愛之說且天之生物至二本故也方由愛無差等之誤既辨儒無兼愛之說則不得援儒入墨也復正愛無差等之誤亦不得推墨附儒也

蒙引夷子二本一條只破其所謂愛無差等者以其逆夫一本之理也此條則又因其厚葬之本心而痛言之以明夫一本之意其所以開發之者可謂中其肯綮矣○存疑此條即其發於至情之不容已者以明其一本也惟其一本也故見親尸之殘毁哀痛迫切不能爲心之甚在他人雖有不忍之心未必如此之甚（他人者他人之親說）可見只一本也若見他人亦然始是二本然豈有此哉○摘訓蓋字從一本來言吾所謂一本者何以見之蓋上世云云○存疑非爲人泚猶非所以納交於孺子之父母三句意言非有所爲而然也（路人）○蒙引其泚也非爲他人見此（他人只泛説）而發愧有泚也乃其至親至痛之情發於中心而達於面目自無所爲而然皆○集說朱子云所謂一本者於此見之尤爲親切乃於節中緊要處着此數語（語頗亦云非爲人）以見一本之肯切（此是吃緊要處）正其悚動夷子處蒙引以爲蓋歸以下通是一本之意不止非爲人泚也不知蓋歸以下乃是但從非爲人泚一段良心中來於一本二字偏後一層蓋惟至親四句又是申說所謂一本者三句之意○存疑曰掩之

是也只從掩之上搭過厚葬去。必有道言必從厚也。○摘訓掩之是未有葬禮之先。孝子仁人（孝子仁人只是一人）又是就旣有葬禮之後說。○謂使此掩親者而果非也。則後世薄葬其親。猶之可也。如掩之而誠是。則孝子仁人當旣有葬禮之後。背反從其薄。而無所以厚之之道耶。若無其道。則僅與上世之掩親者同。而非孝子仁人之用心矣。蓋掩親者固於時而狃於習者也。則只掩之已謂之厚。薄葬者咎於情而短於禮者也。則與掩親者同。反謂之忍矣。○孝子仁人之掩其親。旣必有道。則夷子之厚葬。正孝子仁人之道也。然則其言雖失之二本。而其所行則深有得於一本之情矣。何嫌其爲以所賤事親哉。○輔慶源曰。此又孟子畧其道辭。而專以其良心之發有不容已處。深明夫惟一本。故其於親之喪哀痛迫切。非他人之所可得同者。而因以見先王所制葬埋之禮。必誠必信。勿之有悔者。固皆自然之理。而墨子二本薄葬之說。爲杜撰妄作而不可行也。

蒙引夷子茫然自失蓋於我心有戚戚焉。○摘訓憮然爲句。爲間二字屬下之夷子名言我之求見蓋有以受其教也今則不待相見而已有以教我矣○直解始吾學於墨氏而不知其非也今聞夫子之言乃知天親果無二本葬親果當從厚夫子固已教我矣○達說註本心之明指厚葬所學之蔽指兼愛

陳代曰不見諸侯　章

蒙引陳代蓋謂孟子以謀王斷國之大材其致主安民可指日期而乃固執不見諸侯之一節致使齟齬于世而上下俱不得蒙其功惠以爲迂也故諷之如此○不見諸侯云云此只是枉尺直尋道理又引志曰云云者明其從來有此說話而諷其爲之也○張南軒曰謂霸已事小王霸爲大此自春秋以來風俗習於霸者計較功利之說而有是言○摘訓兩以字猶以齊王之以○達說末句是陳代中言不是志詞

蒙引不至將殺之言虞人已拚一死也故繼之曰志士云云○不忘是拚了死不顧利害不是說定要死於溝壑而喪其元○朱子曰不忘二字是活句須向

義參取若果識得此意辨得此心則無入而不自得而彼之權勢威力亦皆無所施矣〇張南軒曰虞人守官義不敢往義有重於死故也使一一有畏死之心應非其招則見利忘義矣自常情觀之必重一死而以非其招爲細事不知義之所在事無巨細苟愛一身之死而察天命之正則凡可以避死者無不爲而我亦與若之所由生也死虞人之心行一不義而得天下不爲之心也人紀之所由立也是以夫子取之〇摘訓非其招還有箇招也不待其招而往則并招而無之矣無志無勇非孔子之所取而反虞人之不如烏乎可哉〇存疑答陳代大段有兩意齊景公一條是說不見諸侯之義且夫枉尺以下是說其所謂枉尺直尋之非枉尺直尋又自分三節首言枉尺直尋是計利之心將無所不至以見不可爲昔者至何也言枉尺而直尋君子之所不爲且子過矣以下言枉尺亦無直尋之理

輔慶源曰人有一計利之心則惟利是務始猶有枉小直大之辨浸浸不已其

終併大小皆不復計。不至滅天理。壞人紀不止也。孟子所以極其流而言之。〇蒙引如不待其招而往何哉。主於義而言也。枉尺直尋則主於利而言也。此下正其所稱枉尺直尋之非。蓋枉尺直尋。不宜在出處去就上用也。〇汝謂枉尺直尋宜若可爲者。以利言也。士君子出處進退可徇利乎。且若果惟利是徇則雖枉多伸少而有利。亦將不復顧道義而爲之耶。甚言其不可也。本文兩利字俱就出處上說。其曰枉尺直尋。俱只是借他字意說。〇枉尺直尋已是不可枉尋直尺尤不可也。然以求利者之心推之。夫既枉尺直尋則其苟得之心必至於枉尋直尺而後已。然而甚不可也。故極其末流而闢拒之〇甚言其不可皆蓋枉尺而直尋。已不免於喪己而爲不可。乃至於枉尋直尺。所喪愈多。所得愈少。乃不復計較廉恥而爲之。甚不可也。孟子非是以枉尺直尋爲可。至於枉尋直尺。乃不可爲也。亦以枉尺直尋而計其勢之所必至而言之。其曰亦將爲之與。猶言亦安則爲之之意。言只看有利便爲了。都不要管道義了。都不要守義

[illegible]善乎尹氏之言曰有枉尺直尋之心斯必至於枉尋直尺矣○摘訓大抵
尋直尺既不可爲則枉尺直尋亦不可爲矣蓋枉尋直尺原從枉尺直尋而來
者也○

蒙引與嬖奚乘御在王良射在嬖奚○謂王良簡子語之也○吾爲之範我馳
驅言吾爲之律以我馳驅之正法○朱子曰詭遇是做人不當做底行險是做
人不敢做底○存疑凡田獵是前面驅禽來我馳車逆而射之馳車者自有正
法禽獸之來不皆正或左或右此在射者須聆左右迎而射之耳矣不善射但
是禽獸當頭者方能射其或左或右者皆不能射故終日不獲一詭遇是因他
左右不能迎射舍馳車正法驅車左右以迎之所以一朝而獲十也饒氏說亦
備明白蒙引不知何謂未曉○蒙引詩云兩句要相連說重在下句看大註而
字可見且獨曰今嬖奚不能也尤可見下句重○存疑與小人乘必詭遇也詭
遇非君子之所爲也故曰我不貫與小人乘王良不貫與小人乘乃與詭遇獲

禽者。激於天下賤工之言。爲此以示其能也。

直解王良御者也。今使與射者私相比合。廢其馳驅之法。而求獲禽之利。猶以爲小人之事而羞之。推其心。卽使一時阿比而所得禽獸積如丘陵之多。亦所不爲也。其守法而不肯徇利如此。况君子以道自守。乃欲計較得失之多寡而枉道以見諸侯。反御者之不若矣。何爲其然哉。○張南軒曰。事。無。巨。細。莫。不。有。義。利。之。兩。端。存。焉。曰此而得禽獸雖若丘陵弗爲也。學者要。當。立。此。志。而。後。可。以。守。身。○蒙引御者至何也當。以。連。屬。上。條。且子過矣二句當。更。提。頭。自。爲。一。條。○言汝謂一屈已便可致王霸不知道不行於已而欲行於人無是理也尚何王霸之望哉○朱子曰援天下以道若枉已便已枉道枉道則是已失援天下之具矣更說甚事自家身既已壞了如何直人（不能直人何直尋之有兩直字自是兩樣）○陳新安曰楊雄謂孔子見陽貨爲詘身以信道龜山謂雄非知孔子者道外無身身外無道身詘矣而可以信道吾未之信也當卽此意以讀孟子此章竊謂陳代以不見諸侯爲小節殊不知自君子觀之守孰為大守身為大枉己從人失身莫大焉不可以為所屈者小也枉己即是枉道枉道決不能行道所關之大如此而可視為小節乎

景春曰　章

或問大丈夫之說其詳可得聞乎曰廓然大公心不狹隘則所居者與天下之廣居矣履繩蹈矩身不苟安則所立者必天下之正位矣秉彝循理非不苟從則所行者皆天下之大道矣得志與民由之則出而推此於人也不得志獨行其道則退而樂此於己也如是則富貴豈能誘而淫其心貧賤豈能撓而移其志威武豈能脅而屈其節哉此其下視儀衍之以雌則側媚得志於一時者可謂妾婦之為而所謂大丈夫者其不在彼而在此也（此字對彼字說）決矣然此數言者皆以居廣居立正位行大道為主而此三言者又以廣居為主也

陳新安曰二人皆破六國之從以為衡者熄如火之熄滅以兵猶火故也

蒙引引禮竟今在女子之嫁云云○拭帶如夫之冠一句○末二句是孟子之言

註蓋言二子云云。貼在此二句外。○阿，依也。諛，諂也。阿諛所以苟容者也。○衍儀勢焰如此，能使諸侯懼，如何又是妾婦順從之道？蓋二子初非有甚人民甲兵在手也，不過掉三寸之舌，假時君之力，以鼓其氣焰而已。當時諸侯莫不貪得土地，二子因投其所好，從而捭闔張翕之，是以有驚動一時人耳目之勢。此驚動人處，雖若非順從，若要其所以驚動人之勢，則全在順從上來，不是阿諛苟容。○如何能竊取權勢，使諸侯懼？懼是他國諸侯懼也。本國諸侯他都着阿諛苟容始得。○行疑其游說諸侯，使相攻伐，全是因時君之所欲而導之，便如妾婦之順從其夫也。○摘訓說出妾婦字，是與丈夫對，未可便與大丈夫對。饒雙峰曰：丈夫且不可為，況大丈夫乎？

朱子曰：此心廓然，無一毫私意，直與天地同量，這便是居天下之廣居，便是居仁。到得自家立身，更無些子不當於理，這便是立天下之正位，便是立於禮。及推而見於事，更無些子不合於義，此便是行天下之大道，便是由義。○居字就

〇此說立字就身上說行字就施爲上說又曰廣居是不狹隘以天下爲一家
中國爲一人何廣如之正位大道只是不偏曲〇存疑居如人之居宅孟子嘗
曰仁人之安宅此又曰天下廣居者自其安固不危言則曰安宅自其寬大有
容言則曰廣居仁者心之德愛之理曰安宅從心之德言也故曰在人則爲本（語皆）
心全體之德有天理自然之安無人欲陷溺之危曰廣居從愛之理言也故曰
（亦故）殺一無罪非仁也居惡在仁是也〇仁者愛之理近而親親遠而仁民又遠而
愛物皆此愛也何廣如之此人之所宜居故謂之廣居也居廣居者求只是克
無欲害人之心而仁不可勝用意也蓋克得此理盡便是能居廣居也〇位是
人身所立之處子曰不學禮無以立可見禮是位又曰拜下禮也今拜乎上泰
也雖違衆吾從下孟子曰禮朝廷不歷位而相與言不踰階而相揖我欲行禮
（亦眞）可體認立正位意禮是人道之紀綱經禮三百曲禮三千散見於日用事物之
間皆吾身所當立之位也〇孟子嘗曰義人之正路此曰天下之大道正言無

邪曲也大言不狹小也義者心之制事之宜乃人出入往來之所當由故謂之
正路又謂之大道○蒙引天下字不閑蓋皆是第一等底直到至極處故朱子
說居廣居則曰無一毫私意直與天地同量說立正位則曰更無些子不當理
說行大道則曰更無些子不合義○此惟孟子能之衍儀所爲件件反此蓋居
天下之廣居必能以天下爲度而不忍禍諸侯毒蒼生以就其一己之私計也
立天下之正位必能以道自重不肯置身於汚賤之地而盜弄人主之權勢矣
行天下之大道必能動與義俱而捭闔縱橫之事又皆不屑爲矣○由之之字
大全所得亦卽此三者
指仁義禮道字亦指仁義禮○存疑得志與民由之達則兼善天下也不得志
獨行其道窮則獨善其身也居仁立禮由義則道充於己在外者不能奪之故
富貴不能淫貧賤不能移威武不能屈此便是以直養而無害則塞乎天地之
間道理○淫蕩其心也移變其守也屈挫其志也貴不期驕富不期侈淫也窮
斯濫移也雖褐寬博吾不惴焉屈也○集註富貴貧賤俱作己當其時而言不

是者富貴安貧賤之說威武凡當十品數例之類以及其威力醜皆是貧賤

在巳。威武屬人。○非是說我不淫不移不屈。乃是說他不能淫我移我屈我。○

摘訓上五句言其所養之大下三句言其所守之大末句通承或以得志二句

屬下者非○朱子曰居廣居以下惟集義養氣方到此地富貴不能淫云云以

浩然之氣對看便能如此又曰觀孟子答景春之言直是痛快三復令人胸次

浩然如濯江漢而暴秋陽也

周霄問曰　章

或問君子之必仕何也曰內則父子外則君臣人之大倫也況君子學先王之（集註只用此意。）

道（行道上。）必得君而事之然後（論行道爲士君子之本懷而失然爲尤重。故此章未說到）有以行其道而及於人使其君為堯舜之君其民為堯

舜之民是君子之所願欲也退而窮處蓋不得已而然耳

集說霄之問意便已含下君子之難仕意思。特以古之君子仕乎討孟子語出

而辨難之耳。不然彼豈不知古之君子仕也。○霄所問在方。去。仕。上。說孟子答

底都只在已仕而失位者上說如云觀古人無君則如此其重於仕也亦可見矣○孔子載質只是到他國或其君有求見之誠故執以為通而見之然亦却先備之○摘訓古之君子三月不仕在已則皇皇在人則來弔這總是證節仕字如此可見其仕矣○達說載質以見所適國之君而事之與無君所以弔者但俟下節發明之此節不宜露

達說不以急乎周霄之問以為弔其不得君下孟子答之以為弔其不得祭也存疑諸侯耕助以供粢盛夫人蠶繅以為衣服惟士無田則亦不祭此四句是孟子櫽括祭義王制之文不是全文其餘皆是孟子解禮之言○記祭義昔者天子為藉千畝冕而朱紘躬秉耒諸侯為藉百畝冕而青紘躬秉耒以事天地甸師掌田山川社稷先古以為醴酪粢盛於是乎取之敬之至也○周禮天官甸師掌帥之官也其屬而耕耨王籍以時入之以供齍盛王以孟春躬耕帝籍天子三推三公五

齍祭祀所用穀也〇穀梁傳桓公十四年天子親耕以供粢盛王后親蠶以供
祭服甸粟而内三宫三宫（三宫三夫人也）米而藏之御廪宗廟之禮君親割夫人親舂之〇又
祭義古者天子諸侯必有公桑蠶室近川而爲之及大昕之朝（昕音欣大昕季春朔日之朝也）君皮弁素積卜
三宫之夫人世婦之吉者使入蠶於蠶室奉種浴於川桑於公桑風戾以食之（風戾之使露氣燥乃以食蚕蚕性惡溼）
世婦卒蠶奉繭以示於君遂獻繭於夫人夫人曰此所以奉爲君服與遂副禕
而受之因少牢以禮之及良日夫人繅三盆手遂布於三宫夫人世婦之吉者
使繅遂朱緑之玄黄之以爲黼黻文章服既成君服以祭先王先公敬之至也
〇吳氏程曰副編髮爲之所以覆首爲飾禕刻繒爲之形而采畫之綴於衣也
〇周禮冬官考工記曰青與赤謂之文赤與白謂之章白與黑謂之黼黑與青
謂之黻五采備謂之綉〇蒙引本是世婦繭成然後獻夫人繅今云夫人蠶繅
者蠶亦夫人主之也且曰使世婦使者誰使之夫人治内事也〇夫人副禕受
之註云副者王后之首服猶王之冕禕者王后之衣猶王之袞衣二者皆王后

之服此言諸侯之夫人者禮記註謂杰二王之後與愚按謂王后之服只循舊文而不察夫人亦有副也如衮冕一般天子有衮冕諸侯亦有衮冕但天子自有天子之衮冕王后自有王后之副褘制固必有等殺矣此處小註都欠主張○繅三盆手小註不甚明禮記註曰三盆手者置繭於盆中而手三次淹之每淹則以手抓出其緒故曰三盆手也方氏云夫人之繅止於三盆猶天子之耕止於三推○繅繹繭爲絲也亦作繰○牲殺牲必特殺也不敢用見成牲肉也故曰牲殺皿所以覆器者此器與皿之別○說約諸侯失國家則不得行耕助親蠶之禮而犧牲粢盛衣服俱爲缺然不敢以祭也惟士無田則正祿失位又不待言矣○有田則祭無田則薦似王制亦因有位失位言之註曰祭有常月薦無常時祭必卜日薦不擇日祭有尸薦無尸祭以三牲黍稷薦無牲其略殺不同固如此亦宜人子之不敢以宴而至於弔也○趙岐注田作圭田尤確○圭田自卿以下至於下士之爲一官之長者皆有廟有田○則田即此田○更無他圭

以得祭也○饒雙峰曰一年有四時之祭君失位三月便廢一祭故可弔亦其不得祭非弔其不得君也古人重祭祀故如此不然則如何三月無君便弔○蒙引因不敢以祭則此心不得以自安有焦然抱恨之意所以可弔○集說此節雖是說弔字然却答三月太急之言按定三月者三月一祭也○亦不足三字正應前急字說

直解三月無君不得盡奉先之孝是誠可弔也乃若一去其國必載質以往這等急於得君又是爲何

集說士之仕也三句只解出疆必載質之意耳如云士之失仕便像農夫之耕者一般在家如此出外亦必如此寧備而不用無用而不備者如所至之國不見用士亦有不得傳質之時或早說耒耜乃耕者第一般器用水溢農夫亦有偶不用耒耜之時質者乃士人所以仕底簡初頭物事也○不是耕所以謀食之說○直解上下之交固自有道而進退之際尤必有禮士豈有無質而可以見君者哉然則君子之欲仕而不輕仕周霄可以自悟矣

存疑仕如此其急也君子之難仕何也此方是周霄發問之本意故孟子答之云云之類也此君子所以難仕也○蒙引媒引合也妁酌也斟酌二氏以成配合○輔慶源曰士而仕者不循天理之正不俟人君之招屈己以徇利枉道以事君則爲聖賢之學皆賤之與兒女子相窺相從者無異○達説惡欲皆就心説是君子自惡也又惡不由其道正是答難仕之故此句最重○蒙引由前段出疆載質無君則吊之説則君子之急於仕也如此由後段又惡不由其道之説則君子又有不欲速者在難曰不敢以祭則不敢以宴而有所不恤也

未嘗不欲仕只未此意説

彭更問曰　章

或問孟子之論食志食功之別何也曰食志而不食功則正士曰蹇而苟賤不庶之人至食功而不審其大小之分則梓匠輪輿得以加諸爲仁義者上矣陳新安曰孟子歷聘徒御衆多食於諸國故更以爲泰陋矣○蒙引傳食遞續祿食也與傳車之傳同○達説後車三句泛看意實指孟子也○集説道守曰

空說卽所謂當然者之意○泰侈也只如今人說太過分之意不是奢侈○適訓不以爲泰舜不自以爲泰也子以爲泰乎因傳食來謂子旣以傳食爲泰則舜受堯之天下又有大於傳食者乎其以舜爲泰乎若不以舜爲泰則亦不可以傳食者爲泰矣

達說否字指舜言謂不以舜爲泰正應上彭子以爲泰乎何此處當入有功說方起得下句士字對舜看不可卽上泰字意○謂士安得與舜並論哉舜代堯踐天下而有其功則其受天下者宜也吾固不以舜爲泰也但今之士無功而食人之食則不可也此吾所以疑其泰也○饒雙峰曰當時功利之說盛不知聖道之有用見孟子所至之國時君稍見尊禮養其從者則以爲無事而食如王子墊問士何事不素餐兮皆是此意畢竟當時之君雖能養之而不能用之故時人有此疑然而當時諸侯尙知尊敬儒者如孔子之適衛孟子之仕齊皆有所養亦是先王之澤未泯

集說功是事之已成者故曰通通者彼此相通也事所以作此功者故曰易易
者彼此代作也○存疑男耕女織各有功事男耕與女織相通易以男之餘粟
補女之無粟以女之餘布補男之無布是謂通功易事以羨補不足不然則男
有餘粟且積之無用而又不得女之布女有餘布且積之無用而又不得農之
粟多者無所用缺者無所取生民之用缺矣是以男耕女織下及百工技藝莫
不相通實民生日用之所由以濟也○趙士憲曰梓人成器械以利用匠人營
宮室以安居輪人作車輪以運行輿人作車輿以利載○蒙引子不通功四句
言必不容於不通功易事也子通用則有功者得食之矣然有功於器用者子
尚食之有功於吾道者子反薄之奈何○直解今有士人於此以先王之道莫
大於仁義而仁義之實不外於孝悌二者獨能入而孝親出而悌長守先王仁
（即閑先聖之道意）
義之道於當時使異端不得淆亂傳先王仁義之道於後世使後學有所師法
繼往開來有功於世道如此不特一梓匠輪輿之事也乃反以爲無功而不得

今夫子是何尊梓匠輪輿而輕爲仁義之士哉知仁義之不可輕則士之傳食
於諸侯非無事而食者矣○蓬說有人孟子暗指已言守先王之道二句只蒙
上孝弟說更切仁之實事親是也義之實從兄是也孝弟便是仁義故下就接
輕爲仁義者哉繼往開來串看此四句正見士之大有功也
摘訓以其其有兩其字或謂專指君子言觀註凡有功者還兼說爲是且子食
志二句又是即其言而反詰之○蒙引曰食志此則彭更執拗之辭也初間謂
士無事而食不可已是主於食功矣見孟子說出一段有功處彼却逃之於食
志此所以終見破於孟子理到之言也○張南軒曰君子之志固不在食而爲
國者知其有功則當食之夫王者之祿夫人爲有以賴其用而可祿耳豈必以
其志之欲而祿之哉如以其志是率天下而利也
蒙引墁墻壁之飾也如白灰蓋之便是飾之於外者以細土近白者蓋之亦是
飾也畫非畫以采也如以木石畫成縱橫之文於上皆畫墁也○存疑毀瓦畫

墁其志將以求食不可謂爲此以求食只是無功有害而欲求食耳○若謂爲此求食則不通○集説他當初亦是要做成善事苟因其才之拙弄到毀瓦畫墁之處耳○故曰其志將以求食○陳新安曰此章當與盡心上不素餐兮章參看○君子居是國君用之則安富尊榮子弟從之則孝弟忠信縱未能爲當世開太平亦足以繼往聖之絶學而爲後世開太平○其有功於道統者爲何如更等乃以無事而食議之○抑何其無知也○

萬章問曰　章

或問湯爲童子復讐而四海之内皆知其非富天下何也曰聖人之心廓然大公表裏洞達故一有所爲則天下信之如雨暘寒暑之無不感而無不通也然書所謂葛伯仇餉者非孟子之言則人孰知其曲折之如此哉陽貨歸豚亦類此

史記宋世家偃立爲君十一年自立爲王東敗齊取五城南敗楚取地三百里

西敗魏軍乃與齊魏爲敵國盛血以韋囊懸而射之命曰射天淫於酒婦人群
臣諫者輒射之於是諸侯皆曰桀宋宋其復爲紂所爲不可不誅告齊伐宋王
偃四十七年齊湣王與魏楚伐宋殺王偃遂滅宋而三分其地○直解宋小國
也今與問罪之師○伸弔伐之舉欲行王政於天下齊楚之君皆惡而欲伐之
（只是以征伐爲正略）（有與齊楚意）
寡不可以敵衆弱不可以敵强不知何如而後可○趙注問宋當如齊楚何也
○存疑宋王偃欲霸天下是小不可以敵大弱不可以敵强自速其亡者也蓋
章以爲行王政其識見可知矣使能行王政便如湯武矣又何畏大之畏哉故
曰苟行王政云云
達說自湯居亳至往爲之耕言湯仁乎葛也○自老弱至饋餉是葛得罪於湯也
此節解是爲下文行師張本○蒙引要攔截也食便飯也黍稻預爲飯者未熟
者也食指熟者○直解葛伯仇餉所此殺童子而奪其黍肉之謂也
達說匹夫匹婦童子之父母也爲其復讎上見非富天下也此節見其爲民而

征伐也
摘訓無敵於天下。且虛說東面以下便是無罰無刑殺禍害也○陳新安曰此
湯行王政而王之事也
說約不爲臣如奄與五十國之類皆害及士女者○蒙引大註紹繼也猶言事
也紹何以爲事。蓋向日事商則繼事周矣○愚按見休註云休美也言武王能
順天休命而事之者皆見休也順天休命言弔民伐罪一奉天之美意而行之
也事之者皆見休蓋仍用天休震動之意言士女皆曉然見天之美意鼓舞震
動於心中故相率而歸附於大邑周也若將見休作蒙其休澤說似與註休命
之休不合○摘訓紹我周王見休乃士女之言匪厥玄黃就是臣附了言紹我
周王見休所以皆匪厥玄黃而臣附於大邑周也○集說殘殘民者不止一紂
凡有攸不爲臣者皆在內末二句正是箱迎之意○直解惟取其殘民者誅之
除殘之外未嘗妄有殺戮故民懷其德簞食壺漿以相迎如此○達說大邑周以上

是引書。下是釋書。其君子二句應匪厥玄黄三句。救民二句應東征二句。○説約孟子引書亦只順口取大意。或兼巳一説夾和言之。不必全檢本文。觀此類可見。○附録武成王若曰云云 恭天成命。肆予東征。綏厥士女。惟其士女。篚厥玄黄。昭我周王。天休震動。用附我大邑周。

達説引太誓只重則取於殘一句。所以論上取其殘之義也。於湯有光只是同有休光。非勝於湯也。○陳新安曰此武王行王政而王之事也。

達説此節作一正一反看。王政亦指弔伐言。爾如此也。應首節齊楚惡而伐之句。言宋惟不行王政。故受制於齊楚如此矣。苟行王政以下。正應即如之何意。（言宋原不是行王政）言若能行王政。如湯弔民於大旱之後。如武救民於水火之中。則四海之内皆舉首而望之。欲以為君。而有徯后之仰。玄黄之迎矣。齊楚雖大。必不能率子弟以攻父母也。尚何畏之哉。○集説蔽章説王政不免於大國之伐。是將王政看錯。孟子通篇皆辨王政二字。非止為宋説

孟子謂戴不勝曰　章

達說此節是設喻以曉之而欲其正若意齊語平正喻爲善楚語侏儒喻爲不善一齊人傅之四句喻下節末一段引而三句喻下節首一段○集說莊嶽人多之地數年一字帶過不是多與久乎說（章人多追方切字求賁敵說）

蒙引味謂字及使之字疑居州是不勝所引拔也○益不勝是得宋柄且有心於國者故孟子告以此欲其旁招群彥使忠賢畢集庶幾成正君之功非徒責其薦居州無益也○摘訓在於王所二段是因使之居於王所而假設言之以泛論其理如此至末句方與上節相形說一薛居州正與一齊人相應○張南軒曰衆君子之間置一小人猶足以蔽主而敗類一君子而遇衆小人且不能安其身如正君何格君之任有孟子而戴不勝不能知他尚何望焉○輔慶源曰古之大臣欲正其君者豈特取辨於一人而已哉必也兼收並蓄旁求廣取使忠賢之士畢集於朝在君之左右前後者無非正人端士然後可以薰陶漸

[illegible]變化其氣質成就其德性是豈獨欲趨事赴功而已哉

孫丑問曰　章

達說丑亦只暗指孟子言不爲臣不見乃正答不見諸侯之義也〇蒙引曰古者不爲臣不見然亦唯何甚廼斯可以見矣如孔子之於陽貨亦何嘗絕之而不見但自有其節不至淪於汙賤必俟其禮之至而後往見之也此數節相承之意〇問公孫丑言孟子不見諸侯何故千里來見惠王朱子曰以史記考之此是梁惠王招之而至其曰千里而來者亦是勞慰之辭爾孟子出處必不錯了

輔慶源曰士固當守義而不往見國君如一君屈已求見意已誠切聖賢處此必將出見今拒絕之如此則過甚而非義矣〇附錄段干木者晉人也少貧且賤心志不遂乃治清節遊西河師事卜子夏居於魏守道不仕魏文侯欲見就造其門段干木踰墻而避〇子夏居西河之上魏文侯師之因是知段干木之

賢過其閭則軾之其僕曰君胡爲軾曰此非段干木之閭歟段干木蓋賢者也
吾安敢不軾○繆公聞子栁賢往見之子栁閉門不納或曰子以匹夫而枉國
君之駕何若是哉子栁曰吾聞君子其道行則樂其治不行則樂其身天下誠
有欲治之君能行其道則雖徒步以朝固猶爲之不然是徒徼國君之榮也
蒙引此引孔子之事以明可見之節也可見之節四字有味所謂聖人禮義之
中正也○一說當時來意不誠故孔子亦瞰其亡而不之見若誠先來加禮孔
子豈容不見哉此說未安蓋當時若不瞰孔子之亡則孔子自拜受於其家矣
貨亦何緣得見之况饋孔子蒸豚便是先來加禮了○註曰陽貨於魯爲大夫
孔子爲士貨本陪臣而執國命僭以大夫自處耳然能先施則孔子亦往見之
乃士禮也奈何亦以大夫處貨耶曰恐是見惡人辟咎之義○達說當是三句
是孟子斷之之辭○存疑孔子瞰亡往拜實未嘗見曰陽貨先豈得不見者雖
然不見其名則欲見之也此處不重瞰亡意只重在往見上○摘訓使陽貨先

而不見則又如于木泄栁之所爲矣○說孔子只是箇比例不可便作正意看若陽貨一大夫也先來加禮夫子猶往見之則諸侯加禮雖不爲臣豈有不見者哉

集說脅字只作活字用猶言脅之而起也蒙引竦體則脅肩張矣之說亦不必○直解脅肩是聳起兩肩諂笑是强爲歡笑都是勉强媚人底模樣○摘訓非由所知言吾不知其何樣爲人何樣存心也○輔慶源曰曾子重厚篤實故視小人側媚之態如病於夏畦之人而深憐之子路剛勇果決故以未同而言赧赧其色者爲非已所知而深惡之二子所守如此雖各因其資質然亦是學力所就也○摘訓君子就指二子說因其律人之嚴而知其自處之正也必不肯脅肩諂笑必不肯未同而言矣誰必不肯不俟其禮之至而輒往見之是搭過不見諸侯上了又在所養可知之外○張南軒曰若不當往見而往見是苟賤以求合與脅肩諂笑未同而言者何以異○輔慶源曰孔子之事禮義之中正

也差以毫釐則失之矣于木泄柳則過乎禮義之中正矣故傷於廹切而不洪
曾子子路之所言則不及乎禮義之中正者故淪於汚賤而可耻此君子之行
已所以戰戰兢兢而唯恐有過不及之失也然與其汚賤之可耻寧失於廹切
而不洪段干泄柳猶爲狷者也

戴盈之曰什一　章

達說什一去關市之征二件平看是欲去無藝之歛而復什一之法去關市之
征（是革弊）而復關譏之法也此其意固亦善矣而有所待焉則非也○直解今茲未能
（先明去無藝句下面方好接出已字看來此章只）
謂積習已久難以驟更國用所需未能頓革也

達說曰攘其鄰之雞即重歛於民與關市之征之謂也請損之月攘一雞以待
來年然後已即請輕之以待來年然後已之謂也

存疑如知其非義斯速已矣何待來年只就正意說不必帶攘雞註知義理之
不可而不能速改與月攘一雞何以異解在言外○已止也與上文然後已字

相應。○張南軒曰君子之遠不義也如惡惡臭其不敢邇也如探湯其不敢須臾寧也如坐塗炭而其徙義也如饑渴之如飲食蓋見之之明而決之之勇以爲不如是則不足以自拔而自新也○陳新安曰不知其非義不智也知其非義而不速改不勇也不智之罪小不勇之罪大。

公都子問曰　章

或問孟子之欲息邪說距詖行放淫辭而必以正人心爲先者何也曰此探本之言也以聖道之不明是以人心不正而邪說得以乘間入之也曰然則亦明聖道以正人心而已矣又何必爲此之紛紛而涉於好辯之嫌乎曰邪說既入則人心益以不正聖道益以不明矣此又其末之不可不理者也故孟子之道性善稱堯舜必使天下曉然知仁義之所在者此其所以正人心而爲息邪距詖之本也排爲我斥兼愛必使天下曉然知邪詖之不可由者此其所以息邪距詖而爲正人心之用也蓋其體用不偏首尾相應如此然後足以撥亂世而

反之正。此其所以雖得其本而不免於多言也。然豈其心之所好哉，亦畏天命悲人窮。故不得已而然耳。昔湯伐桀而誓其衆曰：予畏上帝，不敢不正。武王伐紂而誓其衆曰：予弗順天，厥罪惟鈞。夫豈好戰也哉？孟子之心亦若此而已矣。豈得以好辯之小嫌而遂輟不言哉。曰：其曰能言距楊墨者聖人之徒，何也？曰：吾亦旣言之矣。然反其言而推之，則知不討亂賊而謂人勿討者，凶逆之黨也。不距楊墨而謂人勿距者，禽獸之徒也。聖賢立法之嚴至於如此，可不畏哉！可不畏哉！

蒙引要知其所以不得已處。蔡子曰：如古之無聖人，人之類滅久矣。知此則知聖賢之所以不得已處。

蒙引氣化盛衰人事得失反覆相尋兩平說。各自有反覆相尋，治亂所因，有自氣化之盛衰者，有自人事之得失者，亦有二者俱有者。小註二說未必精。○朱子作李忠定公奏議後序云：天之變人可謂甚矣。惟其感於人事之變而適於氣數屈伸消息之不齊是以天下不能常治常安而或致於亂云云。所謂感於人事之變者自人事得失言也。所謂廼於氣數屈伸消息之不齊者自氣化盛衰言也。○摘訓一治一亂雖是兩平說意則重在不能常治上。正見其不得已處。言天下之生民自古迄今非一日矣其間或一治又或一亂。一一者常相尋而不已焉。蓋自有生民以來。固未有常亂而不治之時。亦未有常治而不亂之理。趙注天下之生生民以來也不幸處其亂而坐視之。將無以撥亂爲治。而天下之生類滅矣。若全章通論則此處且未可徼到孟子上。直至末後豈好辯哉二句方才徼出。○陳新安曰學者當深察孟子所以不得已之心。下文詳之章末又申言此二句以結之。豈惟孟子。凡聖賢出而任三才扶三綱皆不得而已也。一治一亂乃此章綱領。下文節節照應之。

集說胡氏云自開闢至於堯之時不知幾治亂。斷自堯起有徵也。說亦是。然此章所引俱是治亂之大者。觀不引湯放桀事亦可見矣。還不止是有徵。○通義水逆行是如此壅塞上來遂至於橫流當初畢竟是先自如此壅塞至堯時水多年無去處故氾濫於中國○趙注水生蛇龍水盛則蛇龍居民之地也民患水逆之故無定居埤下者於樹上爲巢猶鳥之巢也上者高原之上也鑿岸而營度之以爲窟穴而處之○蒙引架木爲巢○達說此節重洪水上蛇龍何輕然二者都相因故下文禹之一治亦只此二項民無所定箝下二句意引書只明洪水也警余意輕○集說洚水警余不過引洚水二字而又以洪水釋之見其天下之大亂而已且不必如雲峰反而求諸人事之說蓋此一句且是舜之言孟子引之以爲當堯之時其亂如此而已似無深意○帝曰來禹洚水儆予成允成功○說約舜言此已在遜位於禹十六年傳心之時則云洚水者亦爲追述禹功而叙言之耳若曰洚水警余故使禹治則事懸隔已七八十年雖使治由警而不因警余之言須有斟酌也○輔慶源曰此一亂純由乎氣化也

集說使禹治之是堯舉舜敷治而舜使禹如此○艾千子曰治水水平即是驅

[illegible]此何須作如是解○集説水何嘗不由地而行但前是懐山襄陵漫散於
地上○今則有涯岸可循而行乎其中矣○治水不止江淮河漢此但舉其大者（河是北條之水江淮漢是南條之水）
而言（水）則小者可知是也二字不是取以爲証便有覩河洛思禹功之意○險阻
是指水之氾濫時險而不可渡阻而不相通者而言○達説指地二句是用功
處水由五句是成功處水由地中行承上掘地來言水由地中行不復氾濫即
今江淮河漢是其處也謂皆由地中行也只曰水由地中行不復及蛇龍者蓋
蛇龍之害本緣洪水故獨歸重水上險阻句中水鳥獸句中蛇龍平土而居應（鳥獸句雖頂蛇龍却又是推開説直解説是）
轉上爲巢營窟意○直解此時水患盡平險阻既遠不但蛇龍已歸菹澤不爲
民害而凡鳥獸之害人者皆已消除然後地平天成四隩可宅下者不必爲巢
上者不必爲窟舉天下之民皆得平土而居以遂其樂生之願矣豈非天下之
治哉○輔慶源曰此一治氣化人事相參者也夫人與鳥獸亦相爲多寡蓋
同稟於氣故也繁氣盛則正氣衰正氣多則繁氣少聖人於其間有造化之用

亦時焉而已○陳新安曰洪水乃治世之一亂禹反其亂而治之此禹之不得已於有爲者也

集說堯舜既没猶言已没之遠聖人之道便是堯舜以來治天下之道衰者以漸而衰也○邪說暴行又作看一又字自當又是一義存疑以爲只是上面壞宮室棄田故下只曰園囿汙池沛澤多而禽獸至曰又作是對前一治說言至此又一亂也此主饒雙峰之說也不特於邪說二字無安插且下更自有一又字着落還未是○達說暴君代作至不得衣食指在上言邪說暴行又作指在下言不必兼上下言如下節邪說暴行有作亦指在下言故着弑君弑父字諸說俱煩雜重叠又作又字對暴君代作何來○摘訓壞宮室棄田承上文暴君來即暴君害民之事此時只有暴君之害尚未有邪說暴行也此時只有汙池園囿之害尚未有禽獸也然暴君代作由是澆風相扇世道日汙而詖滛邪遁之說遊俠悖亂之行又作於下矣壞宮室以爲汙池棄田以爲園囿由是園囿

汙池致的沛澤漸多而禽獸又因而至益有園囿則沛多而禽獸至有汙池則澤多而禽獸至矣是始也上有暴君既而下又有邪說暴行是人害以漸而深也始也園囿汙池已占了民之田宅既而又就園囿汙池中致出禽獸來是物害以漸而深也及紂之身而人害物害比此又甚矣（或以邪暴園囿沛下屬紂者非是看下文大字可知）○輔慶源曰此一亂氣化人事相符者也自堯舜沒其間夏太康至商武乙等暴君不一難以類數至紂而大敗極亂而無以復加矣故直推至紂時言之想見夏桀之時亦未必有飛廉等惡人與夫虎豹犀象之害也

直解當紂之時天下大亂於是武王受命而起周公爲之輔佐伐暴救民奉行天討以誅獨夫之紂又以奄國之君助紂爲虐於外則興師伐奄三年之久始就誅戮又以幸臣飛廉助紂爲虐於內則驅之於海隅而戮之又滅紂之惡黨五十餘國而後人害以息且驅其園囿之中所畜猛獸如虎豹犀象皆使之遠去而物害以消○遠說天下大悅是承上文無人物之害來○蒙引引書以明

一治之功如此其盛也不可依近時說天下大悅只治功大慰於當時書曰云
云是治法垂於後世作兩意看非也只是一治之意書周書君牙篇君牙穆王（是穆王告君牙語）
時爲司徒故曰我後人○輔慶源曰此一治又氣化人事相參者也舉書言文
王武王謀謨之大功業之光所以佑助開廸夫後人者莫非正大之道周全盡
美而無一毫缺壞之失也蓋正可爲也無缺爲難無缺謂禮樂刑政四達而不（惇典庸禮等事）
悖三千三百之儀與至誠無倚之道並立而不偏凡所以正德利用厚生之具（世）
無一之不備防僞禁邪正慝之法無一之或隳夫然後可以爲無缺至春秋時
則道墜於地而無復有存者矣○集說孟子引書之意只重武王不重文王文（衰道微）
不重武王只重周公乃由天下大悅一句又引君牙之篇見得周公當初治功（文者武相武者公）
如此蓋及紂之身不特害民爲虐並聖人之道亦以漸滅已盡至周公先除其
害而又制禮作樂凡所以垂之天下後世者無一之不明且備而後爲一治也（云云只重除害上亦節并制作言之於接下文意緊要攏說最好）
並天下歸心大悅意亦不甚重只言一治之意○陳新安曰商末大亂武王周（只提周）

戡其亂而治之此武王周公之不得已於有爲者也

慶源曰此一亂又氣化人事相符者也前乎此者雖曰世亂然但有以戕民之生而猶未至戕民之性至此以後則遂至傷壞人倫將使人盡爲禽獸之歸其禍又慘矣○進說此有作與上又作不同上又作應暴君句來此有作應上文一治說來○集說一有之不是寬他說容或有之是說連這樣事體也都做出來了所以孔子懼而作春秋也

摘訓孔子懼懼弒君弒父之亂無窮已時也於是乎作春秋焉○楊龜山曰孔子曰述而不作竊比於我老彭而孟子曰孔子作春秋何也蓋當是時周雖未亡所存者名位而已慶賞刑威不行焉孔子以一字爲褒貶以代賞罰前此未有也故曰春秋天子之事也故謂之作然其事則齊桓晉文其文則史其義則竊取之是亦述之而已○倪新安曰書皋陶謨篇云天叙有典敕我五典五惇哉天秩有禮自我五禮有庸哉同寅協恭和衷哉天命有德五服五章哉天討

有罪五刑五用哉政事懋哉懋哉書言天子治天下之事孔子作春秋其大古正以明此治天下之事而爲後世法也○存疑春秋如何見得是天子之事如天王下勞晉侯○則削而不書○晉侯以臣召君○則書天王狩於河陽○皆所以存君臣之分○可見其惇典也○名宰咺歸賵以譏亂法○書履緰逆女以志變常○所以定衆妾之分○嚴大昏之禮○可見其庸禮也○召陵之師○書次書來盟以序其績○城邢之役○再叙三國之師以美其義○可見其命德也○討罪意尤明白○凡春秋所貶者皆是○○陳潜室曰此謂聖人以王法繩諸侯○所褒所貶○皆是奉行王法○此聖人大用○非孟子不能知○○蒙引要看是故二字○下兩句都要粘着天子之事一句說○○存疑惟春秋爲天子之事○所以知之者以是○罪之者亦以是○知之者以其功也○罪之者以其僭也○○吳氏程曰以慮後世而知聖人者君子也故幸其存天理遏人欲以正南面而罪聖人者小人也故戚其不得肆欲○○摘訓謂孔子作春秋便是一治了○又說春秋天子之事三句其意爲何○正以表孔子不得已○

之意也。言孔子懼。作春秋。然其作春秋也。豈孔子之得已哉。春秋爲天子之事。而天下後世又未必皆知我之人。夫子乃身任天子之事。而不避其嫌。明知罪我之故。而不辭其咎。其亦大有不得已於此者矣。○問孔子作春秋特載之空言。亂賊何緣便懼。恐未足以爲一治。朱子曰非說當時便一治。只是存得箇治法。使道理光明燦爛。有能舉而行之。爲治不難。當時史書掌於史官。想人不得見。孔子取而筆削之。而其義大明。善惡瞭然在目。觀者知所勸懲。故亂臣賊子有所懼而不敢犯耳。○蒙引下亂臣賊子懼。豈謂當時亂臣賊子耶。是自有春秋之後底亂臣賊子也。蓋尤誅其既死者。以警其將來者。傳曰誅死者於前。所以懼生者於後也。故曰致治之法垂於萬世。○輔慶源曰此一治又純乎人事者也。雖氣化不應。而不使孔子得位。以撥亂而反之正。然討亂賊。垂治法。其功又大於舜禹矣。○陳新安曰孔子雖不能興治道於當時。而能垂治法於後世。蓋在當時倫紀亂矣。孔子欲反其亂而治之。此孔子之不得已於有言者也。○

胡雲峰曰集註前言禹與周公之功曰此一治也此當時之治也此言孔子春秋之功曰此亦一治也萬世之治也

摘訓聖王不作二句是原處士橫議之由聖王不作則諸侯無所拘檢而肆意妄行矣諸侯既放恣於上由是處士亦因之以橫議於下而肆言無忌矣楊墨則在處士之列而又橫議之尤者也處士橫議而楊墨橫議之言遂徧滿於天下此且就楊墨倡義說歸楊歸墨方是天下之人皆靡然從之通節宜至此截

達說在禽獸也截

亦安

過下當云天下之言既是不歸楊則歸墨則其將來爲天下害必矣夫楊墨禽獸也既是禽獸則率獸食人人將相食其害可勝言哉楊氏六句是指其道之非公明儀以下是推其害之大既非便有害了只重在害上不可平看○朱子曰楊氏見世人營營於名利埋沒其身而不自知故獨潔其身以自高如荷蕢接輿之徒是也然使人皆如此潔身而自高則天下事教誰理會此便是無君也墨氏見世間人自私自利不能及人故欲兼天下之人而盡愛之然不知有

一點難在君親則當先救之在他人則後救之若不分先後則是待君親猶他
人也此便是無父此二者之所以爲禽獸也○輔慶源曰此一亂又氣化人事
相符者也聖人之道非不愛身也然有致身事君之義有殺身成仁之時故不
至於無君非不愛物也然親親而仁民仁民而愛物有自然之序故不至於無
父○存疑無父無君是據目前（大註自明）說不是流弊率獸食人人將相食方是流弊○
摘訓引公明儀之言是承上禽獸字只借其率獸食人之句以起下文意耳儀
原以肥肉肥馬爲獸以肉馬致民之饑色餓莩爲率獸食人孟子却以楊墨之
無父無君爲獸以無父無君壞人之心爲率獸食人○真西山曰天下之理本
一而分則殊故君子親親而仁民仁民而愛物心無不溥而其施有序心無不
溥則非爲我矣其施有序則非兼愛矣楊朱專於爲我則昧乎理之一墨翟一
於兼愛則昧乎分之殊○淺說楊墨爲我兼愛之道不息則孔子義以事君仁
以親親之道不著○摘訓此二句相承說下不可對看邪說承楊墨之道來仁

義承孔子之道來○存疑邪說誣民然後充塞仁義仁義在人心邪說誣民則一心都是邪說仁義遂爲充塞也○達說此二句只是申解上二句意故下箇是字○輔慶源曰楊墨之道不息則邪說誣民孔子之道不著則充塞仁義也此四句只是說天理人欲不並立而已所謂邪說徧滿妨於仁義者是解邪說誣民充塞仁義兩句也以徧滿字解充字以妨字解塞字但不曾解誣民兩字耳其實謂邪說誣罔天下之人其勢至於充盛窒塞人心固有之仁義使不能發也○饒雙峰曰墨氏無父之教便充塞了仁楊氏無君之教便充塞了義有仁義則天下治無仁義則天下亂今仁義既充塞則亂將起而率獸食人人又將相食矣○蒙引始也楊墨蠱壞人心猶是率獸食人也其終也人人中其毒皆無父無君而相翦相及相戕相賊無復世道人理矣非人將相食而何○摘訓則率獸食人是應公明儀之語人將相食又是因公明儀之語再推一步說也註楊墨道行則人皆無父無君以陷於禽獸此是解率獸食人而大亂將起

此是解人將相食○這說率獸獸字就是上文是禽獸之獸○指楊墨言○謂率獸食人亦深探其弊而極言之非真有此事朱子曰不然即他之道便能如此楊氏自是箇退步愛身不理會事底人墨氏兼愛又弄得沒合殺使天下倀倀然必至於大亂而後已非率獸食人而何如東晉之清談此便是楊氏之學即老莊之道少間百事廢弛遂啟夷狄亂華其禍豈不慘於洪水猛獸之害又如梁武帝事佛至於社稷丘墟亦其驗也

集說吾為此懼懼字跟孔子懼懼字來○摘訓吾為此懼懼楊墨之道不息而有率獸食人人將相食之禍也○先聖指孔子說閑先聖之道正與孔子之道不著相應○距楊墨放淫辭這就是閑先聖之道○直解楊墨流禍之深如此吾為天下憂之思欲防衛先聖仁義之道使之著明於世不為異端所塞故於楊墨之學則深距而痛絕之以放斥其淫蕩無歸之辭使天下之人曉然知其為非而邪詖之說不得復起以誣民此所以衛道也○存疑距楊墨放淫辭歸於使

邪說不得作蓋邪說即楊墨之說淫辭即其說之浩瀚放蕩也○蒙引邪說者不得作作於其心二作字不同雖皆訓爲起然不得作謂不得復起於世以惑人也作於其心心惑於兼愛爲我之說也○自信其言之甚者欲其言之信於人故也所謂賢人之言必引而自高不如此則道不尊也○摘訓作於其心以下正表其所以不得已處謂楊墨之邪說其害之必然如此則我安得不閑聖道而距之放之以除其必然之害哉○大全此乃孟子所以不得已而有言也

○輔慶源曰此一治又純乎人事也雖氣化不應孟子亦不得志於時然因其言而異端滅息吾道至今得以不墜此孟氏之功所以不在禹下而亞於孔子也○胡雲峰曰前云此一治也周公之功與禹同此云是亦一治也孟子之功與夫子同○問墨氏兼愛疑於仁此易見楊氏爲我何以疑於義朱子曰楊朱看來不似義他全是老子之學只是箇逍遙物外僅足其身不屑世務之人只是他自愛其身界限齊整不相侵越微似義耳然終不似也又曰楊墨只是硬

惡也做佛氏最有精微動得人處○金仁山曰佛氏寂滅類楊而禪定玄脫之說過之慈悲普施類墨而平等無生之說過之蓋兼無父無君之教而率獸食人之禍者所以其害爲尤甚○楊氏負曰晉魏出臣道壞佛老與于道絶又曰異端蟠結於中國而不解者以名士大夫主之也故唐則蕭瑀王縉白居易裴休梁肅也宋則王安石蘇軾黄庭堅張商英也故上而君相下而閭里信之而不疑

存疑上既歷叙三聖之事以已繼之至昔者禹抑洪水三條又是總舉上文之意而申結之也周公誅紂伐奄戮飛廉滅五十國獨曰夷狄者五十國之中必有夷狄舉重以見輕也○淺說三聖人扶天地生萬民反世之亂而治之如是蓋皆有以見其責之在己不可得而辭焉者○集說此節應當堯之時以下至孔子懼作春秋節（此節應聖王不作節）以昔者二字與出我亦欲三字耳

蒙引此條只是要起下段以楊墨正是無父無君是在所膺者也不連上意○

集說要旣得所謂不連上意者以爲非單承周公一段而來只借周公所膺以起下意而已此節中語爲此偶然

集說找亦欲三字直趕到以承三聖者作一句讀便緊接予豈好辯哉一句承上言三聖之功如此而無父無君之邪說其當膺又如此則我之所以諄諄然不容已於言者亦欲如此云云也○正字息字距字放字俱在言語上說照下好辯二字○摘訓欲字貫下四項說人心不正則邪說得入故欲正人心邪說不息則人心益以不正故欲息邪說旣有邪說則其行亦隨而詖其辭亦隨而淫故欲距詖行放淫辭於以上繼乎三聖撥亂爲治之功我之志欲要如此此所以不免於有辯也若已而不辯則人心不正邪說不息詖行淫辭迭興而率獸食人人將相食之亂甚於洪水猛獸之災慘於夷狄篡弑之禍無以承三聖之功而收一治之效矣○問邪說詖行如何分饒雙峰曰說旣邪辟其行必偏詖其辭愈見淫蕩詖行淫辭自邪說上來放者放廢距絕○陳新安曰洪水猛

戰夷狄篡弑皆災禍之害人身者惟在於一時若邪說乃災禍之壞人心者亙流於無窮而爲害尤甚慘此孟子所以不得已而深排力救之也○朱子曰當時如縱横刑名之徒孟子都不管他蓋他只害得箇粗底若楊墨則害了人心須著與之辨也然孟子於當時只在私下恁地說所謂楊墨之徒也未怕他到後世却因其言而知聖人之道爲是知異端之學爲非乃是孟子有功於後世耳○饒雙峰曰前言天下之生久矣一治一亂爲綱領下面又言治了又亂亂了又治再三如此反覆說了則又到此以三段總結前面前以予不得已一句起頭後以予不得已一句結合

朱子曰出邪則入正出正則入邪二者之間蓋不容髮雖未知道而能言距楊墨者已是心術向正之人所以聖人之徒許之與春秋討賊之意同○纔說道要距楊墨便是聖人之徒如人逐賊有人見之若說道賊當捉當誅這便是主人邊人若說道也可恕這便與做賊之黨○此段最好看見諸聖賢遭時之

變各行其道。是這般時節。其所以正救之者。是這般樣子。這見得聖賢是甚麽樣大力量。恰似天地有缺罅處。得聖賢出來補教周全。過得稍久。又不免有缺。又得聖賢出來補。這見聖賢是甚力量。直有闔闢乾坤之功。○輔慶源曰。此義謂邪說害正云云。自朱子發之者。朱子則眞可謂以道自任者。故言此以詔天下。使天下人人存此心。則異端之說將無所容。而聖人之道不復有蔽蝕之者矣。豈小補哉。○孟子意謂自今以後。不待有知道者。眞能息滅楊墨之害。然後可以繼聖人之事。但能爲說以距。則是亦聖人之徒矣。此可見自任之重。而望人之切也。○陳新安曰。既以不得已於辨者自致其力。尤以能言距楊墨望凡爲吾徒者之同致其力焉。非朱子深知孟子之心。孰能發其精微之蘊如此哉。此章於古今世道聖賢事業關係甚大。宜精察深思之。○許東陽曰。此正聖賢作用。參天地贊化育之功。

匡章曰章

或問司馬公曰仲子以兄之祿爲不義之祿蓋謂其不以其道事君而得之也以兄之室爲不義之室蓋謂其不以其道取於人而成之也君子之責人當探其情仲子之避兄離母豈所願耶若仲子者誠非中行亦狷者有所不爲也孟子過之何甚與其說奈何曰仲子齊之世家則其祿與宅非其兄不義而得之矣設其果以不義得之而非有悖逆作亂之大故則夫母子兄弟之間豈可以是而遂滅天性之恩哉飾小行以妨大倫是乃欺世亂俗之尤先王之所必誅而不以聽者也所謂狷者則亦言行之間小過乎中而已夫豈出於倫理之外若是其甚哉

蓬說註廉有分辨一句未可用匡章只以一切不食不居爲廉却未曉到此也

○居於陵言所居三日不食言所食（若陵而皆是吾食乎說）居食平看三日不食言其饑餓之甚也井上有李只一箇李也○摘訓將食之取而食之也（摘取也）向使井上之物不止於一李或李非井上之棄物或井上之李而尚未爲螬之所食則仲子亦斷不取而食

之矣。○蒙引匡章意以仲子世祿之家而能如此故難之而賛其廉孟子則以仲子本世祿之家無用爲此苦節故斥其悖謬而不成其廉也輔慶源曰齊俗奢侈放縱當戰國時士之傷廉者必多有之此匡章所以推仲子之廉而孟子亦以爲齊人之巨擘也○存疑仲子惡能廉非謂其不廉也如仲子之所欲廉非人之所能雖仲子亦莫之能也仲子既不能亦不得爲廉矣○愚按註言仲子未得爲廉也然後可以爲廉耳此二句正相應若將惡能廉作未得爲聖賢中正之廉說則與註滿其所守之志意不合存疑說是○摘訓通章總未與正論廉克仲子之操則蚓而後可言必如蚓而後可以克仲子之操所以甚言其操之難克也○達說克仲子之操則蚓而後下是一章眼目夫蚓節承此句說言未能如蚓之廉齊世家節是詳發明仲子所守之操末節正是發明不能克其操如蚓之廉意○註無求於世未可用留下節用之

集說夫蚓節通是一意以上既說則蚓而後可此正言其不能爲蚓處不能爲

蚓則仲子亦不能成仲子之廉矣如云夫蚓無居無粟不求於世而自足如此
今仲子業已不免於居食則居食自必有從來之處稍有不義則害於仲子之
廉矣是未可知則豈能如蚓哉○伯夷盜跖都是借字一是義之極者一是不
義之極者義則伯夷一等不義則盜跖一等也不必深泥然亦要知孟子不是
說仲子有不義乃是說所居所食或所從來之不義如禦人於國門之外之類
註從來二字可細玩○存疑君之祿與宅所以養賢居士有何不義者仲子槩
以爲不義而不食不居以此推之必伯夷之所樹所築然後居之食之若非出
於伯夷者必不食不居而仲子所食之粟所居之宅未必皆出於伯夷則亦不
義之類是仲子亦莫之能也曰以妻則食以於陵則居正明其非伯夷者耳
㫖解仲子之居食雖所從來未必盡出於伯夷是亦何傷其廉潔哉蓋人之處
世只要自巳能安貧守約不取諸人這便是廉○愚按易之只是易粟不兼居
說看後節註妻所易之粟句可知○集說章意不必問其所從來下節孟子卽

引他乎曰必問其所從來者來說

蒙引孟子此數語非爲仲子叙家世也固有意在所以明其兄之祿爲可食兄之室爲可居也而仲子乃以兄之祿爲不義之祿而不食以兄之室爲不義之室而不居故曰是尚爲能充其類也乎明其乖方也〇曰是鶃鶃之肉也是其兄譏之之言〇集説辟兄離母不平辟兄因以離母〇摘訓此節且只叙其小日不居不食之事如此至下節方是就此評斷

蒙引類是何類仲子所操之類也仲子所操之類謂何以母之食兄之室爲不義而不食不居是也妻之食於陵之室安知其爲義於母之食兄之室哉既不能義於母之食兄之室則是亦不義之類耳故曰是尚爲能充其類也乎〇若仲子者蚓而後充其操者也即上文充仲子之操則蚓而後可之意言據仲子之志則將求爲蚓而實不能爲蚓也〇摘訓不食於母而亦不食於妻不居於兄而亦不居於於陵竟欲如蚓之上食槁壤下飲黃泉矣充其操正與

[illegible]之數相應。然仲子人也。非蚓也。不能爲蚓。則不能充其操。不能充其操。則不能爲廉矣。○淺說孟子此章之意。只據匡章稱述仲子之苦節。而辨其不得爲廉耳。其避兄離母。人莫大焉。無親戚君臣上下者。猶未暇深非之也。○輔慶源曰以仲子之孤介自守。足以高於一世之俗矣。而孟子所以力闢之者。蓋世衰道微。學者大抵因其資質之偏。而固執一說。力行以取名。初不顧義理之如何。如告子許行陳仲子之徒皆是也。況如匡章者。既稱仲子爲廉而傾向之矣。此固以道自任者之所憂也。孟子烏得不排之哉。又曰聖賢之道。充之則至於與天地同功。仲子之道。充之則至於與丘蚓同操。是豈人理也哉。

四書鈔上孟卷三 終

歷亭秘丕笈仲負纂輯

孟子曰離婁之明　一章

蔡□曰孟子告齊宣王曰是心足以王矣則仁心者固王政之本也今日有仁心仁聞而不能行先王之道則是所謂仁心者初不足恃而所謂先王之道者又在此心之外也曰是心足以王者言行是心而能擴充之以行先王之道如與爲末所謂制民之產云者則可以王耳非謂專恃此心而遂可以王也先王之道固亦由是而推之以爲法耳但其盡心知性而無私意小智之累故其爲法也盡天理合人心雖聖人復起而有所不能易者後之人君當因吾心而擴充之以盡夫法制之善而充吾心之固有者非謂心外有法而俟於他求也後人雖有是心然或未能無私意小智之累苟不循是而之焉則雖有仁心仁聞

而未免於徇私妄作之失譬之蔑棄規矩而欲以手制方圓其器之不至於苦窳也幾希矣曰所謂陳善閉邪者奈何曰君有邪心所當閉也然不知所以閉之之道而遽閉之則動有矯拂之患其言不可得而入矣故必爲之開陳善道使之曉然知善道之所在則所謂邪者亦不難乎閉之矣孟子與時君論事多類此其自謂敬王者豈虛語哉

達說全章可謂智乎分上論爲治之道下勉君臣當各任其責細分之又當分作四段自離婁之明至徒法不能以自行言舍法無以成治自詩云不愆不忘至可謂智乎言治法所當遵自是以惟仁者至喪無日矣是責其君當行仁政自詩云天之方蹶至謂之賊是責其臣當輔君以行仁政大文明有四箇故曰字皆是收繳意勿如常說把不愆不忘節帶上看孟子此章發言專重行仁政上○大全規所運以爲圓之器也矩今曲尺也○趙氏惪曰律法也言陽氣與陰氣爲法呂助也言陰氣助陽宣氣總言之陰陽皆稱律故謂之十二律○程

集註至此故謂陰陽各六

復心曰五音始於宮宮數八十一商數七十二角數六十四徵數五十四羽數四十八以數之多少爲尊卑故曰宮商角徵羽○吳氏澂曰五聲最濁者爲宮稍濁者爲商微濁微清者爲角稍清者爲徵最清者爲羽十二管長者聲濁短者聲清宮商角徵羽之高下無定準必以律管長短定之每律之宮各有商徵羽而不相亂則長短之度不可有分毫之差然後其聲合調彰聲合調施之八音皆然而無相奪倫矣○蒙引書傳曰律謂十二律云云凡十二管皆徑三分有奇空圍九分而黃鐘之長九寸大呂以下律呂相間以次而短至應鐘而極焉以之制樂而節聲音則長者聲下短者聲高下者則重濁而舒遲上者則輕清而剽疾○不以八十一數之黃鐘不能正其音之宮謂不得宮音之正也不以五十四數之林鐘不能正其音之徵謂不得爲徵之正也以至音之商者必以七十二數之太簇而正之音之羽者必以四十八數之南呂而正焉音之角者又必以六十四數之姑洗而正焉音之所以得其正者以得律之數也音之

所以失其正者以失律之數也○十二律之節五音有通十二律爲五音者又有隨各律以爲五音者○道字對上而聰明巧當主仁心說蓋聰明卽下文所謂耳力目力者仁心便是道又曰此道字指其蘊蓄運用於一心者也對仁政而言○淺說堯舜聖人心存愛民至有道也然不以仁政則養之無其具教之無其方必不能使天下之人皆遂生復性而歸於治平也○饒雙峰曰規矩六律當來皆是聖人做起雖離婁公輸師曠亦不可無之況庸匠庸工乎不以仁政雖聖人也不能平治天下況後世乎○摘訓前二段只作箇比例引起宜歸到仁政上仁政便是堯舜之規矩六律也

集說仁聞亦是有好心但能隨心做一二件愛人底事而人亦隨而稱之者仁聞亦從仁心來○存疑法於後世者澤旣被於當時其良法美意又足以垂訓於來世也○此節是卽當時不行仁政不能爲治以證不以仁政不能平治天下之意○胡雲峰曰上文云堯舜之道下文云行先王之道道一而已有仁心

則此道蘊於中是爲美意有仁政則能行此道於外是爲良法
存疑此承上文而結其意故曰或是古語○蒙引重在徒善不足以爲政通章之意是如此○集說註云有其心無其政是謂徒善則徒善二字已包了仁心及不行先王之道了不足以爲政猶言不可以平治天下也政字與仁政政字稍異有其政無其心是謂徒法他也有條法治其邦無仁心不能以自行便指法說即人而不仁如禮何之意無此心以運之則雖有其法而法無自行之理即强以行之畢竟行不去也○陳新安曰引程子前一說以證徒善謂不可無法又引後一說以證徒法謂不徒在於法
直解徒善既不足以爲政則先王之法信不可不遵矣詩云不愆不忘云云○集說輔慶源曰過差是用意過當處遺忘是照顧不及處遵用舊典則有所循故不過差有所據故不遺忘說極是蒙引前人舊章損益非一手沿歷非一時凡所當行者皆周悉而無遺且斟酌之已當惟其斟酌之已當故合遵之而不

過差惟其周悉而無遺故今遵之而無遺忘亦是此義但此節[illegible]
上說少說到先王之法之善處以其即有下節故也○過字即包愆忘二字
集說此節因遵先王之法而言先王制法之善以見其不可不遵之意[illegible]
兼天下後世說而後世意更重○蒙引聖人既竭目力耳力不可與離婁等祇
平此皆以制器立法之聖人言離婁公輸之規矩師曠之六律皆出自聖人非
離婁公輸師曠能制規矩六律也然重在心思仁政○語中側爲法度以繼續
之該規矩準繩六律不忍人之政其用不窮則二不可勝用仁之所被者廣尊
貼仁覆天下○問在聖人本身若竭心思而不用仁政果亦能覆天下否曰分
明說堯舜之道不以仁政不能平治天下了先儒謂聖人君以竭心思而不繼
以仁政則仁自聖人而始亦自聖人而止者誤矣○存疑竭目力是方員平直
之理目中見無不盡也竭耳力是五音之理耳中聽無不盡也竭心思是治天
下之理心中思慮無不盡也繼字是後續意語多道理在聖人耳目心思之中

若無節法度來推行他都積在那由發出去及物惟創箇法度去推行他許多道理都由這出去及物便如繼續一般○以爲方員平直正五音連上文讀爲是繼之以規矩準繩以爲方員平直則規矩準繩立天下後世之爲方員平直者咸取則焉方員平直之用無窮也繼之以六律正五音則六律立天下後世之正五音者咸取則焉五音之用無窮也繼之以不忍人之政則政行於當時而澤被於當時政行於後世而澤被於後世故仁覆天下○古之聖人創立法度由是後之作事者皆因成法去做而利遂及乎天下後世所以說不可勝用仁覆天下此見法度之所由立也○摘訓不可勝用仁覆天下只就見成說不是待人取法了然後利及天下取法意下文始見之耳

存疑承上條言聖人法度既爲後世之爲治者而立則法度既立正爲治者所當因也○達說先王之道其立法之善既出於心思既竭之餘而致治之效又極於仁覆天下之盛是卽爲政者之丘陵川澤矣○先王之道卽是仁政因字

即是遵守。爲政因先王之道兼君臣俱在。至下文乃分責之也。○摘訓前後三個故用通管一節。獨這箇故曰只管兩句。末二句乃孟子之言。

蓋解先王之道所以當因者。只是不忍人之政。足以澤當時而傳後世耳。是以爲人君者必有仁心仁聞以行先王之政則澤及生民法垂後世而代天理物之責乃爲不虧。以是而居高位。固其宜也。苟不仁而在人上。必且縱情肆慾。破壞先王之法而無所顧忌。是播其惡於衆。而天下皆受其禍矣。其視仁者爲何如哉。

存疑不仁者不以仁心仁聞行先王之道。就是無道揆。○集說道揆謂以義理度量事物而制其宜。此内自有酌古準今。措之爲仁政之意。若無道揆。全是妄憑胸臆。不顧事理之安。所謂無仁心并無仁政者也。○朱子上無道揆則下無法守。雖有奉法守一官者。亦將不能用而去之矣。及蒙引下無法守是爲上所奪而不得行其法。皆是條義。不必奉爲正說。存疑云只是上妄爲則下亦妄作。

如下文上無禮下無學之意耳說便是○朱子曰信道信度信如憑信之信
理只要人信得及自然依那箇行不敢踰越惟其不信所以妄作如胥吏分明
知得條法只是冒法以爲姦便是不信度也○集說道度二字當指先王之道
先王之法度而言○達說六句一步說落一步上無道揆上之一身無道揆也（此節最重在此付上）
略說開朝不信道則舉朝綱皆不正矣又說開君子犯義則凡在上君子皆違
道而行無不犯義矣下無法守言臣因上無道揆不知所遵守也漸說下工不
信度則凡各衙門事體俱無定準矣又說下小人犯刑則至於細民皆冒法而
無忌亦莫不犯刑矣還着如此看不必如諸說言上無道揆則是朝不信道矣朝
一不信道豈非君子犯義乎如此說便無味了○摘訓上是君下與君子是臣朝
如朝廷之上工是各衙門之中○蒙引工官也此官字對朝字言謂官所也如
今云衙門是也○工不信度則百官連在內在外徧布守縣之間大小衙門皆
官也○道揆主義理法守主法律信道信度亦然故君子犯義雖法所不加理

則可答也小人犯刑則入於吏議矣承法度字來也○犯刑者不必謂有人刑亡只是於刑有犯耳當此之時已不信度矣安得一一刑之但不依法度行便是犯法了○存疑法者道之用非有二也○禮義以治君子故上之朝與君子不言法而言道義刑法以治小人故下之工與小人不言道而言法度刑○直解一不仁在位而臣民皆化於邪如此非所謂播惡於衆者乎如此而國有不亡者亦僥倖苟免而已○集說蒙引云六句只是要起國之所存者幸也言上下都胡做無復紀綱矣其何能國說亦是然不如正說他播惡於衆處自無法守以下都是播惡郎至國之喪無日亦惡之極處也

集說城郭不完一段只是箇不强田野不辟一段只是箇不富○蒙引此條重在上無禮蓋上不知禮則無以敎民故下無學下不知學則易與爲亂故賊民興賊民猶云奸民語錄所謂不好之人並起也不要說賊民者興正如陳涉吳廣黃巢朱温楊幺李全之徒蓋有此六者則民志不固國無所恃此輩一起上

崩瓦裂而事去矣。○陳新安曰小人學道則易使若不學則易於犯分而爲亂矣○摘訓此通是古語乃引之以比例上文耳不可就把無禮做無道撥說喪無日正與災害二字相應。

集說上文無道揆節似乎臣之所爲全視乎上。將臣之責輕了。然不知彼是專責其君之言故如此。若論臣子職分。則又有不容輕者。故以下文責臣。○臣子何時可泄泄。況當天之方蹶之時乎。引詩意如此。○怠緩只是漫不經心。視國家之事盡屬膜外。悅從却又苟且胡塗。無所短長。一味隨君所欲。而容悅以從之。貪位慕祿而已。四字道盡衰世臣子病痛。○無然猶云莫要似這等之意。

集說泄泄猶沓沓。不是爲人不省。泄泄二字以此解之。乃言就如今人所謂沓沓一般。渫惡之之辭也。

存疑責難陳善。事君之義也。事君無義。言不責難陳善。○蒙引進退無禮。對事君無義言。是謂持身不正也。自待之卑者。其待君亦卑也。指奔走承順爲恭敬。

言則非先王之道自家不由之亦不望其君之由也務要以下文來反証他○說約以下文反証本文則下文理亦動字故曰字方有力也

事君無義就大體說進退無禮就動靜說言則非先王之道就言語說○達說此節正怠緩悅從之實是說泄泄之意非明沓沓之義也猶沓沓上須補即泄泄之意方用得箇猶字

朱子曰恭與敬大槩也一般只是恭意思較濶大敬意思較細密責難之恭是先立箇大志以帝王之道爲必可信必可行陳善閉邪即是做那責難底工夫○恭是就人君分上理會把他做箇大底人看致恭之謂也敬只是就自家身上做如陳善閉邪是在己當如此做○責難於君謂之恭以堯舜責之而不敢以中才常主望之非尊之而何陳善閉邪謂之敬此是尊君中細密工夫間人臣固當望君以堯舜若度其君不足以爲善而不之諫或謂君爲中才可以致小康而不足以致大治或道之以功利而不輔之以仁義此皆是賊其君否曰然人臣之道但當以極等之事望其君責他十分事臨了只做得一二三分著員

責他二三分。少間做不得一分矣。若論才質之優劣。志趣之高下。固有不同。然
吾之所以導之者。則不可問其才志之高下優劣。但當以堯舜之道。望他。豈可
謂吾君不能。而遂不以此望之哉。○存疑閉邪。全靠陳善。君心方向於邪。吾開
陳善道。使君悅於是。舍彼所欲而從我。則邪心從是而息矣。○蒙引吾君不能。
正與責難陳善相反。賊是活字。○責難陳善。究其實。是以仁心行仁政也。○摘
訓此節。重在末句上。正見泄泄之不可處。○輔慶源曰爲治者固當以仁心仁
聞而行先王之政。然非君臣同心。各任其責。則亦安能有成哉。

規矩方員之至也　一章

或問人之生也均有是性。故均有是倫。均有是倫。故均有是道。然惟聖人能盡
其性。故爲人倫之至。而所由無不盡其道焉。此堯舜之爲君臣。所以各盡其道
而爲萬世之法。猶規矩之盡夫方圓。而天下之爲方圓者莫不出乎此也。故法
堯舜以盡君臣之道。猶用規矩以盡方圓之極。一有毫髮之私。介乎其間。則徹

於人欲而不得盡乎天理之全矣故仁與不仁其間不能以髮一出乎此則入乎彼不可以不審其幾也

朱子曰規矩是方員之極聖人是人倫之極蓋規矩便盡得方員聖人便盡得人倫故物之方員者有未盡處以規矩爲之便見於人倫有未盡處以聖人觀之便見惟聖人都盡無一毫之不盡故爲人倫之至○蒙引規矩盡所以爲方員之理而凡欲爲方員者必於是取則焉聖人盡所以爲人之道而凡欲盡人道者必於是取則焉取則意下節方露出○存疑聖人人倫之至是起下文欲爲君盡君道意

蒙引欲爲君盡君道云云是二句不是四句欲爲君而盡君道者必法堯欲爲臣而盡臣道者必法舜欲字帶連着盡字讀○朱子曰堯所以治民舜所以事君觀二典大槩可見是事事做得盡愚今以二典考之如敬天勤民僉巳[illegible]人不虐無告不廢困窮以至平章百姓百姓昭明協和萬邦黎民於變時雍是堯

之所以爲君而盡君道處如舜𢈔帝堯敷治之責則爲選用羣賢使益烈山澤禹平水土稷播百穀之類皆所以亮天工也以至愼徽五典五典克從納於百揆百揆時叙賓於四門四門穆穆而舜之於臣道無有不盡者矣○朱子曰看堯典自欽明文思安安以至終篇無非是治民之事舜典自濬哲文明以至終篇無非事君之事然亦是治民之事不成說只是事君了便了○張南軒曰堯舜盡君臣之道非有所增益也無所虧焉耳後之人以堯舜爲不可及是自誣其性者也不以舜所以事堯事君蓋不以厥后爲可聖是誣其君不以堯所以治民治民蓋不以斯民爲有恒性是誣其民也○饒雙峰曰人倫不說父子夫婦長幼朋友而獨衆堯舜君臣做人倫樣子者其意在當時人君

問不仁何以亦曰道朱子曰此譬如說有小路有大路何疑之有○道二仁與不仁而已矣猶言好底道理不好底道理也若論正當道理只有一箇更無第二箇所謂夫道一而已矣者也○蒙引法堯舜則盡君臣之道而仁矣看註則知上節兩已含此云云

是孟子意，不是孔子意。孔子是泛說。今欲說此句書，亦宜依本文先從孔子泛說，然後以孟子之意綴之，則既不離了孔子之詞，而亦不遺了孟子之意。○存疑此是要見得出仁之外便是不仁，更無別路可走，使人於是致謹，必常在於仁，不致入於不仁去，乃是示理欲之防，恐人輕犯之也。○摘訓註中此字指仁，彼字指不仁，不必交互說。

存疑上仁與不仁並言，暴其民甚以下又專就不仁言者，上是舉理欲之防以曉人，下是著從欲之戒以警人。○蒙引上文兼言事君治民，此專主賊民者言。意歸責於當時之爲君者，然爲君者至此，則爲之臣者亦不得辭其責矣。若能以舜之所以事堯事君，豈使其君至此。○身弒國亡，身危國削，生前之禍。及惡謚不可改，死後之禍。皆不仁之禍也。必至於此，此字專指惡謚。○厲王，宣王之父；幽王，宣王之子。百世言歷時之久也。名之曰幽厲云云者，言不但身弒國亡、身危國削而已，其身後又有如是之穢名，萬古不滅也。不可謂幽厲只是不甚，則身危國削者。下章言失天下以不仁則幽厲俱在失天下之列明矣○獨言幽厲而不言桀紂者桀紂非謚也謚法周公始立然雖無惡謚而惡名在天地間又何藏於惡謚○饒雙峰曰歐謂要改其惡謚古人謚法最公後世亡國之君皆得美謚公義廢矣

淺說然則人其可不以幽厲爲鑒乎詩云殷鑒不遠只在夏后之世正後人當以幽厲爲鑒之謂也

須先除不仁節補此一句

三代之得天下也　一章

蒙引三代之得天下以仁二句此以已然之迹言之故註曰禹湯文武云云不仁失之○並解以夏商周三代言之其初創業之君奄有天下如禹如湯如文武皆能以不忍人之心行不忍人之政生之而弗傷厚之而弗困事事都以惻怛慈愛行之是以民心悅服而天命自歸其所以得天下者以其仁也及其後王如桀紂幽厲皆以凶殘狠戾之心行苛刻暴虐之事民窮而弗恤民怨而弗

知。惟縱欲以肆於民上。是以民心攜貳。而天命不保。其所以失天下者以不仁也。

集說上文是說天下此又說國之所以廢興存亡者亦然。正為當時之諸侯說也。下節極言不仁之禍無一人可免者。意亦重在諸侯。蒙引以為自天子推至士庶人固未然。存疑云廢興存亡雖止言國然大夫士庶人都該了亦未是。○

蒙引興盛也。不止於存。廢衰也。未至於亡。○蓋說興與存對上得字看。廢亡對上失字看。亦然言亦本於仁不仁也。

存疑上兼仁不仁說天子以下專就不仁說者言不仁之必死亡以致戒。亦猶道二仁與不仁以後只言不仁也。○陳新安曰不保四海以下皆不免於死亡。非特不保四體者為然。

蒙引夫死亡人皆知惡之。不知所以致此死亡者由不仁也。今惡死亡云云。○

存疑言樂不仁必不能免死亡欲免死亡亦仁而已。○陳新安曰此承上章不仁則身弑國亡而推言之。前篇惡辱而居不仁之意。

愛人不親　一章

蓋說此章亦爲當時諸侯言。愛人其所親者禮人其所敬者治人其所統治者也。○存疑五綱紀行政事以燮理臣民使人就著條理治人也。智識精明凡紀綱之所立。政事之所行者。要合天理而當人心則人無不治矣。若夫治人而人不治必是智識未到。凡紀綱政事所以治人者。猶有未合天理當人心處也。故必反其智。

饒雙峰曰上面三句包括未盡。所以下面又說皆當反諸己。添箇皆字凡有行不得所欲者。必自反諸身。則我之身無不正。天下亦歸之矣。皆字說得濶。不特說上面三者而已。○蒙引愛人禮人治人此三端似亦說得盡了。然以所接之人言則盡矣。若以事物言則未盡也。故又曰行有不得者皆反求諸己。而朱註曰如此則自治益詳又註曰不得謂不得其所欲如不親不治不答是也。如之一字。可見不只是上文三自反。至於下句云反求諸己，謂反其仁反其智反其敬是也。承上文如不親如不治如不答說去。非是上句下加字。下句又就指此三者。凡一事一物。處之有不得所願處。皆宜自反。豈但處人而已哉。○天下歸之極言其效也。天下字說得廣。不但一方一國之人。我親我治我答而已。天下則盡乎人也。意思是如此。○直解若能以自反之心。推而廣之。凡所行之事有窒礙難通。不能盡如其願的。件件都反求諸己。只在身心上講求根本處着力。必欲無一事不盡善而後已。這等的修身克己嚴密精詳。則一身之中視聽言動好惡取舍。無一不當乎天理。合乎人心。天下皆敬信而歸服之矣。

蒙引此命字以理言。饒氏曰永言配命是常思量要合理。永是無間斷之意。○湯能自反而天下歸之。此便是永言配命而自求多福也。引詩以咏歎之耳。○陳新安曰承上章得天下以仁而言。○饒雙峰曰此章備前章意。前章說大綱。此章說得密。

人有恒言皆　一章

（不是常人之言）

集說常言只是人每多如此說。○饒雙峰曰國王畿之內天子所治天下四方諸侯之國天下取則於國國取則於家家取則於身○蒙引天下之本在國國之本在家此是恒言中自有之次序。但人只知其言而不知其序。孟子乃推而言之。以見其道之有序如是。天下之本在國故言天下而即繼以國也。國之本在家故言國必繼以家也。然則天下國家云者。豈偶然而已哉。而家之本又在身此又常言之所未及也。重在。末句。註兩箇推言之不同。前一箇推言只謂天下之本在國二句。後一箇推言則通指此章連家之本在身也。以其自天下而國。自國而家。自家而身。故曰推言也。○家之本在身下要入身正則家齊。然不但家以之齊。國亦以之而治。天下以之而平。方得孟子之意。故集註曰大學所謂自天子至於庶人。壹是皆以修身爲本。爲是故也。此意不可忽。○陳新安曰此章承上章身正則天下歸之意。

爲政不難　一章

饒雙峰曰集註世臣大家是兩項世臣非一代之臣大家是貴官之家〇陳潛室曰得罪謂非理致怨所謂不得罪者謂合正理而不致怨於人非曲法以奉之也〇蒙引當時諸侯皆以德教之不能廣被爲患而不知其本之不修故也故孟子云欲德教之徧及於天下自不難也其本在正其身以不得罪於世臣大家則舉國慕之天下亦慕之而德教自然無遠弗屆矣爲政果何難哉尋常讀者皆不知爲政不難一句從何而發蓋下文自相應也〇達說爲政不難言爲治之易下是詳其所以易也故沛然德教溢乎四海就是爲政不難所以着個故字呌轉首句〇摘訓德是德澤教是教化此即首句所謂政也

天下有道　一章

達說有道無道猶云世治世亂大德大賢指天子言小德小賢小大強弱指侯國言順天逆天總承有道無道兩邊註位必稱德當役字一聲〇陳新安曰小

德小賢者居小位。大德大賢者居大位。位與德相稱。故小德小賢見役於大德大賢。有道之世惟德是視也。若力之小弱。見役於力之强大。惟力是視耳。○問天下無道小役大弱役强亦曰天何也朱子曰到那時不得不然亦是理當如此○輔慶源曰天下有道則以德爲大小無道則以力爲强弱二者皆理勢之所當然也順其理勢則存逆其理勢則亡必然之理也○蒙引既云小德役大德又必云小賢役大賢者曰先提出德字。對力字言也。繼又言賢者見所以爲小賢大賢者。正以德之大小得名也。孟子意只重在小役大上。爲當時言也。故繼以齊景公女吳而及師文王之說。○集說大意謂有道無道其理勢自是如此。當今無道之世。若不能自强於仁。自然是不免於役底了。若齊景公是也。若要不安於爲役。則當强仁如文王可也。又不肯安於爲役而却不能强仁。止自速其禍而已。先從理勢上說起。待激發出恥心來。然後引之以法文王也。非教其苟且圖存而已。

輔慶源曰既不能强於自治以昌其國而出令以使人又不能因時勢之宜屈已自下以聽人之命是是字須上二句。與物睽絶也絶物則絶於天矣言必及於禍也。景公之言宜若可取然景公之齊即桓公霸諸侯之齊雖時勢下衰苟振起作新之獨不在我乎而顧爲是與言横渫孟子姑取其說以證小役大弱役强之事。其蒙蘙。自。棄。之罪未。暇。議也。

蒙引先師如先生先輩之先故得親受其命不是已亡之稱○景公一節是順天者存事。今也小國云云是逆天者亡事。是猶弟子而恥受命於先師要說胡可得哉意。言必不免於爲人役。否。則必有危亡之禍。師文王者行仁政也。

存疑承上言既不能順天。必當有以回天爾。○蒙引師文王而爲政於天下則向之小役大者今轉而小德役大德矣蓋德至力亦隨之也○摘訓都是小國。大國乃差大者耳。五年七年通是言其速也。○陳新安曰大國所乘之勢稍易小國所乘之勢稍難五七年之餘人必奮氣勢回而小可大弱可强夫大國反之

吾役矣、

存疑既言師文王必爲政於天下又引詩是言文王爲政於天下之事。○蒙引侯維也語助也膚言才行之不凡○商之孫子六句言商之孫子。皆爲周之臣也。殷士二句言商孫子之臣。亦皆爲周之臣。而助祭於周京也。詮是以二字蓋承天命靡常言。不必言商孫子臣周故殷士亦周臣也○或曰武王克商乃有天下今此詩及孟子之言皆歸於文王何也曰周有天下。雖武王之功所成實文王之德所致也。故此詩首章之傳亦曰周公追述文王之德。明周家所以受命而代商者。皆由於此。以戒成王云云。孟子引此正以見文王之爲可師也。○朱子曰仁不可爲衆爲猶言難爲弟難爲兄之爲言兄賢難做弟。弟賢難做兄。仁者無敵。難做衆去抵當他。○存疑仁不可爲衆是釋詩之言。乃承其麗不億句說。夫國君二句又放開說。蓋因文王而泛言其理也。（猶先仁而後無敵也。）通作孔子之言。達說此節申致丁寧之意。○濯在執熱之先。非執熱而後濯也。○摘訓不以濯必不能執熱不以仁必不能無敵於天下矣誰能執熱而不以濯則亦豈有能無敵於天下而不以仁者哉○蒙引上註皆言修德至章末又兼行仁言蓋自君身言則曰修德曰及人言則曰行仁其實孟子所謂修德即是行仁也○陳新安曰勢之强弱亦天所命不能自强則聽命於天而爲强大所役如齊景是也修德行仁則道德足以勝勢力而天命在我師文王而爲政於天下者是也

不仁者可與言哉　一章

蒙引安其危利其菑樂其所以亡正是間言不信處吾固以爲危彼固以爲安吾固以爲菑彼固以爲利吾固以爲必亡彼固以爲不亡其不可與言如此○存疑惟不可與言所以至於敗亡也使不仁而可與言則必去危而即安去菑而趨利去亡而圖存也何至敗國亡家之有菑深於危亡深於菑危險道也將近菑也菑患害也猶未亡也○集說私欲錮蔽失其本心解不仁者三字○安危利菑樂所以亡雖是三項事然大抵只是荒淫暴虐而已危菑特以其所爲

之事有大小故其禍有輕重而已其實與亡只是一串事首下只云亡國敗家可見不必如蒙引細分那是危那是菑那是所以亡○饒雙峰曰樂其所以亡他只愛那荒暴淫虐所以取亡底事○眞西山曰自古危亂之世未嘗無忠言祖伊嘗諫紂矣召穆公嘗諫厲王矣而二君不聽者蓋其心既不仁故顛倒迷繆以危爲安以菑爲利以取亡之道爲可樂也夫人情孰不欲安存而惡危亡而其反背若此者私欲蔽障而失其本心故爾○蒙引不仁者安其危利其菑樂其所以亡者此正是所謂以不仁故不智者本註云不存則無以辨存亡之著

存疑由不仁不可與言觀之可見敗亡皆其自取也故引孺子之歌孔子之言而以夫人必自侮三句終焉又引太甲以明之○達說歌中四句只閑閑說至下方露自取意却歌中可以字有味下孔子斯字自取字生於可以字來

摘訓孺子與是自樂之辭自取乃孔子於意外看出者耳濯纓濯足是孔子既以

爲淫湎之自取則亡國敗家亦豈非不仁者之自取哉○輔慶源曰不仁之人則雖忠言至論無自而入聖人之仁則雖常言俗語聲入心通

摘訓言所謂自取者豈惟水爲然哉驗之身與家國亦莫不然矣此又推類以盡孔子之言也○饒雙峰曰自侮是人不自重適所以召人之侮○蒙引毀謂破敗非詆訾也

存疑此之謂言卽人必自侮然後人侮之三句之謂也○摘訓此之謂也後方總到不仁卽取上不可就以前三節爲正意○蒙引此章言必存則有以辨夫得失之幾不存則無以辨於存亡之著得失對存亡言幾字對著字言必存者但於事理得失之微處便能辨之其心亡者雖於存亡之迹已昭然者猶不能分辨之也曰審曰辨二字亦不可易置

桀紂之失天下也　一章

蒙引桀紂之失天下也失其民也失衆則失國矣失其民者失其心也必不隨

服則離叛而去矣○失其民也失其心也要看得兩樣失其民也謂民不歸之而叛去也失其心也謂所爲不合民心而民心離也○集說先從失天下說起雖是引下得其心有道何然已隱然說仁不仁之分了○蒙引得其民斯得天下矣有人此有土也得其心斯得民矣其心既悅服於我則自歸於我矣○存疑所欲與聚所惡勿施順其心也人之欲惡皆心也上之人苟有以順之則民得遂其心而樂屬於我矣○蒙引要看本註皆爲及聚斂字益凡民之所欲無一不爲之致也此乃所謂聚者若一件兩件未足爲聚故註引晁錯云云而必曰此類之謂也○摘訓爾也通頂二句有如此而已矣之意

蒙引民之歸仁也一句內已有以其所欲之在乎此之意下二句特以喻之耳○存疑所欲與聚所惡勿施仁也如是則得其心得其民矣此便是民之歸仁也故承之曰民之歸仁民之歸仁正以所欲在此耳蓋所欲與聚所惡勿施皆民之欲倚以生者故以水就下獸走壙爲喻下者水之壑壙者獸之所猶仁者

民之依也以此爲驗民之所欲之意愈明矣

蒙引承上文言我行仁而爲民所歸彼之不仁皆是爲我敺民來歸者也二條只是一項事過此節當云夫民之所欲在此而其所惡實在彼則安得不去彼而歸此哉故爲淵云云存疑敵字分明是承上面意思云云○上條是仁而得民得天下此一條是不仁而失民失天下至下叚今天下之君云云不可得已亦一是仁而得民得天下者一是不仁而失民失天下者蓋撫我則后虐我則讎是固勢之不容兩全者也○此以上皆泛論至下文方說入時事○摘訓魚本欲歸淵而獺又魚之所畏所以不得不歸淵是獺之食魚而反爲淵敺魚矣桀紂正吾民之獺與鸇也

存疑此條分明是承上兩條意思說謂民之所欲在仁而不仁者適爲之敺如此然則當今民遭暴虐無所逃避之時民視其君眞猶魚之於獺爵之於鸇畏之而無處可逃當時之君果有好仁者作能爲民命彼必舍其所畏而從我以逃生有若魚之投淵爵之投叢者然是諸侯皆爲之敺也○蒙引民心離乎彼

即屬乎此有所屬生於有所離也但戰國之時七國之民多是離心者而無一人能行仁政以收之耳故孟子扼腕嘆息曰今天下之君有好仁者則諸侯皆爲之敺矣○張南軒曰非利人之爲已敺也特言其理必然耳又曰季世之君肆於民上施施然自以爲安而不知其爲人敺哀哉○摘訓皆爲之敺是得民無王不可得是得天下

蒙引今天下之君有好仁者謂所欲與聚所惡勿施也遇今之欲王言今諸侯所失於前者則既多矣猶七年之病云云此是孟子爲時君謀言當急於改圖也不然無及矣○胡雲峰曰三年之艾不能畜之平日而自今畜之猶可也是故爲仁者平日既無積久之功今日不可無必爲之志○存疑時至戰國王者之不作已久民之憔悴於虐政已深當此而欲行仁致王眞猶七年之病而求三年之艾以治之時已後矣事勢已不及矣然及今畜艾猶或可及及今而志仁則猶可爲也○摘訓凶暴淫虐久失民心這是七年之病此二句嘆其好仁

之晩下四句又望其急於好仁也

存疑此上三條皆是拳拳致意於當時之意一條言仁之可爲也二條言爲仁之晩而猶可爲也引詩又是說志仁者之無人嘆人之莫肯爲仁也意思如我未見好仁者惡不仁者一章○蒙引其何能善正指不志於仁者言憂辱死亡卽載胥及溺○摘訓此之謂言卽不志於仁終身憂辱以陷於死亡之謂也○輔慶源曰至此則雖聖人亦末如之何矣詳味引詩之言則令人惕然警省有不容自已者矣○陳新安曰此章綱領在一仁字仁民之要在所欲與聚所惡勿施能如是則可以謂之好仁而不仁者皆將敺民以歸之其王天下也孰禦

自暴者　一章

或問曠其安宅則必放僻邪侈而安其所不可安之居矣舍其正路則必行險僥倖而由其所不可由之塗矣安宅正路人皆有之而自暴自棄以至於此是可哀也

摘訓首四句處。下正解自暴自棄之實。以見所以不可與有言與有爲處。下節仁義字就是指這仁義禮義說。蒙引禮義仁義分淺深未晰。○朱子曰自暴者便是剛惡之所爲。自棄者便是柔惡之所爲也。○蒙引自暴自棄兼氣習言。故引程子云人苟以善云云○存疑自棄者亦可說不可與言自暴者亦可說不可與有爲各自其切者言。亦互見也。與言且不可。況有爲乎。不可與有爲。不可與言可知矣。

淺說此節言道切於人也安宅正路不必作喻要就固有本然上講方是○張南軒曰仁言安宅者謂其安而可處也。義言正路者謂其正而可遵也。是二者性之所有也。

存疑仁人之安宅宜人居之也。義人之正路宜人由之也。自暴自棄便是曠安宅而弗居舍正路而弗由。○集說哀哉還應前兩自字說。以自有者而自暴自棄之。即又陷於不安不正之處。真令人可哀也。○陳新安曰孟子以本有者開示之復哀憫以警發之猶致望之之意焉此學者所以不可不猛省也

道在爾　一章

蒙引此章論道術也孟子所責不在天下之人乃在思以道術易天下者也（謂楊墨孫吳申商之徒）○夫道本在爾（要看兩在字）人自求諸遠耳事本在易人自求諸難爾何為其然哉但人各親其親各長其長不求諸遠而求諸近不求諸難而求諸易則天下自平矣又何必求之遠且難哉○註親長在人為甚爾至而道初不外是也此註解在人人親其親長其長句內循本文而觀是如此不可便合下用此註要貼上二句（上二句且虛說）集子必如此解方見下一句與上二句相關紐○親長在人為甚爾親長是人如何與作道中庸云父子也云云五者天下之達道也親長非道之所在而何○親之長之在人為甚易事就行道上說故云云○而道初不外是也必着此句者見得事非道外物也胡雲峰曰道者天理之自然事者人事之當然○集說首兩句作提醒人語而以人人親其親長其長何實之但看人人親其親長其長此是何等光景便自天下平了然天下平不出於親親長長之間道術嘗遠

事何常難。只是實上二句。之意。只如此說便了。蒙引云所謂天下可運於掌乃五畝之宅一段。與張南軒在人君親親長長以倡率之說俱非此章之旨。存疑非之良是。

居下位　一章　游楊見註

或問諸說皆善擇焉可也。曰亦有未盡者乎。曰獲上信友悅親誠身皆以有道言之。則蓋有不由其道以求之者矣。若諂佞苟容以求獲乎上。便佞詭隨以求信乎友。阿意曲從以求悅乎親。其行助長而求以誠其身者。皆是也。孟子之言固已開其所入之塗矣。而其交徑別岐亦不可以弗之表也。曰所以擇乎諸說者柰何。曰如呂氏之論明善誠身。皆有所未盡。其於明善。直以為凡在我者皆明其情狀而知所從來。殊不知天下事物之理。皆有所謂善。要當明其當然。而識其所以然。使吾心曉然真知善之為善而不可不為。是乃所謂明善者。若曰知在我者之所從來而已。則恐其狹而未究於理也。其於誠身。直以為知有是善於吾身而已是亦未知孟子所謂誠身正謂心思言行之間能實踐其所明之善而有諸身也。

集說首節大抵即中庸之義但中庸是推言素定之意由在下位者以漸說到明善以起下擇善固執之說君民親友俱是借言正義不在此也此章劈頭自居下位說起中節言所以當誠之理末節又說到動物上動物即所謂獲上信友悅親之類是也那都是實實落落在君民親友上說來而歸本於誠身爾惟此稍異○輔慶源曰人孰無爲善之心然隱微之際有一毫自欺之意則其心便不實矣人孰不知善之可爲然不能即夫事以窮其理而推極吾之知識則所知者或未必眞矣○倪新安曰引大學以證此章致知即所以明善也但誠意則以自修之始言誠身則以自修之成言誠意正心修身皆該於誠身二字中矣。

問思誠眞須是明善否朱子曰明善自是明善思誠自是思誠明善是格物致

知。思誠是毋自欺謹獨。明善固所以思誠。而思誠。上面又更有工夫。在誠者都是實理了。思誠者恐有不實處。便思去實他。誠者天之道。天無不實。寒便是寒。暑便是暑。更不待使他恁地。聖人仁便真箇是仁。義便真箇是義。更無不實處。常人說仁時。恐猶有不仁處。說義時。恐猶有不義處。便須著思有以實之始得。○蔡覺軒曰子思以誠之言人之道。而孟子易之以思誠。以思出於心。於學者用功尤爲有力。○蒙引今人多不曉誠者之誠字何自來。蓋上文所謂誠身者。以吾身所得於天之理。本無有不誠者。誠其身。即所謂復其初而已。○思誠畢竟只是誠之。故彼此集註皆用欲字。但着箇思字。也須得思字分曉。此思字亦著於迹。不是懸空思之而已。我欲仁斯仁至。與欲仁而得仁。其欲字俱有實事工夫。○存疑天之道自在人者言。天之道本無不實。理之在人者無不實。是亦天之道也。思誠者人之道。是君子誠之爲貴意。總是言理本實。而人之當實也。問至誠而不動者未之有也。此是以實理見之於用。故便有感通底道理。朱子曰不是以實理去見之於用只是既有其實便自能感動得人也○蒙引至誠是自思誠而至於誠者也○饒雙峰曰首節是推原誠身效驗如此若說誠身工夫則無間於事親取友事君治民之際誠到至處自能動物則以之事親而親悅以之取友而友信以之事君而君用以之治民而民從初無先後之分矣○存疑二句是言思誠之效以終首節之意○摘訓下句輕乃反言以著其必然耳○胡雲峰曰此所謂思誠即中庸所謂誠之其工夫皆兼知行而言思誠者修身之本是修身以知行爲先明善又爲思誠之本是知行之中又當以知爲先也

伯夷辟紂　一章

蒙引作興皆起也并合兩字解之猶曰始恭皆發語辭不可就把二字連讀○其始也皆自分長往不返甘於窮約矣至是乃興曰云云○文王發政施仁必先鰥寡孤獨庶人之老皆無凍餒庶人之老謂五十者衣帛七十者食肉之類

鰥寡孤獨不同〇輔慶源曰想人見太公後來佐武王伐商遂以其本之
不求仕之意故明辨之太公之初歸周無是意也〇觀孟子以太公與伯夷並言
亦自可見〇
達說天下大老與天下之父原無二意大老亦是言齒德皆尊也但愚要依註
把齒德補在天下之父句內〇蒙引以二老有以係天下之望而爲天下向背
之所懸也此是言文王之所以爲政於天下處蓋得天下有道得其民斯得天
下之謂〇輔慶源曰蕭何之說是欲爲此以圖天下有爲而爲所謂私也文王
之爲此則初無所爲也行吾義而已所謂公也二老之歸乃其自然之應爾
蒙引文王之民無凍餒之老者是文王之政也正所謂制其田里教之樹畜使
養其老者也諸侯能舉而行之天下之老豈無自海濱而至者而四方之民亦
且襁負其子而至矣〇存疑此章是說文王善養老以致大老之歸以諷當時
蓋行文王之政必得大老如伯夷太公者先歸而天下無不歸矣天下皆歸則

天命在我政自我行令自我出豈不爲政於天下

求也爲季氏宰　一章

或問范氏之說詳明而所論重人命者尤善。范曰天地大德曰生聖人所以守位曰仁孔子曰斷一木殺一獸不以其時非孝也草木鳥獸殺之不以時則逆天地之理猶爲不孝況於人命可不重哉。尹氏分別天理人欲於毫釐之間尤可深味也。尹曰湯武之征以正伐不正救民於塗炭也戰國之戰以亂益亂殘人民耳而求富之爲之强戰是何異於助桀而富桀也。

蒙引謂不能匡救其舊日之行而反益其富也○存疑再求聚斂雖爲聖門之罪人然與商鞅之徒尚差○達說此節述孔子惡富國者之言以起下强兵者之尤可惡也。

蒙引率土地而食人肉率字還作率引說方活蓋爲土地之故殺人使其肝腦塗地宜用肝腦塗地之義發明率土地食人之意○輔慶源曰其罪之大雖至於死猶不足以容之言罪大而刑小如所謂死有餘辜也。

存疑此章重在率土地而食人肉上故以善戰爲上刑連結諸侯是從說辭獲

使相結約。如蘇秦說六國合從以擯秦之類是也。連結諸侯使相攻伐。亦同歸於戰。但不身親戰伐之事。故較之善戰爲次。闢草萊任土地。見專主於富國。上則虧壞先王之良法美意。下則浚民之膏血。如秦之商鞅。論其罪更大。然比之目下使人肝腦塗地者。未免有間。故亦次於上刑。（兩次字與見次於上刑）○問如李悝盡地力不過亦教民而已。孟子何以爲任土地者亦次於刑。朱子曰只爲他是欲富國。不是欲爲民。但强占土地開墾將去。欲爲己物耳。皆爲君聚斂之徒也。○阡陌者田間之道。蓋因田之疆畔。制其廣狹。與其横縱。（阡横陌縱）以通人物之往來。其水陸占地。不得爲田者頗多。先王非虛棄之。所以正經界。止侵爭。時蓄泄。備水旱。爲永久之計有不得不然者。商君以急刻之心。行苟且之政。盡開阡陌。悉除禁限。聽民兼并買賣。以盡人力。墾開棄地。悉爲田疇。而不使有尺寸之遺。以盡地利。又曰所謂開者乃破壞剗削之意。而非開置建立之名。所謂阡陌乃三代井田之舊而非秦之所置矣。○張南軒曰自當時言之。孰不以爲大功。而先王賊爲大戮治世之所誅。而時君之所賞。孟子之言及此，蓋正誼明道以遏人欲之橫流也。○董氏彝曰天子適諸侯曰巡狩，入其疆土地闢田野治，則有慶。慶以地。善戰者服上刑，辟草萊任土地者次之。孟子論人臣功罪，不泥其迹，原其心。蓋治地而主於利民。則守國之功可以論。治地而[illegible]則殃民之罪不可逃。

存乎人者章

蒙引言最好是眸子。眸子最好觀人也。至觀人言存乎人者，謂耳目口鼻手足動靜皆是。存乎人者但莫良於眸子耳。○集說不能掩其惡是自然不能掩。非欲掩之而不能也。○存疑眸子不能掩其惡正是其良處。胸中正二句正不能掩其惡也。下遂承言眸子不能掩其惡如此。觀人者若聽其言又觀其眸子，則人之邪正不可匿矣。○輔慶源曰心正則安裕完固。故其神之見於目者精聚而明白。心不正則驚惕掩覆。故神之見於目者渙散而昏眊。

蒙引不知言無以知人也。古人已發之矣。但眸子之足以觀人。前此未有發之者。而孟子獨得此法以鑑人物。故言之以曉人云云。○人皆知聽言之可以觀人。而不知眸子尤足以觀人。蓋言猶可以僞爲。眸子則有不容僞者。故孟子先說眸子之良。而後并聽言論之。○言亦心之所發。要看此句眸子亦心之所形。人之邪正在於心。而其機符見於言與目。○張南軒曰此言與孔子人焉廋哉之言同。而爲說則與夫子之言爲旋觀其人說。孟子之言一見而欲識其大綱也。

恭者不侮人　一章

饒雙峰曰孟子就侮人奪人上說見得非泛言恭儉亦是爲國君言之。當時國君必有名爲恭儉者。但無故而加兵於他人之國。便是侮人。無故而取人之土。便是奪人。安得謂之恭儉。○胡雲峰曰孟子嘗言賢君必恭儉禮下取於民有制。蓋惟恭者必禮下而不侮人。儉者必取民有制而不奪人。不侮者恭之驗。不奪者儉之驗。否則惟恐人不順已驕侈之欲耳。書曰恭儉惟德。無載爾僞。無恭儉之實德。則聲音笑貌載爾僞耳。天理人欲之分。誠僞虛實之判也。○蒙引當時有致飾於儀容度數之間。自以爲恭儉而無恭儉之實德也。故孟子正其實而言之。○不侮人不奪人當兼饒胡二說。○惟恐不順言惟恐少拂吾意也明其無紀極也。○集說惟恐不順只是說他底侮奪之事方且無所不爲惡得爲恭儉之意。○存疑以爲首二句下可作實德實事說亦畢竟脫不得此義。○摘訓聲音是僞爲恭儉之言。笑貌是僞爲恭儉之狀。

男女授受　一章

蒙引違別二字是連綿字非違乎別也猶云辨別也○是欲試孟子用權。特先以禮發其端。○存疑是承孟子禮也之言謂既如此今有嫂溺若援之以手則犯禮亦將援乎孟子曰嫂溺不援則忍心害理是豺狼也豈可哉夫男女授受不親乃男女之間相違別以避嫌疑常行之禮也嫂溺援之以手乃死生危急之際狂奔疾呼盡力以救人於死一時之權也何也事有緩急。所以處之當有輕重。尋常無事之時。則男女不相授受。不幸嫂氏溺水。生死在於目前。若拘嫌別之禮。不引手一救。是豺狼害物者之所爲。豈人也哉。就二者稱量之。則避嫌爲輕。救人爲重。必當用權以稱度。取重而舍輕。引手援嫂於危急之秋。別嫌慎微之禮。姑不暇顧也。○朱子曰事有緩急。理有大小。此等處皆須以權稱之。○陳北溪曰權字乃就稱錘上取義。稱錘之爲物。能權輕重以取平。故名曰權。權變也。在衡有星兩之不齊。權便移來移去。隨物以取平。亦猶人之用權度揆度事物以取其中相似。又曰知中然後能權。由權然後得中。中者理所當然而無過不及者也。權者所以度事理而取其當然使無過不及者也。○輔慶源曰若是經禮更何須權。惟是那經禮有行不得處。故須用權以取中。權而得中。是乃禮也。若權而不得中。則陷乎漢儒權變權術之域矣。豈可謂之權乎。○陳新安曰此乃禮之權而不背乎經者也。

存疑晃說問正是欲得孟子從權之語。而因以折之。故有今天下溺矣夫子不

援之問言當從權以援之不可復守先王之正道猶從權以援嫂不可復拘遠別之禮也

朱子曰古人所以救世以有道也既自放倒矣天下豈一手可援哉○張南軒曰不援受固禮之經嫂溺則遭變矣援以手者遭變而處之之道當然也不援則失道而陷於禽獸然則其權也豈非所以爲不失其經也與髡因言孟子在今日似當少貶其道用權以救世孟子謂天下之溺當援以道若道先枉則將何以援之孟子之不少貶以求濟者乃援溺之本天下之大經也○蒙引淳于髡亦知有禮與權二字但此二字有正道邪說之分蓋權與經雖有辨其實權不離經權所以濟經也故曰權而得中是乃禮也只是於事之常者用常禮事之變者用變禮權只是禮之變者非有背乎禮乃委曲以成乎禮也故曰權非體道者不能也淳于髡見孟子自己守道不肯少屈身以伸道以爲知有禮不知有權則是以權爲禮外物也即此便是邪說與古人所謂權者差毫釐而謬

千里矣。此一字最難認。

公孫丑曰　一章

或問楊氏得之矣。或問父子之間不責善固是，至於不教子，不亦過乎。楊氏曰：不教，不親教也。雖不責善，豈不欲其爲善，然必親教之，其勢
必至於責善。故孔子所以遠其子也。曰：使之學詩學禮，非教乎。曰：此亦非強教
之也。如學詩學禮，必欲其學有所至，則非孔子所以待其子，故告之學，則不可
不告。及其不學，亦無如之何。又曰：孟子用易子而教，蓋考之孔子爲然也。若孔
子自教其子，則鯉之所未學者，其必有以知之矣。又奚問焉。陳亢又奚稱曰：君
子之遠
其子也。

蒙引：言非其情也，勢也。〇此亦爲常人之爲父子者言。若聖賢自無此事。然聖
賢實多不親教，蓋非慮其謂夫子未出於正也。亦恐未免有正不行處。
蒙引：易子而教，蓋亦以危心處之。若父子責善則危道矣。危心者，正所以求免
於危道。危道者，其初心不知有危。〇摘訓：只是已之子易他人而教之，不重在
相易上。
達說：此節正是推易教之由，以應相夷則惡意。離即相夷也，不祥即惡也。〇蒙

引責字重有必欲其如此不如此則責之之意○張南軒曰養恩於父子之際
而以責善望之師友仁之篤而義之行也○陳新安曰父子主恩朋友責善當主
恩而行責善則傷恩而易至於離矣○父之於子正身率之以責善望師友固
也然遇不賢之子不得已亦當自教戒之若懼傷恩而全不教戒及其不肖徒
諉曰其子之賢不肖皆天也此所謂[illegible]孟子之言經也此所云權也
權以濟經非反乎經也○饒雙峰曰王荆公[illegible]言[illegible]聲和悅以爭之
所謂戒亦訓勑之而已

事孰爲大　一章

或問程子所論曾子周公事先儒所不及也明道曰事親若曾子而曰可者非
謂曾子未盡善也人子事親豈有
大過曾子孟子之心皆可見矣又曰孟子云事親若曾子可也吾以爲事君若
周公可也蓋子之事父臣之事君聞有自知其不足者矣未嘗聞其以爲有餘
也周公之功固大矣然臣子之分所當爲也安得獨用天子之禮乎又曰子之
事父其孝雖過於曾子畢竟是以父母之身做出來豈是分外事若曾子者僅
可以免責耳臣之於君猶子之於父也假如功業大於周公
亦是職分之人臣勢位做到極而謂人臣所不能爲可而

閔新安曰初言事親爲事之大守身爲守之大二者分開平說繼言不失身則
能事親二貫爲一分重輕說不失其身卽是守身能守身方能事親此與前章
悅親在於誠身同意○蒙引斷體辱親自是兩意如云身體髮膚受之父母不
敢毀傷父母全而生之子全而歸之此不虧其體之謂也如云將爲善思貽父
母令名必果將爲不善思貽父母羞辱必不果此不辱其親之謂也○集說說
箇能事其親畢竟事親仍自有道理但不失其身其最要者耳○達說首四句
言事守以親身爲大下言人當守身以事親也就字虛間以起下意勿入君長
家國天下等字下言能守身方能事親切不必說事親守身俱爲大而守身尤
爲大也如此又重守身了
陳新安曰集註事親孝云云天下不此事親所以爲事之本守身所以爲守之
本也○事之本守之本照應章首四句分二者不說惟其爲本所以見其爲大
○集說大者凡事無加於此卽所謂第一件也本者凡事俱根於此卽所謂皆

由此而推之也。

陳新安曰此章前言守身爲事親之本後言養志爲養親之大又曰前以守身爲事親之本所以論其理及後實之以事則惟舉曾子之事親而守身不及焉雖曾子之戰兢臨履得正而斃尤善守身而辭未之及集註於此一節只曰此承上文事親言之然觀曾子養志如此惟恐一毫咈其親之志欲子之不失其此意亦不可不身尤父之志之大者一飲食間尚體承親志如此則於身行已間所謂身也者親之枝也行父母之遺體敢不敬乎其能謹守此身以承親志不言可知矣○輔慶源曰養父母之口體者其事淺承順父母之心志者其恩深夫子之於父母體同氣至親至密故事之者常先意承事必能聽於無聲視於無形然後爲至若必待其言而後從固已不可況於先立其意以拂其親之欲唯口體是養而不恤其心志之虧乎○饒雙峰曰曾子養志是承順他好底意思曾晳不私其口體之奉常有及物之心這便是好底意思曾子便能承順他蓋緣曾子齊

思亦是如此。曾元便不然矣。孟子舉必有酒肉以爲養親之法。凡有好底意思，皆要承順，而推廣之。若是不好底意思，則不當承順，要諭之使合於道，方謂之孝。孟子舉曾子、曾元作兩箇例頭，是事親者須是養志，若養口體末也。○集說雙峰云：孟子舉必有酒肉以爲養親之法，凡有好底意思云云，存疑凡繼志述事者見此是論道理。在此章只重凡有好底意思一段。且凡有皆要四字，皆是說不止飲食而已之意也。○存疑：既明事親守身之大，又除守身不道而言曾子之養親，以示事親之則也。過文當云：事親爲事之大，如此事親之道何如？觀之曾子可見矣。首來此章大旨只重在事親上，其言守身，特爲事親之本爾。故既以事親與守身平說，復歸本於守身，又舉曾子以爲事親之則，是皆爲事親而發也。○蒙引曾子養曾晳一條，其旨歸在事親，若曾子者可也。不必粘着守身說，蓋事親本於能守身，此意上段發之已盡矣，不復用贅矣。故下言事親事之本也，守身守之本也，再不用以守身與事親交言之。此段特舉曾子之養志，以示人子事親之法。齋養志實事親之大綱要也○必請所與見在撤饌之餘也必曰有又所餘在竈厨未出者○摘訓將以復進也是推其不請所與及曰亡之意存疑可也言庶可盡其責也○集說事親若曾子者看一者字則若字自指人之事親亦如曾子者言

孟子曰人不足與適也　一章

或問程子楊氏皆深得之可許味也程見註楊曰孟子言人不足與適也政不足間也惟大人爲能格君心之非蓋人與政俱不足道則須使人君心術開悟然後天下事可徐圖整頓然格君心之非須要有大人之德大人過人處只是正己正己則上可以正君下可以正人今之賢者多尚權智不以正己爲先縱得好時節終是做不徹或謂權智之人亦可以救時據時所見正不欲得如此人在人君左右壞人君心術

朱子曰人不足與適至格君心之非三句當作一句讀某常說此處與言不必信行不必果惟義所在皆須急作連下句讀若偶然脫去下句豈不害事○格如合格之格謂使之歸於正○大人格君心之非此是精神意氣自有感格處然亦須有箇開導底道理不但默默而已伊川解遇主於巷云至誠以感動之

盡力以扶持之。明理義以致其知，杜蔽惑以誠其意，正此意也。○問設遇庸君將如何而格之？曰：孔子不能格魯哀，孟子不能格齊宣，要之有此理在我，而在人者不可必。○張南軒曰：後世道學不明，論治者不過及於人才政事而已，孰知其本在於君心，又孰知格君之本乃在於吾身乎。○饒雙峰曰：大人是伊周之徒，他人當不得。○備訓大人是仁義兼全者。○輔慶源曰：無大人之德與學而有言責者，則又不可以是藉口。○陳新安曰：仁本義用，正包仁義言之，仁義所以正也，集註所以不提仁義。○存疑莫不仁莫不義是指用人行政說，用人行政何處見得是仁義，仁者無私心也，義者事理之宜也，正只是仁義。一正君而國定又是再開一步說。一正君包上君正莫不正一句，國定則其效也。○集說君仁君義君正方是就君之心格其不仁以至於仁，格其不義以至於義，格其不正以至於正處說，至莫不云云，則用人行政皆是仁義而正矣，用人行政皆正，更有何定國之道乎，故一正君而國定矣，一字矣字又是說格其非心便即。至此。又是。說。人。政。不足。適。間。之。意。

有不虞之譽　一章　看註便可知

摘訓這段譽只是揚人之善。稱人之惡。不必又說到過其實。摘其眞上。○胡雲峰曰修己而遽以是爲憂喜。必至。於失。己。觀人而輕以是爲進退。必至。於失人。

人之易其言也　一章

輔慶源曰謹言語。自是君子之庸行。何待於有責而後然。○達議無責句是推此。

人之患在好　一章

陳新安曰不得已者不自知其有餘。無意於爲人師。而人自師之。好云者自見其有餘。有意於爲人師。而人未必心悅誠服以師之也。○胡雲峰曰通上章兩人字爲泛然之衆人而言也。○朱公遷曰爲好爲人師者言之論語不言爲師之道孟子自是儆戒學者之辭。益師莫病止於記問。學莫病易於自足。自足者且不足爲學。況可爲人師乎。

樂正子從於子敖之齊　一章

或問樂正子從子敖何也曰子嘗攷於孟子之書王驩齊王之幸臣蓋嘗欲自託於孟子以取重故孟子使滕則王必以驩爲介未嘗與言行事於樂正子之來則又正言以折之至其弔於公行子之家又不與之言焉則所以絶之者深矣樂正子不察乎此而輕身以從之。意者特藉其資糧輿馬以見孟子而已。故孟子以餔啜罪之。而范尹皆以不能改於其德爲樂正子之罪恐非孟子之意也。必若其言。則孟子曷爲不與之言而使之改與。孟子之所以去齊其事雖不可考。疑驩以是積憾而去之也。

陳新安曰從小人爲失身一罪也。不早見長者又一罪也。孟子且以後一罪責之。○蒙引要看集註又不早見長者乃姑以此責之語意。蓋孟子此言只是責其見遲。而其實則非責其見遲也。下章之言。但未發耳。故曰姑以此責之。惟記者得其意。要記孟子責樂正子來見之遲。卻先揭其端曰樂正子從於子敖之齊。得其實矣。○存疑樂正子曰昔者謂其來未久也。孟子曰昔者則我出此言也。不亦宜乎謂其來已久也。

蒙引勇於受責固可取然猶未悟其從於子敖之非也。所以有待於下章之言。

孟子謂樂正子曰　一章

饒雙峰曰此二章只一件事。樂正子方來。孟子不欲面責之。後却正其罪。所以分作兩章。樂正子初意。只欲來齊見孟子。依王驩來省得食之費。視爲無要緊事。殊不知。一失身從之。便是因失其親。將來王驩或薦引之。則那時去就愈難處。孟子所以切責之。○趙氏曰樂正子能勇於受責。然後孟子正其罪而切責之。所謂可與言而後與之言者也。○問樂正子從子敖之齊。未必徒餔啜。朱子曰無此事。豈可遽加以此罪。

不孝有三　一章

或問范氏之說本孟子正意也。程子之說又推明其一說。尤見聖人所處義理之精。伊川曰舜不告而娶堯得以命瞽瞍使舜娶。舜雖不告堯告之也。以君命詔之而已。然以事理度之意其未及告而受堯之命耳。其後固不容終不告。而遂娶以歸也。

饒雙峰曰此三者不是尋常不孝底事。奉順孝也。但阿意曲從陷親於不義則不可。守其道不仕孝也。家貧親老而不祿仕。則不可。告而後娶孝也。但告則不得娶。以至無子絶祀。則不可。○蒙引此不孝者三事皆是正路上差了脚步者。與世俗所謂不孝者五不同。此章之言義之精者也。

陳新安曰告者禮之正也。經也。不告者禮之變也。權也。○存疑告而後娶孝也。爲無後而不告以續宗祀孝之大也。此是用權處以繼祀與稟命較量則稟命輕。而繼嗣重。稱量之。知其所重者在此。不拘於稟命之末節以全宗祀之大事。是謂舍輕而取重。其重者可以蓋其輕。此不告所以爲猶告。○蒙引不告而娶只可論理。要非實事。當時舜已克諧其父母以孝。而烝烝於乂矣。又何至禁其娶帝女而使之不敢告哉。縱使瞽瞍未底豫，彼頑嚚之人，一聞帝顯用其子而以帝女爲之婦，亦無不沾彼福澤之理，又何至不樂其娶而欲禁之哉。

仁之實　一章

或問曰：實之爲精實，何也？曰：是有數義：有以實對虛而言者，有以實對僞而言者，有以實對華而言者。此所謂實，則以對華而爲言耳。曰：何也？曰：以實對虛而言者，曰仁義理也，孝弟事也，理虛而事實，此孝弟所以爲仁義之實也。然以事爲實可矣，謂理爲虛，則理豈虛而無物之謂乎？以實對僞而言者，曰莫非仁義也，惟孝弟發於人心之不僞，此孝弟所以爲仁義之實也。然謂孝弟爲不僞可矣，謂凡惻隱羞惡之發皆人之所僞爲可乎？惟以實對華而言，則以爲凡仁義之見於日用者，惟此爲本根精實之所在，必先立乎此，而後其光華枝葉有以發見於事業之間。此說爲得之耳。

朱子曰：愛親、仁民、愛物，無非仁也，但是愛親乃是切近而眞實者，乃是仁最先

發處於仁民愛物乃達而大了義之實亦然又曰義是那良知良能底發端處
雖小兒子莫不愛父母到長大方理會得從兄所謂及其長也無不知敬其兄
此義發端處○問事之當爲者皆義也如何專以從兄言之曰從兄乃事之當
爲而最先者又問事親豈非事之當爲而不歸之義何也曰已與親乃是一體
豈可論當爲不當爲○蒙引其用至廣而其實不越於事親從兄之間往常俱（存疑云不此其他之說仁語爲有病）
以用字對實字看不知事親從兄本亦用也但用中之實者則在事親從兄○
陳新安曰洙泗言仁孟氏始每言仁義言仁渾淪言之言其理一者也故總言
孝弟以明親親見親親爲仁民愛物之本也言仁義分別言之言理一中之分
殊者也故以事親爲仁之實從兄爲義之實也集註謂有子之意亦猶此者蓋
以本立於孝弟而仁道自此而生與仁義之實盡於事親從兄而仁義之道其
華采亦皆自此而生此意有相似者耳○胡雲峰曰此兩實字是就人本心上
說下三實字是就工夫上說

朱子曰此一段緊要在五箇實字上如仁是親親仁民愛物義是長長貴貴尊賢然在家時未便到仁民愛物未事君時未到貴貴未從師友時未到尊賢且須先從事親從兄上做將去這箇便是仁義之實仁民愛物貴貴尊賢便是仁義之英華若理會得這箇便知得其他那分明見得而守定不移便是智之實行得恰好便是禮之實由中而出無所勉强便是樂之實大凡一段中必有緊要處這一段便是這箇實字要緊（伊川云須是熟方能如此）問樂則生矣生則惡可已也曰如今恁地勉强安排如何得樂到得常常做得熟自然浹洽通快周流不息油然而生不能自已只是要到這樂處實是難在若只恁地把捉安排纔恁說又斷了這如何得樂如何得生問如今也且著恁地把捉曰固是且着恁地須知道未是到處須知道樂則生處是當到這地頭恰似春月草木許多芽蘖一齊爆出來更止遏不得問如孩提之童無不知愛其親及其長也無不知敬其兄這箇不是旋安排這只就他初發上說曰只如今不能常會如此孩提知愛其親如今自

失了愛其親意思及其長也知敬其兄如今自失了敬其兄意思須着理會這
子所以說大人者不失其赤子之心須要常常恁地要之須是知得這二者使
常常見這意思方會到得樂則生矣處要緊都在知斯二者弗去是也二句上
須是知得二者是自家合有底不可暫時失了到得禮之實節文斯二者既知
了更須着檢點教詳密子細節節應拍方始會不間斷方始樂方始生孟子又
云知皆擴而充之若火之始然泉之始達苟能充之足以保四海與知斯二者
節文斯二者一段語勢有不同一則說得緊急一則說得有許多節次次序詳
密又曰樂則生如水之流撥盡許多擁塞之物只恁地滔滔流將去○專言仁
則包三者言仁義則又管攝禮智二者如智之實知斯二者禮之實節文斯二
者是也○蔡氏曰此章只以仁義爲本而又以事親從兄爲行仁義之本蓋事
親從兄乃良心之發最爲切近而精實者也智則吾心虛靈知覺之妙經緯乎
其中者也終之以禮樂又所以節之樂之使良心之發油然生生而不能自已

者也若智之知而弗去與禮之節文猶是守之也到得樂則生而不知手舞足蹈則化之矣此學問之極功也○集説輔慶源曰知既明則自然弗去如人知水火之不可蹈則自然不蹈也説自是然弗去自很知來那不可説一知便了弗去處仍亦有工夫在○註知之明而守之固守固且在心上守乃是知得極真了又要守得極定還未説到行上○知斯二者弗去真見得事親從兄道理一定是人道之當然而邪念不足以乘之也只有智者於凡天下之事那不要知然這那是其切近精實處於此知而弗去凡天下之事事物物亦莫不由此而推之矣故曰實也下禮之實亦做此○節文便在行上説了節文二字與知字一般俱作活字用乃是節文那事親從兄之事也事親從兄自有一定之節限不容過不及亦自有事體文彩不容鄙陋無文故節之文之做得那事親從兄之事恰當周密無稍踰越欠缺便是○存疑和順從容無所勉强即是樂爲也生是自然發生是心中只管愛去孝親愛去敬長一念孝弟意思真箇勃勃

然發生出來都不待費力要他如此所以謂之生也惡可已只是說此充長其不可遏耳要不大相遠○必樂則生者凡事若出於勉强未到樂處則若其難而自沮者多矣安有喜前勇進之理一到樂處則不見其難但見其易不見其惡但見其美只管愛做生意勃勃矣○手舞足蹈是至樂之形見處凡人到樂處自然而然此只是脚輕手快意思不必說如作樂者之舞蹈今以粗者驗之如人幹一件事到樂處亦自脚輕手快況學者之於道乎○摘訓樂之實樂字不是音樂之樂此處只以孝弟與他事論華實原不齊比到音樂上言樂別樣事爲樂之華樂斯二者方爲樂之實不可云聲容爲樂之華樂斯二者爲樂之實○凡和處便是樂人若於他事上樂爲則即其樂爲處便是和了非不可（一云於恩義一云於敬樂主於和）謂之樂矣然此乃樂之華也而非樂之實也樂之實惟在於樂斯二者而已○集說樂斯二者似已盡了實字而必又以樂則生矣云云言之者止一樂斯二者不說到生惡可已手舞足蹈之處盡不得樂字則實字覺亦包含不住矣故

必極言之如此○將樂斯二者作一腦三則字一氣緊下見樂斯二者便是這只是箇樣來字這樣○陳新安曰味必字與然後字集註實歸重於知而弗去之智智配貞貞者正而固也果能於事親從兄知之既明守之又固然後節之密樂之深始可言耳密與文理密察之密同禮之節文不厭其密樂至於生生惡可已舞蹈而不自知斯可以謂之深矣○輔慶源曰事親從兄是良心之真切仁與義是斯道之統會○饒雙峰曰此章有經緯仁義是經智禮樂是緯○蒙引此章言事親從兄良心真切天下之道皆原於此此四句全是貼仁義之實二句不可以為該智之實以下○仁義二字孟子是以此該盡天下之道如云亦有仁義而已又云仁人之安宅云云又言親親仁也敬長義也每只言仁義是兼舉體用而言以該天下之道也此節言仁義之實亦是一大頭腦所謂天下之道皆原於此者也其下條智禮樂云云則皆所以全乎孝弟二者而已非以智禮樂之實來對仁義之實而並言之要有主客故朱子亦分為兩段解總註亦然○

存疑此章五箇實字文勢雖是一般意思却有二樣。仁義之實是以其發見之親切者爲實也。智禮樂之實又是從此而得意思。與上不同。仁義之實是箇本領。智禮樂之實。却是爲此底工夫。

天下大悅　一章

蒙引意謂夫人之情有得一金而不勝其喜者有得一命之貴而不勝其榮者今也舜視天下之歸已猶草芥何輕天下如此哉舜之心自有所重耳蓋舜爲不得其親而順之以爲不得乎親云云○朱子曰人字只大綱説子字却説得重固有人承順顏色看父母做事不問是非一向不逆其志這是得親之心然猶是淺事惟順乎親則親之心皆順乎理必如此而後可以爲子此所以爲尤難也○蒙引順則有以諭之云云　有違必諭之於道方得心與之一而未始有違諭之以道是順字前面工夫。○順字解作不違字。必親之志全善。我方得順之。不然未免有拂也。○存疑心與之一而未始有違者舜之心與瞽瞍之心

此何非順字正解

一而未始有違也若親未能歸於道心安能與之一得若與之一是阿意曲從而不孝也○此章首一節只是後章人悅之好色富貴無足以解憂惟順於父母可以解憂意

集說舜盡事親之道即承上節不得乎親云云來舜之心惟如此故舜於不得不順全無求之於親之意只是說自已所以事親之道有未至直至事親之道無不曲盡而瞽瞍果亦底豫口氣是如此上節是言其心下節是言其事○蒙引底致也言舜盡事親之道於是瞽瞍雖頑亦有以致其悅樂也○眞解瞽瞍亦感其誠意格其非心歡喜悅樂則不但得親之心而且順親於道矣○輔慶源曰孝子之心與親爲一凡親之過皆已之過舜之所以負罪引慝者此也故孝子自不見父母有不是處凡父母之不是皆已之不是也已既是父母豈有不是者哉○眞西山曰舜所值者至難事之親也然積誠感動不以父母爲不是而自引以爲已之慝惟見自已之不是而已世縱有難事之親豈得有如瞽

瞍者。故瞽瞍底豫而天下之爲人子者皆知無不可事之親。惟患爲子者未盡
事親之道耳。孰有不勉於爲孝者哉。是故罪己而不非其親者。仁人孝子之心
也。然親而不反諸己者。亂臣賊子之志也。後之或遇難事之親者。其必以舜爲
法。○存疑舜盡事親之道而瞽瞍底豫上是子孝。下是父慈。天下化裏兼有子
孝父慈。天下定只就天下化上看出。○集說化字集註作兩層說。一是天下之
子化。一是天下之父化。何須知天下之父化。跟瞽瞍底豫來。不重在跟天下之
子化來也。○淺說子化於孝。則子止其所。而天下之爲子者定。父化爲慈。則父
止其所。而天下之爲父者定。○陳新安曰化以心言。定以分言。○達說天下化
與定較重于邊。此之謂此字兼化定來。○摘訓天下化天下定。正與天下悅而
歸。己相形說。夫舜之大孝。至於天下化而且定。如此。視向之天下大悅而將歸
己者。何如哉。是其始也。親未能得而且順。則悅而歸己者。有所不屑。然其終也。
天下亦皆化而且定。則悅而歸己。益無足言者矣。

舜生於諸馮　一章

或問舜卒於鳴條則湯與桀戰之地也而竹書有南巡不反禮記有葬於蒼梧之說何邪曰孟子之言必有所據二書駁雜恐難盡信然無他考驗則不論而闕之可也

蒙引在東方夷服之地夷服二字按周九服侯甸男采衛蠻夷鎮荒也謂之夷服則實在諸侯九服之內非四夷之夷必曰東夷西夷之人者重在東西二字夷字則見得一在東之極一在西之極若不在中國之內則其地之相去豈特千餘里哉

蒙引中國二字非對東夷西夷說集註只訓作天下○非以得志行乎中國爲合符節以其得志而行乎中國者若合符節也蓋王道言然不曰道而必曰云云者是據其行事之實相合處言也○先儒胡氏謂舜於君臣處其常而於父子處其變文王於父子處其常於君臣處其變可以見其道之一此說不是非

所謂行乎中國意大抵孟子本意是以其措於天下者言故曰得志行乎中國○存疑古今異時彼此殊勢舜文所行之事安得盡同然隨事各當其理這便是同蒙引文王發政施仁必先鰥寡孤獨即舜不虐無告不廢困窮一條未免以事迹論不必用如用之則有不同者說不得矣○朱子曰古人所爲恰與我相合只此便是至善前乎千百世之已往後乎千百世之未來只是此箇道理○蒙引問符節一物乎分爲二物乎曰一物也何以證證曰符節以玉爲之云云可見是一物

輔慶源曰孟子未嘗說着道字然曰行乎中國行便是道曰其揆一（揆字屬聖人）揆亦是道○存疑得志行乎中國就舜文說先聖後聖其揆一又是因舜文纍說古今聖人或謂專說舜文固不是或謂除舜文說古今聖人亦不是○陳新安曰先後以時言遠近以地言道之同以此心此理言○愚按註言度之而其道無不同不是說他人度之而見其道無不同是說聖人自已度之而其道無有不同也

如此看詁。方不沒。大文。其字。○聖字要看。自常人度之。則其意見有同有不同。自聖人度之。則其道無不同也。蓋常人之心。純是私意。聖人之心。純是天理。故也。○揆字是聖心之。裁度事理處。○蒙引自古聖人皆同一揆。此獨言舜文者。朱公遷曰舉其相去之最遠者以爲例。見其無不同也。

子產聽鄭國之政　一章

或問孔子以子產之惠爲君子之道。而予以私恩小利言之何也。曰孔子之言通乎巨細。故不害其爲君子之道。此承上文乘輿濟人而言。則私恩小利而已矣。曰子產濟人之事有仁人之心焉。其惠雖小猶不失乎爲政之本。若孟子所謂先王之政者。乃獨以時修橋梁而已。將不反爲治之末邪。曰子產之事可謂有不忍人之心矣。然先王則以不忍人之心而行不忍人之政。是以其體正大而均平。其法精密而詳盡。而其利澤之及人。如天地之於萬物。莫不各足其分。而莫知其功之所自。苟有是心而無是政。則不過能以煦濡姑息。苟取悅於目前而結其離婁之愛顧其耳目之所不及則恩惠之施已不免於有所遺矣况以天下國家之大又安得人人而濟之耶曰子産相鄭能使都鄙有章上下有服田有封洫廬井有伍則非不知爲政者橋梁之修尤非難事乃獨有闕於此何耶曰聞之師吕子産之才之學於先王之政雖有所未盡然其於橋梁之修豈有餘力而其惠之及人亦有大於乘輿之濟者矣意者此時偶有故而未就又不悉乎冬涉之艱而爲是耳然暴其小惠以悅於人人亦悅而稱之孟子慮夫後之爲政者或又悅而效之則其流必將有廢公道以市私恩違正理而干虛譽者故極語而深譏之以警其微亦拔本塞源之意也此說最爲得之

蒙引聽鄭國之政言與鄭國之政皆在所聽決也不直曰子産以其乘輿濟人於溱洧而必曰聽鄭國之政者此書法也正見其居爲政之位而不知爲政之道得爲不爲而乃爲其所不必爲者所以爲可譏也○摘訓詁所乘之車這車字即是乘輿謂所乘之乘輿也不可以所乘爲解乘字以車爲解輿字

問以左傳考之子產非不知爲政者孟子姑以其乘輿濟人一事議之然夫子亦目以惠人豈子產所爲終以惠勝歟朱子曰東坡云有及人之小利無經世之遠圖亦說得好都鄙有章等只是行惠人底規模○輔慶源曰惟其恩之出於私故其利之及者小○又曰體以理言本也施以事言用也○蒙引惠字便是譏了不到不知爲政處方是譏故註云惠謂私恩小利○或謂惠以心言非也註明云私恩小利是以事言○公平正大之體公則平矣公平則正矣正斯大矣○存疑惠而不知爲政是一章大指下皆明此意歲十一月條雖是先王之政却就橋梁一事說不其政則無所不該橋梁亦在其內

存疑孟子因乘輿濟人之事而譏之曰此但行小惠耳初不曉得爲政也先王之爲政也當歲十一月則徒杠成十二月則輿梁成水有橋梁則民不患於徒涉何用乘輿濟之哉○蒙引方橋橋勢僅四方可通徒行耳此橋之小者梁亦橋也凡橋皆可謂之梁惟杠則獨是方橋以其可通車輿故曰輿梁此橋之大

者先成徒杠後成輿梁小者力省而易成大者力數倍故遲耳非必急於徒行而緩於車行者○徒杠工費省於輿梁故徒杠一月可成輿梁必經二月而後成亦有說也○曰成要其成功言也○夏令曰十月成梁引此以證周十二月爲夏十月也然則周十一月非夏九月而何此一句可證本文二句○夏令曰九月除道十月成梁營室之中土始其功○趙氏悳曰夏令夏后氏之令周所因也○朱子曰先王之政細大具舉而無事不合民心順天理故其公平正大之體紀綱法度之施雖纖悉之間亦無遺恨如此

朱子曰君子能行先王之政大文平字郎上註公平平宮使細大之務無不畢舉則惠之所及亦已廣矣是其出入之際雖辟除人使之避巳亦上下之分固所宜然何必曲意行私使人知巳出然後爲惠又况人民之衆亦安得人人而濟之哉○辟除之辟乃趙氏本說與上下文意正相發明蓋與舍車濟人正相反也○蒙引辟人獨以出行言是承子産因出行而以乘輿濟人說故朱子曰與乘輿濟人正相反○當涉

者衆衆謂人不謂水若水則當言多○集説國中之水泛説不妨存疑以爲只君子不指子産故水亦只當泛説
就溱洧説看來太拘
集説末節只是竊他到底見小惠必不能遍之意○達説故字承焉得人人句惟不得人人而濟
來爲政勿指子産每人而悅之詞頭亦寬不必專指濟涉言日亦不足言日子故爲政者云云
不足以供用正見其難也○蒙引惠之所及者狹政之所被者廣故曰焉得人
人而濟之又曰日亦不足矣若知爲政之道則自然人人可濟自然日力有餘
也○張南軒曰先王之治因事而制法其法皆循乎天理而天下之人無不被
其澤後世欲人人而悅而日亦不足公義私恩之相去蓋如此○存疑民未病
涉言不必用乘輿去濟人行辟人可也言不必乘輿去濟人焉得人人而濟之每
人而悅之日亦不足言乘輿不能盡濟人意有三段○摘訓雖有三段意然可
也以上言民不至於病涉而已不嫌於避人這見政之善處焉得以下言人難
盡濟而日亦不足這見惠之不善處正應惠而不知爲政一句

孟子告齊宣王　一章

或問諸說皆善　楊見評　或問人臣之禮豈可視君如寇讎尹曰此三句說君臣相待厚薄感應之理非謂待之之禮當如寇讎可誅可殺也若如此是孟子教人臣與人君爲怨敵無此理也

輔慶源曰此說特爲宣王發。所謂有爲之言也。然臣之報君。視君之所施。常加厚一等。○陳潛室曰孟子此語是說大都報應如此。若忠臣孝子不當以此自處。當知天下無不是底君父。○蒙引如手足者倚之以爲用。護之恐有傷。君待臣如此恩義之至也。下文諫行言聽便是。○如腹心者手足衛之而願爲之胼胝。衆體戴之而甘爲之服役。臣待君如此恩義之至也。○評手足腹心相待一體。腹心倚手足以爲用。手足戴腹心以爲主。此所謂一體。蓋有君不可無臣。有臣不可無君。其分相維。其恩義相孚。○如犬馬者言待其臣下徒有祿賜之厚而無禮敬之文。猶養犬馬者徒有豢養之恩而無禮貌之施也。秦漢以下中主之遇其臣概如此。國人之報所從來久矣。○淺蹭貼上字。斬艾貼芥字。○侵害

人者謂之寇○受其侵害者因而與之結構報復則謂之讎○如草芥有聚斥刑戮意○如寇讎則幸其敗○樂其亡矣○

饒雙峰曰舊君其恩已絶○尚且爲其君有服○不應見在之君而待之如此集註所以云子𡘜孟子之言太甚○達說疑孟子之言太甚指寇讎言○

存疑諫是君有過而諫○言是無事而建言○有故而去在諫行言聽之外○蒙引膏是油膏澤是水澤二者皆滋潤乎物此二字是借字賢者之事君諫行言聽則自有膏澤在民矣○朱子曰有故而去非大義所繫○不必潑爲之說臣之去國○其故非一端○但昔者諫行言聽○而今也有故而去○而君又加禮焉則不得不爲之服矣○樂毅之去燕近之○問諫行言聽如何又有故而去饒雙峰曰如夫子在其國道非不行○只因受女樂便去○諫行言聽是平日如此○亦有偶然議論不合而去○輔慶源曰導之出疆所以盡防衛之道於在我之境○先於其所往所以爲其祿仕之地於所往之國○去三年不反然後收其田里所以示眷眷屢

舉之恩義也。○蒙引田所賦之祿入也里所居之第宅也故曰田祿里居○道
之出疆一也。先於其所往二也。三年然後收其田里三也。不連諫行言聽說自
是去後三有禮。○末句通結諫行言聽以下。不只帶三有禮。○問何以云以道
去君曰只以正文觀之自見其在國也諫行言聽云云其去國也導之出疆云
云故本文云以道去君而猶未絕也就未絕上見得以道去君。猶言以禮致仕
之類。若夫諫不行言不聽云云收其田里則道安在乎。
蒙引此以君之待臣言何不云如土芥曰君之視臣如土芥。則便是臣之寇讎
矣。○真西山曰孟子為齊王言則然。而所以自處則不然千里見王不遇故去
而三宿出晝未嘗有悻悻之心猶幸王一悟而追己也曷嘗以寇讎視其君哉

無罪而殺士　一章

達說重見幾上。當玩無罪字。人君暴虐之慘。其勢必以其漸。而大夫士民其勢
相為聯屬者也。故當見幾而去。○張南軒曰非特士大夫當知見幾而作之義。

是此章餘義

抑將使有國者聞之悚然不可以失士大夫之心也使大夫士懷去從之心則國之危亡無日矣○輔慶源曰可以者在時宜爲可也失此幾則有欲去而不能者矣此明夷之初所以不食而行遯之初所以有尾厲之戒而孔子往趙所以及河而復也然此特言其常理耳時與位之不同則所以處之者亦異若孰此一說以爲臣則凡苟免自私之徒得以藉口矣

君仁莫不仁　一章

輔慶源曰上篇言人臣當以正君爲急此章言人君當以正己爲先亦大學其幾如此之說也○蒙引此章重出與論語重出而逸其半不同重出而逸其半所重出者只是一意此章重出却是無上事而直出二句雖用上章行政用人填入莫不字內○摘訓君仁君義俱兼有心處事說莫不仁莫不義是臣民皆化而爲仁義也

或問張子所謂眞禮義者至矣其曰守禮未爲失者尤學者之所當知也曰非
禮之禮非義之義但非時中者皆是也時中之義甚大須精義入神始得觀其
會通行其典禮此方是眞義理也行其典禮而不達會通則有非時中者矣今
學者須是執禮蓋禮亦是自會通制之者守禮亦
未爲失但大人見之則爲非禮非義不時中也
存疑非禮之禮非義之義與非禮非義者不同非禮非義是爲人全不在道理
上更不說禮義非禮之禮非義之義是爲人在道理上講論禮義必欲行之但
體認差不是禮義却以爲禮義耳○蒙引或恭敬辭讓之節或玉帛儀文之施
皆禮之所在也或小而辭受取與之際或大而去就死生之決皆義之所在也
○名亦與是禮義而實則非禮義之正故曰非禮之禮非義之義此全是認理
不精之過君子所以貴乎精義不然差毫釐謬千里名是而實非者多矣○胡
雲峯謂隨事順理而不爲非禮之禮因時處宜而不爲非義之義如此則禮只
在事上用義只在時上用乎朱子下此二句是要兼時與事非分貼禮與義○
發揮隨事因時意
陳潜室曰晦翁以爲凡禮義不可泥陳迹如可行於昔而不可行於今可行於

人而不可行於己。與夫辭之爲禮。亦有不辭之爲禮。受之爲義。亦有不受之爲義。行之人則爲禮。行之我則非禮。惟義亦然。○饒雙峰曰此章緊要在大人弗爲上。大人對小人而言。大人者言不必信。行不必果。惟義所在。言必信。行必果。硜硜然小人哉。正是相對說。

中也養不中　一章

存疑中以德言。才以能言。賢兼才德。○朱子曰養者非速使之中使之才。漸民以仁摩民以義之謂也。下以善養人同。○蒙引養謂涵育薰陶。俟其自化也。許氏曰涵育寬以容之之意。薰陶善以導之之意。愚謂俟其自化意重。中也養不中。才也養不才。正爲子弟。資質遲鈍。志氣昏惰。不前。父兄多有不能耐煩忍待之意。故養字要看得。與棄字相反對始得。○張南軒曰父兄之於子弟。教之之道莫如養之。養之云者。如天地涵養萬物。其雨露之所濡。風雷之所振。和氣之薰陶。寧有間斷乎哉。故物以生遂焉。父兄養子弟之道亦當如是也。寬裕以容之義理以漸之忠信以成之開其明以祛其惑引之以其方而使之自喻夫豈歲月之功哉彼雖不中不才涵養之久豈無有萌焉如其有萌養道益可施矣○輔慶源曰父子兄弟之間皆難於責善正其在我者使之自化而已○陳新安曰父兄過子弟之賢其爲教也易不幸過子弟之不賢其爲教也難所以貴乎養之也舜命契曰敬敷五教在寬寬即養之謂也若急迫以求之見其未化遽以爲不可教而舍之是棄之也○蒙引棄不中棄不才此亦是過中而不才處○摘訓父兄而棄子弟則彼之不中固爲不及吾亦待之已甚而爲太過彼之不才固無能爲吾亦處之甚拙而非能有爲者矣安在其爲中與才哉

人有不爲也而後可以有爲

程見註

或問程子張子之言甚善張子曰不爲不仁則可以爲仁不爲不義則可以爲義楊氏引舜及孔明事意

謂舜飯糗茹草若將

終身先卧章盧非先主三顧必不起

則甚善然非孟子此章之本旨也

說約朱子引横渠語亦是主知有守而後可以有爲之解諸家皆有之

釐千里之謬。○蒙引辨横渠語尤看是爲與不爲只在一時而後猶云然後非後日後字也。○譬如有一條正路於此有一條邪路於此必能不走邪路方能走正路也豈亦可難之曰今日不走邪路待異日方走正路邪仁與不仁義與不義决擇只在目前亦不容兩騎也。○朱鄒陽曰此章勉人自擇以爲行事之本。

言人之不善　一章

或問所謂後患者謂得罪於其人邪抑恐其亦言已之不善邪曰是皆有之然斯言必有爲而發今不可知其所指矣

陳新安曰隱惡忠厚之道亦遠害之道也大舜隱惡而揚善夫子言誰毁誰譽下文但言如有所譽而不言毁可見矣若當官而行有發隱當言又不可槩後患而緘默也○集說言字當論語訐以爲直訐字看乃好暴人之短者雖臣對好興戎好以口舌攻擊人者衆怨之所聚[illegible]

也曰氣如云只顧取快一時言人之不善其奈有後患何言不可不慎也

仲尼不爲已甚者（見註）

或問楊氏之說甚善然所謂本分者乃義理之至當非苟然而已也學者於此宜深察之一有小差則流而入於鄉原之亂德矣

問非其君不事非其民不使治亦進亂亦進不羞汙君不辭小官氣象可謂已甚矣而目之曰聖人之清和似頗難理會須之朱子乃曰雖是聖終有過當處凡所謂聖者以其渾然天理無一毫私意但只是氣質有偏此之失故終有不中節處（此節是貞他聖人）（斷斷意如毫末便如夷如惠亦是已甚）○程復心曰本分謂須滿本然之分若事到這裏極了再過些子便是已甚○朱公遷曰此章以德行言聖人孟子言仲尼不爲已甚孔子自言君子依乎中庸二說互相發也（只以中字發明是故）○蒙引聖人之所爲天理之當然中而已矣亦之所在加之錙銖則太過故曰本分之外不加毫末所謂本分者正以理之所當然言理所當然處便是箇本分孟子此句說得最盡不必依南軒只用答陽貨見（尹氏曰已甚則失中）

南子不脫晃而行及沐浴請討等類說聖人之不爲己甚者不止此但凡所謂依乎中庸處皆是如孝弟恭儉等事聖人爲之固不容有一毫之不及但到他限便止不求奇取異也

大人者言不必信　一章

或問諸說皆善　楊曰夫子曰言必信行必果硜硜然小人哉故孟子言此以發明孔子之意○而尹氏尤精見註然所謂信果在其中者亦言外之餘意也

蒙引此正是無適無莫義之與比之義亦與非禮之禮非義之義大人弗爲者相發明○必者先期也惟義所在隨事而順理因時而制宜不先期也○合當信果處便是義大人言行主於義不主於信果蓋主於信果則有所泥而不必合於義矣雖然大人於言之合義者無不信行之合義者無不果此則不可不知○集說信果二字無病惟必信必果則未免有硜硜小人之弊必信是於言時便立定主意一定要復其言必果是方行時便立定主意一定要完其行偎

在方言方行時說方於集註先期義合若存疑之說竟似自後日踐言之情與

行到中間却要變易時說還未是

大人者不失其赤子之心者也

或問赤子之心張子呂氏以爲未發而程子以爲已發曰赤子之心衆人之心

（中庸或問孟子所指赤子之心純一無僞者乃因其發而後可見）

（若未發則純一無僞又不足以名之而亦非獨赤子之心爲然矣）

各有未發已發之時但赤子之心未有私意人欲之累故雖其已發而未必中節要亦爲未遠乎中耳曰程子所謂聖人之明鑑止水其所以異於赤子之純一無僞者何也曰赤子之心全未有知然以其未有私意人欲之累也則亦純一無僞而已爾衆人既有所知則雜乎私意人欲而失之聖人則察倫明物酬酢萬變而私意人欲終無所入於其間是以若明鑑止水之湛然不動而物無不照也

問大人不失赤子之心朱子曰這須着兩頭看大人無不知無不能赤子無所知無所能大人者是不失其無所知無所能之心若失了此心使些子機關計

些子利害便成箇小底人不成箇大底人了大人心下沒許多事○大人無所不知無所不能、赤子無所知無所能、此二句正相拘如何、蓋無所不知無所不能却是不失其無所知無所能底做出赤子之心純一無僞而大人之心亦純一無僞但赤子是無知無能底純一無僞大人是有知有能底純一無僞○赤子之心固無巧僞但於理義未能知覺渾然赤子之心而已大人則有知覺擴充之功而無巧僞安排之鑿故曰不失赤子之心著箇不失字便是不同處○達說大人赤子只作一人看語意是說大人者由不失其赤子之心不是說大人者只是不失其赤子之心如此則赤子亦可謂大人矣要味註擴而充之非只不失便了註通達萬變就是下無所不知無所不能也

養生者　一章

記檀弓上子思曰喪三日而殯凡附於身者必誠必信勿之有悔焉耳矣三月而葬凡附於棺者必誠必信勿之有悔焉耳矣○饒雙峰曰養生今日不及明

日猶可補。惟送死有不到。爲終身之恨。他日欲爲。不可得矣。○陳新安曰生事死葬皆當以禮。其不可輕忽均也。孟子此言、非謂養生爲輕。但以常。變。從容。急遽。校。之。則送死比養生爲尤重大耳。趙岐註云、致養未足以爲大事、送終如禮則爲能奉大事也。按此則以爲字訓當字。非擔當之當。○蒙引當味大註孝子之事親。舍是無以用其力矣二句。蓋此是人子事親盡頭去處。殯而附於身葬而附於棺者。有悔焉。永無及矣。言大事者見其至重而不可苟也。

君子深造之以道　一章

或問君子深造之以道、欲其自得之也、何也。曰學是理。則必是理之得於身也。不得於身。則口耳焉而已矣。然又不可以強探而力取也。必其深造之以道。然後有以默識心通而自然得之也。蓋造道之不深者。用力於皮膚之外、而責效於旦夕之間。不以其道者。從事於虛無之中、而妄意於言意之表。是皆不足以致夫默識心通之妙而自得之。必也多致其力而不急其功。必務其方而不躐其等則雖不期於必得而其自然得之將有不可禦者矣曰自得之則居之安何也曰未得之則固無可居之地得而不出於自然則雖有所居而不安惟自得之則理之在我者吾皆得以居之如人有室廬之安動作起居種種便適自眷戀而不去也曰居之安則資之深何也曰未得其所居則無所藉以爲用居而不安則其所藉以爲用者淺近而易窮惟居之安則理之在我者吾皆得藉以爲用而無窮如富人蓄積之多金珠穀帛無求不獲只見其出而不見其盡也曰資之深則取之左右逢其源何也曰無所資者固無本之可求資之淺者取之艱遠而或值或不值也惟資之深者不待遠求而所取無不得如既取諸其身之左而值其所資之本又取諸其身之右而復值其所資之本以水譬之苟其源之盛則滔滔汩汩不舍晝夜或泝或沿無不值其來處此君子所以欲其自得之也

朱子曰深造者當知非淺迫所可致若欲淺迫求之便是強探力取深造只是

既下工夫又下工夫○待其眞積力久○則自得之矣○道是進爲之方○此是造道之說、蓋循此進進不已○便是深造之○猶言以這方法去深造之也○以道是工夫○深造之是做工夫○如博學審問愼思明辨（是恭卿行○）篤行之次序○即是造道之方法○若人爲學依次序○便是以道○不依次序○便是不以道○能以道而爲之不已○造之愈深○則自然而得之矣○輔慶源曰○自得如子貢悟性天道之不可聞○曾子唯吾道一貫之語○此何待於（默識）言語而後見○正張子所謂德性之知不萌於聞見者也○豈容更有安排布置哉○明道曰○學問聞而知之者○皆不爲得○得者須默識心通○或問○蒙引五箇之字○同是指此理也○論自得者○可把牝雞抱卵出雛爲譬○朱子曰○少時見雞將出卵○視之其時已至○自然迸裂而出○全不用彼着力○有時見其難○稍以手助之○其子出來便不長進○學而進於自得者○其理正如此○蓋至於日至之時○自然熟矣○所以養氣不可助長○如文中子○如陸象山○皆未免有助長之病○不但告子也○惟聖人能無積累之漸○陸氏便欲以聖人自處○宜其不得

斯文正印也○若急迫求之、則是私己而已、謂是人爲之私非自然之得也○
存疑自得是自然得之不待費力也深造而不以道則用功雖勞而不得其要
領全無捉摸處亦徒勞而已固無由自得以道而不深造則工夫鹵莽雖能得
其要領然工夫未到亦無徑悟速化之理欲其自得亦未能也惟以道深造則
既得其要領而工夫又到將見力到工深超然領悟積累多後恍然有悟而理
自然得之於己不待强揆而力索矣○集說道理若是强探力索拿捉將來作
我底稍時物欲搖撼若存若亡自己作主不得如何可安惟自得之自然是安
了○蒙引若物不屬己而藏得未穩則又安可倚以爲無窮之用惟居之安則
資之深、○集說資字與居字及下取字俱一例看蓋云我藉之也○存疑所藉
爲何藉之以應物也所藉者深言道理在胷中充足有餘足以備吾應物之用
足以爲吾資藉取之不竆用之不竭是所藉者深遠無竆盡也○蒙引資之深
是未接物之時取之左右逢其源則正當應接之時而所居所資者今皆隨取

隨有供其所支綽有餘地矣資之於平時取之於應用○存疑原不外乎所資
道理在胷中足為吾資（此便是所資之本）藉應用這便是源及取他應用這道理便在這裏便是
逢其源蓋源是那本來底物逢其源是撞著那本來底物○朱子曰資之既深
看是甚事來無不湊着這道理不待自家將道理去應他（言不須安排湊泊）只取之左右便撞着
這道理如有源之水滾滾流出只管撞着他若是所資者淺略用出便枯竭了
○蒙引取之左右逢其源只是形容之辭左右雖辭云字近其實亦不在近處
只是心裏明其近便耳蓋自得之者得之心也取之只取其得之於心者耳○
存疑至近而非一處有兩意至近言不待取之深遠只在目前耳非一處言不
但一事有箇道理其實取之左右非取之身之左右取之心也心中那有左右
左右是不一之辭緣這道理在胷中萬事萬物之理一一皆備日用間任人所
取若取他這一件這一件便原有箇道理在撞着取他那一件那一件便原有
箇道理任撞着東西南北四方八面隨吾所取無不有箇本原底道理在撞着

○問文義莫有節次否朱子曰此章重處只在自得後其勢自然順下來才恁地便恁地但其間自不無節次耳若是全無節次何不說自得之則取之左右逢其源孟子之意是欲見其曲折而詳言之（謂無次序尚欠体驗）○程薇庵曰君子之學以自得爲貴然有自得之工夫有自得之效驗深造之以道自得之工夫也居之安資之深取之左右逢其源自得之效驗也有是工夫必有是效驗效驗有所未至必工夫有所未盡也○蒙引始言居之安猶全是說內面次言資之深則漸說向外去又次言取之左右逢其源則正說得受用其所自得者也（非功效而何）○集說自得是從深造以道來就直積力久一旦通透處說居安至逢源又從自得說向以後節節受用好處○前欲其自得之也在用工夫上說後欲其自得之也在有功效上說○摘訓自得之以下不可便承上作一氣說須首二句　此又是推原所以欲其自得之故也○蒙引末一句要緩深造之以道如云故君子欲其自得之也夫既欲其自得之也則豈可不深造之以道哉○此章即曾子所聞之

一貫也。下章卽子貢所聞之一貫也。蓋此章兼知行，下章獨主知。何謂此章[illegible]曾子所聞之一貫也。蓋深造以道，則隨事精察、力行（知行）而眞積力久也。自得之至左右逢其源，卽是一本萬殊之妙而泛應曲當者也。下章博學而詳說之，亦多學而識之功也。由多學而識，而至於聞一貫之傳，是亦反說約矣。

博學而詳說之　一章

或問：所謂約者，吾於論語已言之矣。此則正以知要而言也。然此亦上章之餘意，故記者屬之。蓋博學詳說者，以道深造之謂。其曰將以反說約者，則欲其自得之謂也。曰：諸說如何？曰：楊氏分別孟楊得失，意極親切。然語有未盡，使讀者不能無疑。楊曰：楊雄云：多聞守之以約，多見守之以卓。其言終有病，與孟子之言異矣。蓋博學詳說所以趨約，至於約則其道得矣。謂之守以約卓，於多聞多見之中，將何以爲約卓而守之乎？蓋所謂博約，由孟子之言，則博者所以極夫理之散殊，約則卽是散殊之理而一貫之耳。是以既博學之，又詳說之，而卒有會於約。蓋所謂博且詳者，固未嘗出於約之外，而所謂約於其博且詳者，又未嘗有所遺也由楊子之言則所謂約者乃博中之一物方其博也固不知此物之爲約而茫然泛然雜取乎其外及其約也則又守此一物而於所謂博者之中僅乃處其千萬之一焉是亦何足以爲約而守之乎以是推之則楊氏之意得矣

朱子曰論語中博約字是踐履兩字對說孟子中博約字皆主見而言且如學須要博既博學之又詳說之所以如此者將以反說約也是如此後自然卻說得約謂如博學詳說方有貫通處下何當看將以守○約自博中來通貫處便是約不是通貫了又去裏面尋討箇約伊川說格物云但積累多後自然脫然有貫通處積累多便是博脫然有貫通處便是約問世間博學之人非不博卻又不知箇約處者何故曰它合下博得來便不是了如何會約他竟不窮究這道理是如何都見不透徹只是搜求隱僻之事鈎摘奇異之說以爲博如此豈能得約今世博學之士大率類此○陳潛室曰不博則約無所施學到約後許多博處方有受用○饒雙峰曰誇多說博學鬬靡說詳說所以博學者非徒誇

其多所以詳說者非徒關其靡欲人融而會之貫而通之而已這物事未會融
時。一箇是一箇。幾融了便會爲一。約是要約。如思無邪毋不敬之類。○蒙引大
註博學於文而詳說其理、愚按文者載道之具也故論語註曰文謂詩書六藝
之文詩書所載。六藝所陳。三才之道備焉。萬物之理貫焉。故必誦詩書以多識
夫前言往行。又旁考六藝以增廣其所聞所見。如此方是博學於文。然又必從
而詳說夫所博之文之理。通其一而及其二。推其類而周其餘。窮其所當然而
必究其所以然。既得之於此。又欲得之於彼。審問明辨。優游厭飫。而不使有一
之或遺。如此方謂之詳說。○學與說不同。學就習誦而言。說就講明而言。○此
博字是活字。約字是死字。此章須把博字詳字對約字看。蓋博與詳求之於萬
者也。約則要之於一者也。所以然者萬理悉統於一心之內。而實散於萬事之
間。文者載乎事物之理。而約實不外焉者也。惟學之博而說之詳。久之則知萬
理一原而一以貫乎萬矣。蓋非一無以貫乎萬。然非萬則亦不見乎一之所貫。

功有先後理則一串孟子意爲徒博而不知約者居多○反說約者說到萬殊一本之妙此非博學詳說如何可得蓋不可以徑約○人都說重在反說約上愚謂博學而詳說之更重上章亦然自得固重深造以道尤重蓋自得全要深造以道反說約全要博學而詳說之○集說隨博處便要說不是待博盡了方纔詳說將以二字卽在博學詳說時說卽上章欲其二字之意也○融會者將這些道理合到一處不是彼自彼此自此貫通者這道理都又彼此相貫通此之理可推之於彼彼之理可推之於此○論理之本然原是一本散爲萬殊此之工夫都從萬殊處歸之一本故曰反說約○摘訓兩說字同都是講明意下說字又須着學與說二字存疑作口說似與上說字不類了謂君子博學詳說其意爲何正爲理本約下此無限工夫都要倒轉回來直講究到至約處而後已耳原來底意思是如此豈徒務博者哉

以善服人者　一章

或問張子得之矣（橫渠曰以善服人者要得以善勝人也以善養人者凡教之養之者養人也）范氏引德力服人之異以明之則亦非此章之意也蓋彼皆言服人而以德力分王霸此則皆以德而服人養人又有公私小大之不同不當引彼以釋此也

朱子曰以善服人者惟恐人之進於善如張華對武帝恐吳人更立令主則江南不可取之類是也以善養人者惟恐人不入於善如湯於葛遺之牛羊又使人往爲之耕是也○張南軒曰先王樂與人爲善欲天下舉在吾化育之中如春風被物物蒙其養無不應者未嘗有意於服人而天下之心悅誠服有不期而然者蓋以善道與人共之耳若霸者之所爲其善者不過欲以善服人齊桓會首止而定王世子晉文盟踐土率諸侯以朝王是也學者深見二者霄壤之殊則王霸之分了然矣○陳新安曰一則不能服人（人字指和第諸侯言盡乎人則只是盡乎諸侯）人者對已而言一則自然能服天下天下則盡乎人矣非向背頓殊乎○存疑以善服人者與以善養人者分明是兩樣心其爲善亦迥然不同以善服人是幸人之不善欲以已之善

去勝人。使人屈服於我。其爲善亦只是欲以是去勝人。不是見得善是我之所當爲。非出於誠心。正霸者之所爲。以善養人。是憫人之不善。欲公其善於人。使人皆歸於善。全無勝人之心。其爲善是實見得是我之所當爲。初非欲去服人而後爲此。正王者之所爲。○蒙引。以善服人。直欲服人也。而乃不能服人。以善養人。非以服人也。而乃能服天下。○此章蓋爲當時國君而言。曰服人。曰養人。此人字亦。指其平等人言。非必指百姓。故許氏教化撫字之說。不敢從。只看成湯之於葛伯可見。○摘訓。然後能服天下。要補可以王矣之意。末句乃反言以見其必然耳。

言無實不祥　一章

或問。如張子之意。則言無實不祥云者。虛引以甚之之詞也。而下句實字。疊上句。如范氏之說。則言無實不祥。自爲一義。而下句實字。與上句不相蒙。

存疑。依前說。兩實字皆同。依後說。則兩實字不同。所以集註先前說。○達說。天

下之言傷易不過則誕而已傷煩不過則支而已初無關於天下國家無有實
不祥者○直解言無實不祥謂不可的的確確便謂之不祥也○蒙引蔽賢之
言害及天下國家以至無窮此孟子所以特以不祥歸之也○集說凡言不祥
者皆是事體未形却已有了個不好底朕兆故曰不祥蔽賢之人論起來他還
只用幾句話便了何得便定得他實實罪案然却這句話直教君心蠱惑君子
道消後來不知多少不好底事體都從他這句話上起又是不祥又是不祥之
實又是似無不祥之實而却有不祥之實者故曰蔽賢者當之也如此說覺首
句亦順兩實字皆有着落○達說蔽賢者者字就言說并指人言方與上言字
相應

徐子曰　一章

或問范氏謂君子以情實爲本名與爲末非孟子之意孟子之意正以誠心實
行爲本而言其有是者所行通達無所不至其無是者雖有聲譽終不能久耳

非以情實對名譽爲本末也尹氏自本而往者語雖約而意則周矣尹曰是以學者必自本而往

摘訓水哉水哉只是稱水亟字另在外不可就以重言爲亟稱

蒙引原泉混混原泉固是有本者然且放輕讀漫露出此意來至末句有本者如是方好叮嚀着實說至下文苟爲無本便是承此有本者說去○摘訓原泉作一頭下文作三項說混混不舍晝夜是不已盈科而後進是漸進放乎四海是以至於極○陳新安曰水惟其有原本所以不已而漸進以至歸宿於海有本者如是孟子自以此句承接上意有本者指原泉如是指混混至放乎四海是之取爾答徐子何取於水也之問謂孔子所以亟稱於水者此意之是取爾本文只是說水如人有實行以下因結語故聲聞過情君子耻之二句推出孟子借水以箴規徐子之意而與下一節集註如人無實行而暴得虛譽不能長久也相對言之

蓬說無本反原泉。摘訓雨集溝澮皆盈、通應混混不舍晝夜盈科而後進二
句。○蓬說其涸句反上放源。○蒙引行之無實者、猶無源之水也。暴得虛聲、猶
七八月之溝澮皆盈也。虛譽終不能久、猶其涸之可立待也。故君子恥之曰君
子恥之。則非仲尼之所取矣。○陳新安曰集註所謂有實行無實行全從此情
實之情字上發揮出來。○朱子曰所謂聲聞過情這箇大段務外更就中間言
之如爲善無眞實懇惻之意爲學而勉強苟且徇人皆是不實就此反躬思量
方得。○蓬說恥還作恥別人說故註著箇恥其二字。○輔慶源曰此章指意都
結在後兩句上。故集註只以虛名實行爲言。而引林氏鄒氏之說以明之。○饒
雙峰曰論孟二不舍晝夜所指不同。夫子說道體。孟子說有本。所謂徹首尾上
之歟是也。孟子只就徐子身上說。取切其病而易曉。

人之所以異於　一章

集註

或問程子張子之言至矣伊川曰舜明於庶物察於人倫然後由仁義行○横
渠曰明庶物察人倫然後能精義致用性其仁而行

又曰庶物庶事也人倫道之大原也明察之言不甚異明庶物察人倫皆窮理也既知明理但知順理而行而未嘗有意以爲仁義仁義之名但人名其行耳如天春夏秋冬何嘗有此名亦人名之爾（見語）若尹氏之說則尤約而盡也曰明物察倫而後能由仁義程子張子之說何如曰是三言者以學言之則有序猶格物致知而後意誠心正也以聖人言之則生知安行不可以先後言矣二夫子亦以其始終條理言之非真以爲有先後也

朱子曰人物之所同者理也所不同者心也人心虛靈無所不明禽獸便昏了只有一兩路子明如父子相愛雌雄有別之類人之虛靈皆推得去禽獸便更推不去人若以私欲蔽了這箇虛靈便是禽獸人與禽獸只爭這些子所以謂幾希○問幾希二字不是說善惡之間乃是指這些好處說故下云庶民去之君子存之曰人之所以異於物者只爭這些子○饑食渴飲之類是人與禽獸同者有親有義之倫此乃與禽獸異者存是存所以異於禽獸之道恐衆人自謂能存只是存其與禽獸同者耳○蒙引人之所以異於禽獸者幾希言其小

異也今欲究其所以小異處必先言其無異然後就其中別其異乃見其小異也故曰人物之生同得天地之理以爲性同得天地之氣以爲形此其無異者也然雖同得天地之氣以爲形而人乃獨得其形氣之正而有以全其性是無異中之一異也如此解庶得所謂幾希者之來歷分明但雖得其來歷分明而孟子所謂幾希之本旨則不盡然者故隨足之曰雖曰小異然人物之所以分實在於此則知孟子所謂幾希者其旨甚重而非輕之曰幾希○究人之所以異於禽獸者全在心上不同心之不同虛靈知覺也心之虛靈知覺所以不同者形氣之正也朱子形氣之正故該得心但讀者或不察耳○所謂異於禽獸者幾希仁義是也註衆人不知此而去之謂不知其所以異於禽獸者在此幾希間也○註君子知此而存之是以戰兢惕厲云云正是存之之功不是存之了方戰兢惕厲此四字正承上文過下文卒能有以全其所受之正處方見是以二字着落○所去所存者庶物人倫之至理也兼說方盡之○陳新安

曰集註知之一字示人以存之之門戰兢惕厲四字授人以存之之法○摘訓去存兼知行

蒙引人之所以異於禽獸者幾希耶夫人之所以異於禽獸者幾希則即此幾希處正人所當存而不可去者也然庶民不知而去之君子方能存之而不去然君子猶有待於操之而後存舜明於庶物云云（按尋常以君子屬舜禹湯文武周公孔子者蓋是承看大註此則聖人之也又歷叙羣聖等何也）則不待存之而自無不存者矣然舜亦不過盡此所以異於禽獸者耳非有加也○李子曰察淺於明朔只是大槩明得道箇道理爾○蒙引仁義之理根於心而行於庶物人倫之間非行仁義明其不待於存之也○行疑聖人之心一理渾然沖漠無朕之中萬象森然已備是仁義已根於心也待感物而動則據其中之所有者而發之於外都是由那本來底行也這行字不著力行仁義是仁義未得於已纔用功去行他欲使其得於己故行字著力○胡雲峰曰庶民不能存無以自異於禽獸君子知此而存之所以自異於庶民存之者君子存者聖人此又聖人所以異於

君子也。○摘訓此章原為舜發，特以君子引起耳。

禹惡旨酒　一章

或問以而為如亦有據乎。曰而如二字恭通用之，詩曰垂帶而厲，鄭箋曰而亦如也，此亦以而為如也。春秋星隕如雨，左氏曰與雨偕也，此以如為而也。則其混讀而互用之久矣。曰是則然矣，然其曰求道之切者，恐非所以言聖人之心也，柰何。曰為是說者，正以其德為聖人而心不自足如此。是乃所以深明聖人之心也。且子胡不以視民如傷者例而觀之乎。夫文王之民固已無凍餒者矣。而視之猶若有傷。則其於道雖已與之為一。亦何害其望之如未見哉。若夫博施濟衆。堯舜猶以為病。而君子之道。夫子自謂未能。其心亦若此而已矣。如果聖人也。而其心侈然每以聖人自居焉。則亦豈所以為聖哉。曰。或者有謂武王之不泄邇不忘遠非仁也。勢不得不然也。信乎。曰。此以世俗計較利害之私心窺度聖人者之言也。聖人之心所以異於衆人者。以其大公至正。周流貫徹。無所偏倚雖以天下之大萬物之多而視之無異於一身爾是以其於人之疴癢疾痛無有不知而所以撫摩而抑搔之者無有不及此武王之不泄邇不忘遠循此段所以爲德之盛而仁之至也則知饒氏以德盛貼不泄邇仁至貼不忘遠非是今日廹於勢而非仁則不知其視聖人之心爲何如而指所謂仁者爲何物哉蓋其學本出於權謀機變之巧故凡其形於心術之間者莫非計較利害之私因以巳心窺測聖人而不自知其非也

輔慶源曰惡旨酒則物欲不行好善言則天理昭著○蒙引於旨酒而惡之惴惴然惟恐欲心之或熾所以遏人欲也於善言則好之汲汲焉惟恐善道之或遺所以擴天理也此禹之憂勤惕厲處即存其所以異於禽獸者也○惡旨酒則凡人情所欲者皆不能動矣好善言則凡天理之正者皆其所嗜矣此雖二事所該甚廣不然是數其事而稱之矣○存疑惡旨酒與好善言對一好一惡也執中與立賢對一立政一用人也視民與望道對一治人一修巳也

問湯執中立賢無方莫是執中道以立賢否朱子曰不然執中自是執中立賢

自是立賢只這執中，却與子莫之執中不同，故集注下謂執謂守而不失，湯只是要事事恰好，無過不及而已。○饒雙峰曰：未應事以前，未發之中如何執得。須是事到面前，方始量度何處是過，何處是不及，方可執而用之。是就事物上執。擇善固執也是就事物上擇而執之。若先執定這中，待事物來，便是執一，是子莫執中了。○蒙引：執中是事事惟執其所謂中者而不失。其憂勤惕厲之心何如也。立賢無方，惴惴焉惟恐失天下賢人之心。所謂帝臣不蔽，簡在帝心，憂勤惕厲又何如。○上句以處事言，下句以用人言。二句關涉亦甚廣大。

蒙引：耕者九一，至必先斯四者，是文王視民如傷處。不顯亦臨，無斁亦保，是文王望道未見處。此二句憂勤惕厲意自明，要看集註兩已字及猶字，此見文王之純亦不已。

朱子曰：聖心如潮水上來，灣。坳。浦。溆。一時皆到，無有遠邇。○泄邇忘遠，此通人與執而言。泄字兼有親狎忽略之意。○存疑：以人言，若侍御僕從之在左右，邇也賢人之在側陋親賢之藩屏於外遠也以事言如日用間起居食息隨身而在邇也民生休戚國家利害或在千里之外耳目所不及見或在數十年之後事幾之未露遠也○摘訓侍御僕從之在左右必敬以臨之而如對嚴賓起居食息之在日用必敬以檢之而如謹大德○人在側陋之中疏遠之地亦其明揚之所不遺而視之如左右事在四海之遠百世之久亦其謀慮之所必至而視之如目前○蒙引邇者人所易狎而不泄何也敬之常存也遠者人所易忘而不忘何也慮之周詳也此亦可見其憂勤惕厲之意

蒙引証三王禹也湯也文武也四聖如何唤作三王以代論也○兼三王不可依小註謂是孔子集大成意如此則三王各居其一節周公獨會其全體了周公固無害畢了三王柰何○周公於上四事則思兼而行之其或有不合者則勤於思而急於行此亦可以見其有憂勤惕厲之心也不可專重下段而於兼行處或略之夫四聖人各有一事倘皆爲憂勤惕厲今周公兼行四事獨不

爲憂勤惕厲必至下段云 云乃爲憂勤惕厲乎○摘訓二思字不同上思字便
有行了○兼三王施四事不可平分○乃一串意○謂兼三王之四事而施之也○存
疑古今異時彼此殊勢事有可行於古者或不可行於今可行於此者或不可
行於彼是其事不合者也然道以時遷理隨勢轉可行於古與彼者古之道彼
之理可行於今與此者今之道此之理也事不同而理同卒不害其爲同此古
今帝王所以因時爲治○因人立法而不相沿也○周公之仰思者思此也○幸而得
者得此也○○摘訓不合似只○指○四○事○說其中有許多條件○未可提本文數句大
綱語○便謂無不合處○如湯文事只本文四句已足該盡其平生矣○此外復有何
事乎○況蒙引於禹事云云此雖二事所該甚廣然則周公之施四事安知亦非所
該甚廣而姑舉上文以例其餘哉可見本文其字該中其事字只當指四事言　朱子云此章相此論○
癸○輩八○胡雲峰曰朱子嘗曰讀此章使人心惕然而常存○蓋聖人之所以爲聖人
者只是憂勤惕厲○須臾毫忽○不敢自逸○理無定在○惟勤則常存○心本活物○惟勤

則不死常人不能憂勤惕厲故人欲肆而天理亡身雖存而心已死豈不大可
哀哉○蒙引此章五條乘都是舉其功於憂勤惕厲之意者言故曰人謂各舉
其處亦非也聖人亦無不然

王者之迹熄　一章

大全詩王黍離註申侯與犬戎攻宗周殺幽王於戲晉文侯鄭武公迎太子宜
臼於申而立之是爲平王以亂故徙居東都王城於是王室之尊與諸侯無異
其詩不能復雅故貶之謂之王國之變風○陳新安曰平王以後詩不入於大
小雅而儕爲十五國風其事遂始載於春秋而詩終乎此矣○集說魯史雖自
伯禽受國以來固已有之然孔子之春秋則自隱公之元年以後也新安說是
存疑非之還未細考○問黍離降爲國風恐是夫子删詩時降之朱子曰亦是
他當時自如此要識此詩便如周南召南當初在豐鎬之時其詩爲二南後來
在洛邑之時其詩爲黍離只是自二南進而爲二雅自二雅退而爲王風二南

之於二雅便如登山到得黍離時節便是下坡了○緊要在王者之迹熄一句上蓋王者之政存則禮樂征伐自天子出故雅之詩自作於上以教天下王迹

詩亡即是王迹熄之故下坡謂此作春秋所以興

滅熄則禮樂征伐不自天子出故雅不復作於上而詩降為國風是以孔子作

王迹熄也係詩亦無興也

春秋定天下之邪正為百王之大法也○陳潛室曰雅詩多是王者朝會燕饗樂章故是公卿大臣規誨獻納之所作東遷以後朝廷既無制作公卿又無獻納故雅詩遂亡獨有民俗歌謡其體制聲節與列國之風同故止可謂之王風非聖人能降之也○蒙引以政教號令為王者之迹者以其見於行事故謂之迹也熄者止而不能復行也○王者之詩謂之雅列國之詩謂之風黍離本周大夫之詩當在雅然為東遷以後之詩今降居王風大王者無風今曰王風則與齊風鄭風者類矣○直解此將上下陵夷名分倒置天下之亂將不知其所止孔子憂之於是作為春秋詳述二百四十二年之事以明百王之法使王者之政雖不得行於當時猶可以昭示於來世此春秋之所以作也○達說春秋

作重在正名分上但未可詳耳恐礙下文竊取句○此節推作春秋之由蒙引乘所以載也故取乘字以名其書○本文正義是以檮杌爲凶人非以爲惡獸○此條言其與列國之史同下條言其與列國之史異蓋未經聖筆之前固爲列國記事之書也已經聖筆之後遂爲王者經世之典也○存疑此節言春秋本是記事之書下節正言聖人作春秋之事○許東陽曰以三國之史同言而曰一也蓋謂魯之春秋其所紀載非周之典禮善惡不明不過記五霸之事與晉楚之史同爾至於孔子之春秋則假其事以明義而非諸舊史之文故曰其義則丘竊取之矣如此看方見得中間一節不閑

達說此節重在末句其事二句輕總與上節都是起竊取其義句耳○蒙引上節言春秋本是魯國記事之書也故遂承言其事則齊桓晉文其文則史而其義則孔子自取之矣取裁定也○春秋列國諸侯之事皆在乃獨曰五伯又只曰齊桓晉文蓋桓文舉其盛者也諸侯之事雖在然王迹既熄之後所以綱紀

天下者全是伯也○其文則史但孔子有筆削耳曰其義則丘竊取之是褒貶予奪悉斷自聖心也故註曰蓋言斷之在己○孔子曰其義則丘竊取之是王者之迹雖熄而王者之法猶賴以存（只是存王迹無繼詩意）所以謂孔子之事莫大於春秋也此意最重○或曰朱子論春秋孔子只是據事直書是非有意立其字含其意及至作綱目却又全是以一字藏褒貶何也曰如子殺父則爲弒無罪而殺其臣則爲殺有罪則爲誅如此之類正是據事直書也若全無此義則夫子又何用筆削魯史爲蓋正緣魯史舊文不足以爲褒貶勸戒故取而修之耳必如愚此說然後二說不相反而且自相發明也○存疑三其字皆指春秋（三其字一例看最是）文即記事之文○義即其文之義蔡氏曰義承上文是王者之義不是義者事之宜春秋之當褒當貶當予當奪以至抑揚進退皆有至當恰好者在即是事理之宜而爲春秋之義也聖人舉魯史之舊文而裁取之其間褒貶予奪抑揚進退舉凡立例時措從宜皆出聖人胸中之經濟所謂立法創制斷自聖心也○達說竊取是

咎在我意若如蔡氏作有德無位則是本分之辭非謙辭也但此處只証其義出於聖人意不重謙辭亦勿作自任意〇集説筆特筆也則聖人之所特出已意以增之者削則有將舊史之文而去之者也〇張南軒曰春秋未經聖筆則同儕之史耳自其義聖人有取焉則史外傳心之要典所以存天理遏人欲撥亂反正示王者之法於將來者也〇陳新安曰好辨章述羣聖事而繼以孔子作春秋此章亦以作春秋繼羣聖事不及易詩書禮樂者孔子之事莫大於作春秋五經夫子之教春秋夫子之政也

亦皆其憂勤惕厲之心法也

君子之澤　一章

或問私淑之説曰張子前説得之矣張子曰孟子蓋謂孔子猶在五世之內雖不親爲弟子其餘澤在人我得私取之以爲善

輔慶源曰流風以風喻之也餘韻以聲喻之也父子五世經歷百五十年則君子小人之餘澤皆當絕也五世則親盡服窮其澤亦當斬絕矣盡親也服也澤

也實相因也〇蒙引澤本水之餘潤也故曰猶言流風餘韻也蓋物皆有迹〇惟風與韻皆無迹〇此言迹已逝而風韻猶在〇故風曰流風〇韻曰餘韻〇〇問澤猶言流風餘韻也但竟是甚麽曰以德業之遺於後者言〇只以孔子之餘澤來照看〇孔子之澤是甚麽〇餘可類推〇〇父子相繼爲一世三十年亦爲一世此蓋以父子相繼者言〇然三十年亦爲一世者大約世數人到三十年便有子〇〇大註引（下節註主三十年說）楊氏喪服之說非是正解五世而斬之義〇乃是以服制亦至五世而絕〇以證君子小人之澤五世而斬也〇〇君子小人蓋以位言無上下之別皆五世而斬也（君子小人俱是賢者〇）孔子則在君子之數〇故史記以孔子入世家嘗曰以吾從大夫之後〇問孔子之澤雖萬世不斬何爲槩以五世曰孟子此語在主去聖人之世若此其未遠上說〇故槩以五世而斬之義〇見於孔子猶在五世之內也〇（是欣幸意〇）

存疑首一節只是欲明聖人之澤尚存耳〇故承之曰予未得爲孔子徒也予私淑諸人也〇私淑諸人言把孔子之道私竊以善其身於在人處註兼其句倨且（私淑内有憂勤惕厲意〇）

長難讀故轉用之曰得聞孔子之道於人而私竊以善其身○蒙引從是徒第
言雖不得親受業於孔子之門然孔子去今未遠猶在五世之內其澤未斬故
猶得私淑諸人○此章明其得孔氏之傳也○陳新安曰韓子謂堯以是傳之
舜舜以是傳之禹至孔子傳之孟軻不待退之而後有此言孟子已自言之矣
此四章相承是也然猶分為四章答好辯章明言以已承三聖至七篇之末章
列序群聖道統之相傳而明言去孔子至於今百有餘歲其自任之重尤彰焉
孟子一身道統攸繫蓋如是夫

可以取　一章

或問取者貪之屬不取者廉之屬猶與之為惠不與之為嗇死之為勇不死之
為怯也今之過取者為傷於廉則宜以不與為傷惠不死為傷勇矣而反以與
為傷惠死為傷勇何哉曰過取之傷廉過於此而使奪於彼者也過與之傷惠
過死之傷勇過於此而反病乎此者也蓋奪乎彼者其失為易見而病乎此者

其失爲難知故孟子舉傷廉以例二者是亦孔子過猶不及之意耶
朱子曰可以取是其初略見得如此可以無取是子細審察見得如此如夫子
言再思一般下二聯放此殿幾不礙不然則不取却是過厚而不與不死却是
過薄也○問可以取取之傷廉不難於擇矣若可與不可與可死不可死之間
不幸擇之不精者與其吝寧過與與其苟生寧就死在學者則當平日極其
窮理之功廣於取舍死生之際不難於精擇也曰此意極好但孟子之意却是
恐人過予而輕死也○張南軒曰取與死生之義有灼然易判者有在可否之
間者在可否之間非義精者莫能擇也蓋其幾間不容髮一或有偏則失之矣
是以君子貴存養於平時而復研幾於審處也○陳新安曰此章三節作看似
平說審察之傷廉所以警中人以下之不及者傷惠傷勇所以警賢人之過之
都也○蒙引與所不當與非惠之正也則反傷於惠死所不當死非勇之正也
則亦反傷其勇○達說玩註用固字然字亦反字分明重下二段有欲只作三

平看者恐背朱註

逢蒙學射於羿　一章

或問程子之說前後不同何也曰前論讀書之法○後論處事之方○善讀者融會而貫通焉○則亦不見其有異矣○伊川曰學者不泥文義者○又全背却遠去理會文義者○又滯泥不通○如子濯孺子為將之事○孟子只取其不背師之意○人須就上面理會事君之道如何也○又如萬章問舜完廩浚井事○只答它大意○人須要理會浚井如何出得來○完廩又怎生下得來○若此之學徒費心力○又曰庾公之斯過子濯孺子○雖發四矢○其無謂也○國之安危在此一舉○則殺之可也○舍之而無害於國○權輕重可也○何用虛發四矢乎○

遂說孟子曰逢蒙殺羿因逢蒙之罪而羿亦不爲無罪也○昔公明儀嘗曰羿爲逢蒙所殺罪在逢蒙羿宜若無罪焉夫公明儀所謂宜若者正謂羿罪特差薄故言如此耳羿焉得爲無罪○是亦羿有罪包有自取意○但未可用此○下引公明儀極有味不是引他說無罪○正要辨他說有罪○公明儀曾賢人也宜若二字極斟酌○曰薄乎云爾皆是發公明儀宜若二字○不然曰字云爾字說不去矣○蒙引薄乎云爾比逢蒙爲薄也羿之罪見下文○張南軒曰使蒙爲夏羿之臣○

羿篡夏氏凡爲臣子得罪而誅之。蒙以義討賊。雖嘗學射。亦何罪之有。蒙以私意忌而殺之。是賊。爲。殺其師耳。以此而觀。輕重之權衡可得而推矣。

蒙引謂之侵者將以攻人也而乃承云衛使庾公之斯追之何也蓋是子濯侵衛見勢不利而遂逋。故衛追之。或謂逆擊者非也觀下文發乘矢而後反則子濯果逋矣〇庾公之斯等之字猶孟施舍之施字故集註於彼曰施語辭也於此曰之語助也〇乘矢古人一乘用四馬故謂四矢爲乘〇此所幸孺子是退軍故庾公斯得全私恩而亦不大害於公事不然庾斯亦不得全私恩縱得全私恩而得罪於國亦不容誅矣〇許東陽曰此章專。爲。取。友。發。羿不能取友而殺身。孺子能擇交而免禍。

西子蒙不潔　一章

蒙引此是設言。非實事也。其辭以貌言。其意以行言。故曰此章戒人之喪善而勉人以自新也〇輔慶源曰西子之質本美而蒙以不潔則自喪其美而反致人之惡言此所以戒人喪其本有之善惡人之質本醜而能齋戒沐浴至誠自潔則可以祀上帝言此所以勉人以改過自新深玩尹氏之言令人惕然而懼蹶然而作

天下之言性也　一章

或問二十六章之說程子以爲皆爲智而發今以章首之言推之恐其或爲性發而非智之謂也曰不然章首之言雖爲性發而天下事物莫不各有自然之理而是理又皆有迹而可考以見智之不必用而不[illegible]廁其下遂言惡夫鑿智之說詳焉而卒又歸章首之意使其眞爲性發則其言之詳略當若是其倒置哉

蒙引大章首曰性者人物所得以生之理也繼曰言事物之理一言人物一言事物何也曰言人物則事在其中矣非只是人物底事不是人上事便是物上非其事物之物又兼人與物而言人物是解性字之義當如此後言事物是在

章之旨當如此說看所惡於智者一條便見○朱子曰性自是箇難言底物事惟惻隱羞惡之類都是已發見者乃可得而言只看這箇便見得性集註謂故者是已然之迹也是無箇字得下故下箇迹字○輔慶源曰性卽理也雖無形而難知然不能不感發而形見於外既已形見則必有跡而易見如人性之仁雖難知然見孺子入井則發見而爲怵惕惻隱之跡則仁之性自見也○存疑性是無形影底物如何說得是故聖賢說性都是自發見處說卽其故也詩曰民之秉彝好是懿德孟子曰乃若其情則可以爲善皆是以其故言○朱子曰仁義禮智是爲性也仁之惻隱義之羞惡禮之辭遜智之是非此卽性之故也若四端則無不順利然四端皆有相反者如殘忍之非仁無恥之非義不遜之非禮昏惑之非智卽故之不利者也○故有兩件如水之有順利者又有逆行者畢竟順利底是善逆行底是惡所以說行所無事又說惡於鑿鑿則是邪逆行底○利是不假人爲而自然者如無惻隱之心非人無羞惡之心非人皆是

自然而然惟智者知得此理不假人爲順之而行○問如火之炎上水之潤下此是故人不拂他潤下炎上之性是利曰故是他本然底利是他自然底如水之潤下火之炎上固是他本然之性如此然水自然潤下火自然炎上便是利到智者行其所無事方是人之得自然底從而順他○此章意在知字此章言性只是從頭說下性者渾然不可言也惟順之則是逆之則非天下之事逆理者如何行得便是鑿也鑿則非其本然之理禹之行水亦只端的見得須是如此順而行之而已餘續之不成直爲不順耶○如荀卿言性惡楊雄言善惡混皆說得下面一截皆不知其所以謂之故者如何以不能以利爲本而然也○荀二本其自然一邊講說性

蒙引故其已然之迹利謂迹之自然者也○故者以利爲本此是自明其所謂要本着這箇說非本末之本也故者之本首言以其自然者爲主也○饒雙峰曰言性便當言故言故便當言利

蒙引所惡於智者與下文兩箇如智者皆指當時之所謂智者言畢竟是小智

也〇朱子曰鑿於智者非所謂以利爲本也〇輔慶源曰人物所得之理本皆順利無待於矯揉造作於其間却緣世人不明吾性之智而以私意爲智於是每事務爲穿鑿而失其順利之理〇胡雲峰曰鑿字與利字相反利者天理之自然鑿者人爲之使然〇存疑爲其鑿是承故者以利爲本說來言務穿鑿而不順利也禹之行水也行其所無事至則智亦大矣是解如智者若禹之行水兩句如智者亦行其所無事則智亦大智大則無惡矣〇曰所惡於智者爲其鑿又曰如智者若禹之行水則無惡於智見得禹之行水不鑿也下曰禹之行水也行其所無事正是言其不鑿〇言禹之智是舉聖人之智以示法非譬喻也蓋行水是天下一大事禹之行水是古今一大智故舉以爲行智者則例〇（下節說治曆亦然）許東陽曰智者應物若皆行其所無事則智亦如禹之大矣智亦之亦是亦大禹也

存疑天之高星辰之遠是舉至難以明至易也〇淺說天如是其高也星辰如（高遠對事物之近近字看）

是其遠也但其行有常而不差其度有數而不亂所謂故也苟治曆者欲求曆元以爲推筭之祖何自而得之惟按其行度布筭積分推而上之雖千歲之日至可不勞而得矣是亦行所無事也○千歲是大概言其久耳○上古日至豈止千歲耶歲月日時皆甲子亦時有○但要上古者方爲曆元耳○陳新安曰夜半即甲子時歲月日時皆甲子爲曆元蓋以建寅月爲歲首筭之則是癸亥歲十一月以建子月爲一歲之最初筭之則甲子歲之氣候已始於此矣故云歲亦甲子也○趙氏惪曰以建子爲正故以夜半爲朔其至與朔同日故云夜半朔旦冬至若建寅爲正者則以平旦爲朔○朱子曰曆家自今日推筭而上極於太古開闢之時更無差錯只爲有此已然之迹可以推測耳天與星辰間或躔又曰星辰亦有逆行大要術躔度皆是順度有少差錯久之自復其常以利爲本亦猶天與星辰循常度而行苟不知此皆鑿之謂也○至極也日至者日之長至此極矣冬至者日之短至此極矣非運到之運乃至極之至故夏至一陰生而日漸短冬至一陽生而日漸長○蒙

引求其故求天與星辰之故也千歲之日至人皆說是後來千歲之日至不知乃是已往底千歲之日至也問既是已往底又推求他做甚曰曆元在此治曆而不得曆元憑何爲據以筭來者曰治曆固以曆元爲據然生於千萬歲之後而欲求乎千萬歲以前之曆元又何所據而得之乎曰此則自今日而順推其已往者所謂其運有常既順推其已往者而得其源頭了然後遂把那源頭來遂推其未來者易爲筭矣初間是泝流而尋源後來却是自源而推流○可坐而致之朱子註明辨爲可坐而得已不再推求矣而仁山則曰致謂筭得來也不知何說○不可以言性一節遂爲智者之事蓋首節是論理之自然下二節方言人能順其自然之理乃爲智也若謂言性以故利爲本亦是智則下文是就處事上說智而此章智分言行矣○此章見得理本自然而人當知順其自然也次節似言利然利則故之利末節似言故然故則其利者也不可依新安之說强分故與利○存疑首言理本自然次言人當順其自然末言順自然之

不難也。

公行子有子之喪　一章

或問愚嘗聞之師曰陳司敗譏孔子爲有黨而孔子受之不辭右師以孟子爲簡已而孟子辨之如此其九聖賢地位固不同也使孟子聞右師之言而曰禮也足矣無已則曰朝廷不歷位而相與言不踰階而相揖則已微見圭角矣然猶未也而又必盡其辭焉此所以鋒芒發露而不及孔子之渾然也學者於此宜致察焉

趙註公行之喪齊卿大夫以君命會各有位次故下云朝廷也○蒙引進非已進也進右師也謂以色迎而招之前也右師往弔當時已有先右師而在坐者故右師方入門而未就位也則有進右師於其位而與之言者右師已就位則又有就右師之位而與之言者此自其甚者言則大不用歷位踰階而與言者何限也○集說兩有字要看當時紛紛趨奉非止一二人已也

陳司敗揖巫馬期而進之進

以入門二字偏屬句句方見御衆人急於趨奉意

俱歸進乃

此條是此章正旨。之作待小人不惡而嚴。猶是通用活套。

蒙引不與右師言是未就位及已就位。始終皆不與之言也。故右師慍之。○明白說出分明是挾其寵貴而怒孟子之不見親順。是只以衆人待孟子。多少是無禮。

朱子曰孟子鄙王驩而不與言是。然朝禮既然。則當時雖不鄙之。亦不得與之言矣。鄙王驩於出弔處已見。此章意則以朝廷之禮爲重。時事不同。理各有當。而聖賢之言無所苟也。豈爲愧衆人爲已甚而始以是答之哉。正所以明朝廷之禮。而警衆人之失也。○存疑位與階不同。位是本身站立位次。階是朝官敘列班行。階有許多人。位只是已一人。故有同階而異位者。如六部尚書同在一班。與侍郎不同。此階同也。然吏部尚書又在戶部尚書之上。戶部又在禮部之上。此位異也。○蒙引不踰階而相揖也。兼言揖者。與言者必與揖也。揖而後言者也。此兩句亦禮之成文也。○異怪也。不可謂異於禮也。○張南軒曰衆與之言。以其變於君而諂之也。右師以孟子爲簡已者。以孟子時所尊敬。欲假其辭色以爲榮也。君子之遠小人，不惡而嚴，豈有他哉？亦曰禮而已矣。

君子之所以異　一章

或問：古之聖人多矣，必言舜爲法於天下，何也？曰：法者，人倫而已。他聖人者，因其常而處之，不失，未足以見人道之盡也。惟舜極其變而不失其常，是以人道之盡於此尤可以見焉，故特舉舜而爲言耳。然其所謂法者，亦豈舜之自爲哉？但性天之妙，人所難明，而舜之所行有以盡發其蘊，使天下後世無不見聞，故舉舜以見法耳。程子所謂觀乎聖人則見天地者，正謂此也。曰：楊氏以爲孟子三自反，不若顏子不校，信乎？曰：自反所以自修，學者之事也。不校，不見可校，成德之事也。其淺深之序，信如楊氏之說矣。然自反之說，謹嚴精切，正學者所當用力處。若反之未至而遽欲自以不校爲高，則恐其無修省之功而陷於苟且頹惰之域也。

問：我本有此仁禮，只要常存而不忘否？朱子曰：非也。便這箇在存心上說下來。

言君子所以異於小人者以其存心不同耳君子則以仁以禮而存之於心小逆者也
人則以不仁不禮而存之於心須看他上下文王甚麽說始得○饒雙峰曰以
是存於心添於字便可見孟子意是只把仁禮來存於我心此心常在仁禮上更易
終身之豪
無頃刻或離君子異於人以其能以仁禮存於心他人便不能○蒙引朱子云
存心只是處心與人不同據此說存心亦太輕不見有不忘意大註精矣○所
謂仁禮正指川上說其以仁禮存心者言其常存愛人敬人之心也○補訓
仁禮亦是行之於外以待人者不可把以仁禮存心說到本原上去○存疑言輔氏說不可用
君子所以異於人者以其存心也其所存心者仁禮也君子以仁存心以禮存
心二句是總腦下文三自反正是說仁禮存心處觀后許存心不苟一句可見
○達說以仁禮存於心而不忘常變雖有異遭而仁禮則無二致矣此君子之包下文說
所以異於人也
達說此節并下節要一氣緊緊說下起下文三自反意不用多講以仁禮存心

就該三自反意了不是只說存於心下方說仁禮之施也蓋此施字對下驗字不是對存字也

陳新安曰我敬而人應可驗我之得人不應可驗我之失驗字已含下文必不仁必無禮之意矣

輔慶源曰强暴横也不順理逆也○陳新安曰横逆者愛敬之反○蒙引待我以横逆不我愛我敬也則君子必自反也我必不仁必無禮而不愛敬人也不然此物奚宜至哉○蓮說物事也言我若愛敬人則此横逆之事奚宜至於我哉

朱子曰忠者盡己也盡己者仁禮無一毫不盡

蒙引難忠也言不爲之横於胸中也置之不較也此正所謂無一朝之患與君子不患者大註云言不與之較也亦是此意不要說是不必難也○於翁歎文何難焉前面猶被他難也如曰我必不仁也必無禮也又曰我必不忠還見彼

存疑因他横逆心中

他難也○達說曰不足與之較便見己之仁禮衙不忘也非謂於禽獸何難再不施仁禮於彼也○存疑仁者愛人以下是承君子以仁存心以禮存心說言君子以仁禮存心者何如仁者則愛人有禮者則敬人愛人者人亦愛之敬人者人亦敬之施則必報乃理之常君子仁禮之施不得愛敬之報是必吾之未能仁禮故以自反也自反而仁禮矣猶不得愛敬之報是必仁禮之不忠故又以自反也自反而忠猶不得愛敬之報則在己之道已盡在人之橫逆亦可以為妄而置之度外若在己未能盡道遽以人之橫逆為妄則在人未必妄而已遽為妄人爾此皆是君子以仁禮存心而不忘處也

蒙引君子有終身之憂終身二字要得分明以仁禮存諸心則無一息之或忘矣或待我以橫逆既自反其仁禮矣猶未也又自反而忠可見此心常存念念不忘時時照管惟恐一毫之不自盡處豈非終身之憂而何○無一朝之患也一朝卒然之意言其近小也憂有終身患無一朝此一朝正對終身而言終身

之憂在我者也故君子必自盡一朝之患不在我者也故君子不患焉○無一朝之患上文曰君子曰此亦妄人也已矣如此則與禽獸奚擇哉與禽獸又何難焉此正所謂無一朝之患也蓋雖有卒至之變而不以爲患也只是心無愧也古人所謂患者如此○存疑有終身之憂無一朝之患二句是櫽括上文五節之意憂之如何如舜而已矣摠在三自反之内蓋其所以自反而仁禮自反而忠只是欲求到舜地位也辭雖未及意則已該非仁無爲非禮無行只是自反而仁自反而禮自反而忠非有外也○舜亦仁禮上能盡其愛敬之親所能化其傲象故可法當時而傳後世我不仁禮未能解人之横逆是未免爲鄉人也○直解爲法於天下而天下愛敬之是億兆人之一人也可傳於後世而後世愛敬之是千萬世之一人也（對觀人語）○摘訓則亡矣不是真無患乃有之而不以爲患耳此章本意正是要人說有患觀上文三箇横逆字可見○造說乃若所憂至如舜而已矣是詳有終身之憂句若夫君子至末是詳無一朝之患句○趙氏

曰集註不苟二字不可淺看心一不仁而不自覺不自強便是苟且也○兪穌
此章論君子存心之學歸在反巳反巳之功歸仁以大舜爲法
禹稷當平世　一章
或問稷子至矣伊川日記日君子而時中如三過其門而不入在禹稷之世爲中若在陋巷則不中矣居陋巷在顏子之時爲中三過其門而不入則非中矣故曰禹稷顏子易地則皆然
集註平世亂世只就君臣有道無道紀綱政教明行不明行上說非指氣數言
若論氣數則禹稷之時天下猶未平顏子之時若有明君用之豈終於不出者
○稷疑三過其門主乎禹今孟子則兼稷言之何也孔子言躬稼其亦主於稷
而乃兼禹言之以禹之治水非得稷之播種則無以奏艱食非得禹之平水土
則無以爲躬稼是二者未嘗不相待爲用耶孔孟交言之是亦一道也○問過
門不入若家有父母豈可不入家朱子曰固是然事亦須量箇緩急若只是泛泛
底水未便傾國覆都過家見父母亦不妨若洪水之患甚急有傾國覆都君父

危疑之秋也只得奔君父之急雖不過家見父母亦不妨也○陳新安曰賢其
職掌而安其之變諺讀使與論語有別
諺解顏子隱於陋巷之中以一簞為食以一瓢為飲其貧窶之狀使他人當之
必不能堪而顏子處之泰然不改其樂其修身以避世如此○陳新安曰賢其
避世而樂己之樂○蒙引兩箇出處行實不同而孔子皆以為賢孟子便從此
生議論了孟子之言皆所以發孔子之意
輔慶源曰道則以其所行言之也心則以其所存言之也有是心則有是道○
存疑曰聖賢之道進則救民退則修己此便見同道處蓋進而救民是聖賢之
道退而修己亦聖賢之道也其心一而已矣又何先一步設總說曰聖賢心無
不同事則所遭或異然處之各當其理是乃所以為同也禹稷顏回同道之旨
當如此看愚此說與蒙引異蒙引就把心當道說於集註聖賢之心無所偏倚
且集註本下註道聖賢之心無不同事則所遭或異然處之各當其理是乃

所以爲同意俱不合學者詳之

蒙引禹既身任治水之責則天下有溺者實禹之責故曰禹思天下有溺者猶己溺之也稷既身任播種之事則天下有饑者實稷之責故曰稷思天下有饑（疚語作猶）者猶己饑之也惟身任其責如此是以如是其急也要說得是以二字分明莫把上文說出急於救民之意○孟子本章意若曰禹稷顏回一則出而救民一則退而修己二者若不同矣然其實禹稷顏回同道何也蓋禹主治水而思天下之溺猶己溺之稷主教民稼穡而思天下之饑猶己饑之所以如此其急而不暇過家門也若顏子則自無此責矣故得以蕭然自在陋巷之中也此條要看此意○達說此節言禹稷顏子之事異者以其所遭之異也可見禹稷之救民是其道當救民顏子之修己是其道當修己也

存雖使禹稷顏子易地而處則皆能爲之可見禹稷非偏於救民顏子非偏於修己其救民其修己所處之地當然也所以爲同道也夫道者事物當然之理

天下事無常形，而理無定在。在此事則爲此事之理，在彼事則爲彼事之理，安在其爲同。然此事之理此理也，彼事之理此理也，隨事雖有不同，然其爲理則一也。○此章同道，本就心上說，集註屢提心來解者，心，道之所從出也。聖人之心同皆中無私，故能隨所寓而盡其道。若人各一其心，如楊子取爲我，墨子兼愛，則同室有鬬而不知救，鄉鄰有鬬而不知閉户，所爲各滞於一而不適於道，不得爲同道矣。故曰聖賢之心無所偏倚，隨感而應，各盡其道。○業引此孔子所以於禹稷賢之，於顔子亦賢之，正以其隨所處而各盡其道也。意已盡於此，下文只是譬喻。○聖賢之心無所偏倚，即下條所謂聖賢心無不同者也，是以其本心言。小註所謂人本之中者是也。隨感而應，各盡其道，即下條所謂事則所遭或異而處之各當其理者也，所謂時中之中是也。○此一章當以時中詁。

陳新安曰：遇沐不暇束髮，冒冠於所被髮上，結纓而往救。○集說：被髮纓冠一

聯事冠亦未有不纓者但被髮而纓其冠則爲甚急耳

摘訓被髮纓冠及閉戶皆甚之之辭蓋救可也救而至於被髮纓冠則太過而嫌於失禮矣不救可也不救而至於閉戶則太過而嫌於寡情矣有似於不可者也故各下一雖字可字○集説兩可也可字正是隨感而應各當其理之意○摘訓知被髮纓冠之爲可則禹稷之身任其責視天下猶同室也三過不入是即所以被髮纓冠矣知閉戶之爲可則顔子之不任其責視天下猶鄉鄰也不改其樂是即所以閉戶矣二者隨時爲可禹稷顔回豈不同道矣乎○張南軒曰顔子未見其施爲邊比之禹稷不已過乎殊不知禹稷之事功何所自德者本也事功末也本末一致也故程子曰有顔子之德則有禹稷之事功○孫疏此章言顔子之心有同禹稷者也

按此章大意微重顔子與孔子在孟子口中影射孔子及自己則不必只依總註發揮可也

公都子曰　一章

蓬説通國字重又從字亦重言與之遊已過矣又敬之則亦甚矣

直辭知有身而不知有親不孝之一也知有交遊而不知有親不孝之二也知有室家而不知有親不孝之三也虧體（虧体二字不切）而辱親不但失養而已不孝之四也忘身以及親又不但辱之而已不孝之五也○蒙引從耳目之欲放蕩於禮法之外也則其身爲下流不齒而辱及其親矣○陳新安曰五不孝之序從輕漸說至重

饒雙峰曰章子得罪於父與其他得罪不同章子但不合責善於父故出妻屏子以示不安之意先說子父責善是言子責父之善下說父子是泛言

陳新安曰父子間所以不責善而惟朋友當責善者蓋朋友以義合責善而不從則交可絶父子以天合責善而不相遇則賊恩而將至於離故也○摘訓責善而不相遇則非世俗之所謂不孝然以朋友之道用於父子之間而致有賊恩之大變則亦不得爲孝矣此兩節相承之意

陳新安曰此屬字卽天屬家屬之屬本文總夫妻子母而言集註分說妻以配

字對屬字○蒙引子謂匡章之子母卽匡章之妻其設心以爲不若是是則罪之大者云云蓋章子亦自知其有罪也但在章子之自責則如此在他人則當矜其志而畧其罪也○朱子曰孟子之於匡章蓋憐之耳非取其孝也據章所爲因責善於父而不相遇遂爲父所逐雖是父不是已是然便至如此出妻屛子終身不養則豈得爲孝故孟子言父子責善賊恩之大者此便是責之以不孝也但其不孝之罪未至於可絶之地爾然當時人則遂以爲不孝而絶之故孟子舉世俗之不孝者五以曉之若如此五者則誠在所絶爾後世因孟子不絶之則又欲盡雪章之不孝而以爲孝此皆不公不正倚於一偏必若孟子所處然後可以見聖賢至公至仁之心矣○張南軒曰章本心亦欲父之爲善耳乃或過於辭色致父之怒後又不敢安於妻子之養以深自咎責則章亦可哀者若章得罪而不知懼則是終以忿戾之氣行乎其間而可罪矣○饒雙峰曰章資質自好但無學力雖知愛父而不知愛父之道旣得見孟子必教他回

父之意未必止於此章子通國稱其不孝仲子通國稱其廉孟子於此二人所謂衆惡之必察焉衆好之必察焉○存疑此章五段二節言匡章無五不孝三節言不得父之故四節言其亦有罪五節言其雖有罪却能自責罰據此皆未見有可絕之狀但見其有可哀之情然則孟子與之遊又從而禮貌之未爲過也○達說末句總承責善責罰二意來言此乃章子之所爲也已矣者無他之辭也與上文不一於是乎照看言無五不孝也

曾子居武城　一章

蒙引曰無寓人於我室曰修我墻屋此語其守舍之人也○待先生云云此門人私議之辭非對曾子言也故曾子無言沈猶行亦門人也乃以其所見解之○直解武城大夫之待先生內盡其誠外盡其禮這等底忠且敬可謂厚矣○集註殆於不可就情上說○蒙引沈猶不必說是沈猶行或偶同姓亦未可知昔沈猶云云言其曾此義也○達說賓師不與臣同句是朱子以下文反對未

可用也、

一說居於衛、是仕衛而居。與居武城不同。如仮去君誰與守、是示以不去之意。存疑曾子師也、師有父兄之尊、焉有父兄而死子弟之難、其違害者理之當然也、子思臣也、臣則微賤、豈可不死君之難、其死難者理之當然也、故曰曾子子思同道、○摘訓微則非父兄之比、而當死君之難矣、若說臣當死君之難便欠了微字意、○張南軒曰君子不避難。亦不預於難。惟當夫理而已。故曰曾子子思易地則皆然、以天理之時中一而已。

儲子曰　一章

或問楊氏得之矣　楊曰聖人人倫之至也。豈有異於人乎哉。堯舜之道曰孝弟。不過行止疾徐而已。皆人所日用而昧者不知也。夏葛而冬裘、渴飲而飢食、日出而作、晦而息、無非道者、譬之莫不飲食、而知味者鮮矣、推是而求之、則堯舜與人同其可知也已、蒙引瞯竊視也、是令人窺其燕居獨處之時。動靜語默之間。果與常人不類乎。若其容貌則王必已見之矣。○孟子曰云云者、自是一家言、亦因以進儲子及齊王於堯舜之途也、曰堯舜與人同耳、使是堯舜無有與人異者矣、此中意便是同此性而能盡其性、同此形而能踐其形者、但尚引而不發、發出則味反薄矣○陳新安曰堯舜與人同耳、與人皆可以爲堯舜之説實相表裏○但其意包含而未盡○使儲子再問難○孟子必須倒盡發之矣○集説言堯舜者謂且勿論其他○便是堯舜這等大聖人○亦無以異於人也○只虛虛説箇話○

齊人有一妻一妾　一章

存疑蒙引曰南軒張子謂孟子在齊適見此事云云、愚意或是孟子口頭設事亦不可知、假當以蒙引爲主、孟子多有如此説話處、如月攘一雞之類可見○蒙引卒之東郭之至也○摘訓未嘗有顯者來、疑其言之不讐、徧國中無與立談者、則其言不驗矣、曰此其爲饜足之道也、始知平日之饜酒肉而後反者得之於此○而正與其所謂盡富貴者相反矣○集説言意在後節○只備齊人之形其可羞之態耳○

惝訓知何說由君子觀之蓋以今人而自觀固惟知其爲榮而不知其可羞以常人而觀今人亦惟見其爲榮而不見其可羞矣○集說曰富貴又曰利達利便利達通達也乃衝要關節之處討援多當而所行無阻抑不順者是也亦有富貴而未必利達者故兼言富貴利達○張南軒曰驕妻妾者徒知以得爲貴而不知所以得之者可賤也○吳氏程曰其妻妾至幾希矣作一句讀○黄勉齋曰此章形容苟賤之態殊可賤惡然流俗滔滔務爲耳語無所不至搖尾乞憐自少至老無一念不在是未得則愁憂窮蹙志氣薾然甘於不勝其小既苟得則志得意滿驕親戚傲閭里哆然自視不勝其大可賤甚於乞墦而莫之覺也學者深明義利之辨克吾羞惡之心而養吾剛大之氣然後知孟子此言誠末俗之箴砭也

四書鈔下孟卷之一終

厔亭秘丕笈仲貫纂輯

萬章問曰舜往於田章

或問諸說皆善而尹氏盡性之意尤精 總註用之

蒙引仁覆閔下覆覆幬也閔憫恤也謂仁以覆閔乎下也此以天之情言○存疑怨是怨己慕是慕親怨己之不得乎親必己有罪以致之以是自怨也思慕是思慕乎親必欲得之不是思慕欲得親方其未得乎親之時則怨慕兩字俱當用及既得乎親之時只當用慕字故孟子之告萬章始則曰怨慕終只曰慕

○蒙引怨慕二字相連新安謂惟順於父母以上言怨此說恐未盡然蓋怨在已則所慕在親矣如何只說是怨而無慕謂人少則慕父母一條是言慕而無怨意固是○直解孝子之事親幸而安常處順固是天倫之至樂然不幸而偶

值其變則其情亦有大不得已者蓋凡人有所圖爲而不得則怨生有所懷戀

註是照下文歸在此處只當如

此渾渾說若說破則萬章不消疑問矣

而不舍則慕生舜惟不得於父母其怨艾之深思慕之切不可解於其心是以呼天號泣以自鳴其悲愁困苦之意此聖人處人倫之變不得已而然者也淺說怨慕也意蓋謂怨己之不得其親而思慕也正所謂父母之不我愛於我何哉惟順於父母可以解憂者也萬章不喻其旨而疑其有怨於父母也○達說舜往於田耕田以養親則吾既得聞命矣呼旻天父母而泣吾不知其何心也公明高曰是聖人至孝之心非爾所能知也吾推公明高之意蓋以孝子之心不得乎親必不若是恝然無愁而自謂我能竭力耕田共爲子職即是以爲

不若是三字是吸下語氣

孝而已矣其心正謂父母之不我愛者必我於子職未盡而致然耶是以負罪引慝怨已不得乎親而思慕之也豈怨父母哉此公明高誠知舜之心者即此可以觀舜之怨慕矣○蒙引夫公明高以孝子之心爲不若是恝我竭力耕田共爲子職而已矣作一氣讀下此與下句正是一正一反說正見得舜未嘗自

以爲孝也若曰我竭力耕田共爲子職而已矣則是自以爲孝孝子之心初不若是恝曰我竭力耕田其於子職已盡矣蓋父母之不我愛我必有罪以致之而猶未知耳○於我何哉者負罪引慝曰如惟恐惟其所以得罪於親之故而不可得皇皇無措而不容釋者也最得大舜怨慕之情狀蓋惟求所以不得乎親之故而不可得方知其所以圖得其親者無所不至矣

史記五帝記舜年二十以孝聞三十而帝堯問可用者四岳咸薦虞舜曰可於是堯乃以二女妻舜以觀其內使九男與處以觀其外舜居溈汭內行彌謹堯二女不敢以貴驕事舜親戚甚有婦道堯九男皆益篤○朱子曰二女娥皇女英也蓋夫婦之間隱微之際正始之道所繫尤重故觀人者於此爲尤切○饒雙峯曰觀者衆人之所共見以天子二女來處頑嚚傲之間看他如何處置二女和則是處置得是九男皆帝子亦難處若處之得其道亦自安百官只是百司如後世典籤涓人之類○集說史記觀其內觀其外乃是舜已徵庸特未胥

按大文只動事字與下二項一例觀字意不重

天下而遷之曰觀者是帝爲揖遜天下而觀非爲用舜而觀也此時舜已用之在位了○蒙引謂與之共視乎天下而遂移以與之也堯老而舜攝政分明是與舜共天下胥即共也遷之則盡轉而付之註相視也胥正訓相覛字是他意○帝使其子至以事舜於畎畝之中一也天下之士多就之者二也帝將胥天下而遷之焉三也下文所謂富貴即帝將胥天下而遷之人悅即天下之士多就之妻帝之二女便是二女事之至於百官九男倉廩則又在所略蓋聖賢說話正不必拘拘於湊合然大意則是如此○摘訓僃字項百官牛羊倉廩二項○說者皆以此節爲承上文言舜怨慕之實看來不是蓋此上只就其往於田說此又說到九男二女等處可見不是一意了謂舜之怨慕豈惟號泣於往田之際哉帝使云云蓋至此等可樂之地宜若可以自適矣而亦未嘗不怨慕也○窮人正與上相對蓋窮人則無妻子之可養無人之可依無富貴之可樂者也下文數箇處字正是如窮人無所歸○胡雲峰曰如窮人無所歸六字譬

愈最形容得舜之情不得以自遂身不得以自安心不得以自釋其爲怨慕迫切之甚可知

蒙引帝使其子云云而舜乃爲不順於父母如窮人無所歸者何也誠以舜之心以此數者皆不足以解憂而惟舜於父母可以解憂也故孟子推舜之心如此以解上文之意上是以其迹言此則以其心言○蓮說惟順於父母可以解憂正發其怨慕之心以足於我何哉之意也順於父母與前篇不順乎親此看

○問聖人所以孝其親者全然都是天理略無一毫人欲之私所以舉天下之物皆不足以解憂惟順於父母可以解憂朱子曰聖人一身渾然天理故極天下之至樂不足以動其事親之心一心所慕惟知有親看是甚麽物事皆是至輕

蒙引上言舜不以得衆人之所欲爲已樂而以不順乎親之心爲已憂此節因贊其異於衆人如此也○集說人少則慕父母一句是一節主腦以秉彝好德

之良心。少時自在。但不覺爲物所遷。不能不失其本心耳。仕則慕君一句且主功名富貴之士說。亦是因物有遷者一路。觀集註於不得只謂個失意可見。不可便說是事君之忠者。○大孝終身慕父母只是不因物有遷。合常變俱在內。且寬說。至五十而慕乃說到舜。○存疑五十而慕是證其終身慕處。○達說過此以往。又安有少艾妻子仕君之足以移其心乎。然則舜其大孝也歟。豈可謂其怨父母乎。正結舜怨乎句。○眞西山曰聖人惟克極其天性之至孝。而無一毫之不盡。所以能如此。

萬章問曰詩云娶妻如之何　章

或問不告而娶。已見於七篇矣。游氏之意亦爲曲盡。游曰告而娶義之小者也。廢人之大倫罪之大者也。韓陵之顧告。則不得娶。舜知之宜審矣。故受不告之名。而不怨悔。次於廢大倫。之號。如必先告。俟其不從。然後遂之。則是重拂其親之意。而反彰其惡也。故其不告君子以爲猶告。象欲殺舜事。程子之言至矣。伊川曰孟子言舜完廩浚井之說。恐未必有此事。論其理而已矣。堯在上而使百官事舜於畎畝之中。豈容象得以殺兄。而使二嫂治其棲乎。學孟子者以意逆志可也。見註其曰人情天理於是爲至者。尤爲精切其所疑萬章之言（似川曰本無此事凡是萬章所傳聞孟子更不能理會這下事且只論舜心也）則林氏論之爲詳然學者止欲識得舜之心耳此亦不足深論也林氏曰司馬公以爲是時堯將以天下禪舜瞽象雖愚亦豈不利其子與兄之爲天子而欲殺之乎借使殺之堯必誅已宜亦有所不敢矣燕氏以爲舜之側微已能使瞽象之不格姦矣豈至此而猶欲害之哉以此皆疑孟子之誤惟程子以爲此非孟子之言乃萬章傳聞之誤而孟子有不暇辨耳是數說者恐其皆未安也蓋天下之事有不可以常情測度者使瞽象而猶知利害之所在則亦未爲甚頑且傲而舜之所處亦未足爲天下之至難矣不格姦晉但能使之不陷於刑戮若家語所謂索而殺之未嘗可得即此焚廩捐井之事也且聖賢於世俗傳聞之說有非實者必辨而明之以曉天下後世豈有知其不然而不暇辨者哉　曰張子諸說如何曰張子曰道無權正之別權與正一者語亦傷快若曰告而娶正也舜不告而娶權也然旣是當爲之事則權與正一而無輕重之別如此而言則庶乎其備矣曰楊氏謂舜惟恐不獲於象者如何曰舜之所以然者不爲是也但其兄弟之愛發於自然不以殺已而有變耳若曰惟恐不獲於象而後同其憂喜焉則是畏其殺已而幸其寬已亦非所以語聖人矣

蒙引齊風南山之詩云娶妻如之何理當告於父母然誠如此詩之言則能盡

此理者宜莫如舜舜乃不告而娶何也孟子答之若曰告而後娶者理之常也而舜之所處則人倫之變也告則爲父母所阻而不得娶矣夫娶而男女居室者人之大倫不可廢也如告而不得娶則廢人之大倫而不免見懟於父母也與其告而廢大倫以懟父母孰若以權行之旣免於廢大倫且不至懟父母是亦所以爲孝而已是以寧不告也○曰爲其無後也又曰廢人之大倫豈以不

嘗聞四岳舉舜○舜年三十矣○滿目行鰥在下曰虞舜○

廢大倫正以爲繼嗣耶○存疑欲告而後娶則父母不之聽又生一塲憎疾是

則其父母之不欲其娶也可知○

徒見怨於其父母也○集說以懟父母當另作一進步語○上言大倫此言告則廢人之大倫已是難處○况且又徒傷怨於父母所○是以不告也文氣仍只重在廢倫上懟父母帶說○

蒙引意謂帝以女妻其人亦當使其人之父母知也此疑誠是曰帝亦知告焉則不得妻也係吳氏程作一何讀○焉乃助語辭矣言帝若告其父母則舜之父母必不喜其娶而有違言矣父母之違言一出則舜便不敢就而帝亦難於强

之矣故曰帝亦知告焉則不得妻也以倫理論亦是○摘訓舜之父母雖不頑違帝之命而舜之心則不敢違父母之命也○輔慶源曰謂以君命治之不審瞽瞍之不聽也官府治民之私或有理法當然而牽於私不肯然者則官司以法治之必使之然也○金仁山曰集註引程子曰是補孟子未備之意達說重處見衆之變上父母只是引起之辭○集說使雖是父母使之然皆象所爲者○摘訓出字自爲一句即從虛空中出也朕我也古人自稱之通號○存疑象往舜宮本欲取舜之有見舜在床琴乃變其辭曰鬱陶思君爾故來相見然其色不免於忸怩○亦是見其來而喜之因使爲有視頁非以治理之責寄之也○蒙引象憂亦憂是件象喜亦喜說重在下句言舜雖知象之將殺己然見其來而喜則又有不自覺者○朱子曰象謀害舜者舜隨即化了更無一毫在心但有愛象之心常存今人被弟激惱便常以爲恨而愛弟之心減少矣○象爲弟日以殺舜爲事若是別人如何也須與他理會也須喫不過舜只知

（旁注：怨之意；即了不藏怒不宿）

我是兄惟知友愛其弟○那○許○多○不○好○景○象○都○自○不○見○了○○集説當時象之殺己、舜豈不知、然從來相怨相憎、未嘗一至其宮、今日偶然而來、舜心亦爲之歡喜、說他和好了、豈知其爲分取所有而來耶、○這説象喜亦喜忘私忿而重天親、殺己之事全不介念兄弟相見至情自不能已也、但亦不要十分明白説○恐萬章不消僞喜一問○

發明註意

蒙引孟子雖已告萬章以象憂亦憂象喜亦喜、然萬章猶未達此二句是言其兄弟之情○自有不能已者○猶謂只是作意爲之耳○○可欺以其方泛説○而子産事在其中○言子産令校人放魚、校人復之云云、此自理之所有者子産安得不信、許氏謂魚入水有攸然而逝之理、此何恐未盡觀校人出曰云云、則不專指攸然而逝一句明矣、○不要將信字帶誠字○信與喜相連謂眞實信之喜之也○○信正所謂舜本不知其僞者也、註只謂故實喜之者、惟守信字、故實喜之畢言喜自該得信、○註象以愛兄之道來云云、此數句最緊要○其不知其僞者○愛○

集説校人自當尊主人之命而魚之於水亦自有得所之理此指方也

信而喜之四字連讀○

舜之心勝而然也不然明洞秋毫豈容有不知哉○摘訓前是處夫婦之變隱

不失其常後是處兄弟之變而不失其常說者以前爲父子之變未是

象日以殺舜爲事　章

達說萬章疑舜只放象爲過厚孟子言舜非放之實封之見聖人用心非常人所能測也此二句是一章總腦○故下二節承此議論○

蒙引幽州北裔崇山南裔三危西裔羽山東裔所謂投諸四夷逆諸四夷者○當依書作竄三苗竄之於此實置之死地也蓋三苗卒死於此故云殺○鯀之殛初亦只是貶逐而禁錮之此曰殛誅也其致一也○堯之時四凶之惡未著堯不得探其惡而誅之舜之時四凶之惡已著舜不得以堯不誅而舜亦不誅之其或誅或不誅皆天理也○罪活字猶云罔誅也服服其用刑之當罪也即下文誅不仁也○仁人固如是乎帶下不帶上○在他人則誅之在弟則封之正所謂如是者也○然事實亦只在上文○摘訓在他人則誅之以除民之害○在舜

則封之以貽民之殃所以謂之不仁若只以刑賞不均爲不仁便與上文兩意了○說約萬章問意亦頗重流毒有庳處但此節方言兄爺至情不容不封自不暇爲不暴有庳作辨必俟下再問而後解之然解不暴有庳處仍是說親愛其爺處○直解仁人之待爺憂喜則與之同干犯不與之校雖有可怒可怨之事隨卽消釋未嘗藏怒而宿怨也○集說仁人二字固重於爺二字亦不輕仁人之於爺固自不同於他人矣○藏匿其怒謂怒了却還在放在心裏未忘宿怨亦是有所怨而留畜於中過後還在底意思難道仁人於爺便無了怨怒只是隨過便化無藏宿而已（卽朱子隨卽化了之意）饒雙峰云雖有怒亦不藏之雖有怨亦不留之（怨深於怒）少間便釋然說是蒙引以爲雖可怒而不怒雖可怨而不怨直是無怨無怒也其謂不藏不宿者特因後來爲天子不復追念前日欲殺己之事故謂不藏不宿爾此雖說底好聽然却像不怒焉不怨焉不見不藏怒焉不宿怨焉了況大文正以藏宿二字言其所以封之之心何可忽過○摘訓仁人以下泥說封之有庳

方指舜言親之則恐其與我相違也故欲其貴愛之則恐其所欲不遂也故欲其富封之有庳富貴之也正所以親愛之矣此正舜之仁處若身爲天子弟爲匹夫則貴賤異位踈而非親矣貧富異奉忍而非愛矣不可謂之親愛則亦豈可謂之仁人乎

違說萬章又問曰封與放本異也舜之於象既實封之矣而或者顧以爲放焉何謂也孟子曰不可解者兄弟之情周於愛者君子之心舜雖封象於有庳所以富之所以貴之以全吾待弟之義然不得有爲於其國惟使吏治其國而納其貢稅以盡吾愛民之仁自其實而言之固謂之封也自其不得有爲而言之則謂之放也蓋象至不仁處之如此則既不失吾親愛之心而彼亦其得虐有庳之民哉汝謂有庳之人奚罪焉其疑可釋矣夫舜之使吏治其國雖是欲使象不得暴其民而其意猶有在也蓋舜愛弟之心無已欲常常而見之故使吏治其國使象無政事之拘得以源源而來也向使煩其弟以政事則彼不得以

源源而來。而吾不得以常常而見矣。故古書曰不及貢以政接於有庳。蓋天子
當諸侯朝貢之日則以政事接見諸侯。今不及諸侯朝貢之期無時而不見也。
不以政事接見有庳之君。無事而亦見也。此正源源而來之謂也。何其親愛之
無已耶。○不及貢不字。貢。落下。句。依存疑看。○存疑不及貢以政接於有庳不
及貢以政。相。連。讀。凡諸侯朝貢於天子皆有政事。朝於京師。則述其所受之職。
朝於方岳。則有正時月同律度量衡許多事。不及貢以政接於有庳言不待及
諸侯朝貢之期以政事接見有庳之君。常。得。無。事。頻。見。也。○集說雖然以下另
一轉不是釋或曰放焉之意仍歸到親愛上去。故集註云見其親愛之無已如
此也。總之萬章始終爲一放字。孟子始終只說一封字。○朱子曰封之有庳富
貴之。是不以公義廢私恩。所以爲仁之至。使吏治其國納貢賦而不得肆暴。是
不以私恩害公義。所以爲義之盡。後世如漢文之於淮南。景帝之於梁王。始則
縱之太過。不得謂之仁。後又窮治之甚。不得謂之義。皆兩失之。

咸丘蒙問曰　章

或問程子說詩之解善矣伊川曰不以文害辭文文字之文擧一字是文成句是辭詩不可爲解一字不行却遷就他說如有周不顯自是作文當如此

蒙引此章自堯老而舜攝也至是二天子矣是說舜無臣堯之理自普天之下至孝思維則此之謂也是說舜無臣瞽瞍之理至末段引祇載見瞽瞍一條又特證咸丘蒙所述父不得而子之非亦以見無臣父之理也○達說咸丘蒙惑於好事之說述而問於孟子曰當今有謂古語云盛德之士於君而不得以君爲臣於父而不得以父爲子奈何舜南面而立堯帥諸侯北面而朝之則是臣其君矣瞽瞍亦北面而朝之則是子其父而臣之矣然父子天性尤所不能已者故舜見瞽瞍其容有蹙是舜亦不自以爲安也孔子見君臣父子之倫乖亂乃嘆曰於斯時也天下殆哉岌岌乎是孔子亦不以舜爲是也不識此語誠有是事否孟子曰無是事也凡此皆非君子之言乃齊東野人之語也果何足信

乎何以辨之彼堯但老不治事而舜攝天子之事耳堯在時舜未嘗即天子位堯何由北面而朝乎此可以見其無臣堯之事矣且吾言亦有証也觀堯典有曰云云○語云既解作古語只管首三句下此語之語二語字包盛德至岌岌乎○按古語二句本意見末節註內但當時引來欲為下文責舜張本錯認做別說耳言為吾君者吾不得以為臣為吾父者吾不得以為子下文便責舜不是若作德盛矣君不得而臣之父不得而子之舜是盛德之士故堯帥諸侯北面而朝之瞽瞍亦北面而朝之則下其容有蹙及天下殆哉岌岌乎俱說不去況堯與瞽瞍北面而朝則是以君為臣以父為子不但君不得而臣父不得而子矣○摘訓堯二不得字是以理論不主盛德者說謂盛德之士德雖過於君父然於理不得臣其君子其父也○蒙引齊東野人之語也此一句只是斥其非君子之言耳不必以為實然也○張南軒曰堯老而命舜攝天子之事是則堯猶為君而舜則臣也堯崩舜率天下之臣民以為堯三年喪是猶以堯之事

行於天下也至於堯三年之喪畢舜避堯之子而天下獄訟謳歌歸之不肯

焉而後舜始踐天子位此堯舜相繼之際書傳所載莫詳焉而不獨見於孟子

之書也○饒雙峰曰百姓是畿內百姓古者天子崩畿內百姓服斬衰期年今

要聽得有服無服這箇例和那箇之意了

案說

也百姓爲之三年至於四海雖無服亦遏密八音不作樂○達說堯老而舜攝

也此一句最有力下引堯典及孔子之言都是明此句意○存疑蒙引曰言堯

未死舜既爲天子即是無堯爲君了今又帥天下諸侯爲堯三年喪是又以天

子待堯豈不是二天子此說不是使堯在時果以位禪舜舜爲天子而已退居

於無用之地及堯死使不以天子之禮待之耶且舜既爲天子堯既死以天子

待之何以見是二天子所謂是二天子者將以放勳徂落天下爲服三年喪則

堯分明是個天子在那裏死而天下爲之服三年喪也若舜既爲天子了堯死

而又率天下諸侯爲堯服三年喪豈不是二個天子蓋堯坐定是一個了舜又

是一個豈有是理則堯在時舜未嘗爲天子也堯何由北面朝之○摘訓師天

下諸侯以爲堯三年喪。就於卽此二句上見之。舜既爲天子，乃假設之言。○觀堯典所云，乃舜以人臣而服天子之喪也。若舜已爲天子，則是以天子而又服天子之喪，有戾於民無二王之語矣。○蒙引「舜既爲天子矣」云云，此數句是據堯典事實言之，而以孔子「民無二王」之語斷之，直是辨折得倒。然都就無臣堯說。惟此事有證佐在，而其無臣父之理，亦可并見矣。咸丘蒙猶未喻，故又有下文之疑。

蒙引言莫非王臣便是了，必先「莫非王土」者，見居吾土者便是吾屬也。所謂尺地莫非其有，一民莫非其臣。○率土之濱，率，循也；循，環也。循土之濱，是環海之內也。土之濱便是海矣。○朱子曰：逆是前去追迎之意，將自家意思去前面等候。詩人之志來，如等人來相似。今日等不來，明日又等，須等得來方得。今人却是硬捉他來，便不是逆志。所謂逆者，其至否遲速，不敢自必，而聽於彼也。大抵讀書須虛心平氣，優游玩味，徐觀聖賢立言本意所向如何，然後隨其遠近淺

[illegible]意而爲之説。庶乎可以得之。若便以吾先入之説横於胸次，而驅率聖賢之言以從己意，設使義理可通，已涉私穿鑿，而不免於郢書燕説之誚。況又義理窒礙，實有所不可行乎。○輔慶源曰：以文害辭，是泥一字之文而害一句之辭也。以辭害意，是泥一句之辭而害詩人設辭之意也。意是已意，志是詩人之志。以我之意迎取詩人之志，然後可以得之。○存疑：普天之下，莫非王土；率土之濱，莫非王臣，辭也。此莫非王事，我獨賢勞，志也。若泥莫非王臣之辭，則天子眞可臣父，而失不得奉養父母之志矣。周餘黎民，靡有孑遺，辭也。憂旱，志也。若泥靡遺之辭，則民眞個都無遺，而失詩人憂旱之志矣。○輔訓小註郢書燕説之一節：韓非子云：郢人有遺燕相國書者，夜書，火不明，因謂持燭者曰舉燭，云而過書舉燭。燕相受書而説之曰：舉燭者，尚明也；尚明也者，舉賢而任之。燕相白王，大悦，國以治。治則治矣，非書意也。

輔慶源曰：上既言讀詩之法，以破斷章之惑。此又言尊親養親之至，以見舜無使父朝已之理夫舜既爲天子則瞽瞍實爲天子之父備享四海九州之奉而舜爲尊親養親之至矣故引下武詩以詠歎之以謂如舜者然後可謂能長言孝思而爲天下法則者矣豈有使其父北面而朝之理乎○饒雙峰曰尊親養親雖是一事然尊與養相須養之至乃所以尊之也○蒙引據上四句則尊親養親亦是一事下四句則又分而爲二何也蓋孝子之至在於尊親尊親之至在於以天下養是孝字虛而尊字實尊字虛而養字實然有是若必有是養有是各必有是實故本註曰既爲天子之父則當享天下之養矣尊親以名言養親以事言疊而爲一固可拆而爲二亦可○尊親養親字面正與使父北面而朝者相反引下武之詩以咏嘆其尊親養親之至也聖人人倫之至便可爲天下則○淺說尊養備至此舜之所以爲至孝而可爲法於天下也詩曰人能長念孝思而不忘則可以爲天下之法則其即舜尊親養親之至之謂也○集說若已爲天子而臣其父孝思何在還可以爲天下後世之法而必不然之理也

此句方說到舜身上

只重尊字說是

上四可活說下

通節只辨無臣父之理不比他處稱說舜之孝一般話說○愚按前輩解此章云尊養總是解不臣父之疑引詩只重維則句惟其尊養故可爲則可爲則故爲孝之至若臣父則不可則矣今人多歸重孝思謂是所以尊養處議論非不精微似過一步此說最是此節原只就舜現在尊養上說他是至孝以見其必無臣父之理若又推進一層說則反失孟子本意矣必不可從生情者更非又有謂舜之尊引詩從武王養皆從大孝得來亦不是蓋此是說尊養正是舜之至孝處若臣父則不孝矣孝字本在尊養上說章旨如是不必求異事是事奉之事

集說集註曰敬事瞽瞍往而見之敬事處自多端往見乃其一事也○蒙引祗載句見瞽瞍夔夔齋栗句瞽瞍亦允若通連二句○止在瞽瞍亦允若一句上此是字此也此爲字是也○獨解父不得而子之說不及君不得而臣者瞽瞍實不善堯不可並論也可說瞽瞍不得以不善及其子不可說堯不得以不善及其臣也○摘訓由是觀之則君不得而臣之義亦可以類推矣

堯以天下與舜　章

或問舜禹避位之說或者疑之以爲舜禹之爲相攝行天子之事久矣至此而復往避之有如天下歸之而朱均不順則將從天下而廢其君之子耶抑將奉其君之子而違天下之心耶是皆事之至逆而由避有以致之也至益不度天命而受位矣避之而天下不從然後不敢爲匹夫猶且恥之而謂益爲之哉是其說也奈何曰愚嘗聞之師曰聖人未嘗有取天下之心也舜也禹也益也於其君之老也奉命以行其事而已未嘗攝其位也於其君之終也位冢宰總百官以行方喪之禮而已未嘗繼其統也及夫三年之喪畢則當還政嗣君而告歸之時也於是去而避之亦禮之常而事之宜耳然其避去也其心固惟恐天下之不吾釋也舜禹蓋殆於天命人心而不獲已者若益則求仁而得仁又何恥之有哉論者之學不足以及此而狃於利害權謀之習妄意以爲聖賢之心亦若已之心而已矣蓋以曹操不肯釋兵歸國之心而爲舜禹益謀則宜其以

爲不當去位而避朱均以曹丕畏袁陳議之心以爲舜禹益讓則宜其幸舜禹之得之而以益之不得爲可恥也嗚呼學者能反是心以求之則聖人之心庶乎其可見矣、

蒙引天子不能以天下與人、所答非所問意也。謂沒當時以傳子爲德衰傳賢爲答萬子噲子之之事所出來也萬章之問只是下章不傳子之意耳孟子不直答以其事之有無但言其無此理。○破頭一句。實然之理。正大之論。億萬鈞之力也。此章之大旨。○淺說無是理也、蓋天下者天下之天下、雖統於天子、而非天子之私有也、爲天子者安得狥一己之私而輕以與人哉、

達說天下主於天、天以天下與舜、堯特順乎天耳、○蒙引嘗觀之子噲嘗受燕國於子之矣然非天之所與國終非其有也然則舜之有天下也非天與之乎

以此章眼目全在一天字。而究其所以爲天者。則在章末引泰誓一段。

是說命字與下示字對、命是顯然、示是隱然、

蒙引示字最好看、天不言、惟示以其意而已、言則無所事乎示也、正惟不言故

只示耳。○行之於身謂之行，措諸天下謂之事。若以下文觀之，如使之主祭而百神享之，使之主事而事治百姓安之，何處爲行，何處爲事？曰：此皆事也。然莫不自身出，行固在其中矣。所謂出乎身而加乎民，自其出乎身言行也，自其加乎民言事也。

遠說天子六句，只重天子一句，下諸侯大夫皆例言之。此六句是反言以起下四句也。○摘訓諸侯大夫不可都說到天上。○輔慶源曰：下薦人於上，公心也。若有必上用之之心，則私意矣。孟子此言，不特說得三聖授受明白，而於人臣薦賢之道，大公至正之心亦盡。彼竊位蔽賢者固不足責，而進一善達一能，上必君之用，下市己之恩者，皆非也。上只言天，此又并民而言者，天民一理，天實（但此意在本節）以民爲視聽也。（[illegible]）舜相堯二十八載，固天也，至於朝覲訟獄謳歌，則人耳，而亦曰天者，以天統人，以人證天，天與人一也。○問：堯薦舜於天，朱子曰：只是要付他事，看天命如何。○孫疏：於天則云薦，於民則云暴者，蓋天遠而在上，是爲尊者

也聖人於天舉其所知而取舍不在我故云薦之也民近而在下是爲卑者也
聖人之於民顯其功業而使之自附故云暴之也所謂受之者即是與之也○
蒙引堯薦舜於天其中有行有事暴之於民其中亦有行有事如使之主祭其
誠敬之心屬行其所以處夫祭祀之品物度數則屬事如使之主事其所以爲
之主宰本根之地者屬行若夫紀綱文章議權謀量之類則屬事也○存疑天
子能薦人於天不能使天與之天下堯薦舜於天而天受之可見舜爲天所與
而非堯能使之也○達說天受民受即是上文示之而已矣底示字
問百神享之朱子曰只陰陽和風雨時便是百神享之又曰如祈晴得晴祈雨
得雨之類○存疑使之主祭而百神享之即書類於上帝禋於六宗望於山川
徧於群神之事也○使之主事而事治百姓安之即愼徽五典五典克從納於百
揆百揆時敘賓於四門四門穆穆之類是也○集說使之主祭使之主事二者
字俱在攝行天子之祭與事上論不是泛泛底祭與事○摘訓天受之是天以

天下與之民受之是人以天下與之天與之固天也人與之亦天也

蒙引承上文云不特主祭而百神享主事而事治爲足以見其爲天之所與自其攝政之久與其廸於朝覲訟獄謳歌之歸者觀之尤見其出於天與之意要亦上文天受之理也○舜相堯二十有八載所以爲天者即下章所謂歷年多施澤於民久而爲民心之所歸戴而不忍釋者故曰天也○達說非人之所能爲也天也上是爲相之久下是得位之實雖平看分言之却下人心歸本爲相上來○蒙引必待三年之喪畢者前此百官聽於冢宰故也○謳歌非至舜面前謳歌也只是朝野間咏歌舜之德耳○故曰天也此天字非是應上文非人之所能爲也天也乃是應舜有天下孰與之曰天與之○夫然後之中國踐天子位焉此是對避堯之子於南河之南言○達說此只承下人心一邊說與上相堯無與而居堯之宮四句是反言以見之也

達說都何以見人心歸舜爲天與耶泰誓曰天無視也其視皆從民之視天無

聽也其聽皆從民之聽民心之所在即天意之所在民心之所歸即天意之所
歸也斯言也即吾所謂民之歸舜即天與舜以天下之謂也知舜之天下出於
天與故曰天子不能以天下與人也○此節只是申明故曰天也之意此之謂
指民心歸即爲天與之意即上節天下諸侯朝覲者至故曰天也之謂非泛指
也○朱公遷曰此章天字以主宰言凡自天意而言者皆以主宰言孔子重言
天厭之及天生德天未喪斯文孟子言天位天職天祿天未欲平治天下及引
詩書所言天作孽畏天之威皆是此類

人有言至於禹　章

集說至於禹三字從堯舜說來○達說凡着不然字上便有人有言并或謂或
曰字分明是說人言不足信是不然其言也否是無是理也○天子不能以天
下與賢與子顧天意何如耳天欲與賢也則聽天以與賢堯舜何嘗容心於其
間而欲假此以要萬世之名哉天欲與子也則聽天以與子禹亦何嘗容心於

其間而欲執此以爲一己之利哉。○存疑天與賢則與賢天與子則與子見三聖之與賢與子皆出於天。非堯舜傳賢而禹獨傳子也。下文乃詳言之。昔者舜薦禹於天至吾君之子也是說禹與堯舜皆欲與賢但堯舜與賢而民從之禹與賢而民不從。以見禹未嘗欲與子也。不言堯薦舜於天者已見在前爾○張南軒曰堯舜傳之賢禹傳之子而後世遂有至禹而德衰之論此以私意觀聖人也禹薦益於天與堯之薦舜舜之薦禹其心一也益避禹之子與舜之在南河禹之在陽城其心一也天而與益則朝覲訟獄謳歌者皆歸之益踐天子位矣禹亦豈得而不與之哉而天則與子也禹亦豈得而與之哉使天而與丹朱與舜之子則舜禹固得遂其終避之意猶益得遂其終避之志者也故曰其心一也

存疑丹朱一條是說民從舜禹而不從益之故。而推其出於天。以明天與賢則與賢天與子則與子之意也。（此節說下文。說相下數節則只說子。）言堯舜之子皆不肖而舜禹之爲相久此民所以

不從堯舜之子而從舜禹也禹之子賢而益相不久此民所以不從益而從啓
之子也○摘訓敬賢爲何敬字帶承繼說謂敬之賢能敬以承繼乎禹之道也（集說賢以德言能敬以承繼禹之道是其德之見）（於事者）
敬承繼卽書所謂祇承欽承之意不專重在敬上○蒙引敬賢能敬承繼禹之（下文只提賢字）
道○對丹朱之不肖舜之子亦不肖卽所謂其子之賢不肖也益之相禹也歷年
少施澤於民未久對禹之相舜也歷年多施澤於民久卽所謂舜禹益相去久
遠也相去久遠兼歷年少二意如其子之賢不肖例只是禹益在相位之日相
去久遠之不同今乃言舜者卽上章舜相堯二十有八載而帶言於此其事體
一也○舊說作世之相後不是○摘訓這皆天也正與天與賢天與子二天字樹
應○末二句又是孟子泛說箇天命以自解其所謂皆天也之意註然此云云
當用在言外○言均之爲相也而乃有久暫遠近之異均之爲子也而乃有賢不
肖之異此豈人之所能爲哉皆天也然何以見其爲皆天也夫凡莫之爲而爲
者這叫做天莫之致而至者這叫做命然則舜禹益相去久遠其子之賢不肖

正是莫之爲而爲莫之致而至者也。非天與命而何。所以謂之曰皆天也。○問

莫之致而至者命也。朱子曰：命有兩般。得之不得曰有命，自是一樣。天命之謂

性，又自是一樣。雖是兩樣。却只是一。○箇。命。問得之不得曰有命，是所賦之分；天

命之謂性，是所賦之理。曰：固是。天便如君。命便如命令。性便如職事條貫。君命

這箇人去做這箇職事。其俸。祿。有厚。薄。歲。月有。遠。近。無。非是。命。天之命人。有命。

之。以厚。薄。修。短。有命。之。以。清。濁。偏。正。無。非。是。命。且如舜禹益相去久遠，是命之

在外者。其子之賢不肖，是命之在內者。聖人窮理盡性以至於命。便能贊化育。

堯之子不肖。他便不傳於子而傳於舜。本是箇不好底意思。却被。他。一。轉。轉。得

好。○陳北溪曰：天與命只一理。就其中則微有分別。爲以做事言。做事是人。對

此而反之。非人所爲。便是天。至以吉凶禍福地頭言。有因而致。是人力。對此而

反之。非力所致。便是命。天以全體言。命以其中妙用言。其曰以理言之、謂之天，

是專就天之正義言。却說命在其中。其曰自人言之、謂之命，命是天命。因人形

之而後見。故吉凶禍福。自天來到於人。然後爲命。乃是於天理中截斷命爲一邊而言。其指歸一爾。若只就天一邊說。吉凶禍福未有人受來。如何見得命。○存疑致與爲亦有分貌爲在先。致在後。爲之即所以致之也。如爲善便致福。爲惡便致禍。豈不是爲在致先。○蒙引以理言。理字對人言。非對氣數言。此箇天字正以氣數言也。○以主宰而言謂之天。以當聽受而言謂之命。○集說如相去久遠。其子之賢不肖是天。而其中久者不能不久。未久者必不能久。賢者便一定是賢。不肖者便一定是不肖。便是命下

達說然不特禹益之事爲出於天。歷觀群聖之。不有天下。何者不出於天乎。彼匹夫而有天下者云云。○此言仲尼不有天下以明益之不有天下也。此節略輕。引起下節意。註言禹益之事不可以禹益平看。只是言禹不傳益之由。重在益不有天下上。註此下兩條是此條拚下條也。若下伊尹并周公兩條不過與明繼世條也。故註不謂四條。

達說此節當與上節合看。見無荐固不足以有天下，苟有德有薦而又遇繼世之君不賢。今益雖有德有薦而遇啟賢，所以不有天下也。重天不輕廢嗣君上，因以伊尹周公合言之，故下二節因此節而詳言伊尹周公之不有天下也。

問外丙二年仲壬四年，先生兩存趙氏程氏之說，則康節之說亦未可據耶？朱子曰：也怎生便信得他。又問：如此則堯即位於甲辰亦未可據也。曰：此却據諸歷書如此說，恐或有之，然亦未可必。問：若如此則二年四年亦可推矣。曰：却爲中間年代不可紀，自共和以後方可紀，則湯時自無由可推。此類且當闕之，不必深考。看此段何偏主趙說○問：二說孰是？曰：今亦如何知得？然觀外丙仲壬必是立二年四年，不邵子皇極書亦然曾不立。如今人都被書序誤。書序云成湯既沒，太甲元年，故以爲外丙仲壬不曾立。殊不知書序是後人所作，豈可憑也。○摘訓伊訓註云：太甲服仲壬之喪。據此則還是趙說爲是。蓋太甲當立，因其太幼，且權立外丙，只二年卒，又權立仲壬，又只四年卒。於是太甲亦漸長，遂繼仲壬而立也。○蒙引放之於桐者謂

借天子諒陰百官聽於冢宰之義也非顯然放之也若顯然放之他日雖欲復
矣雖復君臣之間亦難爲顔伊尹初心豈計不及此乎當時未必忍絶望之尚
冀他三年之改如何自怨自艾句絶於桐連下讀○直解安置太甲於桐宮者
三年蓋桐宮乃湯墓所在放之於此正欲其追念乃祖而發其修省之幾也太
甲果能翻然悔悟自怨以示懲創之意自艾以加克治之功居桐之日果能去
其不仁之習而自處於仁改其不義之行而能遷於義三年之間一惟伊尹教
我之言是聽是從而大異於顚覆典刑之日矣○摘訓處仁以存心言遷義以
處事言○達説相湯以王於天下見其功之大宜有天下也湯崩以至訓已也
是推言太甲之賢○復歸於亳見伊尹之不有天下也○蒙引註云此承上文言
伊尹不有天下之事至周公則曰此復言周公所以不有天下之意一用事字
本文云云有實事也○一用意字本文只舉大意○無實事也○可見集註之精密處○
存疑太甲能改過猶啓賢能敬承繼禹之道也故伊尹不有天下○成王之賢

亦如啟太甲此周公所以不有天下也○蒙引此大槩言太甲成王之能嗣先業耳○施澤於民未久之意抑無也○摘訓知伊尹之不有天下由於太甲之賢周公之不有天下猶夫益與伊尹之遇則益之不有天下乃啟賢之故而何謂禹德之衰哉○朱子曰仲尼不有天下益伊周不有天下豈益伊周孔皆有有天下之願而以無天子薦之與天意未有所廢而不得平心論其理如此耳

張南軒曰一者何也亦曰奉天命而已矣○蒙引其義一也亦有兩說皆天命也只以天命爲義一說皆奉天命也又以奉天命爲義大抵加奉字爲長義者事之宜也自有事實在大誥雖有皆天命也之句然其下更有聖人豈有私意於其間哉一句無私意於其間便是奉天命矣○達說禪者非棄天下以沽名也以天命之在賢義所當禪也唐虞亦惟奉天而已矣繼者非利天下以自私也以天命之在子義所當繼也夏后殷周亦惟承天而已矣是其禪者義也其繼者亦義也聖人何容私於其間哉然則謂禹德衰而有意於傳子者斯亦

未知此義者乎

人有言伊尹以割烹　章

或問程子覺字之說至矣　明道曰天民之先覺譬之皆睡他人未覺來以我覺故搖擺其未覺者亦使之覺及其覺也元無少欠蓋亦未嘗有所增加也適一般爾　楊氏論一介千駟之說善　楊曰一介之與萬鍾若論利則有多寡若論義其理一也伊尹惟能一介知所取與故能祿之以天下弗顧繫馬千駟弗視自後世觀之則一介不以與人爲太吝一介不以取諸人爲太潔然君子之取與適於其義而已與之嗇取之微雖若不足道矣然苟害於義又何多寡之間乎　曰道義一物非其義則非其道矣一介不妄取則其大者亦可知矣而既曰非義又曰非道既曰一介又曰天下千駟何也曰道義云者兼舉體用而言曰一介千駟極其多少而言也蓋人之氣質不同器識有異或務大而忽小或拘小而遺大故必兼舉而極言之然後足以見其德之全耳夫豈發於言哉

輔慶源曰戰國之時人不知有義理之學汲汲然志於功名事業以求其富貴利達雖枉己辱身有所不顧故設爲此等議論上以誣聖賢下以便一己之私

耳○陳新安曰湯妃有莘氏女也所以有隨嫁從臣負鼎俎盍庖人之類

朱子曰堯舜之道如書云人心惟危道心惟微惟精惟一允執厥中此便是堯〔此上是堯〕

舜相傳之道〔道字該盡堯舜盛德大業之全體〕如克明峻德以親九族至協和萬邦黎民於變時雍如欽明文思

〔此是舜〕溫恭允塞之類伊尹在莘郊時須曾一一學來○陳新安曰詩如康衢之謠舜〔當時詩歌想亦〕

〔參故曰之類〕皐之歌之類書如二典三謨是也○饒雙峰曰孟子說義必說道如配義與道

皆是先義亘古窮今只一箇道義是隨時處事之權要兩下看既揆以義又揆

以道方可處事有合一時之宜及揆以古道則有不合處道是體義是用義以

事言道以理言以事言則得其宜以理言則得其正然後為盡善故兩言之○

摘訓樂堯舜之道則所養者正所得者深由是行與道俱而辭受取予之際斷

然能不苟矣大者人心之所易動也天下而弗顧千駟而弗視況其小者乎小

者人心之所易略也一介而不取予況其大者乎○存疑云此條即其窮居之

所守以見其無割烹要湯之事此在逐節逐句則可若通章論之自此以下[illegible]

是歷叙伊尹平生爲人如此。割烹章意須至末節始知見耳。

輔慶源曰伊尹以堯舜之道自樂。故常無欲而自得。涵泳其言則舉天下之物果何足以累其心哉。○蒙引伊尹既是樂堯舜之道。非但成己而已也。便要推以致君而澤民。今却曰我何以湯之幣聘爲哉云云。然則堯舜之道可用於畎如此說方可下得下段。畝之中邪。又曰湯使人三往聘之。既而幡然改曰云云。然則前此伊尹果以隱爲高而無意於斯世者邪。大抵囂囂然曰云云者。以覲湯意之處否耳。若論伊尹。堯。舜。君。民之心。則自畎。畝。中誦詩。讀書。以樂其道。時便已憪然於懷矣。○存疑伊尹之志在天下。湯使人以幣聘之。乃囂囂然云云者。志在天下。聖人民胞物與之本心。囂囂自得則抱道自重。謹於出處。不苟於從人之義也。○淺說一是受其幣聘則當憂其憂而事其事矣。豈若處畎畝之中。由是以樂堯舜之道之爲安且樂哉

囂囂然章

存疑三使往聘則尊德樂道之誠可見矣。所以幡然改也。○吾豈若於吾身親

見之頂上二句說。使君爲堯舜之君民爲堯舜之民。便是吾身親見其道之行也。○說約前節豈若內重外輕之別。後節豈若空言實事之別。

朱子曰程子云知是知此事。覺是覺此理。知事親當孝事兄當弟事也。其所以當孝所以當弟理也。○先覺後覺之覺是自悟之覺。似大學說格物致知豁然貫通處。今人知得此事。講解得這箇道理。皆知之之事。及其自悟。則又自有箇見解處。先知覺後知先覺覺後覺中央兩箇覺字。皆訓喚醒。是我喚醒他。○輔慶源曰知淺而覺深。知有界限。覺無偏全。（故曰何卑上[illegible]覺。見或問中）程子說得覺字極爲全備。既爲先覺之民。豈可不覺其未覺者。此解非予覺之而誰也一句。蓋大學之道。既明明德則必須新民。到此地位。自然住不得。正使不得時與他。亦須著如孔孟著書立言以覺萬世始得。此皆是不容已者。○存疑予天民之先覺則天意有在。已有不得而辭者矣。故曰予將以斯道覺斯民。非予覺之而誰也。○蒙引道謂堯舜之道。而田間之所樂者。已之所先覺者此道也。所以覺民之未覺者亦此道也。

○摘訓此與上節爲一塊之意上君民兼言此只言覺民者君不可以覺言也然覺民非輔君不可言外便有致君矣末句乃是上之餘不可另作一意○愚按此節天字最重蓋堯舜之道在我則天意節在我其責有不得而辭者故覺民則言天使伐夏則言天誅看其始末意思皆是奉天意以從事伊尹學問正大割烹要湯之說如何加得到他身上去

蒙引當時堯舜往矣必欲天下被堯舜之澤者蓋堯舜之民無一不被其澤尹之自任欲俾厥后爲堯舜則天下亦被其澤即是被堯舜之澤矣○達說此因上文自任之言而推其自任之心如此也只就上二節看出此意○蒙引自任以天下之重如此言其志在天下而不在一身之富貴自湯使人以幣聘至此節同是此一意○摘訓如此二字只指本節天下字正與天下之民相應只匹夫匹婦不被其澤便以爲已責則是盡天下而處之必欲無一人不得其所矣其自任不亦重乎○蒙引尹之於湯凡五就伐夏救民是以末一就言

蒙引此數段自相承吾豈若於吾身親見之哉正有見於天之生斯民云云而將以斯道覺斯民耳即伊尹此言觀之蓋其設心思天下之民云云以上皆是伊尹欲出而正天下處然後繳之曰吾未聞云云見其無割烹要湯之理也○存疑翩然一條是伊尹欲從湯之言二條是伊尹自言所以欲從湯之意三條是即上二條之言而推其意而以自任天下之重一句總結之就湯而說之以伐夏救民使天下之民匹夫匹婦被堯舜之澤也正以行其覺民之志也使是君爲堯舜之君民爲堯舜之民也凡此皆欲正天下也枉己者未有能正人者（達說此句泛論以起下）也若割烹要湯又甚於枉己矣况正天下乎决無是理也無割烹要湯意至是方說出然即上三條以天下自任處觀之其意亦自可見矣何也志在堯舜君民者决不割烹要湯割烹要湯决不以堯舜君民爲念也○集說枉己只是自己不正如枉道求合之類是也辱己則淪於卑汙苟賤矣正人方是對己之人一二人亦人也千百人亦人也至正天下則盡乎人而其事大矣故曰辱己甚

於枉已正天下難於正人○蒙引看四箇或字當作四件遠近以來仕而方出
仕者言去不去以既仕於吾國者言聖人之行不同斷
斷乎同一潔身之不汙也若曰可以近則近不可近則遠去耳何有輕身以謀
利也可以止則止不可止則決去耳何有吝情以去留也○存疑或遠或去潔
身固矣或近或不去道有可就初非徇利而汙已也○集說要歸如云總路一
般不是說後來事即其遠近去不去之間總要於潔其身也歸字即對不同說
出處去就不同而潔其身則同也○摘訓夫聖人歸潔其身如此伊尹亦聖人
也若割烹要湯則是汙其身而不能潔其身矣安在其爲聖人乎
蒙引承上文云然則伊尹果何以致湯之知也蓋以堯舜之道要湯耳即上所
謂耕於有莘之野而樂堯舜之道致湯三使往聘之也○順析要日承其要湯
之語而正之謂伊尹所以要湯在堯舜之道而非割烹也其實伊尹未嘗要求
於湯如夫子之求之與文不得而子語脉相似故集註引以爲證

張南軒曰桀爲不道伊尹則相湯始於亳而往征之然則其伐夏也奉天討有罪而已○輔慶源曰此伊尹所自言於此可見其任重之意則其不肯枉道自汙以要君必矣事苟理明義正聖賢初無所揜覆也○蒙引註云引以證伐夏救民之事究其所以則從自任以天下之重上來所以於上文有關屬蓋伊尹之抱負如此勲業如此割烹要湯必無是事也

或謂孔子於衛章

遊說主癰疽瘠環重欲托以干進意大抵戰國之仕者多由權倖而進故欲援聖人以文己非耳

蒙引孔子主於顔讎由彌子之謂子路欲其改主也○集說於衛實主顔讎由則無主癰疽之事可知矣况顔讎由又是賢者彌子與子路既關姻親又且以衛卿餌孔子此緣機會正他人所邀之而不得者孔子止而以有命拒之益可知其無主癰疽之事○孔子進以禮退以義以下是孟子又即有命二字而推

言之○達說孔子曰有命就得衛卿言勿兼不得邊○朱子曰聖人以義處命本不待斷以命也○所以曰有命對彌子瑕言之也○進以禮揖遜辭遜退以義剛決果斷○張南軒曰聖人非擇禮義而爲進退聖人之進退無非禮義○淺說夫孔子平日凡有進也必從容遜順而進以禮不易於進也凡有退也必果斷剛決而退以義不難於退也禮義在我者也吾惟盡其在我者而已至於爵位之得則曰道之將行也與命也吾何心於得哉爵位之不得則曰道之將廢也與命也吾何心於不得哉孔子之爲孔子蓋如此○蒙引若主癰疽則是當退以義而不以義退是無義也命之不得而不受命焉是無命也此處只消用義字○非是言義以該禮也新安說

達說且孔子不特處常而不苟所主至於處變而亦不苟所主也昔孔子道大中有由魯適衛意莫容由是不樂居於魯於衛而去之宋遭宋桓司馬將要而殺之遂微服而過微服朱子作微賤之服宋至陳當是時也孔子正當阨難猶不苟所主而主司城貞子之家蓋司城貞

子乃宋之賢大夫時適爲陳侯周之臣者也故孔子主之○摘訓不悅於魯衛乃女樂與蜚鴻事也此見適宋之故貞子曾爲宋大夫而今仕於陳曰司城者仍其舊爵稱之耳○存疑貞子時爲陳侯周臣臣云者見其非癰疽侍人之倫也

蒙引此亦即上二節而申明之於衛主顏讐由於宋主貞子便見得君子小人各從其類矣○存疑其所爲主爲主人也若爲君子主則近臣亦君子若爲小人主則近臣亦小人其所主於人也主於人是君子則遠臣亦君子主於人是小人則遠臣亦小人○摘訓夫觀人之法如此可見或主乎人或主於人未有不各以其類者矣若孔子主癰疽與侍人瘠環則癰疽侍人固近臣之小人而孔子亦非遠臣之君子矣安在其爲孔子哉○蒙引此章凡三節一節即孔子之不主彌子而安於義命見其無主癰疽侍人之理二節即孔子之當阨難時猶擇所主而見其在齊衛無事之時決無主癰疽侍人之理三節承上言觀

子求人各從其類。既是孔子必不主癰疽侍人。既主癰疽侍人便不足為孔子。
所以盡上二節之意。

或曰百里奚　章

或問范氏詳且明矣。其論百里奚隱於市井本無干繆公之意，又言聖賢未遇不恥鄙賤之事而惡不由其道以得富貴，此意甚正，宜深味之。所引莊子之言（見註）亦甚善。其辯史記之失尤佳。范曰虞之將亡宮之奇諫百里奚不諫二人皆是也。宮之奇不忍虞之亡，諫而不聽，然後以其族行。君臣之義盡。百里奚事虞公年七十矣，而無所遇，知其不可諫，不諫而先去之。去就之理明。奇為忠臣，奚為智士，故曰皆是也。按秦本紀，晉虜虞君與百里奚，奚亡秦走宛，楚鄙人執之，穆公聞其賢，以五羖羊皮贖之，號五羖大夫。商鞅傳趙良曰：五羖大夫，荊之鄙人也。聞穆公賢，願見，行而無資，自鬻於秦，被褐飯牛。穆公舉之牛口之下，加之百姓之上。按左氏之言，則媵秦穆姬者乃井伯，非百史記所傳自相矛盾。蓋得之好事者。（見註）里奚也。尹氏之說則切中時俗之弊矣。

集說以要秦穆公據彼好事之言，只是得五羊之皮而為人飯牛。（飯猶食之也）五羊之皮即鬻之直也。以此而資身秦國，使穆公知其賢而用之耳。即莊周所謂飯牛而牛

肥使穆公忘其賤而與之政是也

大全左傳僖公二年晉荀息請以屈産之乘與垂棘之璧假道於虞以伐虢公曰是吾寶也對曰若得道於虞猶外府也乃使荀息假道於虞虞公許之且請先伐虢宫之奇諫不聽遂起師夏晉里克荀息帥虞師伐虢滅下陽五年晉侯復假道於虞以伐虢宫之奇諫曰虢虞之表也虢亡虞必從之晉不可啓寇不可翫一之謂甚其可再乎諺所謂輔車相依輔頰輔車牙車也唇亡齒寒者其虞虢之謂也弗聽宫之奇以其族行十二月晉滅虢館於虞遂襲虞滅之執虞公○存疑此條是先說百里奚之出處然後即其事而斷之

張南軒曰奚於虞知其不必諫之地又知其不可諫諫必不聽故引而去之所以爲智使在當諫之地而不諫是不忠之臣也可謂智乎○蒙引自知虞公之不可諫而去之秦至知穆公之可與有行也而相之可謂不智乎凡四段當以首一段爲主下三段皆以推明此意若曰知虞公之不可諫而去之秦年已七十

其少年未經事者此曾不知以食牛干秦穆公之爲汙也可謂智乎以吾觀之

其不諫虞公者知其不可諫也智也非徒不諫又先去之是知虞公之必亡也

智也去而入秦又知穆公之可有爲也亦智也其智如此則知食牛干主之爲

汙而不爲也必矣故曰重在首一段○相秦而顯其君於天下至而謂賢者爲

之乎凡兩段則重在下段言矣相秦能顯其君於當時而傳於後世則決是賢

矣既是賢者又豈肯自鬻以成其君哉故註云云其賢又如此必不肯自鬻以

成其君也○孟子此章之辨蓋奚之當時實無可據姑以所聞者而推論其理

如此○智以所知言賢以所爲言○違說首可謂智乎不智也中三段智添箇不

字是智也末而謂賢者爲之乎不賢也中不賢而能之乎添箇不字是賢也○

摘訓三箇智一是不失言之智一是能見幾之智一是能擇君之智○成其君

成就其君之伯業也就揜顯天下傳後世說（傳就聲名看）

伯夷目不視惡色　章

或問三子之偏如此而孟子以聖名之何也曰三子之聖因其氣質之偏而力行以造極卒至乎不思不勉之地而表裏洞然無一毫人欲之私者雖謂之聖然於孔子則有不得而班者矣蓋以孟子之言考之則金玉備而巧力全者孔子也若顏子之博於文而約以禮竭其才而不能及則金聲已備而玉有未振巧足以中而力有未充者與故以所至論之則顏子不若三子之成以所期言之則三子不若顏子之大以學之序而論之則三子皆失其所當先故行愈力而見愈偏而顏子循序以進則其所至未可量也惜乎早死而不及見其成耳然就三子而論之則伊尹之學又密於夷惠矣

存疑此章所叙伯夷比前篇爲詳目不視惡色二句以耳目所接言非君不事二句以身之所接言治則進亂則退以身之出處言横政之所出二句以身之所居言思與鄉人處則推入益細矣○蒙引聲色說得廣不止女色與淫聲如奢麗侈靡之物亦惡色又如云惡聲至必反之豈必皆指淫聲○治則進亂則

過道下句○思與鄉人處云云又言非特橫政橫民所在不忍居至於鄉人亦不與處也鄉人鄉里之常人也○集說橫政所出如朝廷官府皆是出政之所此處原是肆虐之原最不堪處○達說居之爲將久處之爲將暫○蒙引當紂之時正所謂濁世也目所接者皆是惡色耳所接者皆是惡聲君非其君民非其民有亂而無治觀於其朝皆橫政之所出也觀於其野皆橫民之所止也紂師天下以暴天下之能免於爲鄉人者能幾耶故獨退居北海之濱以待天下之淸也此又總論上文之意或又另作兩句說則與亂則退及不忍居意重複矣○說云頑者無知覺廉者有分辨如何見得是相反對蓋無知覺者貪昧嗜利也故與廉反○懦不立也

蒙引何事非君二句述其言也治亦進二句承其言而狀其行也曰天之生斯民以下皆是言其自任以天下之重此其所以治亦進亂亦進也但本文其自任以天下之重一句只帶思天下之民以下與萬章上同蓋就其將以此道覺

此民之言而見其思天下之民云云也
摘訓言非但其事君也不怨不憫而已與鄉人處亦由由然不忍去也然所以不忍去者何也觀其言曰爾爲爾云云惟其自言不能浼我所以由由然不忍去也○圖夷惠勝伊尹得此朱子曰伊尹體用較全夷惠高似伊尹伊尹大如夷惠○陳新安曰凡言聞其風者皆道不行於當時而其流風餘韻足以聳動後世者也伊尹道行於當時有功業可見不待以風言夷惠道不行於當時無功業可見而其制行之高足使後世想聞其餘風而興起所以以風言夷則風之清惠則風之和也或曰孔子道亦不行於當時而不以風言何也曰孔子如太極元氣之運風不足以言之也
蒙引漬米已將炊亦不待其炊且去其所漬之水而取米以行何速如之○遲遲其行此言在未行之時說正待微罪而後行非必在路上遲遲也蓋因子路趣行曰夫子可以行矣故夫子言此以曉之去父母國之道也蓋孟子解辭○

一說兼去齊去魯或專指去齊大謬〇饒說去齊者去他國之道也可以[illegible]

而速也去齊者去父母國之道也可以久而久也其去齊去魯者人不我用[illegible]

可以處而處也方其在齊在魯者人欲用我也可以仕而仕也〇存疑速去之[illegible]

速也久去之遲也處去而處也仕不去也處仕是一去一不去久速都在去上

朱子曰三聖是知之不至〇三子不惟清不能和和不能清但於清處和處亦皆

過〇如射者皆中而不中鵠其間既是知此何以爲聖人之清和曰却是天理中

流〇出〇無〇駁雜〇雖是過當直是無纖毫查滓〇只三子是資質〇如此否曰然〇問伊

尹之任〇曰伊尹之任是自任以天下之重〇雖云祿以天下弗顧繫馬千駟弗視〇

然終是任處多〇如柳下惠不以三公易其介〇然終是和處多〇問夫子若處伊

尹之地也如他任如何曰夫子自是不同〇不如此着意〇問孔子將中所謂隨

時而中否〇曰然〇問三子之德各偏於一亦各盡其一德之中否曰非也〇既云偏

則不得謂之中矣〇三子之德但各至於一偏之極〇不可謂之中〇〇遂說此節雖

曰斷之非清任和時四字不過本上文四節見之再不用多講重在聖字形容

但時字必竟着落兼清和任而時出之下節集大成方接得去與上三句平不

得○存疑聖是成德之號造其（聖字兼二意）極而無勉强之謂聖三子之清任（須先出清任和後）和各造其極

而無勉強故皆（出聖字乃是）得爲聖者張註意可見朱子小註亦曰聖只是做到極自然安

行不待勉強故謂之聖孔子兼三子（達說速也處也疑於清矣久也任也疑於任且和矣）之行而時出各至其極而無勉强故其時

爲聖之時（註首篇明）○愚按存疑此段照註發揮不可易近解（看後註一節雖至於聖句本節）謂聖之清猶云是聖人中

之清者也此說亥註決不可從

問孔子集大成朱子曰孔子無所不該無所不備非特兼三子之所長而已但

與三子比並說時亦皆兼其所長○問始終條理曰如今樂之始作先擂鎛是

金聲之也樂終擊磬是玉振之也始終如此而中間乃大合樂六律五聲八音

一齊莫不備舉孟子以此譬孔子如伯夷聖之清伊尹聖之任柳下惠聖之和

都如樂器有一件相似是金聲底從頭到尾只是金聲是玉聲底從頭到尾只

是玉聲是絲竹聲底從頭到尾只是絲竹之聲○金聲玉振孟子此一句只是
專指孔子而言若就三子身上說則三子自是失於其始所以虧於其終所謂
聖之清只是就清上聖所謂聖之和只是就和上聖聖之任亦然蓋合下便就（可解上節）
這上面徑行將去更不回頭不自覺其爲偏也○條理條目件項也始終條理
本是一件事但是上一截爲始下一截爲終○問始條理者智之事終條理者
聖之事功夫緊要處全在智字上三子所以各極於一偏緣他合下少却致知
工夫看得道理有偏故其終之成也亦各至於一偏之極孔子合下盡得致知
工夫看得道理周徧精切無所不盡故其德之成也亦兼該畢備而無一德一
行之或闕曰然○問聖知曰知是知得到聖是行得到○陳新安曰特專也單
擊磬故曰特磬○蒙引鎛鐘大鐘也磬是石然其石甚細且有異聲亦玉類也
故謂之玉○條理猶云脉絡在始終之中者也蓋樂音不止是金與玉獨奏一
音則其一音自爲終始此以小成者言此始終與本文始條理終條理之始終

不同本文主大成言也本文全主大成集註乃說一段者蓋不如是無以顯大成之全且大成亦不過是集衆小成而已此解經之法也○小成之始終只在其一音之內大成之始終則通八音而言始於金而終於石也如三子之所知所行則在其一淸一和一任之內如孔子之所知所行則兼乎三子之淸和任也○智者知之所及謂知之所到處也聖者德之所就謂行之結褁成就也智與聖是知行之已成名曰知與行却是用工名目○集註三子所知偏於一而其所就亦偏於一也此如衆音之各自爲始終者耳既云偏便只是一音不是三子之小成者亦有始終條理也○首解合始終條理而無不備此樂之集大成也而孔子之聖實似之蓋大樂之作有始有終而聖德之全有智有聖金以聲之此樂之始條理也而比之孔子與其知之貫徹處實同一發端蓋孔子智由天縱而睿哲所照洞見夫道體之全於凡淸任和之理條分縷析無一理之不精是智以啟作聖之始與金以開音樂之先者其事一而已矣所以說始條

理者智之事也玉以振之此樂之終條理也而比之孔子與其德之成就處
同一究竟蓋孔子德本性成而衆善兼該克造於聖修之極於凡清任和之事
經綸錯綜無一事之不當是聖以要知至之終與玉以收音樂之止者其事一
而已矣所以說終條理者聖之事也智聖兼全而聖德始終之條理備矣此孔
子之所以爲集大成也彼三子者不過衆音之小成耶豈能比德於孔子哉○
摘訓智之事聖之事並指孔子言之存疑先明諸心然後力行以求至與力行
所知而造其極等語忒涉於思勉矣○集大成六句是先說箇集大成始條理
四句方是說孔子集大成故曰孔子之謂集大成
蒙引此一條亦主孔子言蓋此聖智即上文之聖智若以上文聖智亦兼三子
則三子安得有始終條理特一音自爲始終與本文始終自不同也故斷通主
孔子說而三子之不得爲全者自見於言外○存疑上條聖智兼重此條專重
在智上上言孔子之兼全衆理此是推孔子之所以兼全衆理處言孔子之智

巧字要貼介智字意

譬則射者之巧也孔子之聖譬則射者之力也聖人之道力行而至之者聖也至之而能全者非聖也智也猶射於百步之外其至乎的者力也其中乎的者非力也巧也此是以射之中的譬聖人之全德射之中的由於巧聖人之全德由於智見得智重於聖乃孔子之所以異於三子處蓋由其巧力俱全聖智兼備所以聖無不全三子力有餘而巧上不足故雖能聖但各有偏而不能全也○問其至爾力其中非爾力還是三子只有力無智否朱子曰不是無智知處偏故至處亦偏如孔子則箭箭中紅心三子則每人各中一邊緣他當初見得偏故至處亦偏○智是見得徹之名聖是行得到之號有先後而無淺深也聖而不智如水母之無蝦亦將何所到乎○蒙引按水母大如覆帽有足無口眼腹下有物如絮常有數十蝦食其腹下涎或捕之則沉乃蝦有所見耳○胡雲峰曰此章之旨集註偏全二字盡之譬之樂則一音自爲始終者偏而八音相爲始終者全譬之射則力而不巧者偏力而又巧者全孟子始則皆謂之聖各

以其所行言末則先智而後聖蓋以其知與行言惟知之偏故行之所至亦偏
極其偏惟知之全則行不期其全而自極於全〇集說總結此章言三子之行
各極其一偏孔子之道兼全乎衆理一段是說自章首至集大成一節意所以
偏者由其蔽於始是以缺於終所以全者由其知之至是以行之盡是說末節
意三子猶春夏秋冬之各一其時孔子則太和元氣之流行於四時也又總說
歸結聖之時上

北宮錡問曰　章

集說班列也是條列定制永為遵守底北宮錡亦見當時爵祿迄無定制故問
當周室之初所列底定制却是如何亦善問也
達說所為兼幷惡班祿之制有害於已而去其班祿之籍所為僭竊惡班爵之
制有害於已而去其班爵之籍〇集說皆字即指爵與祿言兼幷如五十里而
百里百里而數千里是也僭竊如子男而僭稱公侯公侯而僭稱王是也〇既

曰略則下文皆以大略言之耳其與王制同異處不必回護
孫蹠父天母地而爲之子者天子也爵位盛大以無私爲德者公也斥堠於外
以君人爲德者侯也體仁足以長人者伯也子字也字養也而其德足以養人
者故曰子也男任也任安也而其德足以安人者故曰男也出命足以正衆者
君也知進退而其道上達者卿也智足以帥人者大夫也才足以事大者士也
○存疑五等尊自爲君者言天子至子男皆是爲君者六等合君臣而言天子
至子男皆有君卿大夫上中下士也施於國中兼王朝與侯國言○直解自其
通於天下者而言天子之貴自爲一位位猶言級也尊無二上矣然天下之大非天子一人
所能獨理也於是分天下爲萬國而使同姓之親異姓之賢與之共治焉自天
子而下有公一位侯一位伯一位子與男同一位天子總治於內公侯伯子男
分治於外然後舉天下之大無一國之不治矣自其施於國中者而言天子君
於王畿諸侯君於列國各自爲一位矣然一國之衆亦非君一身所能獨理也

於是分廟續於百官而使賢者在位能者在職與之共治焉自君而下有卿一位大夫一位上士一位中士一位下士一位君出令於上卿大夫士奉令於下然後舉一國之事而無一事之不治矣○艾千子曰封建公侯卿大夫原以四海之大兆民之衆與之共理乃是聖人之心○今解者盡講入防微杜漸制馭鈴束專制曲防上去將先王公天下之心爲秦人郡縣自私漢高猜忌功臣之心真不讀書者也

横直皆千里

蒙引地方千里言其地方有千里也方字帶下猶云正也非謂地方也觀公侯皆方百里文意自見○班祿之制子男皆五十里其同一位宜也○自天子之制至附庸班祿之制通於天下者也○自天子之卿以下四段施於國中者也又可見上文六等施於國中爲兼王朝言矣○蓋班祿既兼王朝班爵不容不兼王朝也○存疑天子之制地方千里其祿於是出焉公侯以下皆然故曰班祿○集說天子之制地方千里非謂千里之地皆天子所自享也其內便有天子之

卿以下之地俱在內即天子之卿以下亦非謂百里七十里五十里皆其祿入還有八家同井此特其公田之所入耳集註明云君以下所食之祿皆助法之公田借農夫之力以耕而收其租是也○曰附庸亦是他底祿不能五十里却亦有地便是他底祿然於此言附庸不甚重只因班祿之制而並及之耳其實爵只有五等六等祿之施於天下只有四等而已○詹道傳曰附庸凡四等字者方三十里名者方二十里人氏者方十五里氏不若人人不若名名不若字○趙氏惠曰中國附庸例書字夷狄附庸例書名○胡氏曰中國附庸例書字其常也聖人定褒貶則有例當稱字或黜而書名若邾子益來朝蓋名也

存疑卿以下所受之地皆在王畿千里之內此班祿自王朝之臣言○摘訓采邑之多少以外諸侯爲差者蓋入則爲王朝之卿出則爲列國之諸侯故其祿亦相同也不言公者與侯皆百里也不言中下士者視附庸也○集說徐氏王畿之內亦制都鄙受地即朱子助法之公田之說

如此則祿自不得同○如何說是重內輕外

趙注公侯之國爲大國。卿祿居於君祿十分之一也。大夫祿居於卿祿四分之一也。上士之祿居大夫祿二分之一也。中士下士轉相倍。庶人在官者未命爲士者也。不得耕以祿代耕也。（官於官爲士以下士祿額已見上句也。）（末二句以庶人在）○存疑以下三條雖有君十卿祿字。然却重在臣上。以公侯伯子男須祿已見上故也。○朱子曰君十卿祿者猶今之俸祿。蓋君所自得爲私用者。至於貢賦賓客朝覲祭享交聘往來。又別有財儲爲公用。如今太守既有料錢。至於貢賦公用又自有錢也。○蒙引徐氏曰大國君田三萬二千畝。至可食九人至五人。按此當以百畝食九人起數。百畝食九人則二百畝食十八人。二九一十八也。四百畝食三十六人。四九三十六也。八百畝食七十二人。八九七十二也。卿田三千二百畝。食二百八十八人。卿祿四大夫。大夫田四百畝。四箇八百畝則爲三千二百畝。大夫食七十二人。四箇七十則四七二百八十又零四箇二則爲八。是爲食二百八十八人也。○君田三萬二千畝。食二千八百八十人者。君十卿祿也。亦以上文計之而已。○可食九人至五人。

此依末段大文云○此所謂田皆指助法之公田而言。除郡外八區○府治藏史掌書胥徒民服徭役者、胥徒亦分爲二○周禮天官冢宰府六人、史十有二人、胥十有二人、徒百有二十人○問府史胥徒不知皆民爲之、抑別募游手爲之、朱子曰不可曉、想只是民爲之、然府史胥徒各自有祿以代耕、則又似別募游手矣、以周禮考之、人數極多、安得許多閑祿給之、嘗疑周禮一書方是起草未曾得行○說約下士一位在班爵內一等、謂已仕之臣有田者也、朱子謂士之無田、此非指下士也、蓋宿衛公宮之諸公族、與夫國學所養之賢、樂師所教之瞽也○摘訓祿足以代其耕者、蓋庶人主耕在官則不得耕其祿、不豐不殺足以代其耕也○愚按受祿於官如田之入、謂所受於官之祿。如一夫受田所入之數。要看如字。眞愌主徐註用百畝之說○此處且只說同祿。至末節方說明同中又有不同處。

趙注伯爲次國大夫祿居卿祿三分之一也。

視伯子男爲小國大夫祿居卿祿二分之一也。○趙氏曰由卿而上三等之國與。由大夫而下。三等之國同者。蓋卿而上。其祿寖厚。苟不爲之殺。則地之所出不足以供。大夫而下。其祿寖薄。苟爲之殺。則臣之所養不能自給也。

直解庶人在官者之祿。固取其足以代耕矣。而代。耕之。分數。又。自不。同。○蒙引佃治田也、上中下農田皆百畝、而有上中下之差等者、全在百畝之糞上。糞多就是力勤。蓋糞卽人力所爲者。○摘訓耕者之所獲。直到食九人至五人方才透出。非以下句一夫百畝便爲所獲也。百畝之糞是屬下文。不連上句。大意謂耕者之所收獲也。一夫皆百畝。宜若收獲皆同。然其百畝之糞。則農所由以糞同。而所收獲、亦不能以無異矣。○存疑農有五等、受祿以是爲差亦有五等。農之五等。以力之勤惰而分。祿之五等。以事之繁簡而分。○直解庶人在官者受祿之多寡、卽照此農夫之次序以爲等差、事繁者食以上農夫之食。其餘以次遞減。事最簡者。亦不失下農夫之食焉。所謂祿足代耕者如此。○摘訓天子一位提起以下皆諸侯也君一位提起以下皆臣也天子之制地方千里提起而百里七十里五十里歷數之輕帶附庸在末對天子一位一段看天子之卿一節提起而大國次國小國歷數之輕帶耕者一節在末對君一位一段看此班爵祿之略也○集說末節正井田與封建相爲表裏處由庶人在官者以上按百畝而以次倍之至於君十卿祿又以君十卿祿以至天子之卿受地視侯云云皆從一夫百畝之制而差次定之也然此義在本章却不重○蒙引黄氏曰孟子生周之末詳已不聞漢文帝時作王制果何爲而反得其詳漢衰而王制出於王莽家之劉歆恐尤難與孟子較異同也當以孟子之說爲正而闕孟子之所未詳

萬章問曰敢　章

輔慶源曰兼夫有所挾恃二者之意方謂之挾但有之而不恃則未謂之挾也○陳新安曰三者之中挾貴尤常情所易犯下文四節皆不挾貴者但有小大之

兄耳○集說長謂年尊於已貴謂位高於已有兄弟所謂挾弟兄之勢是挾也

友三字總管上三路○達說三不挾且虛○下友也者三句正是推明不可有挾之由也○

蒙引此條不必以獻子之忘勢與五人忘人之勢相對說○當主獻子不挾貴說○蓋獻子所重五人者在於忘人之勢○此正所謂友其德也○則獻子之不挾其勢彰彰矣○存疑無獻子之家者視獻子之家如無有也猶云目中無人意有獻子之家者把獻子之家來當事而慕羨之也資其勢而利其有也若無獻子之家則不資其勢不利其有也所以無獻子之家者祇見在我者有可貴在人之勢不能動吾之胸曲也故曰樂其道忘人之勢○無獻子之家以下是說出獻子所以與友之意所謂友其德也

集說看并惟及亦有之文氣乃因友道而論其極總言其不可挾之意○存疑或師或友言無所挾也王順長息句是帶說

存疑入云則入未云入不敢入也○眞西山曰天位所以處賢者天職所以任賢者天祿所以養賢者三者皆天所以待賢人使治天民者也而晉平公之於亥唐特虛尊之而已未嘗處之以位命之以職食之以祿也此豈王公尊賢之道哉○淺說然卽平公能如是亦可見平公所交在德而無所挾也○達說末六句亦只是據理斷其有未盡此意却輕

直解非但大國之君爲然也雖天子亦有之○蒙引此節不可以爲此正是承上文言王公之尊賢處蓋堯之於舜固能與其天位治天職食天祿然孟子此節本意只在無所挾上故曰是天子而友匹夫也上文所以着箇非王公之尊賢者蓋不如此取之則平公之於亥唐其尊賢爲極矣又誰知其爲有所未至者耶○迭爲賓主舜尚見帝帝館甥於貳室是舜爲賓而堯爲主亦饗舜則堯爲賓而舜爲主故迭爲賓主也○二室副宮也非正宮也○亦饗舜謂饗於舜也故註云堯舍舜於副宮而就饗其食若曰就饗以食則亦堯爲主矣蓋此食

見舜所說者可見迭爲賓主之義○一說都是堯爲主舜爲賓但於集註其之義有碍○天子友匹夫是爲何友其德也要見此意故未暇及共天位治天職處

蒙引用上敬下不必謂用上之禮以敬下也只謂以上敬下也用訓以處多如此○存疑以上俱是說用上敬下未兼言用下敬上以貴貴尊賢解之又以其義一終之者總是揭尊賢之義於貴貴欲人知尊賢之俱重也觀註當時但知貴貴而不知尊賢可見○位解義者宜也位之所在則尊君爲重故用下敬上而不爲諂此安分之理宜然也德之所在則尊賢爲重故用上敬下而不爲僭此忘分之理宜然也所以說其義一也○蒙引總註单舉以天子友匹夫舉重以見輕也正與大舜有大焉章同意

敢問交際何心　章

或問殷受夏周受殷所不辭也於今爲烈趙氏謂三代相傳以此法不須辭問

也於今爲烈烈明法如之何受其餽也或者謂若義在可受則三代受人之天下而不辭今與人者乃爲暴烈不義如此如何而可受其餽乎烈如詩序所謂厲王之烈者暴虐之意云爾或又以爲烈光也三代相受光烈至今也是三說者擇一而從之可也何至闕而不爲之說乎曰本文十四字自與上下文不相屬如趙氏之說則辭受二字與上下文亦不相似或者二說亦覺費力不若闕之之愈也

大全人以禮儀幣帛相交接問如此者何心也陳新安曰所以表○見○其恭也○○

蓮說恭也指心言○與何心也相應○註禮儀幣帛勿勿○只是幣帛之交而爲禮儀之當也○孟子打頭說個恭字○便見當受矣○○集說註交接二字便即下文其交也以道其接也以禮交接字指當時諸侯禮儀問餽之事說○不是平常相交接也○

集說尊者謂當時諸侯曰其所取之者云　云底曰字乃是卻之者之心裡道[illegible]　所卻之字註言表識今亦

疏億註而必竊計其所以然云云　正訓此曰字○存疑而後受之下含箇衛之○
註不然則□□矣正補其□□讀　蒙引若計其物之初得合義與否而酌其
辭受受其合義者則卻之者必以爲不合義也○直解計其不義而不受則是
鄙其物而輕其人倨慢莫大焉此所以卻之爲不恭也○摘訓以是爲不恭此
句文與上文卻之爲不恭及註所以卻之爲不恭不同乃君子當尊者有賜之
時○自家見得這卻爲不恭也○
蒙引曰請無以辭卻之以心卻之見得上文所謂卻之者是直以其不義而卻
之非宛轉其辭而卻之也○集說請無以辭卻之是說無以直然之辭卻之○不
是無辭○下以他辭無受便是以心卻而不以辭卻○曰其取諸民云云　底曰字亦
是心竊計之而然也○○直解以他辭無受則在我既無不義之污在彼亦難加
我以不恭之罪人己之間兩無所失不亦可乎○存疑道是大綱○禮是節目○亦
有合道而不合禮者○此道與禮之分也○○集說道禮二字是兩般○則交亦是大

綱接亦是就節目上說交以道如餽贐聞戒周其饑餓之類類字所該自廣只是來相交者有箇名目不是貨之處拘而已接以禮謂辭命恭敬之節（辭命恭敬作兩項看）節字便盡了禮字乃是相接處其辭命謙遜禮文亦且曲至不是倨傲簡略將此物擲來與我而已○摘訓孔子辭受至不苟者而亦受之然則何必疑其取之不義而以心卻之哉可見只當論道與禮不要管他義不義○達說上節言不當卻此節言不必卻○蒙引此章之言萬章始終以爲當卻孟子始終以爲可受蓋仲尼不爲已甚之學而其義之精則在於夫謂非其有一條

達說此節是設爲此問以起下節耳正意盡在下節殷受十四字依朱子作衍文○蒙引殺人而顛越之既殺了則將其屍丟擲而棄置之閔然頑然也○集說凡民罔不譈勿論關切不關切之人但聞此事者無不怨之也○吳氏程曰古人斷獄必有敎戒之詞此言欲殺之速所謂不以聽也說是不待敎正照下敎之不改而後誅之之敎字

摘訓萬章歷歷發問其本意直至此段始發之蓋不以孟子受諸侯之餽爲盜也○存疑子以爲有王者作三句是就法度上辨其非眞盜夫謂非其有二句是就義理上辨其非眞盜○摘訓法與義雖是二項却相承說言以法而例論之未同於盜以義而極言之方似於盜耳○達說二段總是辨其猶禦之非孔子之仕以下是明其可受賜應上君子受之意○集說非其有非其所當有也緊要說夫謂二字是執此以律人也如云將此等凡非其有而取之者都喚作盜也○存疑義理也自禦人之類而推之至於義理之至精至密盡頭去處也蓋禦人是眞盜是大不義以其類推之天下之事但有以逆取之與禦人相似者其迹雖不盡同要皆不義與禦人同一類然此特其粗者耳若以取非其有而同於禦人之盜是謂天下之物凡非義之所當得皆非吾之所當取苟不顧而冒爲之於義便有害較之禦人之盜惡之大小雖不同其害義一也推至於此道理已極精微更無去處了故曰義之盡○輔慶源曰夫執其兄類盡義之

說而欲一槩以繩人幾何而不流於於陵仲子之爲哉○蒙引獵較本爲祭祀
故雖俗而不害義○趙氏註較在方獵之時（註引趙說在前宜從之）張氏則較在旣獵之後趙氏較音
角角逐也張氏較音發比較也○集說較奪亦不是彼此相奪如毆禽獸而來
衆共射之便如爭奪相似○淺說獵較庸俗之事也孔子猶以爲無害於義而
小同於俗焉況諸侯之賜交以道接以禮徃不可受之有
存疑魯人獵較舊俗也孔子亦獵較是依舊俗爲之而不變也萬章之意以事
道者便當以道變易其俗孔子嘗言天下有道丘不與易是也今孔子亦獵較
是不以道易天下與平日之所言異矣安在其爲道故曰事道奚獵較也孟子
謂孔子之不變其俗先正其本也先簿正祭器則祭器有常數不以四方之食（謂不以四方難繼之物供其簿書之所有者）
供簿正則祭物有常品器有常數祭有常品則不消遠取物以供祭彼獵較者
將久而自廢矣此聖人陰移默奪之功其不變俗之中自有變之者在若急於
目前除奸革弊此淺陋者之所爲何足以知聖人之作用哉○蒙引四方字不

而況一國有一國之四方一邑有一邑之四方○存疑萬章有奚不去之疑蓋以君子所至、便當以道易天下、扶衰救弊、撥亂反之正、今不能救習俗之弊姑從之而陰爲之圖是道不可行於義不當留也、孟子言孔子所以不去者欲小試行道之端以示於人、使人知吾道之果可行耳、蓋聖人欲試行道之端以示人、於獵較一事、且姑置之、而陰爲之圖先簿正祭器、正是陰爲之圖更有試行道之端在、此聖人作用之妙處、不然、人方未知吾道之果可行吾輒舉其小者整頓之、人心未孚而已駭、小弊未能革、而身已不見用矣而謂聖人爲之乎爲之兆、在先簿正祭器外。凡其所行。使鬻雞豚者不飾賈。男女行者別於途。三月而魯大治。皆其小試行道之端者也。○集說而後去而後二字跟足以行而不行來去字內却有決意。故集註云然後不得已而必去之、蓋其去雖不輕、而亦未嘗不決、正應奚不去也之說。蓋孔子不是不去。以其道尚有可行之機耳。至道既不行。亦未嘗不決然而去也。是以未嘗終三年淹、却、又推、開、說。不獨於魯

爲然○

問孔子仕於定公而言於季桓子何也朱子曰當時季氏執國柄定公亦自做主不起○孔子相魯皆由桓子○及桓子受女樂○孔子便行矣問墮三都季氏何以不怨曰季氏是時自不奈那陪臣何○故假孔子之力以去之○桓子臨死謂康子曰使仲尼之去而魯終不治者由我故也孔子是時也失了機會不曾做得成○集說有見行可之仕便指上節兆足以行說○下二段又因此言之○要看三有字○見孔子非掀於一轍而爲已甚之行有此等又有此等下三句指其事以實之云云耳○見行可者已其道有可行之機○非謂能始終大用之也○交際貼際可問餽賄公養大文明云公養之○陳

巾氏謂夫子未嘗仕轍只於受賜上見仕意終說不失

新安曰以此釋際可公養之仕與章首本意有照應有收拾○說約此章本論辭受之義總注引尹氏兼進退者因仕魯兩節已說開也其實亦是因言獵較以證不爲已甚而偶遂及之不必如遂說判作兩截○集說萬章孔子之仕非事道之問已另起一意孟子此節却就其事又收拾到通章大義上去○

仕非為貧也　章

蒙引首節言君子之仕本為行道而亦有為貧者第二節言為貧者當知所自

處必辭尊而居卑第三節言辭尊居卑之所宜第四節即孔子事以為法例第

五節言其所以如此者蓋位卑者無事於言高而居高者必期於行道此其所

以只宜辭尊而居卑也○存疑曰仕非為貧也而有時乎為貧見為貧非其常

也○集說家貧親老為貧不能養親而仕者道與時違道不行於天下為貧不

能以自贍而仕者○陳新安曰下二句不過譬上二句所以下文不復言此

集說辭不是說既已尊富而辭之只是不居於尊富之意耳尊則必富位高則

祿入亦豐倒重貧富上不平對○為貧貧字是家貧君貧貧字是祿薄

仍有啟閉譏察等事

蒙引抱關擊柝只是一事古人為關以禦暴而關之守莫重於夜柝大全云柝

夜行所擊木也夜行謂守關者夜行也此要見其職易稱之意○集說職字正

對道字言由治己而治人以為上為德為下為民謂之道自其一官之所司者

謂之職○陳新安曰卑職雖無行道之責薄祿亦無苟受之理

蒙引長益謂生息滋繁言肥壯而且長益也○而已矣字正見其職之易稱也

○摘訓兩曰字是孟子度其意而言之推孔子所以爲委吏乘田之故也若委吏不止於會計當乘田不止於茁壯長則孔子斷不敢爲之矣

達說會是共計也計是計開也

存疑位卑而言高則有出位之罪是位卑無行道之責正貧仕者所宜居也居高位立乎人之本朝而道不行則有竊祿之恥此貧仕者所以當辭也○摘訓由上文觀之則爲貧者固宜辭尊而居卑辭富而居貧矣所以然者其故何哉上句見卑賤之職易稱下句見尊貴之職難稱當作兩平看且只泛論其理尚未着貧仕上說○問位卑而言高罪也以君臣之分言之固是如此然時可以言而言亦豈得謂之出位朱子曰前世固有草茅韋布之士獻言者然皆有所因皆有次第未有無故忽然犯分而言者縱言之亦不見聽徒取辱爾若是明君自無壅蔽之患有言亦見聽不然豈可不循分而徒取失言之辱哉如史記

[illegible]錄范雎之事彼雖小人然言皆有序不肯妄發賈誼固有才文章亦雄[illegible]
只是言語急迫失進言之序看有甚事都一齊說了宜絳灌之徒不悅而文帝
謙讓未遑也○陳新安曰今人於位卑言高則凜然懼其爲罪而不敢犯於立
朝道不行則冥然不以爲恥而冒犯之罪自外至或以得罪猶可言也恥自內
生當恥而不知恥不可言矣

士之不託於諸侯　章

或問范氏詳矣楊氏引周禮爲說其義尤精也楊曰王燕則以膳夫爲獻主說者曰君臣之義不可以燕廢曰
是不然此孟子所謂養君子之道也禮受爵於君前則降而再拜燕所以待群
臣嘉賓也而使之有升降拜揖之勞是以大爲賓之矣故以膳夫爲獻主而王
不自獻酬焉是乃所以爲養君子之
道而廩人繼粟庖人繼肉之義也

紹聞編萬章所謂託於諸侯蓋以爲士雖不得行其道而託於諸侯以自養宜章見孟子之一不受祿
故疑之
若可也○達說諸侯失國四句正發不敢也之意此不敢與下文不敢也微不
同此是言不敢以君自居名分所在也下是言不敢以臣自居職分所在也究

其歸一也○輔慶源曰諸侯之視諸侯雖其爵有五等之殊然其實則皆國君也且本有爵土不幸出奔而來適我國則其國君以廪餼之是乃禮之所宜也故可受而謂之寄公若士之於諸侯則有尊卑貴賤之不同又本無爵土豈可自比於諸侯故必仕而後當賦以祿○蒙引士而託於諸侯則為無常職而賜於上矣二節言可受餽以餽無常數也三節言不可受賜以祿賜有常數也四節言餽之繼必以君命者為不可五節言餽之繼不以君命將之乃可也六節言堯之於舜乃人君養士者之標的也

達說此節見士可受君之周也○集說此禮君雖以之養賢而賢者却是以民自處揆之此禮有相合處故可受之也

集說賜謂予之祿有常數註解自明乃是說不仕而予之以祿耳仕方有祿乃君所以待臣之禮不仕如何敢受存疑以賜為賞賜乃因人有功能而賞賜之與餼皆餽遺不同此說看差賜字○蒙引抱關擊柝較卑以該尊也○陳新安

日未仕爲民既仕乃爲臣乃爲民可以受無常數之周恤未爲臣不敢受有常

數之俸祿士之自處當然也○直解若無常職而受所賜之常祿是以庶人而

上同於在位之臣越禮犯分不恭孰甚焉此所以不敢受其賜也

蒙引註鼎肉熟肉也鼎非訓熟蓋肉經鼎則熟矣○吳氏程曰不悅何於卒也

讀○集說國君養賢而賢人亦受其養者原不爲養之而已也所以因此而用

之耳舉賢自是大義然此章前後方是就養上說舉賢意且帶言之○又不能

養指亟餽鼎肉說人君之於賢止於養之而已已非悅賢之大道理況不能養

受又字之義如此○陳新安曰士之自處固如上文所言然君待士則有養賢

之禮焉繆公餽子思使一一拜受餽之適以勞之非禮也

摘訓以君命將之正是餽之以粟與肉也始而不以君命將之則是臨之以分

而失之簡非所以尊之也繼而常以君命將之則是煩之以禮而失之瀆又非

所以逸之也○集說廩人繼粟庖人繼肉亦是君使之然但餽送之時不以君

命來耳○粟肉之繼亦只是時常來送非有月日多寡之數如祿然也要說得與託字賜字有別

趙註繼者將盡復送

摘訓以養舜於畎畝之中通承上五項說○蒙引上位謂上相之位也非天子之位上位猶言高位○存疑堯之於舜云云以事舜於畎畝之中則庶人繼粟庖人繼肉者又不足言矣後舉而加諸上位又能舉矣能養能舉悅賢之道無不盡矣故曰王公之尊賢也

敢問不見諸侯　章

陳新安曰市井草莽之臣與詩率土莫非王臣同未仕之臣也傳質爲臣乃已仕之臣也○蒙引庶人即士也以位而言曰庶人故往役義也以德而言曰士故往見不義也○此士字與下文士以旂以士之招招庶人士字不同蓋此士字是未仕者彼二士字是已仕有位者乃上中下士之士也故朱註云士謂已仕者○集說以不敢見爲禮只是就守分爲禮上說尚未有萬章以下之問其

言安庶人之分不敢同於在位之臣也

正義未曾說出淺說便云臣可召而士不可召是士之不見諸侯者乃以德有
義而其志不可屈以道自居而其身不可辱說盡了還不足
集說召之役是君役民往役是民往而爲君所役見之是君欲使來見也往見
之是士往而應其來見已之召章意以見之役榮於役何爲反不見○淺說士
則庶人也但曰庶人則爲君所役其往役者安其分也義之當然也但曰士則
當爲君所敬其往見者辱其身也非義之當然也○輔慶源曰庶人則當服君
之賤事爲士則知學問崇禮義不惟士之自處當如此而人君亦以此望之也
○存疑上云庶人不往見諸侯乃守己之禮下當曰往見非禮爲是乃曰往見
不義者何也不守禮而往見便是不義也失禮故不義不義緣無禮而生也下
文俱是明往見不義之意○紹聞編禮義二字承一章說了章末夫義路也禮
門也正應前
達說欲知士不往見之意當知君欲見士之意且君之欲見士者果何爲也哉

萬章曰爲其多聞而能知道也爲其賢而能體道也此所以欲見之也○摘訓
多聞則其應不窮而可以爲師賢則德行可尊而當就見之矣○存疑以師屬
多聞賢只言召亦互見耳○集說此節是不往見正意下引子思之言及虞人
之事皆指古人之事以明之而已
達說此引子思之言明士不可召也子思之不悅以下是孟子推子思之意千
乘之君三句此孟子以此章正意斷之見其不可召士之意也○摘訓不可以
事之云乎二句道爲古人之言是謂古人只說個事之豈曾說個友之所以斷
其一矣字也○蒙引德兼多聞與賢言○而況可召與是召之使往見也○張
南軒曰在我則當守庶人之分在君則當降事師之禮
達說此釋虞人不從非分之招以見士不當從召也上引繆公言士不可召此
引景公言士不可趣往皆以明往見不義之意
存疑招虞人以皮冠以其所有事者招之也旃質素無文猶庶人之未有文采

也能能變化猶士者之能變化也旂有文采仕至大夫則變化而成文矣○蒙引虞人士大夫皆是田獵時招帛色純赤通帛無他飾如交龍析羽皆用帛而加飾也○摘訓以皮冠是答其問矣又說下三句者因上文招虞人以旌故并言之以起下文也

蒙引以大夫之招招虞人虞人死不敢往即謂齊景公招虞人以旌不至也以此推之則以士之招招旗人庶人亦不敢往矣此與上文一意皆是不敢往者況乎以不賢人之招招賢人乎則不可往者也○存疑以士之招招庶人庶人豈敢往哉語意未伸是搭以大夫之招招虞人虞人死不敢往例引過況乎以不賢人之招招賢人乎句此句下就當繳云其不可往也決矣○直解旂之與旂貴者之招也以貴者之招招賤者雖非其物猶爲寵異之優厚之而尚不敢往況乎召使往見此乃招不賢人之招也以不賢人之招招賢人則輕慢之侮辱之甚矣賢人以道自重者豈肯往應其招乎知賢人之不可召而國君見賢

此是設辭

固必有其道矣

通解即賢人之不可召則知國君見賢或近而就見或遠而幣聘此則欲見賢人而以其道者也使以不賢人之招招之則是欲見而不以其道○存疑欲見賢便有箇道致他來見譬猶欲人入而閉門與他人也不以其道則適以沮其來他必不來見便是猶欲人之入而閉之門也○義以事理之宜言故曰路路者人之所由也禮以天理之節文言故曰門門者人之出入也義與禮何分別

按此禮義即上文禮義字但此處說得較他推說到取予以及事物細微皆有其節況夫出處進退之大節並不毫髮移都此正君子不貼節依本領處

此理爲人所宜行是義行之而有節文無過不及是禮以義以爲質禮以行之來參看頗覺明白○問此章綱領只在義路禮門朱子曰固是不出此二者然所謂義禮裏面煞有節目如云往役義也往見不義也周之則受賜之則不受之類都是義之節目如云廩人繼粟庖人繼肉不以君命將之之類都是禮之節目又如辭餽金而不受於宋薛餽而受此等辭受都是箇義君子於細微曲折一一都要合義所以易中說精義入神以致用也義至於精則應事接物之

無一非義不問大事小事千變萬化吾之所以應他如利刀快斧迎刃而解
件件剖作兩片去孟子平日受用便是得這箇氣力今觀其所言所行無不是
這箇物事○蒙引夫義路也禮門也自君子而言不必以見賢上言○周道指
周之正道而言若以周道爲道路而履之安見爲人觀法決然當依義路也解
君子小人以位言
就道理說方可起君子所履小人所視縱然詩經本意不如此孟子引之斷章
取義亦當依義路說故集註亦曰引此以證上文能由是路之義可無疑也○
摘訓夫義路以下又是申明猶欲其入而閉之門也一句言欲見賢人而不以
其道如何便猶欲其入而閉之門也夫義路也云云　小人所視觀詩之所謂周
小人句帶說
道如底其直如矢可以見義之爲路也觀詩之所謂君子所履小人所視可以
見君子之能由是路也則禮之爲門君子之能出入是門亦可以併見矣夫能
由是路則必不爲非義之往以自舍其所由之正能出入是門則必不爲非禮
之往以自壞其出入之防然則欲見賢人而不以其道豈不猶欲其入而閉之

門哉。

摘訓萬章不是眞以孔子爲非。乃援此爲例。以辨孟子之説也。當仕猶言方仕孔子方仕而有官職則非若市井之臣非若草莽之臣矣。以其官召之則非以其多聞而召之。非以其賢而召之矣。庶人不傳贄爲臣。則未仕而無官職者也。豈可以孔子之當仕有官職者律之哉。○集説仍收到往見不義上。

孟子謂萬章曰　章

𨗳説善蓋一鄉就本人言。下一鄉善士通指一鄉中凡有一善者皆在所友。非謂我善蓋一鄉。而人之善亦蓋一鄉。我方與之友也。○集説然後能三字。是解斯字之義。蓋不能善蓋一鄉。必不能友一鄉之善士。而已之善蓋一鄉。便即能友一鄉之善士也。蓋已之善若未足以蓋一鄉。不特善士不能友。即友之亦未必能盡。須看集註盡字。以我之德量尚狹。彼善士當前。豈能廣收並納以爲一己之益耶。友字是着力字。與下節友字俱是我去友之也。一國天下倣此。○隨其高下以爲廣莫隨吾成德之高下以爲取友之廣狹也如一鄉之善士便不能友一國之善士一國之善士便不能友天下之善士所謂未高則所取亦狹詣愈高則所取益廣矣不是説隨他人之高下而友之也存疑誤認高下廣狹四字

歸熙甫曰善蓋一鄉則可以盡友一鄉之善士使其交於鄉焉猶夫鄉人而已［便有未足意］［即鄉人］進而至於善蓋一國則可以盡友一國之善士使其交於國焉猶夫國人而已［註進字貼入上節鈔構］進而至於善蓋天下則可以盡友天下之善士然以國視天下則天下爲大以古今之數者之亦一世之士而已○蒙引又尚論古之人一句兼下文誦其詩讀其書論其世説誦其詩讀其書觀其言也論其世者考其行也尚論古之人如何古之人言見於詩者則誦而詠之古之人言載於書者則讀而求之然徒觀其言而不知其爲人之實可乎是以又論其當世行事之迹如何庶知其爲人之實而不徒徇其言也如此則是能進其取友之道而非止爲一世之士矣［末句依註解是］

○詩指賦咏而言書指文辭而言如禹謨伊訓之類是書此言詩書如今人言

詩與文相似○是尚友也此句只承以友天下之善士爲未足意不必云上面一鄉之善士至天下之善士字生來也但上文是已爲一鄉之善士然後能盡友一鄉之善士此是言既不止友一世之善士則亦不止爲一世之善士矣邪不必爲善蓋言人（細閱編亦云如孟子言必稱堯舜乃所願則學孔子之類不是泛常古人是在天下之善士以上者）恐古人未易盡也如堯舜文武雖孔子亦須祖述憲章之○今按朱子所解之意是先言必一鄉之善士乃能盡友夫一鄉之善士推之一國天下皆然然則其能進友古之善士而不止友一世之善士者亦當是不世之善士矣倘非（諸論）不世之善士安能不止於友一世之善士哉如此則文意方相照應不然上段是善已蓋一鄉然後盡友一鄉之士下段是已能盡友古人然（雙峰說不是）後得爲不世之善士語意不相符似○按朱子此章之言槩似主成德者言○集（嗚）說論世猶其人一生行事譏不是論彼人所處之世何如註云（看註云論其當世行事之迹自）考其行乃將他行事一一考証一番一事何如事事又何如事事始何如終何如如親見了古人底相似如此方爲論世○不曰能盡其取友之道而曰能進

其取友之道乃由天下而進之也故曰進○達說上節是取友之盡乎今此節是取友之進乎古不必判然作兩截○蓋由一鄉而至於一國○由一國而至於天下○由天下而至於古○皆是盡取友之道也○

齊宣王問卿　章

或問孟子所謂易位者言其理當如是耳○世或有疑此言有以起篡奪之禍者則孟子豈不嘗曰○有伊尹之志則可○無伊尹之志則篡乎○尹氏後說如何問孟子此言豈不起後世強臣擅廢立之事乎尹氏孟子此語所以警戒齊王聽諫欲其必聽故其言深切曰如此是初無此理而孟子虛說此言以脅其君也其亦不然矣

集說宣王問卿是問卿之職宜何如耳孟子亦只泛論其職之不同如此不必如蒙引說孟子當時為卿於齊○齊王此問蓋亦有為而發之說○君有大過異姓之卿非不諫而全靠貴戚然此處只重在易位上異姓者所不能也

蒙引蓋三仁固非阿衡之比○且紂才智過人○威權自攬○此三仁之所以難為權

也然使以湯武或孔子處比干箕子之位必不終於囚死當廢紂而立微子矣
聖人無死地邵康節之言精矣微子之去抑亦有所嫌耶○光雖異姓然武帝
盡圖周公相成王圖以授之并使輔少主行周公之事則其權已在貴戚之卿之
右矣况當時貴戚諸侯王皆不得預朝權光安得獨以異姓之卿自諉乎○真
西山曰貴戚易位之說非後世所得行君有大過惟當反覆極言如屈平劉向
之爲耳同姓之卿雖無可去之義若君有大惡而不可諫易位之事又不得行
宗社將危豈容坐待則微子去之亦有明義存焉其惡雖未如紂然非可事之
君義不當食其祿則曾之叔肸可以爲法春秋宣十有七年公弟叔肸卒曰叔
肸賢之也其賢之何也宣弒而非之也非之則胡爲不去也曰兄弟也何去之
而與之財則曰我足矣織屨而食終身不食宣公之食春秋貴之又反覆二字
最宜深體前世人臣固有見君之過大姑一言以塞責者曰吾亦嘗諫之云耳
諫而不從非苟責也此其用心既欲苟全爵位又欲默塞公言張華之所以見

屈[illegible]栝而不能自覺也○

告子曰性猶杞柳　章

王魯齋曰朱子釋性字指性之全體而言○不是解告子所言之性○陳新安曰義猶桮棬也義上脫一仁字○朱子曰告子只是認氣爲性見得性有不善須拘他方善○大全荀子性惡篇人之性惡其善者僞也○達說首二句虛虛開看下二句方合而言之○直解性是天生成底就如木中之杞柳一般仁義是（是）（直入仁字）人做造底就如器中之桮棬一般○蒙引杞柳一物也小學注危酒器匜盛水漿之器○性即仁義也○今日性猶杞柳仁義猶桮棬則性與仁義分矣○病在爲字○子思曰率性之謂道○未聞以人性爲仁義也○矯者矯曲而使之直揉者揉直而使之曲○謂杞柳柯生之物耳初非有桮棬在也必由人以製造之而後成桮棬人性本自虫虫蠢蠢耳初非有所謂仁義也必由人以矯揉之而後有仁義桮棬在杞柳之外仁義在人性之外也

孟[illegible]不曾說盡而
性之謂性章總註
朱子之說公都子
章總註所引程子
張子之說以至或
問語類所載發
明道理無餘蘊
矣須細繹其說
融會貫通也所
稍做箇題目入
思議者始得

朱子曰孟子與告子論杞柳處大槩只是言杞柳栝棬不可比性與仁義杞柳必矯揉而後爲栝棬性非矯揉而爲仁義孟子辨告子數處皆是辨倒著告子便休不曾說盡道理○存疑杞柳是箇光材栝棬是箇器具杞柳未能就成栝棬須待做方能成栝棬告子以人性不能就成仁義須待做方成仁義此是把性做惡其善乃是人爲之耳不知杞柳未是栝棬爲栝棬須待戕賊性就是仁義爲仁義只盡性便是不待戕賊其事夐然不同子能順杞柳之性云云正以辨其不同處言杞柳之爲栝棬必有待於戕賊人之爲仁義亦有待於戕賊與二者既不同則謂以人性爲仁義猶以杞柳爲栝棬之言非矣是性在人本善固非若杞柳之未成器具則以性爲惡而力之杞柳者不亦謬哉○達說率天下以上是辨其論性之非以下是斥其害性○真西山曰告子之說蓋謂人性本無仁義必用力而强爲若杞柳本非栝棬必矯揉而後就也何其昧於理邪夫仁義即性也告子乃曰以人性爲仁義如此則性自性仁義自仁義也其間

乎夫以杞柳爲桮棬必斬伐之屈折之乃克有成若人之爲仁義乃性之所固有孩提皆知愛親即所謂仁及長皆知敬兄即所謂義何勉强矯揉之有使告子之言行世之人必曰仁義乃戕賊人之物將畏憚而不肯爲是率天下而害仁義其禍將不可勝計此孟子所以不可不辨也○輔慶源曰不言戕賊人之性而言戕賊人者人之所以爲人者性也○饒雙峰曰禍仁義與楊墨充塞仁義相似○集說不曰禍性而曰禍仁義在用上說蓋告子言性固亦非其性然尚是說性爲自已所有底至於仁義却說非性所有一件一件俱是由揉造作非其本然這不是多了這仁義底名目反害了自然之性了天下之人既已不肯爲仁義然猶知慕其名而爲之及曰仁義是害性之物人尚誰肯爲仁義哉天下因子之言而不爲仁義分明率天下之人而加禍於仁義也已○蒙引孟子之論性善其辨甚力蓋此一字差則天下之事皆廢矣堯舜之精一執中亦只是性善上事成湯云惟皇上帝降衷於下民若有恒性即天命之謂性也性

善之説有自來矣。此性既是善。然後君師之道可舉。以賞善而罰惡。抑邪而扶正。而天下之事可從而理矣。若説性惡。或性善惡混。則世間凡不仁不義無父無君之事。何所不可爲哉。此孟子所以諄諄於此。正所謂爲天地立心。爲生民立命也。○邪説暴行二者相依以行。凡有暴行必有邪説。當時既有性惡之論則世道可知矣。故臣弑其君子弑其父。殺人盈城殺人盈野。皆恬然不以爲怪。可見學術之關係世道不細也。

性猶湍水也　章

或問程子以爲湍水即楊子之説。楊曰人之性也善惡混。修其善則爲善人。修其惡則爲惡人。氣也者。所以適善惡之馬歟。其大指固略同矣。然告子以善惡皆性之所無而生於習。楊子以善惡皆性之所有而成於修。此亦有小異也。

輔慶源曰。告子本以氣爲性。此説亦然。故曰因前説。但前説以性爲惡。必矯揉而後可爲善。而此説則以性爲本無善惡。但可以爲善可以爲惡耳。此其爲小

□也○蒙引波流瀠洄波流之勢瀠洄也瀠水勢旋轉未有所之也故曰決而
則東決西則西○告子謂湍水無分於東西在所決如何耳人性無分於善不
善在所習如何耳○決東則東決西則西以此喻性則善惡皆自外來矣何也
湍水之東西非自爲東西也豈不謬哉

二句言水之就下以起下四句意

淺說水之流誠不分於東西矣然豈不分於上下乎蓋其所以決諸東方則東
流者必東方地勢爲最下也所以決諸西方則西流者必西方地勢爲最下也
○摘訓末二句是申明上二句之意無有不三字乃決辭言人性之必善也正
是說性有定體處人無有不善水無有不下此所以說道人性之善也猶水之
就下也○集說朱子曰觀水之流而必下則水之性可知觀性之發而必善則
性之本善亦可知矣此正卽情以言性之說因告子只在裏面糊突故卽其顯
然可見者而言之如水之性本自潤下而不於其就下處見之終不明白故曰
人性之善也猶水之就下也看一就字自知○蒙引水無有不下是據見在實

事說人無有不善亦須據見在實事說所謂孩提之童無不知愛其親及其長也無不知敬其兄者是也○人無有不善據本然之性言所謂順之而無不善順字因下文反字意照出此句且莫用箇順字○告子之言以性無定體可善亦可惡孟子之言以性有定體有善而無惡其曰人無有不善此章之要指也存疑既說人無有不善水無有不下然人乃有不善水乃有不下者蓋人爲使之也若不說破則無以解人之疑矣故又說今夫水一條（然字指過顙在山）○其勢搏激之勢也蓋水爲搏激所使其勢不得不過顙在山也○蒙引人之可使爲不善如何說其性文勢蓋言其性爲人所逆亦猶水之爲搏擊所使也○眞西山曰水之性未嘗不就下雖搏擊之可暫逆其本性而終不能使不復其本性人之爲不善者固有之矣（說可使二字明白）所以然者往往爲物欲所誘利害所移而非其本然之性也故雖甚愚無知之人詈之以惡逆斥之以盜賊鮮不變色者至於見赤子之入井則莫不怵惕而救之朱子章句數言盡之矣○倪新安曰先師謂當看集註本性

之本字。雲峰謂須看集註定體二字。水之定體無有不下。性之定體無有不善。可使過顙在山爲不善。三使字皆非定體。竊謂本性者本然之性。定體即此性本然之定體也。若有使之者。則出於人力之所爲。而非此性本然之定體矣。

生之謂性　章

或問孟子乃告子論性數章皆本乎生之謂性之一言何也。曰告子不知理之爲性。乃即人之身而指其能知覺運動者以當之。所謂生者是也。始而見其但能知覺運動。非教不成。故有杞柳之譬。既屈於孟子之言而病其說之偏於惡也。又爲湍水之喻。以見其但能知覺運動而非有善惡之分。又以孟子未喻已之意也。遂於此章極其立論之本意而索言之。至於孟子折之。則其說又窮。而終不悟其非也。其以食色爲言。蓋猶生之云爾。而公都子之所引。又湍水之餘論也。以是考之。凡告子之論性不外乎生之一字明矣。然則告子固指氣質而言歟。曰告子所謂性固不離乎氣質。然未嘗知其爲氣質。而亦不知其有清濁賢

否之分也

朱子曰生之謂氣生之理謂性○告子只說那生來底便是性手足運行耳目視聽與夫心有知覺之類他却不知生便屬氣稟自氣稟而言人物便有不同處若說理之謂性則可然理之在人在物亦不可做一等說○生之謂性只是就氣上說得蓋謂人也有許多知覺運動物也有許多知覺運動人物只一般却不知人所以異於物者以其得正氣故全得許多道理如物則氣昏而理亦昏了○他合下便錯了他只是說生處精神魂魄凡動用處是也正如禪家說如何是佛曰見性成佛如何是性曰作用是性蓋謂目之視耳之聽手之捉執足之運奔皆性也說來說去只說得箇形而下者故孟子闢之曰生之謂性也云云又闢之曰犬之性云云只得告子不知所答便休了竟亦不曾說得性之本體是如何○輔慶源曰人物之生則有知覺能運動死則無知覺不能運動也○饒雙峰曰生活也其所以能知覺運動為是箇活底物事有生之初稟得

天地之生氣所以有這活底在裏面告子是見得這氣不曾見得這理蓋精神魂魄之所以能知覺運動者屬乎氣其所得於天以爲仁義禮智之性者則屬乎理告子認氣爲性故云生之謂性問知覺運動何分曰總言之都是精神分言之則知覺屬心運動屬身○存疑此是告子爲孟子所攻而說出其本旨也言我之所謂性者是以人之生者言也○蒙引生指人物之所以知覺運動而言係大文講可且勿露出人物字以起下文

陳新安曰白羽至輕之白白雪不堅之白白玉堅潤之白質本不同○存疑告子曰生之謂性孟子遂承之曰汝謂生之謂性毋猶物之白者謂之白與蓋白之謂白與生之謂性其事相類故孟子引以取譬而告子然之也曰白之謂白便有白羽之白猶白雪之白白雪之白猶白玉之白意思在其內矣故告子於孟子之難不能易辭而承之曰然○蒙引告子謂生之謂性是混人物在其中而不及省夫人物之不同處孟子一問其說便覺人物自是不同如此說不

得。胸中便自有犬之性猶牛之性牛之性猶人之性一段說話了。故先難之曰、生之謂性也云云、是依他立說之本旨爲辭。故告子爲然。繼之曰白羽之白云云、告子於此若以爲不然。則不得謂生之謂性矣。若以爲然。則犬之性牛之性猶人之性矣。故朱子於猶白之謂白一條、便註云則是凡有生者同是一性矣。郎下文云云也。講本文。不可於此處就依註貼。須要起得下文。

蒙引犬之性猶牛之性、此語只是牽過一步以起下句。觀大註一則曰犬牛與人、二則曰仁義禮智之稟豈物之所得而全哉、皆不暇區別犬牛之不同處可見。然其實萬物之性各自散殊。此又在所當知。○犬之性守。牛之性順。犬牛之性、各得其一偏。○然則犬之性猶牛之性牛之性猶人之性與此所謂性、是孟子之所謂性耶、告子之所謂性耶、是雖承告子之言。其實反告子之意。蓋歸於孟子之所謂性也。只看與字、可知明其不然也。謂犬牛之性與人之性不同也。旣不同。則是孟子之所謂性無疑矣。○告子曰生之謂性也、孟子曰、生則人物之所同性則人與物異生豈卽性之謂乎○朱子曰犬牛人之形氣旣具而有知覺能運動者生也有生雖同然形氣旣異則其生而有得乎天之理亦異蓋在人則得其全而無有不善在物則有所蔽而不得其全是乃所謂性也今告子曰生之謂性如白之謂白而凡白無異白焉則是指形氣之生者以爲性而謂人物之所得於天者亦無不同矣故孟子以此詰之而告子理屈詞窮不能復對也○氣相近如知寒暖識饑飽好生惡死趨利避害人與物都一般理不同如蜂蟻之君臣只是他義上有一點明虎狼之父子只是仁上有一點明其他更推不去○黃勉齋曰告子旣不知性與氣之分而直以氣爲性又不知氣或不齊性因有異而遂指凡有生者以爲同是以孟子以此語之而進退無所據也○胡雲峰曰大學中庸首章或問皆以爲人物之生理同而氣異而此則以爲氣同而理異何也朱子嘗曰論萬物之一原則理同而氣異觀萬物之異體則氣猶相近而理絶不同氣之異者粹駁之不齊理之異者偏全之或異

也。嘗因是而推之、蓋自太本大原上說。大化流行。賦予萬物。何嘗分人與物。此理之同也。但人得其氣之正且通者。物得氣之偏且塞者。此氣之異也。人物既得此氣以生。則人能知覺運動。物亦能知覺運動。此又其氣之同也。然人得其氣之全。故於理亦全。物得其氣之偏。故於理亦偏。則人與物又不能不異矣。理同而氣異。是從人物有生之初說。氣同而理異。是從人物有生之後說。朱子之說精矣。

食色性也　章

或問飲食男女固出於性。然告子以生爲性。則以性爲止於是矣。因此又生仁內義外之說。正與今日佛者之言以作用爲性義理爲障者相類。然孟子不攻其食色之云者。使彼知義之非外。則性之不止於食色。其有以察之矣。

朱子曰告子先云仁義猶桮棬、其意本皆以仁義爲外。皆不出於本性。既得孟子說。方略認仁爲在內。亦不以仁爲性之所有。但比義羞在內耳。○問告子曰不知性，如何知得仁為內。曰：他便以其主於愛者為仁，故曰內；以其制是非者為義，故曰外。又問：他說義固不是，說仁莫亦不是。曰：固然。○告子謂仁愛之心自我而出，故謂之內；食色之可甘可悅，由彼有此而後甘之悅之，故謂之外。又云：上面食色性也自是一截，下面仁內義外自是一截，故孟子辨告子只謂何以謂仁內義外也。○輔慶源曰：人之甘食者，知其食之美而甘之也；悅色者，知其色之美而悅之也。知即知覺也，甘與悅即運動也。○蒙引：告子此說是言愛由心生，故曰內；若事物之宜則在彼，故曰外。語類亦以食色入仁義說，仁愛之心生於內，如甘乎食、悅乎色亦是也；事物之宜由乎外，如所甘之食、所悅之色亦是也。看大註一故字，但不可局限如此說，如下文所謂吾弟則愛之、長楚人之長，都說得仁內義外意，須涵看。雲峰謂甘食悅色，是自家心裏愛那食色，愛便屬仁，便是仁愛之心，生於內。至若食色，却有可愛者、有不可愛者，則是事物之宜，由乎外也。說亦是，但欠活。食色特知覺運動之兩端耳。○淺說：夫既以食

色爲性。則愛食色之心生於內。而食色可愛之宜由乎外。以此推之。凡心之愛

由食色說到仁義。却又不泥定只說食色。與蒙引意最合。

皆曰仁。而仁皆在內也。非在外也。仁既在內。則但當用力於仁矣。凡物之宜皆曰義。而義皆在外也。非在內也。義既在外。則不必求合於義也。○蒙引孟子開口便說仁義。二者并舉而言。欲學者兼致其力。故告子言仁內義外。見學者但當用力於仁。而不必求合於義。以矯孟子之說。○仁者心之德。愛之理。而告子只以心之愛爲仁。德字。理字。都無了。此正當以生爲性一類。義者心之制。事之宜。而告子只以事之宜爲義。心之制。都無了。蓋事物之宜。雖若在外。而事物之所以得其宜。則不在外也。

達說告子以食色爲性。即生之謂性。孟子固無待於再辨矣。其言仁雖未是。而言在內則是矣。故亦在所略。惟義外之說。不得不辨。故反詰之曰。子何以謂仁在內。而義獨在外乎。○存疑告子因孟子仁內義外之辨。見得敬長義也。又以長求在言。謂因彼之長。而我方去長之。原非有長之之心在我也。猶彼白而我

方其白之從其白於外非有白之之心於我也告子只是就長上認義都不識
長之上認故以爲在外○摘訓因前面曾有白之謂白之說故此以白取譬也
彼長彼白俱指人言非有長於我也從其白於外也亦互文○達說告子所謂
我長未有敬之之意乃是稱之之詞此二句正是說義外猶彼白二句只是發
明此二句故謂之外只承上長一邊說
朱子曰彼白而我白之言彼是白馬我道這是白馬如着白衣服底人我道這
人是着白言之則一若長馬長人則不同長馬則是口頭道箇老大底馬若長
人則是誠敬之心發自於中推誠而敬之所以謂内也○白馬之白也無以異
於白人之白也看來孟子此語答之亦未盡謂白馬白人不異亦豈可也畢竟
彼白而我白之我以爲白則亦出於吾心之分别矣○存疑孟子因告子長之
白之之言隨就他起議論言子謂長之白之今就這裏分箇人馬來說彼白馬
之白也固無以異於白人之白矣不識長馬之長也都無以異於長人之長與

决有異也〇蒙引據本文有兩節意言汝以白比長終是比不得白無不同長則有不同即其不同處便是心之制乃所謂義也義不在内乎更有一説且汝所謂彼長而我長之以爲義在外不知汝是以長者爲義乎以長之者爲義乎如以長者爲義則義可爲在外若以長之者爲義則義非外矣告子雖强辯亦安得而以長者爲義乎末二句只是指長人一邊不是兼長馬長人也只是長之字重〇摘訓白馬白人不異則均謂之從其白於外可也長馬長人不同則均謂之非有長於我不可也然則安得以長之白之而同論乎長者非義長之者爲義然則文安得以彼長而我長之爲非有長於我乎

蒙引吾弟則愛之秦人之弟則不愛也所主在我故有所擇也可見仁愛之心生於内長楚人之長亦長吾之長所主不在我惟長是視耳可見事物之宜由乎外〇吾弟則愛之秦人之弟則不愛也言强不得我之愛也可見仁在内長楚人之長亦長吾之長言沒不得人之長也可見義在外〇存疑長雖因於長

長之則不出於長而出於吾心也告子總在長上認而遺長之一節○此條是再申義外之說必帶仁內說是欲因以闡義之在外耶○集說兼仁來說者正言我偏不能以仁爲外何也以仁原在內我不能以爲外也如義本是外我却强以爲內不得矣○加一悅字其論亦入細正見都是心之所悅如是則悅不如是則不悅然以我爲悅者我做得主以長爲悅者却是因長而後有之故謂之外也

蒙引長楚人之長亦長吾之長人固有然者耆秦人之炙亦耆吾炙物亦有然者炙固在外矣然而耆炙亦有外歟炙在外而耆之則在內長在外而長之則在內義不在外明矣此即上文長者義乎長之者義乎之說○金仁山曰孟子正當曰長楚人之長果亦猶長吾之長乎是必有差等矣且謂以長爲悅則是長長則悅於吾心也則悅豈在外歟今乃以耆秦人之炙對長楚人之長是蓋因其食色之好非有秦楚之分以指其非外也其實上文長之者義乎已盡之

矣○

孟季子問公都子曰章

或問見註范氏詳矣程子於易傳發明義非在外之意尤為有功伊川曰敬立而内直義形而外方義形於外非在外也

蒙引當時告子之徒皆以為義外孟子之說專以為義内孟季子所見亦以為義外聞孟子之言而未達故私問於公都子曰人皆曰義外孟子獨曰義内以予觀之亦若在外然者不知孟子何以謂義内也

蒙引公都子以義主於敬故以敬之一節明之曰有人於此在所當敬也行吾心之敬以敬之是敬由心出故謂之内也公都子此答是正理如此○此即上章義不在彼之長而在我長之之心之意○蓋當時彼長而我長之之說公都子與季子皆熟聞之○故公都子亦即以敬長一端以發孟子之意○

直解孟季子聞公都子之言猶未能達乃又辨說試以敬長而言伯兄長於鄉

我所敬也設使鄉人又長於伯兄一歲則將敬伯兄乎敬鄉人乎公都子答說
敬以親䟽爲殺鄉人雖長䟽不踰戚必當敬兄也季子又問說伯兄當敬固矣
設使請鄉人飲酒有伯兄在則當先酌誰乎公都子答說酌以賓主爲序伯兄
雖親主不先客必當先酌鄉人也○存疑所敬既在兄待酌又長鄉人依此則
敬長之心都是從外物轉移全不由我義果在外非由內也○集說一歲亦只
長一日亦是長
言其長耳不必如蒙引長於吾兄者不多之說○蒙引此問亦是用術處盡知
主義內者必曰敬兄有吾弟則愛之之意都然後出酌則誰先一句以搖奪之
○所敬在此庸敬也所長在彼亦斯須之敬也不可太泥敬與長之別故大註
曰敬長之心云云
蒙引叔父之當敬於弟此兄之當敬於鄉人之長者尤爲分明故復設此難直
是要得他在位故也一句出來而因以折之○存疑所敬在此所長在彼以鄉
人在位故也此處就可說庸敬在兄斯須之敬在鄉人但公都子不能孟子弟

爲尸之難，正欲得他在位一句，而因以解之。在他人必於此就說了，孟子不然，又設事之相似者引起他，而因以解之，亦欲其理之愈明耳。○庸敬二句，是解所敬在此二句，如此解，總是欲說出敬有常暫，意其說出敬有常暫，意總是欲見由中出，意言所敬在此者，常時之敬在兄也，所長在彼者，暫時之敬在鄉人也。敬有常暫，是皆因時而制其宜，是皆由中出也，可以見義之果在內矣。○趙氏曰：因時制宜，所謂義也。兄叔父之當敬，此理之常，若弟在尸位，則祭時暫當裁以視如祖考之義而敬弟，鄉人在賓位，則宴時暫當裁以尊賓之義而敬鄉人。此皆暫時之敬耳。或常或暫，因時而裁制其宜，皆本於吾心，故曰由中出也。

蒙引：同一敬叔父則敬，敬弟則敬也，但季子所認則叔父與弟字重，孟子公都子之說，則敬字重。季子之說是謂吾之敬由叔父與弟而生，孟子之說是謂吾之敬施之於叔父與弟也。○當敬叔父時則敬叔父，當敬弟時則敬弟，言敬由

外而生也此即上文所敬在此所長在彼之說公都子乃以所易見者曉之云
云○存疑孟季子聞之又曰庸敬在兄斯須之敬在鄉人猶當敬叔父則敬叔
父當敬弟則敬弟也依此則敬長之心還是從外物轉移義果在外非由內矣
公都子辨之曰當敬叔父則敬叔父當敬弟則敬弟猶冬日當飲湯則飲湯夏
日當飲水則飲水也然則飲食亦在外與飲食不在外則長長不在外也明矣
○集說飲食二字活看言飲之食之也○胡雲峰曰集註以爲此亦耆炙之義
耆炙在外而耆之在乎心水與湯在外而斟酌其可飲不可飲在乎心然則事
物之宜在乎外而所以斟酌事物之宜則在乎心也

公都子曰告子曰　章

或問公都子問性而孟子以情與才者告之何也曰性之本體理而已矣情則
性之動而有爲才則性之具而能爲者也性無形象聲臭之可形容也故以二
者言之誠知二者之本善則性之爲善必矣曰然則程子何以言才之有不善

也曰此以其稟於氣者言之也蓋性不自立依氣而形故形生質具則性之在是者爲氣所拘而其理之爲善者終不可得而變但氣之不美者則其情多流於不善才亦有時而偏於不善若其所以爲情與才之本然者則初亦未嘗不善也孟子程子之說所以小異而不害其爲同也曰孟子初未嘗有氣質之說也孔子雖以性之相近而言然亦不明言其爲氣質也程張之說亦何所據而云乎曰孔子雖不言相近之爲氣質然其於易大傳之言性則皆與相近之云者不類是固不無二者之分矣但聖人於此蓋罕言之而弟子有不得而聞者故其傳者止是而無以互相發明耳孟子雖不言氣質之性然於告子生之謂性之辯則亦既微發其端矣但告子辭窮無復問辯故亦不得盡其辭焉及周子出始復推太極陰陽五行之說以明人物之生其性則同而氣質之所從來其變化錯糅有如此之不齊者至於程子則又始明性之爲理而與張子皆有氣質之說然後性之爲善者無害於氣質之有不善氣質之不善者終亦不能

孰性之必爲善也此其有功於聖門而惠於後學也厚矣子尚安得以其無所據而爲疑耶曰孟子之言性也情也才也皆未嘗不善也而程子以來乃有以才爲有善不善者何也曰以性而言則才與情本非有不善也特氣質之禀不齊是以才有所拘情有所徇而不能一於義理耳至於性則理而已矣其純粹至善之德不以氣質之美而加多不以氣質之惡而有損特其蔽之厚薄隨有不同耳

朱子曰告子說性無善無不善非惟無善并不善亦無之謂性中無惡則可謂無善則性是何物○告子之意謂這性是不受善不受惡底物事他說食色性也便見得他只道是手能持足能履目能視耳能聽便是性釋氏說在目曰視在耳曰聞在手執捉在足運奔便是他意思○陳新安曰告子只認能知覺運動甘食悅色者即爲性而任意爲之無所謂善惡○蘇東坡論性謂自堯舜以來至孔子不得已而曰中曰一未嘗分善惡言也自孟子道性善而一與中支

矣胡文定公論性謂性不可以善言纔說善時便與惡對非本然之性矣孟子道性善只是贊歎之辭說好箇性如佛言善哉善哉五峰論性云凡人之生粹然天地之心道義全具無適無莫不可以善惡辨不可以是非分○蒙引中謂不分上下也一謂未分二也

陳新安曰謂性可善可惡惟上所導如湍水可東可西惟人所決

大全韓子曰性之品有上中下上焉者善焉而已矣中焉者可導而上下也下焉者惡焉而已矣○朱子曰韓子三品之說只說得氣不曾說得性○此章三者雖同說氣質之性然兩或曰之說猶知分辨善惡惟無善無不善之說最無狀他就此無善無惡之名渾無分別雖爲善爲惡總無妨也與今世不擇善惡顛倒是非而稱爲本性者何以異哉○蒙引性無善無不善謂全不可以善惡名也性可以爲善可以爲不善謂性無善惡習而後有善惡也有性善有性不善謂有等從來是善有等從來是惡三說俱以爲不可專謂性善以碍孟子之

說也○違說以堯句見有性不善意以瞽瞍等句見有性善意曰爲父曰爲兄之子見其親則易染也曰爲君見其尊則亦易從也

愚按公都盖主孟子之說者此節云云非疑孟子性善之言爲未確正欲許聞其旨以見衆論之所以非也

朱子曰性不可說情郤可說所以告子問性孟子郤答他情盖謂情可爲善則性無有不善所謂四端者皆情也仁是性惻隱是情惻隱是仁發出來底端芽如一箇穀種相似穀之生是性發爲萌芽是情也所謂性只是那仁義禮智四者而已○輔慶源曰乃若與下文若夫字相對○陳北溪曰在心裏未發動底爲性事物觸著便發動出來底是情這動底只是就性中發出來不是別物情之中節是從本性發來便是善其不中節是感物欲而動不從本性發來便有不善○陳新安曰因其情之善而可知其性之本善盖遡其流而知其源也如水之初流出尚清則可知其未流之先清也必矣此乃若其情至乃所謂善也

蒙引至智也截似更好

已包下文惻隱之心至我固有之也之意下文乃盡發此意耳○集說但可以爲善仍依集註本但可以爲善而不可以爲惡蒙引云此以爲字只如謂之相似盖情是無意發出者不可謂情去爲善也不知情只謂之善而不謂之惡豈何謂之善又憑何不謂之惡耶如惻隱之心這豈不是本但可以爲善之心乎卽日爲善去是才然可以爲善却是情也○愚按蒙引看爲字太着意了故云云歸熙甫云無心於爲善而自不容不出於善無意於去惡而自不至於惡如此說爲字便自無妨○蒙引其指人言大註自明則可以爲善矣此善字說情乃所謂善也說性○性既是善則無善無不善之說非矣性本但可以爲善則所謂可以爲善可以爲不善之說非矣人性既皆善則所謂有性善有性不善之說非矣

問集註才猶材質才與材字之別如何朱子曰才字是就理義上說材字是就用上說孟子上說人見其濯濯也則以爲未嘗有材是用木旁材字便是指適

用底說非天之降才爾殊便是就理義上說又問才字是以其能解作用底說
材質是合形體說否曰是兼形體說便是說那好底材又問如說材料相似否
曰是○孟子所謂才止是指本性而言性之發用無有不善處如人之有才事
事做得出來一性之中萬善完備發將出來便是才也○問才與情何分別曰
情是這裏以手指心發出有箇路脉曲折隨物恁地去才是能主張運用做事底○
饒雙峰曰孟子是指那好底才說如仁之能愛其親義之能敬其兄所謂良能此解才字
是也最切○存疑才與性情如何分性是心之理情是性之動才是性之能動才不
外乎性情乍見孺子將入於井皆有怵惕惻隱之心情也其能如此才也蒙引
謂怵惕惻隱是情擴充而救之是才之善却把情才分作兩項了○乃若其情
則可以爲善乃所謂善解性無善無不善性可以爲善可以爲不善有性善有
性不善之說已明矣又曰若夫爲不善非才之罪是恐人以不善歸之才夫才
性之能也才若不善是性無能也亦未免爲性之累故又爲他如此解○情本

可爲善若夫人之爲不善則非情矣或者歸咎夫才謂人情本可以爲善今不能者是他才弱發不出也不知才出於性性既善則才亦善豈有才弱發不出之理乃是汨於物欲而喪其才耳非其才之罪也

朱子曰心一也有指體而言者寂然不動是也有指用而言者感而遂通天下之故是也寂然不動是性感而遂通是情故橫渠云心統性情者也○其未發也性雖寂然不動而其中自有條理自有間架不是儱侗都無一物所以外邊纔感中間便應如赤子入井之事感則仁之理便應而惻隱之心於是乎形如過廟朝之事感則禮之理便應而恭敬之心於是乎形蓋由其中間衆理渾具各各分明故外邊所遇隨感而應所以四端之發各有面貌之不同是以孟子析而爲四以示學者使知渾然全體之中而粲然有條若此○惻隱羞惡心也能惻隱羞惡發揮之至於仁義不可勝用者才也○問不能盡其才只才是能去恁地做底性本好發於情也只是好到得動用去做也只是好不能盡其才

是殺得略好便自周匝了不順他道理做去若盡惻隱之才則必當至於博施
濟衆盡羞惡之才則必當至於一介不取予祿之天下弗顧千駟弗視這是本
來自合恁地滔滔做去止緣人爲私意阻隔多是有些發動後便遏折了○人
皆有許多才聖人却做許多事我不能做得些事出故謂相倍蓰而無算者不
能盡其才者也○輔慶源曰四者之心根於本性非如火之鑠金自外至內但
人自不思不求耳○真西山曰物有求而弗得者在外故也性求其在我者何（是惡）
不得之有思而求之則得之而全其本善不思不求則失之而流於惡善惡相
（與善相上）去之遠由一倍五倍而極於無算者皆不思不求不能擴充以盡其才故也本
然之才初無限量極天下之善無不可爲今乃如此是有才而不能盡其才耳
曰思曰求而又曰盡皆孟子喫緊教人處○蒙引人之情本但可以爲惻隱而
不可以爲殘忍本但可以爲羞惡而不可以爲無恥本但可以爲恭敬而不可
以爲倨慢本但可以爲是非而不可以爲無別須要認惻隱羞惡恭敬是非數

字爲好字面故曰乃若其情則可以爲善矣若曰殘忍頑鈍驕慢昏昧則皆是不好字是情不善矣仁也義也禮也智也亦一一是至好字故曰乃所謂性善也只用咀嚼此數箇字面而孟子之意彰彰矣○惻隱之心情也仁是性也此四句要說出因用以著其本體意○思以心言求以用力言思在前有求則有思矣思求便是用其才處不能盡其才者不思不求而擴充其善端也但不可謂不能盡其思求之才○存疑弗思耳矣思字帶箇求字求則得之求字帶箇思字此云然者省文互見也集註得此意故曰人自不思而求之○摘訓不思不求正是上文邪物欲陷溺而然處○蓬說然果何以見情善而才亦善耶彼惻隱羞惡恭敬是非之心心之善者也人皆有之故曰乃若其情則可以爲善矣使人無是惻隱羞惡恭敬是非之心又安可以言情之善乎即是惻隱羞惡恭敬是非之心可以驗其性之有仁義禮智也仁義禮智豈有不善乎故曰乃所謂善也使性非仁義禮智又安可以言性之善乎仁義禮智非由外鑠我也

云云不能盡其才者也故曰若夫爲不善非才之罪也○摘訓我固有之尚未
是住語處正要起下文亦恐耳矣一句
朱子曰視聽言動必有禮焉一身之則也君之仁臣之敬子之孝父之慈朋友
之信君臣父子朋友之則也○問彝而言秉何也曰渾然一理具於吾心不可
移奪若秉執然（要看若字）○蒙引有物有則就烝民上說民之秉彝指則而言懿德亦指
則而言好是懿德者（能好便是才）人之情也人情如是可謂善矣以此觀之則人性之善可
見而其所爲不善者果非才之罪矣○引詩四句故好是懿德一句最重此句
正是其情之可以爲善處緣此就見得人性之善也即上文之意○如視遠惟
明聽德惟聰此懿德也孰不好是爲父能慈爲子能孝亦懿德也又孰不好是
孟子他日又曰心之所同然者理也義也理義即懿德人心所同然即所謂人
之情無不好是懿德者或專以爲好他人有德者拘矣○則也夷也懿德也一
也自物而言用則字明非塊然一物也自民而言用夷字謂民之有常性也自

四書鈔　卷二　三

一人所好言用懿德字以其美而好之也各有攸當可見古人用字之不苟處○是民所秉執之常性也故人之情無不好此懿德者不可因上句性字下句情字遂謂是性善而情亦善者看上句是人所秉執之常性也乃指有耳目則有聰明之德有父子則有慈孝之心似亦爲情矣上文則字卽是通章都是因情以著性○摘訓懿德卽是秉夷若以秉夷爲性善則好懿德又是情去好那性善矣豈不支離原來是好字上見情懿德字上見善○詩辭不重只重在孔子贊詩上要挑明必故二字下三句就見是知道須先綴是詩人知道意方可去（是知性情之道）證上文○朱子曰論性不論氣則無以見其生質之異論氣不論性則無以見義理之同孟子之言性善者前聖所未發也而此言者又孟子所未發也○本然之性只是至善然不以氣質論之則莫知其有昏明開塞剛柔强弱故有所不備徒論氣質之性而不自本原言之則雖知有昏明開塞剛柔强弱之不同而不知至善之原未嘗有異故有所不明須是兩邊都說理方明備○陳新安

曰論性不論氣是說孟子其論甚正而明但不曾說破氣質不周備耳論氣不
論性是說荀揚則全舛繆而說理不明其害大矣孟子性善之說正而未備得
程子性即理也之說足以助其甚正者又得張程氣質之說足以補其未備者
朱子會萃提掇盡發其秘而無餘藴其繼往開來之功大矣哉

富歲子弟多賴 見註 章

或問程子理義悅心之說至矣呂氏論地有肥磽雨露之養人事之不齊者則
察而同然之說亦皆善也呂曰地有肥磽猶禀厚者惡有不能移禀薄者善亦不易以進非人十己百未足以若人非性也雨露之
養人事之不齊猶習之變化雨露之滋播種以時猶習善者也不滋不時猶習
惡者習善則成善習惡則成惡亦非性也又曰我心所然即天理天德孟子言
同然者恐人有私意蔽之
苟無私意我心即天心

存疑首節承上章說人降才之同其爲不善由人心之陷溺○才是才能人之
作爲皆才也言富歲子弟多賴而爲善不是天付以如是之才也凶歲子弟多
爲暴不是天不付以是才也凶年衣食不足則廹於饑寒禮義不暇顧非僻之

心生義理之心由是而喪矣心既陷溺於是爲暴所謂苟無恒心放僻邪侈無不爲者是也然字指爲暴陷溺其心之心即下面同然理義之心人心同然乎理義子弟多暴則不然乎理義矣蓋由其心之陷溺也故下文詳説人心同然理義以明此意〇才與心如何分性是心之理才是性之能心盛貯這性與才心溺則性失不能發之才矣是心溺則才喪而爲暴非天降才之殊而爲暴也〇蒙引多字有斟酌富歲人家子弟未必盡能爲善凶歲人家子弟未必盡至爲惡〇賴字最有意思有所賴藉自不甘置其身於惡地此二句重在下一句故下文云非天之降才爾殊也不曰降性降情而獨曰才者就所爲上爲切

達説爾如此也

陳新安曰穜麰二者多同雖其間有多寡之不同者則以地有肥磽之分雨露有有無之異人事有勤惰之不齊故耳以譬降才同而養其心與陷溺其心有不同也〇達説此節引麰麥只要見同意樹之時即穜之時日至之時是氣候到成熟之時此句言熟亦同也此以上既言其同矣以下則推言其異之故正

以見其同也既曰其地同又曰地有肥磽益同一地也特有肥磽異耳求要緊補在麰麥豈有不同哉方得節以便接下節

陳新安曰凡同類謂凡物之同類者人性善無不同此提段綱領處○存疑故凡同類須放開說舉相似言各有相似處如麰麥地同樹同熟同也何獨至於人而疑之承上文相似言疑之疑其不相似也相似者才也聖人與我同類就含其才相似意○何獨至於人而疑其不相似聖人與我同類者皆相似也以此觀之則降才之同可見彼多暴之異於多賴者非以陷溺其心而然耶○蒙引聖人與我同類者直是言其性之善無不同也應上文非天之降才爾殊也此比前章何以異於人哉堯舜與人同耳其意更顯○聖人與我同類者分明是說性善之同不雜氣質言若氣質安得盡同○今夫麰麥至聖人與我同類者是即物類之同以見人類之同故龍子曰以下至猶芻豢之悅我口是即人身之所同以見人心之所同

存疑釋之相似天下之足同是孟子解龍子之言龍子之言只是引起下文於義無取○觀揔結只云口耳目可見

陳新安曰易牙齊桓公臣能辨淄澠二水味此先得我口之所耆已爲下文先得我心之所同然者張本矣○蒙引於字重看言易牙所調之味期與約屬意言必以易牙所調者爲美也

達說亦然即是耳亦同下皆是明其爲同也

達說子都男子也詩曰不見子都乃見狡童不知子都之姣二句是反言以明其同與上文如使口之於味三句一般

集說故曰二字不是推原只是承上文而覆言之以起下至於心何耳○蒙引云故曰非引古語說是○存疑謂人之一身口耳目皆有所同然至於心爲一身之主衆體之綱獨無所同然乎心之所同然者理義是也夫人心同然乎理義則其才同能於爲善彼凶歲之多暴者由陷溺其心又可見矣○朱子曰同然

之然如然否之然不是虛字當從上文看蓋自口之同耆耳之同聽而言謂人心豈無同以爲然者○集說謂字要看如云便說是這箇之意理義自在人心而自不知其同然孟子以何也二字及謂字教人自認耳○聖人先得我心之所同然即應聖人與我同類者句此正前註其性之善無不同也○朱子曰理只是事物當然底道理義是事之合宜處這心下看甚麽道理都有之且如人之爲事自家處之當於義人莫不以爲然無有道不好者又如人皆知君父之當事我能盡忠盡孝天下莫不以爲當然此心之所同也如今處一件事苟當兼人己說方於理則此心必安人亦以爲當然如此則其心悅乎不悅乎悅於心必矣又曰是同然意存疑只就悅自已底說反覺不全如說某人做得好便喜歡某人做得不好便意思不樂豈獨自家心下如此別人都是如此這只自緣人心都有這箇義理都好善都惡不善○問理義之悅我心猶芻豢之悅我口顏子欲罷不能便是此意否曰顏子固是如此然孟子所說正是爲衆人說當就人心同處看我恁地他人也恁地只就麄淺處看自分

曉却有受用若必討箇顔子來證如此只是顔子曾恁地多少年來更無人會恁地看得細了却無受用○淺說理義之悅我心即人心之悅理義也文法頓挫耳猶韓文用衣食於奔走句法○胡雲峰曰芻豢人之所同耆也耆之斯悅之矣理義人之所同然也然之斯悅之矣○陳新安曰此章大意以人心理義之同而見人性之皆善也衆人與聖人同此至善之性所以同此理義之心本同而未莫之同者陷溺其心故也能以理義養其心而不至陷溺其心則心得所養於理義得無味之味如悅芻豢有味之味其於希聖之學自將勉勉循循而欲罷不能矣始與聖人同者其終何患與聖人不同哉

牛山之木嘗美矣　章

或問夜氣之說曰程子至矣問夜氣如何伊川曰此只是言休息時氣清耳至平旦之氣未與事接亦清只如小兒讀書早晨便記得也又曰夜氣之所存者良知也良能也苟擴而充之化旦晝之所害為夜氣之所存然後可以至於聖人楊尹亦無失其旨者楊曰古之學者視聽言動無非禮所以操心也至於無故不徹琴瑟行則聞佩玉登車則聞和鸞皆欲收其放心不使惰慢邪僻之氣得而入焉尹曰人之失其

良心者無增損也在養與不養而已。曰然則夜氣者豈以休息之餘氣清明者耳而程子遽以為良知良能者何哉曰良知良能非指夜氣而言也。指夜氣之所存者而言也。蓋此章之說本以仁義之良心為主。以下為雖或流於物慾。而其莫夜既得休息。則其氣復清明。而有以存夫此心耳。及其旦晝而接物也。則又梏而亡之。是以流於禽獸而不反耳。其存其亡。蓋皆以心言之。初不以為氣之存亡也。故其下文引孔子之言以明心之不可不操者。則其意益明矣。但日夜所息以下。只以好惡相近為良心之萌蘖。不復更著心字。故說者反謂氣有存亡而欲致養於氣。則此章文意首尾衡決。而日用之間。所以用其力者。亦且散漫而無可守之要矣。非程子以是明之。孰能知其旨之為然哉。曰程子以為心無出入。問人有逐物是心逐之否伊川曰心則無出入矣逐物是欲然則其有出入者。其無乃非心之正耶。曰出而逐物者固非本心之正。然不可謂本心之外。別有出入之心也。但不能操而存之。則其出而逐物於外。與其偶存於內者。皆恍忽無常。莫知其定處耳。然所謂入者。亦非此

心既出而復自外入也亦曰逐物之心暫息則此心未嘗不在內耳學者於此苟能操而存之則此心不放而常爲主於內矣

朱子曰牛山之木嘗美矣是喻人仁義之心句句相對極分明郊於大國斧斤伐之猶人之放其良心日夜之所息雨露之所潤非無萌蘖之生便是平旦之氣其好惡與人相近處旦晝之梏亡則又所謂牛羊又從而牧之雖芽蘖之生亦且戕賊無餘矣○蒙引氣化流行未嘗間斷人與物日夜皆有所生長也故此章於兩節皆言之○陳新安曰山以生物爲性猶天地以生物爲心謂爲無材豈山之本性哉

問夜氣一章朱子曰這病根只在放其良心上蓋心既放則氣必昏氣既昏則心愈亡兩箇互相牽動所謂梏之反覆如下文操則存舍則亡却是用功緊切處是箇生死路頭○天地生生之理本自不息惟旦晝之所爲有所梏亡然雖有所梏亡而夜氣之所息平旦之氣自然有所生長自此漸能存養則良心漸

復惟其於梏亡之餘雖略略生長得些子至日用間依舊汩於物欲又依然壞
了則是梏之反覆雖夜間休息其氣只恁地昏亦不足以存此良心故下面又
說苟得其養無物不長苟失其養無物不消見得雖梏亡之餘有以養之則仁
義之心卽存緣是此心本不是外面取來乃是與生俱生下又說存養之要舉
孔子之言操則存舍則亡見此良心其存亡只在眇忽之間才操便在這裏才
舍便失去若能知得常操之而勿放則良心常存夜之所息益有所養夜之所
養愈深則日晝之所爲無非良心之發見矣○日夜之所息底是良心平旦之
氣自是氣是兩件物事夜氣如雨露之潤良心如萌蘗之生人之良心雖是有
梏亡而彼未嘗不生梏如被他禁械在那裏更不容他轉動亡如將自家物失
此句跟上句來故詳用故字
去了○平旦之氣只是夜間息得許多時節不與事物接才醒來便有得這些
自然清明之氣此心自恁地虛靜少間才與物接依舊又汩沒了○夜氣不足
以存皆是日晝所爲壞了所謂好惡與人相近者幾希今只要得去這好惡上

理會日用間於這上見得分曉有得力處夜氣方與你存夜氣上卻未有工夫只是去旦晝理會這兩字是箇大關鍵這裏有工夫日間進得一分道理夜氣便添得一分日間只管進夜間只管添添來添去這氣便盛○他前面說許多這裏只是教人操存其心若存得此心則氣常時淸不特平旦時淸若不曾存得此心雖歇得些時氣亦不淸良心亦不長○氣淸則心淸其日夜之所息平旦之氣蓋是靜時有這好處發見然孟子此說只爲常人言之其實此理日間亦有發見時不止夜與平旦所以孟子收拾在操則存舍則亡上蓋爲此心操之則存也○此段首尾只爲良心設夜氣不足以存蓋以夜氣至淸足以存此良心平旦之氣亦淸亦足以存此良心故其好惡之公猶與人相近但此心存得不多時也便梏亡之人謂梏亡其夜氣非也謂梏亡其良心也○夜氣是母所息是子蓋所息者本自微了旦晝只管梏之今日梏一分明日梏一分所謂梏之反覆而所息者泯夜氣亦不足以存若能存便是息得仁義之良心仁義之

心人所固有但放而不知求則天之所以與我者始有所汩没矣○存疑雖有乎人者豈無仁義之良心文勢直趕到可以爲美乎止雖字與下文放字相叫應言雖在人皆有良心然人自放之耳蒙引把雖字添箇然字截屬上文山木恐未是○耳目口鼻之欲皆所以放其良心也旦晝所爲之不善亦只是這箇○日夜所息日裏也生但夜來生得多故接說平旦之氣下文只說夜氣○良心定於付予之初如何生得物欲外觸而心爲之喪物欲旣退則此心寧靜而義理復明便似復生也○好惡情也與人相近情之發得其正也緣平旦未與物接未汩於欲故如此然生於放失之餘亦十百之一二耳蓋不多也○日夜氣不足以存則知日夜之所息者夜氣猶足以存也日夜氣之生日以寖薄則知日夜之所息者夜氣之生未薄也氣亦定於稟付之初如何生得夜來物退心靜而氣復清便似復生也○才者性之能人之能爲善皆才也好惡近禽獸則不能爲善似乎[illegible]才故以爲未嘗有才不知人之情本善好惡人之情也近

禽獸。則其情惡而不善矣。是豈人之情哉。人之情本善。人之才則能爲善。因人之不爲善。疑於無才。故即人之情本善者以明之。人之情本善。則人之爲不善由旦晝之梏亡。非未嘗有才也明矣。○蒙引旦旦指日間言。與旦晝旦字同。與旦氣旦字異。○旦晝終有別。旦早間。晝通日言。然此旦字又與平旦旦字小異。蓋平旦之氣未梏亡者也。此旦又在平旦之後。○初間則日夜之所息兼日而言。及梏之反覆。則惟有夜之所息矣。○達說註生長主靜時言。發見略主動時言。皆就心上說。細玩好惡相近。只是一念之公得人心同然。却未有可好可惡之事也。○自解此時良心發見善念萌動也。知好仁惡不仁。好義惡不義。其好惡大率與人公是公非之心相去不遠。但這一念之良放失既久。發見甚微。所存者僅僅幾希之間而已。

淺說以此觀之。可見山木之生意不息。人心之生理無窮。顧養之何如耳。誠使山木既伐之後。猶能禁而無牧之。使萌蘖之生不爲牛羊所牧。則山木得養矣。人心旣放之餘猶能保而存之使幾希之萌不爲旦晝所梏則人心得其養矣山木得養則雨露日滋發榮日盛而材木不可勝用矣豈但萌蘖之生而已乎人心得養則夜氣愈淸所爲愈善而仁義不可勝用矣豈但幾希之萌而已乎夫苟得其養則無物不長苟反是而失其養則見其濯濯也見其違禽獸不遠也而無物不消矣人其可不知所以養乎○蒙引山木人心意則重在人心辭俱平說以無物二字明也○陳新安曰所以養其心者不外乎下文之操存而已此結上二段以起下文所引孔子語之意

朱子曰孔子此四句只是狀人之心是箇難把捉底物事而人之不可不操出入便是上面操存舍亡入則是在這裏出則是亡失了此大約泛言人心如此非指已放者而言亦不必要於此論心之本體也○操則存舍則亡只是人能持此心則心在若捨之便如失去了求放心不是別有一物在外旋去收拾回來只是此心頻要省察才覺不在便收之爾○只操便存只求便是不放○心

不是死物須把做活物看不爾則是釋氏入定坐禪操存者只是於應事接物之時事事中理便是存若處事不是當便是心不在若只管兀然守在這裏驀忽有事至於吾前操底便散了卻是舍則亡也問於未應接之時如何曰未應接之時只是戒謹恐懼而已又問若戒謹恐懼便是把持曰也須是持但不是硬捉在這裏只要提教他醒便是操不是塊然自守○求放操存皆兼動靜而言○某嘗謂這心若未正時雖欲強教他正也卒乍未能得他正若既正後雖欲邪也卒乍邪未得雖曰操則存舍則亡也不得恁地快自是他勢恁地○操則存舍則亡出入無時莫知其鄉人更不知去操舍上做工夫只去出入上做工夫○因操舍而有存亡出入○操存舍亡只在瞬息之間不可不常常着精采也○觸物而放去是出在此安坐不知不覺被他放去也是出故學先求放心○心是箇活物須是操守不要放舍亡不是無只是走作逐物去了又見得心不操則舍不出則入無間斷可以安頓惟心之謂與並指而總結之○無端

入是一種人有出入是一種人所以云淳夫女知心而不知孟子此女當是究
實不勞攘故云無出入而不知人有出入者多今以夫子之言考之他分明道
出入無時且看自家今汩汩沒沒在這裏非出入而何○存疑出入無時莫知
其鄉只就操則存舍則亡上見得。存入也。亡出也。只繫於操舍。無有定時故曰
出入無時入則在內。出則在外。只繫於操舍。無有定處。故曰莫知其鄉、○三句
見得得失之易。故保守之難。○達說首四句只空看勿露心字至末句方以心旁頭照淺說以此有物焉四字領下
歸結之。○陳新安曰不可頃刻失其養云云。此集註推廣孟子言外意。繳上
文收結一章之義。

無或乎王之不智也　章

達說無或言其宜於不智也。○蒙引無或乎王之不智也據見在言。為是其智
弗若與曰非然也。言非其本然不智也。
真西山曰人主之心。養之以義理則明。蔽之以物欲則昏。猶草木然。煖之以陽

則生寒之以陰則悴孟子於齊王引以當道王秉彝之心其端倪亦有時而萌動矣而進見之時少理義浸灌之益微退而蔽之以私欲者何可勝既雖有如萌芽之發旋復摧折雖孟子其如之何哉○熊勿軒曰此見孟子格心之學須就有萌上著力善端之發正須正人賢士輔翼而開廣之

淺說孟子進見之時少者由齊王聽信之不專也今夫奕之爲數云云爲是其智弗若與曰非然也由其聽信之不專也使齊王惟孟子是信而孟子進見之時多則可以涵養氣質薰陶德性又安有不智者乎○饒雙峰曰心以所主者言志以所向者言專心是心之所主專在此致志是極其心之所向直到那田地○蒙引使是設使非實事也奕之爲數數技也○本文爲是其智弗若與曰非然也是承上文一心以爲有鴻鵠將至者說來上段不智直就王說此段語意乃見王之所以不智處○告子一篇全是發明性善之言就如王之不智一章亦是此意如云爲是其智弗若與曰非然也便是非天之降才爾殊也○此

章之旨謂無怪乎王之不智也蓋君子親而小人親也使其能專心致志於君
子則君子日親養之以善而智矣今也不然故小人養之以惡則愚無怪乎其
不智也二節一貫意故引程子范氏之言於後貫兩節意也使王若專心致志
於孟子豈容其一日不在側乎○新安曰孟子之於齊王既進見時少無以勝
衆邪之交蔽而齊王之於孟子又聽信不專有以分其心於多岐蓋不知只由
齊王之於孟子聽信不專而有以分其心於多岐故孟子之於齊王進見時少
而無以勝衆邪之交蔽也使其能一意於孟子而惟其言之爲聽豈容孟子之
進見時少耶一日三接可也語至夜分亦可也○氣質謂剛柔緩急之氣涵養
之使其中和不偏德性謂仁義禮智之性薰陶之使與聖賢同歸也

魚我所欲也　章

或問呂尹皆得之矣呂曰死生貴賤貧富榮辱此衆物者君子莫適就也君子
心存目見惟義而已無是衆物之紛紛也故所守至約無
所往而不爲義孟子謂舍生取義者乃盼未知者爾義在生則生義在死則死
我之所知者義也何生死之擇哉尹曰一爲外物所遷則失其本心所貫夫學

者常不失其本心而已。然呂氏為詳也。程子外書所謂義無對者，意亦通。此然孟子所論宮室之美、妻妾之奉、窮乏之得我，此三者或物欲之尤，人所易溺，或意氣之私，人所不能免者。自非燭理素明，涵養素定，而臨事有省察之功，未有不以此而易彼者也。

蒙引：魚我所欲五節，是說羞惡之心，人皆有之，此本心也，人人所同也。一簞食一節，正謂人皆有之。至末則是說衆人之所以喪其本心也。此章亦見得人性皆善，其不善者，乃陷溺其心而然也。○所謂二者不可得兼，固不止謂簞食豆羹得生失死之際，但新安以為是說托孤寄命之大節臨事，則亦似有未盡者。如孟子答滕文公以效死勿去，子思之守死於衛，民生於三，惟其所在則致死之類，是皆死生取舍所在也。○為古人殺身成仁，奇偉俊絕等事，亦皆只是性分內所當然者而已，所謂秉彝義理之良心也。故此章舍生取義處，不必說是賢者能如此，且說箇義理之心，人皆所同然者，如下文一簞食一豆羹條甚大

只是羞惡之心欲惡有甚於生死者人皆有之也○義亦我所欲一句即是人
心之所同然者理也義也非所謂人所固有者乎謂二者不可得兼舍生而取
義者也正亦以良心之自然知所擇者言也
蒙引所欲有甚於生者即是義所惡有甚於死者即是不義大註衆人利害之
常情此衆人雖聖人亦在其中秉彝義理之良心亦通衆人而言故不以賢者
及君子等對上文衆人字也下文衆人字則對賢字説矣○集説釋所以舍生
取義之意何要看上節説箇舍生取義這生死事亦大矣如何説舍蓋有所以
舍生取義不可不如此底道理也舍生則必死故又帶死言之○所欲有甚於
生者只是求仁而得仁之意如是則於理無忝於心無愧自已心裡只要如此
覺得此偷生甚　看自勝萬倍故曰所欲有甚於生○苟得苟得此生不論道
義之是非者此章生字都是一例在苟生上説○不義而生寡廉鮮恥偷生苟
活真不如死故曰所惡有甚於死○看兩故字正是説舍生取義之故

達說此節與下節一反一正看上節正言有羞惡之良心必舍生而取義此節該言無羞惡之良心必不能舍生而取義何不用言一意去偷生何不爲言一意求免死

輔慶源曰由是之由蓋指秉彝之良心而言也○達說上一是字指所欲有甚於生句下一是字指所惡有甚於死句○

許東陽曰上三句當急讀作一串○集說看上下文義乃是說這羞惡之心乃人秉彝義理之良心慶源云秉彝之良心指其全體而言羞惡之心則又於全體之中指其所謂義者言之非是○存疑以上雖有四節亦不過只是一意彼覆說人皆有羞惡之心耳故遂以一語結斷曰人皆有之賢者能勿喪耳○達說蒙引曰賢者能勿喪便見衆人喪之是依註汨於利欲意○愚謂此意輕乃借言以見人皆有之意蓋謂但賢者能存之而不喪耳豈爲賢者之所獨有哉此可見羞惡之心爲人之所同有也故下節遂驗之

存疑此節又是即義心之激發處以明之與人皆有不忍人之心明以孺子入井之事一般○蒙引蹴爾尤重於嘑爾故乞人亦不受嘑爾而與之如齊饑者不受嗟來之食之類○摘訓蹴雖訓踐踏乃以足向前蹴之也○達說一簞食一豆羹是至輕得則生失則死是至重而行人乞人又非士君子之倫也以行人乞人當至重之時而猶不肯苟受至輕之物況非行人乞人者乎所謂羞惡之心人皆有之於此驗之最切也○集說惡無禮禮字正呼下節禮義二字集說萬鍾則不辨禮義而受之節指上不受嘑蹴之人說方與末節有合要之俱是設辭只借不受不屑說出羞惡之本心借萬鍾說出失其羞惡之本心耳文義字句俱不必拘○摘訓禮以交際之儀言義以事理之宜言○存疑萬鍾照一簞食一豆羹說不辨禮義而受照行道不受乞人不屑說於我何加照得之則生弗得則死說○簞食豆羹生死所繫者是於我有益者而猶惡無禮萬鍾之得失非若簞食豆羹之關於生死是於我身無益者爲宮室之美三句是說

喪其良心由此三者既曰於我何加却乃爲此三者可見無謂故下文有是亦（新安云始舉三者他可類推）
不可以已之論○達說首句分上是良心之喪下是推其由於私心之勝至下
節方是斷他
存疑三鄉爲身死而不受是舉上兩條來平稱言關於生死者猶不肯失其本
心無關於生死者乃喪其本心此大不可也是亦不可以已乎言生死所繫是
不可已者三者無關於生死是可已者不可已者既已之可已者獨不可已乎
說到此處直激發人○蒙引總註羞惡之心二句是釋前五節之意或能決死
生二句則釋後三節意也○陳新安曰能決死生於危廹之際而又不免計豐
約於宴安之時者蓋危廹之際物欲不萌義理之心感發有不可過故往往能
決死生若宴安之時物欲易行私意何極義理之心多至迷溺故或不免至於
計較豐約亦勢使然也人能於此省察之則知所以遏人欲而擴天理矣又是
亦不可以已乎最喚醒人人之不能爲君子多是不得已而爲之今此三者豈

不可以已而乃目爲之乎。此之謂失其本心。尤斷制得明，曰失其本心與前所謂賢者能勿喪耳。正相反。賢者惟克去私欲。故能勿喪其良心。衆人惟汨於私欲。故至於失其本心也。○集説本心即羞惡之心。以其偶發於不受嘑蹴之時。那便是原來底心。後來計較豐約。都是添設底心也。故曰失其本心。此之謂者如云這便叫作失了本心。乃教人自己認取之辭。○蒙引牛山之木章是存養之功。此章是取舍之分。○紹聞編論語以富貴貧賤判取舍之大分。此章以生死判取舍之大分。兩處俱以人之所欲人之所惡中分別出天理人欲最明切。○朱鄒陽曰此章勉人存其羞惡之心。

仁人心也　章

或問此孟子發明學者用力最緊切處而程伯子之言至矣見註。其言曰下學上達則固不以兢於此而已也見註。其論人心之辨析理尤精。楊氏孔子未嘗言仁之説（謂孔子但罕言耳豈未嘗言哉）子於論語蓋己辨之。其曰仁人心也最爲親切則得之。然亦必以程子之説通焉。然後毫釐之間，無所差謬。不然，則將直以心字訓仁，而不察其名義之所主者，亦不能無失矣。

朱子曰：仁是無形迹底物事，孟子恐人理會不得，便說道只人心便是，卻不是把仁來形容人心，乃是把人心來指示人以仁也。心是通貫始終之物，仁是心體本來之妙，汩於物欲，則雖有是心而失其本然之妙，惟用功親切者爲能復之。孟子之言，固是渾然，然人未嘗無是心，而或至於不仁，只是失其本心之妙而然耳。則仁字心字亦須略有分別。○路字非譬喻，恐人難曉，故謂此爲人之路，在所必行耳。○仁，人心，是就心上說；義，人路，是就事上言。○黃勉齋曰：心是穀種，心之德是穀種中生之性也。生之性便是理，謂其具此生理而未生也。若陽氣發動，生出萌芽，後已是情。須認得生字，不涉那喜怒哀樂去。○眞西山曰：仁者，心之德也，而孟子直以爲人心者，蓋有此心即有此仁，心而不仁，即非人矣。孔門言仁多矣，皆指其功用處而言，此則徑舉全體，使人知心即仁，仁即心而不可以二視之也。○存疑仁者心之德則仁是心所具之理此心又出一步曰人心者反而名之也。反名者。以心所具之理反而歸之心也。自其所具者歸於與之者。故曰反。所以反而名之曰人心者。欲人知其切於己也。夫心之切於己。人皆知之。仁切於己。人未知也。名仁曰人心。欲人知仁即心也。然仁與心尚是二物。名仁爲人心。不幾於無別歟。仁雖人心所具之理。實心之所以爲心也。以心所具之理言。則仁自仁。心自心。固有分矣。以心之所以爲心而言。則心即仁仁即心。而實未嘗有所分也。○淺說立人之道曰仁與義。所謂仁者非他也。是即人之心也。蓋其統貫乎四端。該括乎萬善。流動於方寸之間。惺惺不昧。生生不息。可以酬酢乎萬變。而不至於塊然無用者。仁爲之也。人而不仁。則其心死矣。仁非人心而何。仁之切於人也何如哉。人豈可須臾失乎。所謂義者非他也。是即人之路也。蓋其權衡乎是非。揆度乎可否。發見於行事之際。其平如砥。其直如矢。可以爲衆人所共由。而使之不陷於邪曲者。義爲之也。行不以義。則

皆荊棘矣義非人路而何義之切於人也何如哉人其可須臾舍乎

胡雲峰曰兩其字即是上文兩人字蓋曰人心人路則禽獸無是心亦無是路矣人舍其爲人之路而不由放其爲人之心而不知求則不可謂之人矣不可謂之人則謂之何哉此孟子所以深哀之○朱子曰所謂放其心而不知求蓋存得此心便是仁若此心放了又更理會甚仁今人之心靜時昏動時擾亂便皆是放了○放心不獨是走作喚做放只有些昏惰便是放

朱子曰雖犬放則有未必可求者惟是心纔求則便在未有求而不可得者○只覺得我這心如何放了只此念纔起此言未出口時便在這裏不用擬議別去求之但常省之而勿失耳○輔慶源曰能求其心則心存心存則無適而非天理之流行而應事接物之際必能合時措之宜故曰義在其中蓋有體必有用也

朱子曰學問固亦多端矣而孟子直以爲無他蓋身如一屋子心如一家主有

此家主然後能灑掃門戶整頓事務若是無主則此屋不過一荒屋爾實何用焉且如中庸言學問思辨四者甚切然而放心不收則以何者而學問思辨哉○學問之道孟子斷然說在求放心學者須先收拾這放心不然此心放了博學也是閑審問也是閑如何而明辨如何而篤行○學須先以求放心爲本致知是他去致格物是他去格正心是他去正無忿懥等事誠意是他自省悟勿夾帶虛偽修身是他爲之主不使好惡有偏○問孟子只說學問之道在求放心而已不曾欲他爲日上有學問二字在不只是求放心便休所以明道云自能尋向上去這是已得此心方可做去不是道只塊然守得這心便了○求放心也不是在外面求得箇放心來只是求時便在我欲仁斯仁至矣只是欲仁便是仁○求放心非以一心求一心只求底便是已收之心操則存非以一心操一心只操底便是已存之心心雖放千百里之遠只一收便在此他本無去來也○求其放心而已矣當於未放之前看如何已放之後看如何復得了又

看是如何作三節看後自然習熟此心不至於放○今只理會這物事常常在時私欲自無着處且須持敬○收放心只是收物欲之心如義理之心即良心（二語判斷得明）切不須收須就這上看教熟見得天理人欲分明○所謂存所謂放只是喚醒自己學者工夫只在喚醒上放縱只為昏昧喚醒則自不昏昧不昏昧則自不放縱矣○明道說聖賢千言萬語云云只是大槩說如此若已放之心這箇心已放去了如何會收得轉來只是莫令此心逐物去則此心便在這裏不是如一件物事放去了又收回來○程勿齋曰警覺操存反其昏妄曰求放心自能尋向放去者下學也然而上處者上達也下學而上達以求放心為本○蒙引學問兼知行其曰學問之事固非一端者事字對道字事只是事目而已道則其所以為道也非一端字貼無他及對而已矣字大註云蓋能如是則志氣清明義理昭著而可以上達達字固亦兼知行也○淺說學問之事固非一端如博學之審問之慎思之明辨之篤行之皆是也然其道無他惟在於端莊靜一

以歛其放心於內而不至於外馳焉是樞要所在而學者所當用力也蓋心者
萬理之總會也能求放心則志氣清明義理昭著而可以上達矣不然則昏昧
放逸雖從事於學而終不能有所發明矣○集說大文蝴說求放心若竟說求朱子明云仁字心
字須略有分別仁悲刃不是心具此仁自是義理之心然放心亦謂義理之心可乎大抵仍着
仁者心之德及程子心如穀種之說則仁人心及求放心之心字與仁是一是
二自有分曉○愚按朱子小註說不是學問之道只有求放心一事乃是學問
之道皆所以求放心今細玩大註意亦不是皆所以求放心乃是在於求放心
故今所輯朱子數條惟取其發揮註意者餘雖同出朱子說亦不敢槩錄焉○
集註蓋字下言所以無他及而已矣之意
今有無名之指　章
蒙引一巨指二食指三將指四無名指五小指無名者以其不切於用疑於無
其實也故謂之無名指歟○達說無名與非疾痛句俱重○無名指見其非緊要

也○集說疾痛害事雖一串事然疾痛卻指當身而言害事指不便作事言亦微有分別○蒙引孟子魯人也在齊亦最久自齊魯而視秦楚則爲遠非謂自秦至楚自楚至秦也

達說心也者一身之主宰萬化之權輿其視一指之輕重何如耶顧乃縱其昏昧而不知閑邪存誠以正之任其放逸而不知克念克敬以存之是重其所輕而輕其所重失其當然之序而不自知也○張南軒曰心不若人而知惡之必求所以免於惡益有須臾不遑寧處者矣○陳新安曰此承上章以雞犬與心分輕重而言下三章亦以類相方而加切焉

拱把之桐梓　章

蒙引拱把之桐梓只言微小之意以明身之爲重也○摘訓兩者字俱指養法說○張南軒曰愛其身必思所以養之古之人理義以養其心以至動作趨蹌聲音笑貌之間莫不有養之之法所以尊德性道問學以成其身也於桐梓猶

所養則自拱把至合抱可以馴致於身知所養則自士而爲賢爲聖亦循循可
進矣弗思則待其身曾一草木之不若滔滔皆是也○陳新安曰苟一思之則
思吾之一身三綱五常繫焉四端萬善備焉必思所以養之養之之道養心以
養其內謹九容之類以養其外使吾身爲仁義禮智根心見面盎背之身非徒
養其口體血氣之身而已也此章身字內包心外包動容周旋而言

人之於身也　章

陳新安曰無所不愛曰兼愛無所不養曰兼養無尺寸二句申兼愛兼養意輕
重卽下文所謂貴賤大小是也○趙氏曰人之於身無所不愛則固當無所不
卽又下節解更明此朱子或問法也
養然體有貴賤大小養其貴且大者則善養其賤且小者則不善此豈待他人
言之而後知哉則亦反之於身而審其輕重於心焉則自知矣○蓮說取字不
是取舍取字只是取吾身之輕重者而審之
存疑此條正是上面於巳取之之意養其小是以小害大賤害貴也養其大是

不以小害大賤害貴也○蒙引看來賤而小者耳目手足之類皆是朱子專以口腹爲小體者因孟子下文專言飲食之人養小失大而云耳學者要當推類以及其餘孟子要只是舉其一端在人所易曉者○摘訓貴而大正見是重者賤而小正見是輕者養其小爲小人則所養爲不善矣養其大爲大人則所養爲善矣○饒雙峰曰以身而言一毫一髮皆吾所當愛皆吾所當養但體有大小莫專養小體若才養目便貪色才養耳便貪聲才養口便貪味必至害其大體文曰無以小害大不是教人養其大者而不養其小者若養其小者而不失其大者則小者不爲大者之累便是不以小害大○陳新安曰此章言人當以養心志爲重養口體爲輕非謂養心志者不養口體也養心志則道心爲主而人心聽命雖饑食渴飲與常人同而食所當食飲所當飲自與常人異若專養口體則人心愈危道心愈微不至於窮口腹之欲而滅天理者鮮矣孟子於此欲人不養小以失大蓋所以遏人欲而存天理也○達說首二句是分其輕重

專字要看

也中二句是言當審其輕重也末二句是別其所養善不善也只言小大便包貴賤○集說貴賤以位置言小大以關繫言

趙注檟棘小棘所謂酸棗也○孫疏小酸棗無用之木也是賤木也

蒙引一指肩背只是取譬之辭非實以肩背爲大者所在也○此二條正是養其小者爲小人意但未可說出且譬以起之至下文飲食之人方說出正如不揣其本二條起取色之重者一條○摘訓養其小者二句已是單說小大以該貴賤矣場師是就物上比養小失大狼疾又是就身上比養小失大意雖兩平漸說到切近處然後說出口腹正意以歸結之正如中庸先說天之培物却說天之申君子然後歸到舜上有疑分屬害貴害大未是○埤雅云虎善擬其前狼善顧其後又李奇云狼性怯走喜還顧既云怯走則疾乃奔走倉皇有所廻避而然若只訓爲速便不見是不好字面矣

達說此節正繳上二節以終養其小者爲小人之意○摘訓則人賤之矣正與

賤場師狠疾人相應這便是爲小人了爲其養小以失大正與養其檟棘養其一指相應卽養其小者也所謂養其小者爲小人不於此爲益信耶

朱子曰使飮食之人眞無所失則口腹之養本無害然人屑屑理會口腹則必有所失無疑是以當知養其大體而口腹底他自會去討與不到得餓了也○攄訓此節是反言正見是有失正見只是尺寸之膚而已然則人何苦爲此尺寸之膚而至於害大以致人之賤之哉○遠說孟子非是欲人絕口腹之養只是隨分而安不肯屑屑於求富貴而以饑渴爲心害也孔子之疏食飮水而樂在其中顏子之簞食瓢飮而不改其樂此聖賢忽養之道也

公都子問曰　章

或問大抵孟子此章之要正在夫先立乎其大者之一言耶蓋大者旣立則凡此與動靜云爲皆主於思而不隨於物其不中理者鮮矣（註中無不存但說得包括如此則小者自不能奪）

遠說何也是問所以爲大小之分也從字重是倚他爲主意此小體與上章不

同上指口腹此指耳目也從其大體爲大人二句且空看註中心與耳目俱
可用也〇陳新安曰心能爲身之主使耳目從心之令者大人也心不能爲身
之主反聽命於耳目者小人也
擲訓耳目之官不思是職分甚微物交物則引之是身分甚輕總見是小體心
之官則思是職司者大思則得之二句是關繫者大總見是大體〇問蔽是遮
蔽否朱子曰然又問如目之視色從他去聽便是爲他所蔽若能思則視其所
當視不視其所不當視則不爲他所蔽矣曰然若不思則耳目亦只是一物故
曰物交物則引之而已矣上箇物字主外物言下箇物字主耳目言〇耳目之
官不能思故蔽於物耳目一物也外物一物也以外物而交乎耳目之物自是
被他引去〇集說蔽方就入聲色時言到引則一向隨去〇心得其職只是解
思字失其職解不思字得其理不得其理理字指事物之理言〇淺說物不能
蔽蔽字就心言非蔽耳目也〇朱子曰心之官固是主於思然須是思方得若

不思卻到把不是做是是底卻做不是邪思雜慮便順他做去卻害事○心之官則思固是元有此思只得其有此但他如何卻此見兩思字不同不得須是去思方得之不思則不得也此最要緊下云先立乎其大者卽此指第二箇思字思也心原有思須是人自主張起來○孟子說先立乎其大者則其小者弗能奪也此語最有力且看他下箇立字謂之立者是要卓然竪起此心使自立所謂敬以直內也○胡雲峰曰立之如何亦曰操而存之使得其能思之職而已○存疑先立乎其大一句正是答或從其大體或從其小體意先立乎其大者則心得其職事至能思耳目之欲皆聽其主宰而不能奪此所以從乎大體也不能先立乎其大者則心失其職事不能思耳目能奪之溺聲美色惟其所欲心不能主而反從乎小體矣○淺說能從其大體則理無一不全德無一不備此所以爲大人也○摘訓堪天輿龕同輿地也易曰坤爲嗇稊似稗其米比黍穀之米又小矣

有天爵者　章

或問人爵從之有以爲從之者猶言其從之云爾如何曰是蓋嫌其猶有意於人爵之求耳殊不知此章之意所以爲天理人欲之別者特在乎求與不求之間有意於求則是乃所謂修天爵以要人爵者君子固已斥之矣其或不求自至則是乃理勢之必然者而又何嫌之有哉曰修天爵以要人爵者雖曰修之而實已棄之久矣何待得人爵之後始謂之棄耶曰若是者猶五霸之假仁猶愈於不假而不修耳聖人之心寬宏平正善善蚤而惡惡遲不如是之急迫也且若是言則彼並棄而不修者又將何以處之耶

集說淺說云天爵不必說是天與者看註德義可尊自然之貴說亦是然大抵看下章令聞廣譽施於身亦是良貴只回避樂善不倦句意耳其實卽說天與之亦不妨但要說到見成可貴可尊處方好如下仁義忠信必說到樂善不倦方見有此尊貴○仁義忠信樂善不倦這便是天理上自然底尊貴人不能于奪故以爲天爵○張南軒曰仁義又言忠信忠信只是誠實此二者○陳新安曰樂善卽樂此仁義忠信不倦者樂

之至也○蒙引仁義兼舉體用道理已盡了忠信則仁義之發於心而見於事者無一之不實樂善不倦則仁義之實者又無一息之間斷○註曰天爵者德義可尊自然之貴也如此方得爵字如良貴也要說出飽乎仁義令聞廣譽施於身方得貴字意思出○直解九命而爲公六命而爲卿三命而爲大夫

問修其天爵而人爵從之朱子曰從不必作聽從之從只修其天爵人爵自從後面來如祿在其中矣之意修其天爵自有箇得爵底道理與要求者氣象大故相遠○張南軒曰古之人修其天爵而已非有所爲而爲之人爵從之者言其理則然也○淺說修天爵者盡夫仁義忠信之理造於樂善不倦之地

問古人尚修天爵以要人爵今人皆廢天爵以要人爵朱子曰便是如此○張南軒曰古之士修身於下無一毫求於其君之心而人君求賢於上毎懼不及之意上下皆循乎天理是以人才衆多而天下治逮德之衰在下者假名而要利在上者徇名而忘實而人才始壞矣降及後世則不復以仁義忠信取士而

乃求之於文藝之間。自孩提之童。則使之懷利心而習爲文辭。則併與其假者而不務矣。則人才何怪其難哉。○陳新安曰無所爲而爲善者誠也。故堅所守而不移。有所爲而爲善者僞也。故得所求而遂已。或曰修其天爵亦有人爵一不從之者。棄其天爵亦有人爵終不亡者何也。曰修天爵自有得人爵之理。棄天爵自有亡人爵之理。其不得者上之遺賢。其不亡者下之僥倖。豈常理哉。

欲貴者人之同心也　章

通說欲貴貴字卽是上章人爵。貴於己貴字卽是上章天爵。此節爲下二節分承之。（但不可卽露出。人字恐礙下節）見人所欲之貴不足貴。而在己之貴爲可貴也。弗思二字最喚醒欲貴者之心。弗思只可言蔽於物欲而弗思。蓋孟子論性善不論氣禀也。○朱子曰孟子於此只云弗思耳三字便實知得工夫只在這裏

通說此節承上節欲貴二句來言人爵之不必慕也。人字指他人。下趙孟是也貴賤不平重賤邊。以發上非良貴意。○蒙引良貴良者本然之善也。指所性之

貴也○金仁山曰晉六卿趙氏爲長故春秋時謂之趙孟○倪新安曰晉趙氏世呼趙孟如智氏世世呼智伯晉爲盟主趙氏世卿故當時謂趙孟能賤貴人

達說此節承上人人有貴於已二句來言良貴之可貴也○存疑詩既飽以德是主恩惠言此作德行之德斷章取義也仁義忠信樂善不倦此飽乎仁義也飽乎仁義則吾心自有膏粱之味故不願人之膏粱之味○集說德字要看仁義便是受之於天而得於我者飽是自已裡面充足滿腔中都是仁義以自有正與貴於已三字相照應者而自飽之何等快足至於人之膏粱自然不願非勉強而不願也○令善也是好底名聲廣譽廣文是所及之遠聞字註雖云亦譽也然聞字內却有彼此傳頌之意○所以所以字要看只是自足於中不慕乎其外之意非厭薄傲世之說○說箇膏粱文繡見得人之所貴者縱勢焰薰天榮華極至不過膏粱文繡類耳何良之有○張南軒曰人須知其貴於已者則見外誘之不足慕矣惟不知在已之自有至貴是以慕外而求於人也良貴得之於天人何預焉得於天

者公理而求於人者私欲也令聞廣譽君子非有欲之之心飽乎仁義則聞譽
自至（攸是良貴）猶言爲善有令名理之固然者也〇胡雲峰曰上章一要字是內輕而外
重此章兩不願字是內重而外輕〇許東陽曰世人但知公卿大夫之爵爲貴
而不知在我之身皆有貴者乃天所賦之善所謂天爵也天爵人所同有故思
則得之人爵各有命分雖求之無益孟子前章尚有修天爵而人爵自至之說
此章則於人爵下兩不願字是不將這箇爲念矣

仁之勝不仁也　章

朱子曰仁之勝不仁也猶水勝火以理言之則正之勝邪天理之勝人慾甚易
而邪之勝正人慾之勝天理若甚難以事言之則正之勝邪天理之勝人慾甚
難而邪之勝正人慾之勝天理却甚易蓋纔是蹉失一兩件事便被邪來勝將
去若以正勝邪則須是做得十分工夫方勝得他然猶自恐怕勝他未盡正如
人身正氣稍不足邪便得以干之矣〇張南軒曰此爲有志於仁而未力者言

也○仁與不仁特係乎操舍之間而天理人欲分焉天理存則人欲消固不兩立仁不仁只以理欲言新安說與前後章皆不合
也○故以水勝火喻之○然用力於仁○貴乎久而勿舍○若一暴十寒○倏得復失○則暫
存之天理○豈能勝無窮之人欲○蒙引及其不熄則人從而謂之水不勝火止
由我之爲仁不力故耳是我之所爲有以深助於不仁者也○愚按末句不仁
字即註人遂以爲眞不能勝之人指別人說蓋既謂仁不能勝不仁○遂相率而
爲不仁也○註有以深助於不仁須我之所爲說○言因我爲仁不力○不能勝不
仁○人皆信以爲仁眞不能勝不仁○遂都去爲不仁○豈不是我之所爲有以深助
於不仁者乎○集說云緊要看我之所爲四字與率天下之人而禍仁義者必子
之言夫語意不同說是
達說夫爲仁不力豈但助人之不仁而已哉○吾知此人之心○亦且自謂爲仁無
益○終必厭倦怠棄○與其所爲杯水之仁而亡之矣○是爲仁不力○其終必至於喪
已也○然則人之爲仁者○容可偷於用力也○此指爲仁不力者言已上說○與上

文此又與於不仁之甚者也害人上對看○註此人之人指爲仁一不力者言與上
註人字不同○張南軒曰學者觀此可斯須而不存是心乎○天理寖明○則人欲
寖消○及其至也○人欲消盡○天理純全○以水勝火○其不然乎○

五穀者種之美者也　章

註解五穀之爲物天所生以養人人所資以爲食固種之美者也然所以謂之
美者以其由種而芸而穫可以爲粒食之資耳設使苗而不秀秀而不實則反
不如荑稗之成熟而美者失其美矣○摘訓荑稗是二物荑即上註稊字稗生
下濕地如稌○蒙引但曰五穀者種之美者也苟爲不熟不如荑稗便見美種
之不及熟爲可恨○而非有慕於荑稗也○故曰夫仁亦在乎熟之而已矣仁而不
及熟○反不如他道之有成○然則爲仁者可不務至於熟哉○大註是以爲仁必
貴乎熟而不可徒恃其種之美此意似尤重人多專主此而不欲該下句而不
知孟子必曰夫仁亦在乎熟之而已矣必令人專熟仁者何意豈非又不可以

仁之難熟而甘爲他道之有成○輔慶源曰日新日進也。不已無間斷也。必日進於一日。而又無間斷。然後純熟夫仁。○陳新安曰而已矣者熟之之説盡夫爲仁之功。外此無他也。苟能於孔門求仁之方。循而行之。日漸不已。由勉而利。利而安。心與仁一。則熟之功效氣象可言矣。○陳潛室曰他道如百工衆技百家諸子皆是○胡雲峰曰此章與上章相因。上章言爲仁之不力無以勝不仁。此章言仁之熟由於爲之力。熟無所容力。熟之在乎用力。○集説此章爲爲仁之半塗而廢者説。

羿之教人射　章

陳新安曰二節兩學者字一謂學射者一謂學匠者○輔慶源曰射者志於彀。而眞積力久。則善中矣。工者守乎規矩。而眞積力久。則能巧矣。教者與受教者舍彀而言中。舍規矩而言巧。皆誣也。○張南軒曰學者之於道。其爲有漸。其進有序。自洒掃應對至於禮儀之三百威儀之三千。猶木之有規矩也。亦循乎此而已。至於形而上之理，則在其人所得何如。形而上者，固不外乎法術準繩之間也。今是以求道，是猶舍規矩以求巧也。○摘訓教與學乎。看師之教、弟子之學，皆不可無法。如致知力行之法，則吾道之彀與規矩也。

四書鈔下孟卷二終

歷亭秘玉筊仲頁纂輯

任人有問屋廬子曰　一章

或問禮之大體固重於食色矣然其間事之大小緩急不同則亦或有反輕於食色者惟理明義精者爲能權之而不失耳權之不失是乃所以全禮之重而濟明食色之輕也觀於寸木鈎金之喻孟子之意亦可見矣

蒙引任人有問屋廬子其曰有者任國之人固多記者不得其姓名故曰任人有問於其者○達說人莫不飲食也而食之中有禮焉禮與食孰重曰禮所以節飲食之宜也以禮而較之食禮爲重而食在所輕也

達說好色人之所欲也而色之中有禮焉色與禮孰重曰禮所以辨男女之交也以禮而較之色禮爲重而色在所輕也○此二節任人發問之意却以食色

爲重者屋廬子以禮重正對之是以大分言也禮重於食可見食不可廢禮也
禮重於色可見色不可廢禮也○摘訓任人意在下段此兩問是要引出箇禮
重來然後從而折之
蒙引不以禮食謂其嗟也可去其謝也可食之類未至如紾兄之臂之甚也不
親迎謂其家貧不能舉六禮之類未至踰東家墻而摟其處子之甚也○任人
曰食色以禮固然矣然有以禮食則饑而死不以禮食則得食者當此之際尚
必以禮乎有以禮親迎則不得妻不親迎則得妻者當此之際亦必以禮乎任
人是指食色之重而禮之輕者言也○如朝不食夕不食饑餓不能出門戶當
此時一簞食一豆羹得之則生弗得則死必俟其再三禮請然後就則不得食
而死矣若稍徇從權變在就而食之亦可以濟如古者國有凶荒則殺禮而多
昏必拘於親迎之禮家貧而不能備則妻不可得矣若從殺禮則妻可得此所
謂禮輕而食色重也○任人是以處變言使聖賢處此亦有爲之者但只是不

揣其本耳○故須有孟子後一段說話○

集說之鄒以告孟子可見古之學者於義理有所未明○不憚於驅馳而問之○此亦是屋廬子勤於學問處○

○逵說屋廬子本知禮爲重者被任人一難便見食色亦重然終不敢以禮爲輕者故告於孟子孟子曰於答是也何有正言較其大分在應一節是也

輔慶源曰物之不齊固當揣其本以齊其末不可只據其末以定其高卑○蒙引不揣其本而齊其末且虛說言不取下齊而徒取上齊則寸木可高於岑樓矣喻不以禮與食色輕重之大分較之而但以食色之重者與禮之輕者比則食色固可重於禮矣

輔慶源曰物固有重而有輕然重者少而輕者多則輕者反重而重者反輕矣

○蒙引不揣其本至一輿羽之謂哉味文勢○語意○亦相○承○言任人之論○蓋不揣本而齊末至使寸木高岑樓者也○然此非所以論禮與食色之輕重也○存疑

上節以高卑言此節以輕重言皆起下文一條意○摘訓高字尚泛重字漸說到正意上正與儁師二條一例○達說此二節俱以斥任人偏較之非然只是其意如此諸說都補正意在各節末不知如何起得取食節還虛虛說落下節爲是

蒙引禮食親迎禮之輕者也此本不爲輕對饑而死以滅其性不得妻而廢人倫則爲輕耳○死生所係此見是舉食之重者廢人倫絶後嗣此見是舉色之重者禮則指平常禮○達說此節正言任人以食色與禮而偏較之則輕重不得其平卽上二節之說也豈所以論禮哉孟子先以任人偏輕偏重之較而辨明之然後將以重較重之說教而答之

存疑必以禮食如嗟來之類則禮不可食必飢而死惟不以禮食則可以得食此時當以死爲大而禮不必拘矣是禮有輕於食者必拘親迎之禮如荒年不能備禮必不能得妻惟不拘親迎之禮則可以得妻此時當以得妻爲大而禮

不必拘矣是禮有輕於色者此取食色之重者與禮之輕者而較量之也何以較輕重哉惟取禮與食色之並重而較之其輕重斯見矣○蒙引以禮食則飢而死食之重固然矣然必紾兄之臂而奪之食則得食則所犯於禮者亦大矣則將紾之乎蓋寧飢而死不可奪兄之食以苟生也親迎則不得妻色之重固然矣然必摟東家之處子乃得妻則所犯於禮者又重矣則將摟之乎蓋寧不得妻而不可摟人之處子也故曰禮與食色皆其重者○蓋如此則依然是禮重而食色輕信如屋廬子之說矣孟子之言所以伸屋廬子之說也○任人只重在死字及不得妻字上不曾思見紾兄臂與摟處子之犯大節處故孟子出此一頭與之平稱就見得禮終是重矣○任人之問蓋邪說也蓋見孟子之論常持禮法而以爲迂故私與屋廬子辨所以陰壞孟子之說也○義理禮也事物食色也輕重固有大分者禮重而食色輕也又各自有輕重之別者由任人所難則禮輕而食色重矣由孟子所論則禮重而食色輕矣錯者交而互之一

左一右之謂。卽經也。就此章言。則輕重自有大分者也。綜者。總而挈之。一低一昂之謂。卽緯也。就此章言。則或食色重而禮輕。或禮重而食色輕也。不肯枉尺而直尋者。輕重之不越其大分者也。未嘗膠柱而調瑟者。所重固在乎禮。亦有時乎殺以就食色也。○陳新安曰飲食男女。人之大欲存焉。禮則天理所以防閑人欲者也。禮本重。食色本輕。固自有大分也。然亦不可拘拘於禮文之微者。又當隨時隨事而酌其中焉。聖賢固不肯枉尺直尋。以踰夫禮之經。亦未嘗膠柱調瑟。以昧時宜之權也。

曹交問曰　一章

或問程子至矣　或曰聖人之道知之甚難。伊川曰聖人之道安可以難易言。聖人未嘗言易以驕人之志。亦未嘗言難以阻人之進。仲尼但曰未之思也。夫何遠之有。此言極有涵蓄意思。孟子言夫道若大路。然豈難知哉。只下這一箇豈字便露筋骨。聖人之言不如此。如下面說人病不求耳。子歸而求之有餘師。這數句却說得好

孔孟言有異處亦須自識得

尹氏推說堯舜孝弟之意亦佳　尹曰堯舜之道止於孝弟孝弟非堯舜不能盡曰學莫難於致知故欲修身者必以致知爲先●今日道豈難知而特患

於不爲何哉曰道之精微固難知也然自始學言之則如是而爲孝如其[illegible]
弟如是而爲不孝如是而爲不弟其大體向背之間豈不明而易知乎致知云（義而言之其實道字該得廣）
者亦曰即其已行之知而推致之耳今曹交於此似有所未知借曰知之亦未（餘力學文之意）
必能行之也亦何暇及乎致知之方乎于於大學之序必以爲因小學之成功
而後力有所施蓋爲此耳

朱子曰孟子道人皆可以爲堯舜何嘗道便是堯舜更不假修爲耶○蒙引須
看爲字故孟子曰然以其有此理也交曰云云則失其所以可爲堯舜之旨矣
存疑人皆可以爲堯舜意思全在爲字上曹交把他都略了只就形體上論食
粟而已言不能爲堯舜如之何則可言如何則可爲堯舜也○蒙引文王十尺
湯九尺今交九尺四寸仍又長些亦在湯文之間宜可爲堯舜矣乃止是能食
粟而不能爲聖人如之何則可蓋不察所謂爲者乃在修爲之間而不在形體
也若以形體言安得謂皆可以爲堯舜耶○此言亦似有自挾其狀貌之類於

湯文意故因舉人皆可以爲堯舜而及之○食粟而已如何則可是固以不勝
爲患也曹交此意使是自歸於禀質之弗强而不自責其學力之未加也
存疑是字指形體言所以爲堯舜者不在於形體而在於作爲也有人於此以
下則申其意爲無力人在乎不能勝一匹雛爲有力人在乎舉百鈞以况爲堯
舜在乎作爲然則能舉烏獲之任是亦烏獲而已矣舍能爲堯舜之所爲是亦
堯舜意故又曰夫人豈以不勝爲患哉弗爲耳以終其意不勝爲患患不能勝
爲堯舜之事也這勝字接上文不能勝一匹雛舉百鈞說來無力有力烏獲三（從今字照出看）
爲字輕與上文亦爲弗爲二爲字不同○集說今曰舉百鈞卽昔之不能勝匹（字）（只作人說）
雛之人重兩則字見方爲無力人便可爲有力人○蒙引然則二字要看與上
文意連處蓋所以爲有力人者在於能舉百鈞所以爲無力人者在於不勝一
匹雛則所以爲烏獲者亦在於能舉烏獲之任是皆不在於形體也夫人豈以
不勝爲患哉則正言人皆可爲堯舜意○言人欲爲聖人者豈以其才之不勝

爲患哉弗爲耳蓋以其求諸性分之内則聖人與我同類者故無不勝之患○存疑此條說爲堯舜在乎作爲下條示以堯舜之道不難爲○陳新安曰爲之一字爲此章之要所謂弗爲耳及下文所不爲也皆與爲之而已一句相應淺說且堯舜亦豈難爲哉徐行後長者謂之弟云云○集說徐行後長未盡得弟道疾行先長亦未盡得不弟然却卽謂之弟謂之不弟弟不弟所關甚大而（一疾一徐其間便有堯桀之異）其分也只在所行先後之間便見是甚容易底意思故緊接之曰夫徐行者豈人所不能哉所不爲也○摘訓所不爲也下須補云言弟則孝可知矣方接得下文孝弟字來○蒙引堯舜之道孝弟而已矣直要說得爲堯舜之容易處能盡孝弟是亦堯舜也此意巳見於言外下文云云是也○朱子曰堯舜之道孝弟而已這是對那不孝不弟底說孝弟便是堯舜之道不孝不弟便是桀紂○張南軒曰人性莫大於仁義（補出仁義更好）仁莫先於愛親義莫先於從兄此孝弟之所由立也盡得孝弟則仁義亦無不盡是則堯舜之道豈不可以一言蔽之乎人孰無

是心哉顧體而克之何如耳〇輔慶源曰陳氏就孝弟上說而極於堯舜之聖楊氏是就堯舜上說而本於孝弟之近二說互相發明所謂百姓蓋日用而不知者其警發於人尤爲切至也

蒙引上節言爲堯舜之易此言爲之在我〇淺說子服堯之服云云衣服言動一循乎孝弟則是堯而已矣子服桀之服云云衣服言動不循乎孝弟則是桀而已矣〇集說服堯之服三何合看是說衣服言動總是堯〇達說二段平看此舉堯桀並言者不是出此入彼意只是明上文豈以不勝爲患之意猶曰爲堯則堯爲桀則桀皆無難勝也言堯則該舜在內能爲堯舜之事則爲堯舜矣不能爲其事則雖有湯文之體貌何足道哉服堯之服制度雖殊循理則一也言行亦須淺看上言徐行此言衣服言動雖是矯曹交之失卻亦將此易者見堯舜無難爲也

蒙引時孟子居鄒曹交以事過鄒願留者曹交自願留於鄒也見於鄒君而曰

得假館而曰可以受業而曰願留其所館皆近倨全未有决然之意不但假館而後受業爲求道之不篤也朱子亦謂有挾貴求安之意○摘訓可以假館屬下不屬上乃假設之辭倘或可以假館則留若不可以假館則不留矣○蒙說註叉字承上禮貌衣冠言動多不循理來

蒙引夫道若大路然知父當慈子當孝兄當友弟當恭之類此理昭然智愚所共曉者故曰豈難知哉此正指衆人所可與知者耳若夫精微之蘊則亦有未易知者○人病不求者或蔽於私或役於氣自暴自棄也○歸字對留而受業說○存疑夫道若大路須放開說不止上文孝弟故註曰性分之内萬理皆備○淺說子欲假館受業者（喚上截）以道未易知而欲師我（喚下截）以求道也殊不知夫道者具於性分之内著於日用之常譬若坦然之大路爲衆人所共曉者也豈難知哉（此下撤開知字只以循言）人患不求耳子若歸家庭之内而求此道於事親敬長之間於吾向之所謂孝（只是教之以孝弟）弟者務身體而力行之吾知性分之内萬理皆備（看仁之實章自見）孝弟既盡衆善自生隨吾身

之所在皆是道之發見依道而行卽此是師道在於此則師在於此道在於彼則師在於彼蓋無往而非師者所謂有餘師也又何必留此而師於我哉○達說玩註意全是求之孝弟則本立道生故隨處發見有餘師謂依那道理發見處去做便是師道無往不在便是有餘師全是以道爲師也○朱子曰曹交識致凡下又有挾貴求安之意故孟子拒之然所以告之者亦極親切非終拒之也○蒙引盖孔子餘力學文之意卽朱子此註方知論語此章重在務本上

公孫丑問曰　章

或問程子論小弁之怨與舜不同何也曰舜之怨曰父母之不我愛於我何哉蓋反諸身以求其所未至之辭小弁之怨曰何辜於天我罪伊何則卽以爲無罪矣此其所以不同也歟

旨解吾聞高子之說詩　以爲詩三百篇多仁人孝子之言惟小弁乃小人之詩也○達說孟子門何以言之究其爲小人之由也公孫丑謂高子曰怨[illegible]

高子論詩之意言其怨親爲不孝也○集說註云叙其哀痛迫切之情此句
正說詩義高子所指爲小人之詩者自是指怨其親令人泥註此句便止說哀
痛迫切之爲怨高子何遽以爲小人
集說射之之字指有人於此之人越人與其兄都是射有人於此之人已字另
是一人在這裏○蒙引戚之也故涕泣而道之不使其妄殺人而罹於罪也○
陳新安曰小弁之事人倫之大變宗社傾覆繫焉如之何勿怨○直解故其爲
詩哀痛迫切庶幾動親心之感悟不至陷宗社於危亡正是垂涕泣而道之之
意益親親之情不容自已者這親親之心乃至誠惻怛之念仁之發也未有小
人而仁者而可謂小弁爲小人之詩乎泥其辭而不逆其志此高叟之說詩所
以爲固也○蒙引註云親親之心仁之發也依此當以仁爲親親之根源○高
子以爲小人之詩正以其處父子之間而溥之也孟子以爲仁人之詩者又正
以其處父子之間而取之也

達說凱風處母子之變猶小弁處父子之變也凱風既所不怨則小弁亦不爲當怨矣○陳新安曰母生七子而寡不能安其室七子作詩不敢非其母引罪自責謂子不能慰母心使母不安以感動之也○集說註自責二字便見是說凱風何以不怨其親矣且自責中亦有哀痛迫切之情曰何以不怨則高子所言怨字爲怨其親益明

蒙引七子之母過在身家宜白之父過繫宗社七子之母所失者不自制其一已情慾之私宜白之父所失者三綱淪九法斁而四海覆矣此其過之小大可見○朱子曰親之過大則傷天地之太和戾父子之至愛若此而不怨焉則是坐視其親之陷於大惡恝然不少動其心而父子之情益薄矣此之謂愈疏親之過小則特以一時之私心而少有虧於父子之天性若此而遽怨焉則是水中不可容一激石一有激石則叫號而遽怒矣此之謂不可磯故二者均爲不孝也○直解親之過大而我漠然無所動其念則親既絕我我又自絕於親已

疏而益疏其薄於親甚矣○蒙引怨非石怒乃水怒也水激石謂水所見激之
石也實石激水而致怒也故小註謂水中一不容一激石○存疑當水之行處下
石水行不去遂激起而叫號○說約石喻母水喻子○達說愈疏則有忘親之
心是不孝也此小弁之所以怨也不可磯則無怨親之心亦不孝也此凱風之
所以不怨也怨與不怨各有攸當安可以凱風之不怨而例論小弁之當怨哉
蒙引五十而慕此辭作怨慕亦借辭耳其實舜三十登庸巳不格姦而乂若矣
何至五十猶有怨乎其怨乃在往於田之日也○五十而慕還作不得於親說
不必拘親之過大過小只是認箇怨字與萬章篇意不同矣舜之所以爲至孝
者正以其怨慕則小弁之怨未爲不孝也○舜之怨慕怨巳之不得乎親小弁
之怨怨親之不容乎己而孟子益亦取其意類之大同耳○集說要知通章只
就詩辭上說非以此概宜臼之始終行事也

宋牼將之楚　一章

達說首節是記事之法遇於石丘不期而相遭曰遇也

直解二王我將有所遇言二王之中將必有一處遇合則吾之說可行而志可遂矣

達說指是立言之大要我將言其不利者言其兵連禍結民困財盡非有國者之利也○集說將言其不利卽當補利字在內說○直解於兵戈擾攘之時而以罷兵息民爲說意在措天下於安寧志誠大矣○達說號字只是註中名字先生之號則不可不可之意未可發下文正詳之

集說三軍之師師衆也以大勢言三軍之士又就三軍大勢中各自言以起下爲人臣者云云三句也蒙引以三軍之師爲就在上人說三軍之士就在下人說太支離○自節首至悅於利也利字俱就罷兵上說爲人臣者以下利字則推開說○摘訓秦楚之王旣悅於利三軍之士又悅於利王與三軍皆悅於利臣子弟打開說是則此風一倡而一國之人爲臣爲子爲弟者無不悅於利矣○集說懷利事君

不是以利去事君乃是事君處他心裏都是懷着利利歸自巳不是歸君也子弟亦然○君臣父子兄弟相接不必說臣以是事君則君亦以是使臣云云只一箇懷利以事去便是君臣父子兄弟之間一團都是利了○摘訓君臣父子兄弟懷利以相接只是收拾上文○淺說君臣父子兄弟終去仁義懷利以相接吾恐見利則爭失利則怨親愛之意泯弑奪之禍興然而不亡其國者未之有也

摘訓上節正是說先生之號則不可此節乃設言以進其所未及也○存疑以仁義說秦楚之王是就構兵上說其邪仁義謂殃民非仁過制非義不是構兵外另說他去做仁義○蒙引不利之說只是說箇用兵不利且都不及道理是如何計利之風一倡上下爭趨於利其害有不可勝言者惟只論箇道理央不及利害此便是以仁義說秦楚之王也仁義之教一興上下爭趨於仁義自有不利之利矣○存疑懷仁義以事君是懷箇仁義之心去事君不是把仁義去

事君蓋其所以事君者只是見得道理當如此初不為一己富貴之圖也見得自己分所當爲便是懷仁義若有所爲而爲便是懷利○呂晚村曰於利過有絲毫去不盡即於仁義懷之不真猶之於仁義有絲毫去不盡亦於利懷之不精也孟子特加入去利一字煞有精義（上節頭多細字亦要留）○蒙引如此則君有正臣父有孝子兄有賢弟四境之内同一尊君親上之誠舉國之人同一愛親敬兄之願人心既振國勢自張矣○宋牼戰國之士耳孟子逆知其所以說秦楚者只是以利字入之使其說入則人人只各從利上尋求兵隨罷而隨搆矣故開以仁義使其因是行而有補於名教亦實有利於人國自恆情觀之宋牼之言似未可大駭而不知其有伏禍也○真西山曰戰國交兵之禍烈矣宋牼一言而罷之豈非生民之福而仁人之所甚願者哉顧利端一開其禍又有甚於交兵者聖賢不得不嚴其防也

或問儲子儀不及物幣可反乎曰始交未容逆料其不誠既受則不可反矣
集說首節亦記者因下文之問答而先著之如此。曰居鄒曰爲任處守曰處平
陸曰爲相末節意已都有了。但不可明白說出。且只說兩俱受。兩俱不報之同。
○蒙引居意常處意暫。蓋鄒是父母之國。平陸其所寓也。○處對出而言。君出
而爲君守位者不出。故曰處守。○不報者不往答拜也○朱子曰初不自來但
以幣交未爲非禮但孟子既受之後便當來見而又不來則其誠之不至可知
矣故孟子過而不見施報之宜也亦不屑之教誨也
達說孟子初皆受之不報後方有見有不見故大文着他日二字以別之。○摘
訓闡就孟子說。觀註中一其字可見。若同一見。或同一不見。便混淪無間。無所
容其問了。今一見一不見則有個縫隙可問矣。間隙非不好字。而與罅隙釁隙
不同。
達說此是廬子特設問端。非真以此而疑孟子也。爲其爲相單重儲子一邊。故

下孟子引書而釋之亦只重儲子一遍

末節亦然

趙註非也非以儲子為相故不見○蒙引此節皆書辭出洛誥書所享指天子孟子引之則謂享賢者事也儀禮意也對物言集註只云禮也其下文便云禮意禮有本有文此禮字盡指本言多厚也不可因多字遂謂是禮文○享多儀謂享上主在多儀曰不享謂非享也惟不役志於享言物雖備而誠不至但以物為享也○蔡氏曰享不在幣而在於禮幣有餘而禮不足亦所謂不享也蒙引為其不成享也是發上文未發之意莫與不享一般看要深一步正是節那意言既不役志於享則所謂享者特其名耳實則不成享也○自儀不及物者觀之自以為享矣殊不知享主多儀必先有禮意然後用物以將之方成享也今也不役志於享而儀不及物此特其末文耳則不成享矣此分明是說儲子得之平陸而但以幣交也○存疑惟不役志於享是書自解曰不享意為其不成享文是孟子解書曰不享意蓋不役志於享而儀不及物則不成箇享禮

了。所以曰不享。

蒙引屋廬子悅已得孟子之意矣。或問之，雖聞其言，未得其意也。○達說或問是問其成享與不成享之故，以爲同一幣交也，何以有成享與不成享之異？故末二句重居守爲相上形容他國境內略輕些。

淳于髡曰　一章

達說全章分三段看。首言名實未加而去爲未仁，孟子則明其同歸於仁。次言就使不去亦未必有名實之加，而有爲孟子則明賢者之能有爲。末言今日無名實之加不可爲賢，孟子則斥其不識賢也。○蒙引名實二字要做一類看，不必謂名者實之賓，實者名之主。大註自分曉，曰名聲譽也，實事功也。大凡仕進的人所圖便在此二者。○爲人似可兼正君救民，而朱子於此獨言救民。大抵必正君而能救民也。○存疑夫子在三卿之中爲人也，名實未加於上下而去，爲人又不成矣，故以爲未仁。髡意以天下之道二，出與處而已。出便是出，處便是處各成其事方是仁若既出了未能成事又去之既不成處又不成出兩無所成這便不得爲仁○摘訓仁字就指定爲人自爲說○集說晁之言仁只粗（在君濟民是愛人獨善是自愛）粗就愛人自愛上說到孟子所云仁也方說得細

直解子疑（晁意原在孟子之去上論）我去國爲未仁是徒泥去就之迹而未能深諒我之心也且以古人言之云云○蒙引指下位不以賢事不肖者伯夷也此下位不指有官者謂士庶也○伯夷當紂之時居北海之濱以待天下之清故云此伯夷之無私心而合天理也○天下有道則見無道則隱伯夷何心哉理亦宜然也○不惡汙君不辭小官者柳下惠也何以見其仁惠嘗曰爾爲爾我爲我爾焉能浼我哉又孟子曰柳下惠不以三公易其介惠之制行如此心豈有私哉理豈有悖哉亦可見其仁也○五就湯五就桀者伊尹也尹何以見其仁尹之始就湯應聘而來欲（後就湯就桀大文）以斯道覺斯民也及湯進之於桀又欲以所以事湯者事桀也（只是說就不必泥胡氏有去又有就）至於數往返而桀不可化乃相湯奉天命以伐桀而救民也豈爲利哉是其心亦公而於理無

違矣。君子亦仁而已矣。說開去，不指三子，孟子自謂也。以爲求一二子[illegible]同[illegible]曰三子者不同道，亦見得伯夷爲後名實一等人（小注依此說，是諸解用清任和三字，反與本[illegible]），伊尹柳下惠合爲先名實一等人矣（不賢）。但孟子所以反覆意重在夫子在三卿之中爭仁者，固如是乎？數言何必同一句最重。○總是無私心而當理，以爲有私心則不可，以爲不當理亦不可，固皆仁之所在也。○仁者無私心而合天理之謂，是就處事上指出他本心（本朱公遷）處，故曰其趨一也。不必以無私心爲心當理爲事，主心而言，事在其中矣。○達說存疑謂心無私而事合天理，却憑輔氏說見去就是迹，此主心言，極是。況大文其趨二字亦屬心言也。○孟解然則君子處世可就則就，固非有意於爲人而以名實爲先，可去則去，亦非有意於自爲而以名實爲後，要求合乎此心之仁焉耳（以三子言，就者去者皆仁，以孟子一身言，其就其去亦皆仁也），何必其行之盡同也？子乃執去就之迹以議我之未仁，殆未識仁者之心矣。○集說同字指道言。○愚按道字對趨字看，言有以去爲道者，有以就爲道者，只隨制行之不同上說。集說兼心與事說，不是。

蒙引爲政者相國之任爲臣則凡布列庶位者皆是○達説髡因孟子言已去齊爲仁故又譏其雖不去亦無益於齊也註亦未必能有爲應首節名實未加於上下看○

陳新安曰亡則何止乎削故曰削何可得曾之不亡尚以三賢在也否則如虞之亡求削而不可得矣○達説此孟子辨賢者有益於國重亡不重削上削是帶説故下句單説亡也○

大全謳聲有曲折也歌長言也○吳氏程曰按左傳禮記皆無華周妻哭之事髡不過帶説華周猶前篇稱禹稷過門不入耳○達説有諸内三句首句正言下二句反言○此三句雖本上古人説來還推開看○此三句又只引起末二句末二句皆影孟子説無賢者也以其無功也有則髡必識謂自有功可見也髡以此譏孟子負名賢之望而名實未加不能免非賢之譏也○

註作播燔熟肉也

集説不用只是女樂之受其道不行非獨斥之也○蒙引燔肉刻之炙燔者不

脫冕而行言急也蓋冕非行旅服也○微罪屬孔子按語類曰孔子於受女樂之後而遂行言之則顯君相之失不言則已爲苟去故因膰肉不至而行則吾之去國以其不致膰爲得罪於君耳江氏蓋未考也（江謂是君相之微罪）○謂孔子以膰肉不至而行其用意欲人咎其以細故去國在孔子有微罪也非謂以君相之微罪而行也此所以爲不顯君相之失以爲用意忠厚也然雖細故亦其故也故又曰不欲爲無故而苟去○二句不可作一意上句微罪字重其失在已也下句不苟（二句俱就膰肉上見出也）去字重其失在人也欲以微罪行使人咎其可以無去而必去也不欲爲苟去在已亦有辭於去非全無可去之故也○末二句當依君子亦仁而已矣例訴云蓋聖人於父母之國至聞非衆人所能識也都附在前二句上而起下二句意○見幾明決自受女樂時已決於去矣用意忠厚則且遲之託以膰肉不至而去也○摘訓此條是破那兒必識之一句衆人從上文不知者其知者兩樣人說來明是以衆人斥兒也蓋然則孟子之所爲二句亦須說在本文之外○

存疑孟子在三卿之中名實未加於上下而去當時必有其故但孟子不欲顯言而託夷惠伊尹以曉之此又引孔子之事則其意益顯矣然終不言其故亦所謂見幾明決用意忠厚也

五霸者　一章

陳新安曰自王道衰霸圖盛人惟知五霸之功豈敢議五霸之罪惟孟子崇王賤霸故以三王律五霸而名其為罪人焉五霸宜從前一說○集說三項罪人一順說下不必偏重觀大文首節三項說下而下三節逐段應之可見

蒙引自天子適諸侯至助不給是一節省耕省斂天子諸侯之所同也自入其疆至有讓是一節言天子巡狩之事自一不朝至六師移之言諸侯述職之事以上文觀之則賞罰征伐之柄自天子出固無有摟諸侯以伐諸侯之事也故繼之曰是故天子伐而不討云云而繼云故曰五霸者三王之罪人也是故二字分明承上○自天子適諸侯至六師移之皆舉先王之法而承之以是故天

子討而不伐至伐諸侯者也以見當時諸侯之違王法不止摟諸侯以伐諸侯
一事但即此一節遂見得五霸之違王法便見得五霸為三王罪人不必依（彙一以該其餘）
陳氏謂使若三王之世方為罪人○土地辟謂增墾也田野治謂熟地言土地（之明）
辟無閑曠之地也田野治無荒蕪之田也○張南軒曰天子入諸侯之國首察（存疑辟是無不可之地治是無不耕）
其土田次詢其賢才蓋為國之道莫先於農桑莫要於人才也○存疑養老如
王制之養國老庶老及死事者之父祖是也三王養老皆以引年註老人雖多
非賢者不可皆養則庶人之年老有德者亦在所養鄉飲酒禮可見○蒙引尊
賢者知重有德也俊傑在位者收用人才而無不取掊克之徒也此一句專指布
列庶位以修百職者不與尊賢相混○獨言土地荒蕪則田野不治兼之矣遺
老者棄老者而使失其養也失賢者賢不見用也掊克在位者裒聚斂之臣也
○遺老失賢掊克在位則有讓王者亦訪察不然初入其疆亦難辨其掊克與
俊傑也○慶以地或曰三王之世九州之内自先王建邦分土時便已星羅棊

而本無閑地則當如何曰制土地荒蕪遺老失賢者之地以賞之曰三王之世命討素行威令素舉其四鄰皆無有土地荒蕪者則又當何如曰孟子不云乎此其大略也○則以讓不言所讓者何事豈以上文有慶以地在而意自可推耶○或曰善善長惡惡短○不削地亦未可知○貶其爵公貶爲侯侯降爲伯也○削其地又是一節不拘公侯皆封百里伯七十里始封時制也○六師移之註既曰誅其人而變置之則非滅其國矣○大抵貶其爵及削其地者易世則復之何所據哉以誅其人而變置之見得後章自變置社稷變置二字終與滅字不同○是故天子討而不伐諸侯伐而不討討者端拱穆清之上但出令以討罪人也伐者奉一人之命舉三軍之師往取罪以復於上也若摟諸侯以伐諸侯則何所出令何所承命但以形勢驅率鄰國而爲之辭以就其私而已○方伯連帥只是一人平時爲方伯征討則稱連帥也○五霸之伐諸侯而必摟諸侯以伐之者此正假仁處也以其不奉天子之命亦須合諸侯之議併諸侯之

九而以爲出於公也天子則命方伯連帥伐其罪五覲則摟諸侯以攻也此蓋其法而猶竊其法雖竊其法而壞其法也○大註自入其疆至則有讓言巡狩之事自一不朝至六師移之言述職之事此乃朱子解註分析意思非謂孟子因上文說巡狩述職二事此又分析其事以實之也蓋其自天子適諸侯至此總是舉先王之法以律當時諸侯耳○春秋二句下文雖不及照應然只此二句亦見得當時諸侯爲三王罪人處蓋當時此法盡廢矣那一件不是得罪三王處

蒙引葵丘之會諸侯爲一句非諸侯束牲載書而不歃血也謂桓公也雖諸侯同盟主之者桓公則束牲載書非桓公意而何束牲者束縛之於壇上既不殺則不容不束縛○束牲陳牲不殺也既殺則有血在不容不歃也蓋此箇牲特地是取血用故朱子知其爲不殺也○摘訓歃歠也血乃幽陰之物塗血於口以讀盟書將以質之鬼神也桓公威信服人無事於歃血矣夫歃必用血也既

不歃故但束牲而已而不殺之以取其血歃血所以讀書也既不歃血故載書而已而不開之以讀其書下五命卽載書之辭○集說五命原皆天子之禁桓公此時却是聚將諸侯來說要其遵此禁而已非承天子之命而爲之也○蒙引五命非桓公所自爲壹明天子之禁也壹者定也○誅不孝姦爲當時諸侯有溺愛而不知其子之惡者故云○無易樹子無以妾爲妻亦爲當時有此事下皆倣此○無易樹子世子之樹也樹子不止是嫡子凡以長以賢旣已立者皆是上則已爲天子之所命下則已爲國人之所戴故不易也然萬一有罪亦不容不易故先之以誅不孝二義自可相徵也○無以妾爲妻妻所取以配身敵體而上承宗廟者也妾庶妾可以尸之如此不惟輕其身且輕先君矣○存疑誅不孝正子道也無易樹子正國本也無以妾爲妻夫婦人道之始也○蒙引賢者尊之是致其隆也才者則育之以爲用且此皆有輕重○俊傑在位便是育亦不必說如今學校育才○賢者皆有德者也才者於道固亦各有所得也豈不均是彰有德○集說敬老卽上養老與

老幼是

蓋初皆有政事在內實如列國之卿大夫士來我國及他方之賢人君子至者
皆是旅只是商旅之類而已無忘者待之有道不可遺忽都不介意也○士無
世官只是立遠法不許一定都要世官恐其未必賢才若夫有德者却亦不在
此例○註曰闕人廢事（本職無人是闕人）蓋遠代攝之者精神力量亦未必能優然有餘照管
精當故曰廢事○士無世官以已仕之士言取士必得以方進之士言○蒙引
無專殺大夫必自天子出也與下文無有封而不告同意蓋天命天討天惟以
付之天子而他無所預也故天無二日民無二王○愚按專小利便病鄰國如
遇旱則壅激之使歸於內以資已國之灌溉此是專小利處其柰鄰國之旱乾
何遇水則壅激之使歸於外以免已國之水患此亦是專小利處其柰鄰國之
氾濫何壅泉激水（泉者其源也水者其流也）皆斯專小利病鄰國說而意則重在病鄰國上○集說遏糴
亦病鄰之事利人之災而坐視其斃較兵爭更慘故五命及之○達說專封國
邑國諸侯也邑大夫也○初命修身正家之要也再命用人圖治之事也三命

四書鈔　下孟之三

恭遜能邇之道也。四命天命天討之意也。五命恤隣之仁尊王之義也。○蒙引
云言歸於好，不得違五命之禁也。新安解作無搆怨也，恐不切。然看來無搆怨
意也有在內。當依淺說云自此既盟之後，務遵五禁之命，以歸於和好也。爲是。
○五禁既曰壹明天子之禁，則今之犯禁者明是天子之罪人，何與五霸事耶。
五命內皆要看出他假仁意。
曰五霸雖是假仁，然猶知假天子之禁以號令天下之諸侯，使他都不敢胡作。
是五霸以天子之禁禁之也。今之諸侯却都明明胡作，犯了五霸底禁，是連五
霸那假仁底法度也壞了，故曰五霸之罪人。
張南軒曰：君有惡，承順而長之，固爲罪矣。逢君惡者，逆援君意而成之，罪尤大
也。其詭秘姦謟爲甚，而戕賊蠹害尤深。蓋君萌不善之念，其始必有求安於心
未敢遽遂也，已逆而安之，則其發也必果。君以爲已意未形於事，而彼能先之，
則其愛也必篤。故長君惡於外者其罪易見，逢君惡於內者其慝難知。易見者
害猶淺，難知者害不可言也。自古姦臣之得君，未有不自逆援君意以中其[illegible]。

故君臣之相愛不可解。卒至於俱亡而後已。逢君之惡云者可為極小人之情狀矣。○輔慶源曰長君之惡者無能而巽懦阿諛之人也。逢君之惡者有才而傾險陰邪之人也。○蒙引長君之惡其罪小。猶云齊桓公正而不譎。對下句言耳。○五霸壞三王之法故為三王之罪人。今之諸侯壞五霸之法故為五霸之罪人。今之大夫賊其君故為其君之罪人。○黃氏日抄曰五霸三王之罪人一章以至古之所謂民賊。警切世變。極為痛快。自戰國風俗一變之後。行於世者滔滔皆若人。徒飾以三王以上之議論耳

魯欲使慎子為將軍　一章

指集註所言

輔慶源曰能如是而教其民。乃可以即戎。使之敵愾禦侮。臨戰之際。皆如手足之捍頭目。子弟之衛父兄矣。不然則是陷之於死地也。故謂之殃民。○蒙引論語教民兼務農講武。此只言教之禮義云云。蓋講武之法。戰國之君自不缺也。○者字作人說明其為堯舜罪人。所以斥之也。

集說一戰勝齊遂有南陽不必殃民也看一字遂字此是莫大戰功然猶之不可○況其未必然耶○蒙引然且不可正是下文吾明告子云云之意言於理不可也○陳新安以為就使克敵擴方淺耳非也○存疑上節重在殃民上此節重在不當徒上○

存疑慎子謂不識是當時俗見蓋當時用兵正是欲得地却以為不可此其所以不識也

淺說昔先王之建邦設都也天子之地為方千里蓋必如是然後地之所出足以待諸侯苟不千里則其朝覲聘問也何以盛燕享之儀何以隆錫與之恩而不足以待諸侯矣諸侯之地為方百里蓋必如是然後地之所出足以守宗廟之典籍苟不百里則其祭祀會同也何以供犧牲粢盛何以辦庭實贄幣而不足以守宗廟之典籍矣○輔慶源曰觀此則知先王之制封國大小自有意義豈私意可得而損益之哉○達說兩設文平而意重諸侯邊○此節亦只起下節

意。

摘訓爲方百里。節上文之方百里。況又有一爲字。蒙引云方止也。非是。猶言正也。○因魯伐齊。故本二國始封之制言之。然只重魯邊。或欲兩平說見魯地不可益。齊地不可損。恐與下段今魯二字不相接。○達說周公百里太公百里處只宜輕看。二地非不足而儉於百里。方申出上文意。見得定制不可踰也。註二公有大勳勞。亦宜重看。以見不止百里之功也。

達說上節言其始封之制。此節承言其踰制之甚。而不可復益之也。

達說徒取二句是承在所損來言。以王制言之。魯地固不可以復益矣。故使吾子不待殃民。而徒取齊之地以與魯。然且仁者亦以非理所宜得而在所不爲矣。況於殺人以求之。尤爲仁人之所棄乎。○存疑自吾明告子至仁者不爲解然。且不可謂方盡。況於殺人以求之乎。是就帶說上面殃民意。蒙引通以此條爲說殃民。未是。

蒙引當道卽當敵之當亦嚮也○存疑當道是終然且不可之意志仁是終殃
民之說陳氏曰事合理必不爭已所不當有之地心存仁必不殺人以爭地○
照大註平說
淺說大凡君子之事君也務引其君以當道使之事事合理而非理者不可見
諸行務引其君以志仁使之念念合理而非理者不可萌諸心彼其驅不敎之
民以圖分外之地其心可謂不仁而事亦可謂過當矣豈君子之所以引其君
乎

今之事君者　一章

達說我能爲君二句是事君者自負之辭上言富國者爲民賊下正見其爲民
賊也○存疑辟土地是盡地力李悝是也故註曰開墾故以爲富桀不是開拓
境土若開拓境土當屬戰必克矣克府庫聚斂也○集說要知辟土地亦是克
府庫事而克府庫都不止於辟土地也○不鄉道不志仁平說只說箇外俱
壞之君而已朱子小註引中庸修道以仁以仁爲當道之實說得太淺似不必

○蓬説君不鄉道不志於仁是桀而已矣爲臣者只宜引之以向道志仁可也而乃爲之聚財以富之是富桀也富桀則君日貪而民困於財矣非民賊而何

集説約與國不止是戰然戰與國亦在其中大抵憑他兵力平日約結相與之國使之與我和好一旦有戰伐之事自然合從而來也但戰必克中彼仍自有强兵之術亦不全倚與國俱要知○蓬説君不鄉道不是於仁是桀而已矣爲人臣者只宜引之以向道志仁可也而乃爲之强戰以輔之是輔桀也輔桀則君日驕而民困於兵矣非民賊而何

蒙引由字變字主君言以此二等爲良臣者今之道今之俗也若専以此等爲良臣而不復改圖必爭奪而至於危亡矣○今之所謂良臣欲藉以得天下也殊不知若用此人雖與之以天下亦不能居然則爲君者乃反以爲良臣而厚禮之不其謬哉○淺説縱或可以得天下然民心不歸邦本不固豪傑並起而爭而吾亦不能一朝居也況未必能得天下乎○蓬説所行謂之道所尚謂之

歸到民上去最是

佈。

圭欲二十而取一　一章

存疑白圭儉嗇以致富其欲二十而取一蓋欲儉薄以足用不多取民以足用也○集說白圭善治生者欲以其術施之國家乃直欲行其術耳非眞心愛民之言也

達說貉道且虛看言輕賦可行於外國而不可行於中國也下皆說此一句之意。

集說萬室之國只言其人多用廣之意。

蒙引請言貉道之所以不可行於中國者。夫貉云云無城郭則無營築之費。無食餅無宮室則無構造之費。無宗廟祭祀之禮則無犧牲粢盛酒醴之費。無諸侯幣帛諸侯交際之幣帛燕享之饔飧饔飧則無朝會饋賜宴勞之費。無百官有司則無食祿之費。故二十取一而足也○幣帛大段凡綾羅緞綃之類及銅錢貨物皆幣也故又謂之錢幣錢幣皆通名帛束帛也只是其一端○集說百官合尊卑俱存有司則其職事者指其卑言○達說夫貉二句是所入之少無可以多取無城郭三句是所費之少不必於多取○

言僻居貉之地則可以行貉之道耳今居中國處冠裳文物之區有君臣祭祀交際之禮以綱紀人倫不可去也有百官有司之祿以任用君子不可無也今欲二十而取一則交接之禮儀盡廢是去人倫矣建設之官屬盡省是無君子矣如此則何以立國何以治人如之何其可哉○蒙引去人倫無君子而遺了城郭宮室此古人文章也

存疑孟子辨二十取一之非主意只是言其不足用所以不足用者正以不可無君子耳萬室之國只一人陶器不足用亦猶為國無君子不足為治也故曰陶以寡且不可以為國況無君子乎為國不可無君子則二十取一必不足其法不可行矣○上曰城郭宮室後只曰去人倫無君子又只曰況無君子乎歸

重於百官有司也。蓋城郭宮室人倫皆由君子而立也。

陳新安曰彼眞貉眞桀爲大者此爲小者也。○胡雲峰曰堯舜之道中而已重之輕之皆非中也。○輔慶源曰什一中正之制也故以爲堯舜之道三代聖人雖因時損益有所不同然一本於中正則無以異也惟其中正所以行之天下而安傳之萬世而無弊周衰王制盡廢兼并之俗起而貧富遂以不均白圭屈身禁欲樂觀時變知取知予以此居積致富此三代盛時所無有也其犯先王之禁大矣顧乃私憂過計創爲輕賦之說欲以其術施之國家故孟子明辨其不可觀其始則取其事之易辨者以開其智中則歷陳其不可之實以破其說末則與堯舜之道不可得而輕重者使之有所歸着亦可謂委曲詳盡矣

丹之治水也　一章

蒙引白圭所以自負爲過禹者蓋其隄防一築而國遂不被其害無四乘之勞無八年之久也然其妄甚矣

蓮說首尾二過字相應。背就言說。蒙引謂不必說予之言過矣，只說予過矣，以其失言也，似太拘。○存疑言禹之治水，只是依水之道而治之也。故註曰順水之性。水之道就頂上治字說，則本文大註俱通矣。○蓮說水之道句，處下四海句正見之。道與性只一般。

蓮說此節正較重治水不如禹也。○蒙引以四海爲壑，正是水之道處。此禹以天下爲度也。今吾子以鄰國爲壑，利已以害人也。○陳新安曰禹除天下之害，順水之性而委之於海；圭除一國之害，不順水之性而但委之於鄰。是禹爲天下除害，而圭乃爲鄰國之害也。

摘訓水逆行且大概言之，不是承鄰國爲壑說來，洪水也。却指禹時洪水說，不然洚水洪水何別，又何用重言之。○淺說且水逆行謂之洚水，洚水者洪水也。仁人指禹言仁人之所惡也。今吾子以鄰國爲壑，則水勢逆行而鄰國受害，此意補在此，方與註合與洪水之災無異矣。是仁人之所惡者，而乃自以爲愈於禹，吾子之言過矣。

君子不亮惡乎執

或問亮之爲義諸說不同如何曰考之說文古無亮字今從尹氏之說竝以諒爲友諒之諒言君子舍是則無可據守也。

淺說有是實心斯有是實事若主於心者不忠信則凡事苟且無所執持而事不可立矣○達說亮就心言執就事以言心所以主乎事也○愚按亮字照依友諒之諒字看只是實心意諸說誤解者多今一概羅之○亮信也即易本義所謂忠信主於心者無一念之不誠也（照友諒詩誠字）如欲做那件事心無不誠於那件事方拿定去做毫不苟且此便是有所執持若只是外然而中實不然抑或有所爲而爲之便是不亮了不亮則做也得不做也得凡事苟且何所執持○朱鄱陽曰此章明信爲行事之本

魯欲使樂正子爲政　一章

達說欲使爲政是將然之詞蓋將委國而授之也喜是喜其道之得行非謂彼

者道即我之道故喜之
蒙引强所謂有力量也○達說三者皆以才言誣言當世之所尚則未必聖賢之所尚也三否字明說非樂正子之所長也
存疑好善不作好人之强力知慮多聞識說亦不是好善言善行是好人之有善人之有技若已有之人之彥聖其心好之是也○蒙引好善足乎言豈便足以治國耶
蒙引由是以天下之善而理天下之事豈不誠綽綽有餘裕哉而况魯國乎○
摘訓優於天下意輕乃設言以形治魯之易耳
蒙引若對下文國欲治可得乎則此一條只是說國非申優於天下意○夫苟好善云云告之以善吾見衆善咸集衆務畢舉國其有不治乎○吳仲珠謂苟好善則天下之凡有强勇智慮多聞識者皆將來告之太求奇矣此三者當世之所尚未聞其爲孟子與樂正子之所尚也且彼所謂强勇智慮多聞識自與

孟子不同道

達說此節是反言以足上意乎。既已知只帶訑訑言。○人之有善者皆將口彼之為人訑訑然自謂天下之事乎。皆已知之矣。此正是自足其智處。蒙引說非也。○集說讒諂面諛亦且在言上說。與上告之以善相反。○摘訓此言不好善之不可以治國。正見樂正子好善之可以治魯國也。

古之君子　一章

或問尹氏去就之說曰三者之去就亦視其所遭之時如何耳孔子皆嘗為之又可以上下等之耶意者其有所未達於免死之說故歟

蒙引所就而仕者三所去而不仕者三○達說所就有三君子未嘗不仕也。所去有三君子亦不苟仕也。○陳子問仕孟子合去就而言。便見所以仕也。去就不可破作出處。言接見之際

蒙引迎接也。非出迎也。敬在心。而禮乃其文。言將行其言也。將行者以其未化

也故言就○此章所重在言言將行其言也故以爲見行可之仕而先之以迎
之致謹以有禮者序事之法先接見而後及言議也言將行其言也其言行則
其道行矣○迎之致敬以有禮是固君子之所樂就者言焉又將行其言也此
尤君子之所樂就者故就之蓋二節雖均之爲君子所樂就但所重則在於將
行其言也若禮貌雖未衰言弗行則去之矣○凡言去者有就而後有去故上
云將行其言下不云將只云言弗行也
蒙引公仰視蜚鴈而去言孔子既以禮貌衰而去則其初之所以仕衛者決以
迎之致敬以有禮也故曰所謂際可之仕若孔子於衛靈公是也○達說雖未
行其言反言將行其言何者禮貌衰未必至甚只是少異前日也
集說集註於末節言公養之仕此仕字且漫說出仕只是未去其國若以爲仕
耳且公養二字亦從周之二字看來若彼能公養何待饑餓不能出門戶俱要
善看○蒙引朝不食夕不食何故有此困窮蓋爲其君不我以耳從其言只因

事納誨。如有所諫諍之類。與上文言字不同。彼節是行其道也。觀本文大者及又字最分明。○達說吾大者不能行其所欲行之道。又不能從其因事納誨之言。使饑餓於我土地。而不能去。吾之恥也。於是有以周之。夫君之於民固有周之之義。況此又有悔過之言。而吾窮困亦已甚矣。故亦可受也。然其所受亦有節。不過免死而已矣。夫受其所周。是亦就之。乃公養之仕也。然亦暫就耳。終決於去也。是則曰行可。曰際可。曰公養。君子去就之有三。蓋如是夫。○朱子曰免死而已矣。言受之有限。不求贏餘。明不多受也。○孟子言所就三。所去三。其上以言之行不行為去就。此仕之正也。其次以禮貌衰未衰為去就。又其次至於不得已而受其賜。則豈君子之本心哉。蓋當是時舉天下莫能行吾言矣。則有能接我以禮貌。而周我之窮困者。豈不善於彼哉。是以君子以為猶可就也。然孟子蓋通上下言之。君子之自處則在所擇矣。○存疑首節所仕在道。故以道為去就。仕之正也。二節所仕在禮。故以禮為去就。仕之次也。三節連禮亦無

照註兼二意說方合。

補此

去字乃應所去三。與上文一例。

或

以此句為斷上亦可。受意非是。

只因其周鄉之意而受其食。不是就之而仕也。○胡雲峰曰此孟子答古之君子亦問也。今之君子何如哉。

舜發於畎畝之中　一章

陳新安曰舜聖人且君也。故只曰發。五賢皆臣也。故曰舉。○蒙引前篇相與輔相之則膠鬲爲紂之臣矣。豈紂無道棄賢復隱處販鬻而文王舉用之耶。○孟子潑序百里奚自鬻之說而又謂百里奚舉於市其辨云何曰百里奚爲人養牛莊周與范氏皆明言之此不足辭但無干穆公之事耳

達說大任指君相也。是人指上諸人也。苦心志五句要見正是在畎畝版築等（苦是困苦之苦）時也。○苦其心志心不得以自安也。勞其筋骨身不得以自寧也。餓其體膚飲食有所不充也。空乏之其身財用有所不足也。○集說蒙引云空乏之其身總括上（直至末二句方總說）苦勞餓三句看來還不是逼節既一順說下不應中着一總語大抵就資用窮絶上說方不重複。○存疑行拂亂其所爲總是所爲不遂然曰行曰所爲亦須

有分別爲是作爲有經營運用意行是據見成底行去以所爲者見之行也看來只是一串事有終始之分行拂亂其所爲言行出底事與其所營爲者相拂也如俗言頭做頭不着尾做尾不着正是此意○朱子曰動其仁義禮智之心忍其聲色臭味之性○輔慶源曰竦動其心則心活堅忍其性則性定○陳新安曰動心是克廣道心忍性是節制人心一是擴天理一是遏人欲○胡雲峰曰或謂孟子嘗曰不動心曰養性此曰動心忍性何也曰彼言不動心是處富貴而富貴不能變動其心也此言動心是處貧賤而貧賤有以竦動其心也譬之水動心是浚得源頭活水衮衮出來不動心是水之流不爲沙泥所溷不爲波流所汨也養性者養其本然天命之性不使之有所動於外忍性者忍其氣稟食色之性不使之有所動於中○蒙引然所謂性亦指氣稟食色而言耳與下篇口之於味也四肢之於安逸也性也同然雖指氣稟食色而言終不與告子同告子指氣稟食色即是性孟子此言節[illegible]其氣稟食色之性也氣稟之性

猶性在氣禀中有昏明厚薄之不同。以食色言有輕者有重者。此便係於氣禀也。○氣禀食色是兩件。如子路之勇、子張之辟，是氣禀之性；宣王好貨好色，是食色之性。○動心忍性，成其德也；增益其所不能，成其材也。（兼知其所未能知、行其所未能行說）或謂只動心忍性便是增益不能，則欠了才一脚。未遇也，不必如漸安陳以苦心志爲所以動心、勞餓空乏爲所以忍性，勞餓空乏獨不能生善念乎？若心志獨不能忍嗜欲、薄滋味乎？○摘訓天天之所以成就之意如此，則其德之成也，有以爲當大任之本；其材之成也，有以爲當大任之用，於是降之以大任，又豈有不勝者哉？○陳漸安曰：舜大聖人，未必盡由此；而傅說之迹實如此，豈無所警省？若傅說以下所以能當大任，實由乎此也。○朱子曰：只是要事事經歷過，似一條路須每日從上面往來，行得熟了，方認得許多險阻去處；若素不曾行，忽然一旦撞行去，少間定墮坑落塹也。○陳潛室曰：更嘗變故多，則閱義理之會熟，謂義理與自家相便習，如履吾室中。

朱子曰困心衡慮者心覺有其過微色發聲者其過形於外○蒙引困心衡慮而後作者其改過得之已微色發聲而後喻者其改過得之人○達說人恒過即註不能謹於平日獨於幾微也作是有爲喻是有覺分知行看到作後喻後便能謹於平日獨於幾微不至困心衡慮微色發聲矣所謂能改也○集說困心是全然想不起箇意思衡慮是有箇意思了都不得順順當當通徹得去

輔慶源曰上既言上智中人之事矣故此推言在國亦然○陳新安曰人主爲國內有守法持正者須諫之外有敵國外患以警懼之則不敢縱肆而國可保否則驕縱而國亡矣○蒙引法家之法與法語之言法字同如漢之汲黯吳之張昭唐之魏徵宋璟其庶幾乎世臣二字就法家二字看出楊震四世五公皆正人也其法家乎乃人君所嚴憚者拂士只是輔弼左右之士比法家略次法家是世臣拂士是方仕者有親疏尊卑之辨敵國外患也須做兩般看如魯有武仲之據防楚有伍子胥之在吳非敵國乃外患也

陳新安曰憂患未必便生然憂患則警戒而其慮深有生全之理安樂未必即死然安樂則多怠肆而其志荒有死亡之理大概此章言處困苦憂患之意多安樂即憂患之反也○西銘云富貴福澤將厚吾之生也貧賤憂戚庸玉汝於成也人能知此則處憂患者固可生處安樂者亦不死矣○蒙引生死二字活看此意逐節漸有味註云此言國亦然也則以末條專爲死於安樂者非矣○集說此章原只借大聖賢中人國家以言其理無不如此與起末節然後知三字義見在人無不可以此自戒而自勉耳

教亦多術矣　一章

直辭彼進之門牆列於弟子有問則答有惑則解這固是教誨他乃亦有習於不善惑於異端氣質未能變化心志未能專一則亦有不以爲潔而拒絕之者這叫做不屑之教誨○陳新安曰不屑教非忍而絕之實將激而進之是亦多術中教誨之一術也孔子於孺悲孟子於滕更皆是○蒙引此章言不教之教

也

盡其心者　一章

或問心無限量者也此其言盡心何也曰心之體無所不統而其用無所不周者也今窮理而貫通以至於可以無所不知則固盡其無所不統之體無所不周之用矣是以平居靜處虛明洞達固無毫髮疑慮存於胸中至於事至物來則雖擧天下之物或素所未嘗接於耳目思慮之間者亦無不判然迎刃而解此其所以爲盡心而所謂心者則固未嘗有限量也大檗此章所謂盡心者物格知至之事曾子所以一唯而無疑於夫子之言者是也所謂事天者誠意正心修身之事曾子所以臨深履薄而無日不省其身者是也所謂立命者如是以沒身焉曾子所以啓手足而知免得正斃而無求者是也以是推之則一章之旨略可見矣曰然則存心養性之說可得聞乎曰存心者氣不逐物而常守其至正也養性者事必循理而不害其本然也曰然則心之爲物與其盡之之

方柔何曰由窮理致知積累其功以至於盡心則心之體用在我不必外面揣量著意想象而別求所以盡之也

朱子曰盡其心者知其性也者字不可不仔細看人能盡其心者只爲知其性知性却在先此句文勢與得其民者得其心也相似○所以能盡其心者繇先能知其性知性則知天矣知性知天則能盡其心矣不知性不能以盡其心如大學說物格而後知至物格者物理之極處無不到知性也知至者吾心之所知無不盡盡心也○盡心知性以前看得知字放輕今觀之却是知字重盡字輕知性則心盡矣性者吾心之實理若不知得却盡箇甚○天者理之自然而人之所由以生者也性者理之全體人之所得以生者也心則人之所以主於身而具是理者也天大無外而性稟其全故人之本心其體廓然亦無限量惟其梏於形氣之私滯於聞見之小是以有所蔽而不盡人能即事即物窮究其理至於一日會通貫徹而無所遺焉則有以全其本然之體而吾之所以爲性

與天之所以爲天者皆不外此而一以貫之矣○性以賦於我之分而言天以公共道理而言○天便脫模是一箇大底人人便是一箇小底天吾之仁義禮智即天之元亨利貞凡吾之所有者皆自彼而來也故知吾性則自然知天矣○

知吾性之仁的大之元而來云云

問盡心今既定作知至說則知天一條當何繫屬繫之知性之下盡心之前與知性俱爲一衮事耶抑繫之盡心之下乃知至又精熟底事耶曰知其性則知天矣據此文勢只合在知性裏說○蒙引心是活物大凡說心處都是指活者此心字指其活者言所謂虛靈知覺者也故曰人之神明若夫胸中方寸地特其神明之舍耳非神明也神明方能具衆理應萬事非謂塊然方寸地能具衆理應萬事者也○具衆理與下文性則心之所具之理相應○心體之所以爲大者以其悉有衆理而足以應萬事也若不能盡窮得許多道理則心體爲有蔽而無以充其所以爲大者矣○雲峰謂知性有工夫盡心無工夫盡是大段見功知是積累用工愚謂積累用工之言作推本說則可若本文知性字亦是

鼎成功者說故集註云知性則物格之謂又曰必其能窮夫理而無不知者也

○知其性則知天矣語意猶云不知其性則已既知其性則知天矣非知性之外又知天也或以性爲理之所當然天爲理之所以然者殆未察也此處不必依論語四十而不惑五十而知天命說彼處有先後此處無先後故也蓋未至知天亦未足爲知性未有知性而遺天者纔說着理便究到所以然處○論文字則知性之外別出天字論道理則知性之外再無知天工夫故曰既知其理則其所從出亦不外是矣○知性知天是一時事盡心却稍後○存疑吾心之理皆出於天方其窮理之時必然窮到所從來處然未到豁然貫通時未免强揆力索之勞夢想億度之間爾未可以言知天也惟窮之又窮工夫積累至一旦豁然貫通焉則心胸了悟天人洞然一貫故窮理之極即有達天之妙非知性之外又有知天之功也

朱子曰盡心知性知天此是致知存心養性事天此是力行○問盡心存心盡莫是極至地位存莫是初存得這心否曰盡心也未說極至只是凡事便須理

會教十分周足無少闕漏處方是盡存也非獨是初工夫初間固是操守存在這裏到存得熟後也只是存這存字無始終只存這裏○問存心養性先後曰先存心而後養性養性云者養而勿失之謂性不可言存○問存心養性以事（心性但要用工夫只分先後耳）天曰天教你父子有親你便用父子有親天教你君臣有義你便用君臣有義不然便是違天矣○存之養之便是事心性便是天故曰所以事天也○輔慶源曰心是活物須是操則存不然便放去矣性是實理須當順之而不害害謂違悖而戕傷之性本不可以戕傷言但爲自家違悖了便是戕傷之也奉承之而不違便只是存心養性事（此或問八合）○蒙引存謂操而不舍只是心不放使常爲吾身之主兼動靜言養其性就應事接物言性者仁義禮智信也養其性只是於應接間當仁而仁當義而義當禮而禮當智而智當信而信事事順理而不逆以害之便是養性然盡心知性則知性在先存心養性則養性在後故孟子於上文則曰盡其心者知其性也於此則先曰存其心而後曰養其性而朱子所謂

存得父子之心，方養得仁之性者爲此。非以解本文，謂孟子亦如此云也。○據中庸「中也者，天下之大本也」，此性也。而靜當有以存養之，則養性亦須兼動靜一說。辨此則存心自該得了，只從前說爲當。但應事接物各得其理，則於性爲順而不害矣。蓋此處存心養性對說，便當有着落。中庸單舉存養以對動時說，語類謂存心所以養性，不如截開平說好。故自不同。○所以事天也，蓋心也、性也，皆天之所與我者。天之與我以心者，所以爲吾一身之主，使有以酬酢萬變而不可須臾離者也。吾而放之，則違天矣。故存心所以事天。天之與我以性者，正使吾事事物物皆體是以行，不至於其行而妄作者也。吾而戕之，則違天矣。故養性所以事天。○存疑：事天與知天稍不同。必窮理之極，然後可言知天。若存養之始，就可言事天矣。

朱子曰：夭壽不貳，不以死生爲吾心之欣戚也。不貳是不疑。若一日未死，一日要是當；百年未死，百年要是當。這便是立命。既不以夭壽貳其心，又須修身以俟，方始能立命。不以夭壽動心，一向亂做，又不可。夭壽不貳，便是知性知天之力修身以俟便是存心養性之功○蒙引修身以俟之之字承上句殀壽字言此二句一氣相連說細分之則一爲知天之至一爲事天以終身耳蓋所以立命處全在修身以俟之然非殀壽不貳則亦不能修身以俟之也故曰知有不盡固不知所以爲仁也○不貳者知天之至此知天便該盡心知性猶下句事天該存心養性○殀壽不貳所以爲知天之至者蓋非於性分上見得十分透徹則於殀壽之際安能不爲之動此所以爲知天之至修身以俟之修身只謂存心養性修身以俟死則所謂仁以爲已任死而後已者也故曰事天以終身也○所以立命也命字應上文二天字蓋天乃理之所從以出者即元亨利貞是也事天即是事乎此也所從出於天而在我者即命也蓋一則曰知天一則曰事天此則言天之所賦三段所歸一也然則此命字以理言矣下章意與此同獨命字義與此異○殀壽不貳修身以俟之此是知行之至也蓋窮理而至於殀壽不貳則理之窮者無所不至也力行而至於修身以俟死則行之力皆

方無所不至矣。如此則人道已盡。而天之所付畀於我者。無不全而歸之矣。人之能事畢矣。故曰所以立命也。此亦非謂窮理只是窮夭壽之理。力行只是俟死而已矣。死生夭壽最是大事。而人之所難豁然者。今既於此判斷得過。則何理之不窮。何行之不修。此孟子立言之意也。其意中所含全在造其理。履其事而各至其極也。然則以立命為與下章莫非命字相同。是主氣言者。亦泥於夭壽之義。而失其精意所在耳。新安看理不破。却又謂下章命字以氣言。此章命字兼理與氣言。亦可謂無主張而為騎墻之術矣。○存疑此命是天命之謂性之命。立是植立不墜之謂。天之命於我者至為完備。若有一理之未盡。不能立得天命。以夭壽動心而怠於自修。便有欠缺不盡者矣。命何由立。殀壽不貳。修身以俟之。則為善之心至死不懈。此理之在我者無一不盡。天之所以命我者植立不墜矣。故曰所以立命。○蒙引此章三段即中庸之知仁勇也。勇者強於知仁而遂其成功也。又即聖人之知天盡性以至於命也。此章孟子是論聖學

之全。徹頭徹尾者。○自理而言謂之天天者理之本體也。故下句云自稟受言

自存諸人言存諸人是以稟受以後時言也。○朱子曰由太虛有天之名只是以其無聲無臭而謂之太虛

據理而言。由氣化有道之名由氣之化各有生長消息底道理。故有道之名。既

已成物則物各有理。故曰合虛與氣有性之名。理必有所盛貯。故又曰合性與

知覺有心之名。知覺是那氣之虛靈底。聰明視聽作爲運用皆是。有這知覺方

運用得這道理。所以横渠說人能弘道。是心能盡性。非道弘人。是性不知檢其

心。○蔡九峯曰横渠四語只是理氣二字。而細分出太虛有天之名即無極而

太極之謂。以理言也。由氣化有道之名即一陰一陽之謂。以氣言也。合虛與氣

有性之名即繼之者善成之者性之謂。以人物稟受而言也。合性與知覺有心蒙引此心字是純如字即本文之存心盡心者也。兼人心言未得其旨。

之名即人心道心之謂。以心之體言也。○蒙引由太虛有天之名由氣化有道

之名此正子貢所謂天道者也。天以渾淪統體而言也。道則天之道。氣化即所

謂天以陰陽五行化生萬物者。陰陽五行本只是氣。而理即在焉。故曰天道也。

由氣化有道之名。是虛的物在實上見。合虛與氣有性之名者。成之者性是理
載於形氣中也。專是理不謂之性。專是形氣亦不謂之性也。合性與知覺有心
之名者。知覺吾之靈爽。然其所知覺者乃理也。此人之神明也。故曰合性與知
覺有心之名。○異端謂流蕩不法四字。讀者多以爲指異端之學。愚見流蕩與
存養相反。不法與修字相反。清竊謂若非習而不仁。則止是放逸爲非耳。今既
有知天之習。而乃不能履其事。則其流於異端之歸亦無疑者。

莫非命也　一章　註解正命不擬他

或問程子曰至矣。其曰桎梏死者莫非命。然聖人却不說是命。此最是得其文義
者。
朱子曰在天言之皆是正命。在人言之便有正有不正。若我無以致之。則命之
壽殀皆是合當如此者。如顏子之夭。伯牛之疾是也。○程復心曰上章止言壽
殀。故集註又推言及吉凶禍福。○蒙引莫非命也。非是該正命與非正命意。乃

是指吉凶禍福等言孟子所言固不肯該非正命者以爲命也○集註云皆天所命皆字正貼莫非字謂或吉或凶或禍或福皆命也○吉凶禍福何別曰小則爲吉凶大則爲禍福○但吉凶禍福之出於天者皆正命也其曰非正命者自人爲所致言之其曰順受其正者對桎梏而死者言之朱子小註所謂莫非命也一句是活絡言者非是乃未定之說也○大註人物之生物字人多作帶人字說看來自天命言之不但人有命物亦有命故天命之性率性之道朱子亦兼物言但下文云云則都就人言也○達說順受其正處且未宜說出修身以俟之與莫之致而至意恐犯了下文盡其道而死者一句孟子本文於盡其道句方能出順受其正意

蒙引立乎巖牆之下非修身以俟死者也此一句與順受其正一句互相發也○知命者謂曉得正命者必不肯行險也此何緊要帶着順受其正說下句方分正不正兩股以盡其意○巖墻高危之墻也○凡行險以徼倖者皆立巖墻

之下也其以巖牆而言特舉人所易曉者耳不可專泥此也須會其意○胡雲峰曰立命是已造聖賢之域知命是方入聖賢之門立在知後知在立先陳新安曰盡其道即上章所謂修身是也盡道指平日說○問人或死於干戈死於患難如此干之類亦是正命乎朱子曰固是正命又問以理論之則謂之正命以死生論之則非正命如何曰如何恁地說得盡其道而死者正命也當死而不死却是失其正命此處須當活看古人所以殺身成仁舍生取義學者須是於此處見得臨利害時便將自家所到了並須是壁立萬仞始得如今小有利害便生計較便說道恁地死非正命如何得○蒙引死字重與下句同若重盡其道則當云順受其正矣此於理無妨但於文勢句法亦當有別○陳新安曰能盡其道而值其吉且福且壽者固正命也此似有以致之然我惟知自盡其道耳初非有所覬覦於天而為之也盡道而吉福壽自至焉非天命之正而何苟盡其道不幸而值凶禍天是我於道理本無愧不過自值乎凶禍天耳非我有以致之

而然是亦命之正也

大全桎足械也梏手械也○陳新安曰不盡其道而有罪爲犯罪若在縲絏非其罪者不謂之犯罪○問桎梏死者非正命也雖謂非正然亦以命言此乃自取如何謂之命朱子曰亦是自作而天殺之但非正命耳使文王死於羑里孔子死於桓魋却是正命○蒙引莫非命也此即正命也天所命者也桎梏死者非天之所命也故曰非正命然則除出非正命之命字則上文三命字俱同也○此章大意若曰夫人之或吉或凶或禍或福莫非命也但要順受其正者耳夫惟當順受其正命是故知正命者不立乎巖墻之下然果何如而爲正命又何如而爲非正命蓋盡其道而死則其死爲正命其桎梏而死者乃其所自取非正命也○大註言犯罪而死與立巖墻之下者同不必互相對看此意只見得都是自取而非正命耳或者因此遂謂自知命者以下皆是反覆明首一句意非也○集說說到死處是吉凶禍福之盡頭章意還兼包一生吉凶禍福意

○達說上章命字以理言此章命字以氣言謂之發上章末句未盡之意者蓋言盡道而死乃所以立命也若桎梏而死則非所以立命矣故曰未盡之意乃是以順受發立命之意非以命發上章命字之意也

求則得之　章

蒙引以求則得之照出舍則失之既以求而得則不求便失矣○求則得舍則失謂得失係於求與不求是求有益於得也所謂求有益於得者謂求本欲其得也求而得之則是所求有益於得矣不然者無益於得也○上三句虛說下句方指出言惟其在我故求則得舍則失而求有益於得也○仁義禮智四字已盡矣必曰凡性之所有者以貼在我者之意也

朱子曰富貴身外之物求之惟恐不得縱使得之於身心無分毫之益況不可必得乎若義理求則得之能不喪其所有可以爲聖爲賢利害甚明○達說求

附言求之則有道以制之

之有道不是以道求之總是言不可求求則爲妄矣求之有道言不可以非道

苟求得之有命緊連上句言縱求之亦未可必得也是得之有命也如此說方
不得求無益於得句○蒙引二箇當看得相叶應言在我者求則得舍則失而
求有益於得在外者求有道得有命而求無益於得如此然則人盡亦求其在
我者而乃求在外者乎○存疑此見人當致力於其所可求不必勞心於其不
可得也

萬物皆備於我矣　章

朱子曰萬物皆備於我橫渠一段說得甚實所謂萬物皆在我者便只是君臣
本來有義父子本來有親夫婦本來有別之類皆是本來在我者○蒙引萬物
皆備於我只是有是性性大綱即仁義禮智四者而已蓋有是仁在我則自父
子之親以至於仁民愛物之理皆在此矣義在我則自君臣之分以至於敬長
尊賢之理皆在此矣禮智二者亦然○存疑萬物之理本來皆具於人之心原
無一件欠缺其有欠缺者在人失之爾非其本然也故註曰此言理之本然

胡雲峰曰此一反字只是自檢點過不是湯武反之之反。朱子曰誠是實有此理（私欲盡照本然之理行）檢點自家身上果無欠闕事君真箇忠事父真箇孝。存疑反之於身而所備之理若子之孝則真實是孝無一毫虛假臣之忠則真實是忠無一毫虛假此便如惡惡臭真實是惡如好好色真實是好一般故曰如惡惡臭如好好色之實然。蒙引謂惡惡如惡惡臭則惡實無諸己好善如好好色則善實有諸己而向之備於我者不失矣此說不是依其說則如惡惡臭如好好色乃是反身而誠之所以然處註意不如此。小註說樂與大註異當從大註（小註以俯不愧仰不怍說樂字）。集說則其行之不待勉強而無不利是暗對下節強恕而行說即說樂字之義也。蒙引小註利順也順順適也順裕也非只是不待勉強之意。陳潜室曰反諸身者既是萬理皆實即渾身是義理流行（道在我）何處不順裕若於實理無得即觸處滯（只是私欲）礙（羈絆）無往而非逆境何樂之有。集說此與下節不是為人分安勉乃拈出反身而誠之樂以勉人為強恕而行之事也果能強恕而行便可漸至於誠而皆備

之理復全於我矣○
朱子曰反身而誠自然循理所以樂强恕而行且恁地把捉勉强做去少間到純熟處便是仁萬物皆備於我下文反身强恕皆蒙此句爲義强恕者亦是他見得萬物皆備於我了只爭着一箇反身而誠便須要强恕上做工夫亦只是要去箇私意而已○私意既去則萬物自無欠缺處矣○如今人所以害事處只是這些私意難除才有些私意隔著了便只見許多般○反身而誠則恕從這裏流出○不用勉强未到恁田地須是勉强○强恕而行是要求至於誠○此是其人元不會恕在故當凡事勉强推已及人○强恕而行求仁莫近不可將恕字看低了求仁莫近於恕恕字甚緊○問反身而誠樂莫大焉是大賢以上事强恕求仁是學者身分上事曰然○陳新安曰誠與仁一理耳實有此理則曰誠純乎此理而無私則曰仁未有誠而不仁者也亦未有仁而不誠者也○存疑有天理而無人欲仁也反身而誠則欲盡理純便是仁其有未誠則是爲私

有所隔而理未純，便不得爲仁。强恕而行，乃是磨礱私欲底方法。如爲子未能孝、爲臣未能忠，是私意之隔也。由是以己之心度人之心，如我爲父，欲子之我孝也，以此度父之心，則自心不過，不敢以不孝事之，而孝可得矣；如我爲君，欲臣之我忠也，以此度君之心，則自心不過，不敢以不忠事之，而忠可得矣。○蒙引推己及人，亦只就父子君臣事物細微上説。○知人之心不異乎己，則即以己之心推之以及於人，此乃勉强之爲，故曰强恕。如是則雖未至於純乎天理而絶無人欲之境，然私由是而可勝矣，理由是而可得矣，其於求仁不亦近乎。○强恕未便得爲仁，於求仁爲近也。○求仁莫近焉，不曰求誠莫近者，不能反身而誠，私意隔之也。隔於私意，即是不仁處。仁者無私之謂也，勉强去其私意謂之恕，恕則近仁。仁恕二字於學者爲切耳，其實反身而誠則仁矣，仁則誠矣。○不可謂心公理得了，於仁則爲近。須看註上文庶幾二字。反身而誠者，夫子之一貫也；强恕而行者，曾子所謂忠恕也。○心公理得處，則是曲能有誠而萬

物之備於我者亦不失矣心則吾心理則萬物之理也○心公應私意之隔字理得應理未純字○反身而誠誠者也强恕而行誠之之方也

行之而不著焉　章

淺說有是事則有是理人皆行是事而不能明其理之所當然焉不明其理則所行者特粗略耳安能識其理乎有當然之理必有所以然之故人既習其事矣或能知其所當然而猶不識其所以然焉不識其所以然則其所知者特皮膚耳未爲眞知也以此言之則終身由之云云○達說吾知終其身而行之則亦終其身而昧之終其身而習之則亦終其身而罔之也○集說行是偶一行之習是日逐在上面以時日論非以淺深論○蒙引行者據成迹而行耳習亦然○著字察字俱重故曰著者知之明察者識之精○本文衆也二字重○輔氏謂所當然是事所以然是理愚以爲不然蓋曰行曰習者其事也曰知其所當然識其所以然者理也下句終身由之即其事也不知其道即謂理也○下

一句只是總上二句言此其所以知道者鮮也○陳新安曰易曰百姓日用而不知終身由之而不知其道於凡人無責也學者則不當然矣孟子斯言其亦憫凡人而不無望於學者與

人不可以無恥　章

張南軒曰恥者羞惡之心所推也恥吾之未能進於善則善可遷恥吾之未能遠於過則過可消苟惟漠然無所恥則爲無所忌憚而已矣故人當以無所恥爲恥也○蒙引人不可以無恥何也夫無恥最可恥也或不知恥則恥終不可雪矣惟能以無恥爲恥則終身無復有恥矣夫終身無恥由於一恥之力如此然則人豈可以無恥乎四恥字畢竟皆同惟下一恥字作恥辱說似以事言然其實亦是無可恥也皆以心言○集說無恥之恥要補人能常常如此之意方是改行從善之人不然一念之恥不能便無恥也

恥之於人大矣　章

達說恥之於人大矣此句只空看註存之二句乃集註會意解蓋孟子不曾露出此意也○輔慶源曰存之則有所不爲故可進於聖賢失之則無所不爲故至入於禽獸讀之使人凜凜

胡雲峰曰爲機變之巧此巧字便與恥字相反恥則守正而有所不爲巧則行險而無所不爲雖其本心未嘗無恥而彼方自矜其爲之之巧則無所用其恥矣周夫子拙賦正是深貶此一巧字○直解世間有一等奸險小人暗地害人則機械深藏而不測多方欺人則變詐百出而不窮○蒙引機械變詐指奸心詭行而言機即機心之機械亦機義非指實說有箇機械云云也孟子嘗將蓋指儀秦孫吳之徒○不曰無恥而曰無所用其恥也蓋恥者人所固有獨彼自不用其恥病在自以爲得計上

蒙引但無恥一事不如人則不顧義理之正而無所不爲終爲禽獸之歸無望聖賢之域矣何若人有○恥之於人大矣彼爲機變之巧者可恥也而無所用

恥焉則是不恥不若人矣不恥不若人何若人有所謂失之則入於禽獸

是則所謂存之則進於聖賢矣是恥之於人大矣

古之賢王　章

蒙引賢王曰古賢士亦曰古孟子蓋有感於當時而云也○古之賢王指堯舜湯武古之賢士蓋指伊呂之徒好善者好人之善也忘勢者忘己之勢也樂其道者樂己之道也忘人之勢謂君之勢也何獨不然與下文言亦有所好有所忘也○在賢王則曰好善在賢士則曰樂道好字淺樂字深善字細道字大善在人則好之道在我則樂之○孟子主意在大註云云○說約古之賢王至忘勢一截古之賢士至忘人之勢又一截蓋兩平語也故王公以下只承賢士說而思賢王意亦見於其中則其立言之妙○淺說惟其樂己之道而忘人之勢故王公不致敬盡禮云云○陳新安曰致敬內致敬也盡禮外盡禮（以禮貌儀物言）也王公必致敬盡禮於賢是能好善而忘勢屈己以下賢也賢士必待君致敬盡禮而後

應之是能樂道忘人之勢不枉道而求利也○輔慶源曰君好善則不知勢之在巳士樂道則不知勢之在人兩盡其道則雖若相反而實相成不然君挾其勢而驕夫士士偃於勢而徇乎君則兩失其道矣尚何足與有爲哉

孟子謂宋句踐曰　章

或問范尹之說皆善尹曰古之人得志澤加於民不得志則修身見於世此其所以囂囂也如此則無怨尤不改樂而范氏所謂孟子言道德必以義配者尤有功

集說好遊遊字指句踐之遊言吾語子遊遊字即其遊而規之於正也微有分別

輔慶源曰遊說之士大病是不識義理而惟欲其言之售故往往以人之知不知爲欣慼是以孟子語以自得無欲之說○蒙引友之遊而言聽諫行人知之也亦囂囂然而無以爲欣諫不行言不聽人不知也亦囂囂然而無以爲慼（達說若欣慼則心累於富貴不得爲囂囂矣此兩句源頭全自尊德樂義來

輔慶源曰尊如尊德性之尊樂如樂天知命之樂○陳新安曰能如此則自得無欲之人氣象自然著見而不可掩矣○蒙引德謂所得之善如孝弟忠信之類得於已者義謂所守之正尊就進退取與之不苟處言○摘訓尊有恭敬奉持之意樂有欣慕愛樂之意○自得乃無入不自得陳新安認作自得於已非也自得無欲通是外輕之意伊尹章文解爲無欲自得亦將以自得爲内重乎蒙引謂自得即内重無欲即外輕誤矣○集説則有以自重則有以自安云云一截即大丈則可以之義非平日能尊德樂義至臨時必不能如是之囂囂也人爵之榮外物之誘便在人知不知時説

摘訓君子既能内重而外輕矣則其見於行事者將何往而不善哉故士云云一不失不離無工夫乃自然如此○蒙引窮達二字應上人知不知意然不可就指不知爲窮知爲達此又説開來看士字可見義字兼德道字兼德義○窮不失義惟知有義不知有窮窮而尊德樂義也達不離道惟知有道不知有達達

而尊德樂義也○集説窮達二字重看不止以出處二字混過葢窮最易失義
達最易離道也註不以貧賤而移不以富貴而淫便是○存疑窮不失義必守
德義於己也達不離道必推德義於人也曰尊德樂義見於行事之實者尊德
樂義是就其平日用功言此則推出一步就其行事言也觀本文故字及總註
意可見○達説此就行事言故曰見於行事之實非謂以此是其實也此實字
與下註實字不同此重見於事上下註實字是詳上節之實也
大全不失己如云不失其身○輔慶源曰窮不失義則在我者得其所守達不
此下句句當以德義二字貫
離道則能興道致治以慰斯民平日之所望
存疑既言士得己民不失望又即古人之事以實之故曰士得己民不失望之
修德義於身
實○不得志修身見於世是窮則獨善其身也得志澤加於民是達則兼善天
推德義於民
下也下二句即上一句意○張南軒曰其曰得志不得志云者葢澤加於民雖
所性不存焉而道行固亦君子本志之所欲也○陳新安曰內盡修身之實而

名自著見於世蓋實之不可掩者非君子願乎其外而欲以是自見也○蒙引

不役曰名之顯著而必曰名實者名與實俱也○摘訓說節獨善兼善者正是

與也○士得己民不失望意來不得志所謂窮也而修身見於世則能獨善其

身於士何有失己者乎得志所謂達也而澤加於民則能兼善天下矣民何有

失望者乎○存疑士內重而外輕者尊德樂義則可以囂囂矣無往而不善者

故士窮不失義以下事也○摘訓內重指尊德樂義外輕指囂囂○孟子既以

德義名了句踐之問又說窮達三節者見得這箇囂囂不但爲遊說之道而已

未古人正欲其以古人自期也○蒙引此章之言句踐而可以語此其亦當

時遊士中之近厚者矣

待文王而後興者　章

有疑自古聖人皆有教化獨言文王者文王起自西土化行江漢至三分天下

有二其化比自古聖人獨盛也○輔慶源曰文武興則民好善此中人以下之

資也蓋無特立之操教之善則爲善否則爲惡矣唯豪傑之士無物欲之累以蔽其秉彝之天有過人之才以致其爲善之力雖無聖人在上以教率之自能奮其特立之操以有爲也孟子此言蓋欲學者不以凡民自棄而以豪傑自期（只是勉學者不是望凡民）耳○蒙引豪傑之士朱子既解曰豪傑有過人之才智者也又曰惟上知之資無物欲之蔽者蓋據見在言則是有過人之才智原所以而言則是真上知之資無物欲之蔽○雖無文王猶興爲仁由己也故大註推言降衷秉彝人所同得

附之以韓魏之家　章

存疑附雖訓益乃是加之不是既富而又加之也自視欿然者自視若不足也是自檢身心不自滿足不是韓魏之家猶不滿其願○摘訓韓魏之家須兼富貴說註雖辭云富家然晉卿字內已有貴在矣○蒙引如其自視歉然其中必自更有所慕者此不易之理也其過人之遠無疑○過人處在內在前不是就

非此處爲過人故尹氏曰有過人之識則不以富貴爲事（是不把富貴來當事）惟有過人之識者能
之○有韓魏之家而其自視欿然其所歉者固有在也求之古舜禹之有天下
而不與孔子視不義之富貴如浮雲亦是此道理

以佚道使民　章

或問去惡除害則正所謂辟以止辟者彼爲惡以害人其罪當死吾求所以生（此便是）
之者（本欲生之）不得而後殺之以安衆而厲其餘凡此皆以生道殺之也彼亦何怨之有
蒙引本欲佚之本欲生之本欲字以心言也而乃至於勞民殺之者不得已而
爲其所當爲以事言也心本欲佚之乃不得已而使之是謂以佚道使民非厲
民也民亦諒其心而不知怨矣心本欲生之乃不得已而殺之是謂以生道殺
民（雖說死不怨殺是未死而有必死之勢也）雖死者亦諒其心不怨其殺之矣○輔慶源曰不得已者事也爲其所當爲
者理也事雖不得已而吾但爲其理之所當爲故雖勞之殺之可謂咈民之欲
矣而民自不怨不然則是私意妄作而已民之怨怒其可得而逃乎君子其亦

謹其所謂勞與殺之事哉。○愚按存疑云：播穀乘屋之類，乃民所自為生者，似難言使民，亦民所樂為者，似不為勞。此說非也。蓋游手好閑，亦愚民之常，故雖其所自為生者，亦不樂為，故須上之人有以使之也。若如其說，則凡農桑之事皆當是民所樂為，先王又何須親履畎畝，自勞其身以勸課之乎？且諸所設以警游惰之法，如夫里之布，又何為詳悉如此也。

覇者之民　章

或問過化存神之說，曰：程子直以所過者化為及物，程子曰：所過者化，及物也；所存者神，在己也。而於易傳又有所過變化如虎豹炳蔚之言，其旨明矣。蓋言所過者化，則凡所經歷，物無不化，不必久於此而深治之，然後物從其化也。然其曰經歷，亦不必為經行之地，凡其身之所臨，政之所及，風聲氣習之所被，皆所經歷也。所存者神，前說既以立之斯立等語明之，則其意亦明矣。其曰在己者，蓋以化者無意而及物，此則誠於此而動於彼，如所謂從欲以治也。但其感應之速，如影響形聲之召，有不知其所以然

者是則所謂神耳

存疑驩虞感上之恩也霸者有心於民感故其民感之（安肆舒自由自在恰像他是自己快樂不由人拘管底光景）皥皥忘上之恩也王者（集說廣大自得只是心）無心於民感故其民忘之○輔慶源曰霸者亟民之從規模狹窄時下雖得民之歡娛然豈能久哉事過意息則忘之矣至於王者則如天道之自然當生則生當殺則殺而民自忘其喜怒也○蒙引程子曰驩虞有所造為而然驩虞屬民有所造為屬霸者有所造為而然卽所謂小補者也○此二句卽王霸之民氣象而見得王霸者之氣象○蓋王者則如天亦不令人喜亦不令人怒正下文殺之而不怨三句道理便是過化存神與天地同流處

存疑殺之刑也利之養也民日遷善教也不怨不庸不知為之皥皥也所以致民不怨不庸不知為之處註最明白○陳新安曰殺之不怨卽上章以生道殺民之意○蒙引民日遷善有日進於善之意所謂黎民敏德也○此所謂皥皥如也而王道之大於此可見故繼以所過者化所存者神（前節只卽此節讚之）云云○先儒謂王者

之民雨露之草木也霸者之民枯槁之夏畦也又曰可使天下被聖人之仁不可使天下知聖人之仁被聖人之仁而知有聖人之仁仁之小者有功之可議也被聖人之仁而不知有聖人之仁仁之大者無迹之可尋也此說亦善論王道矣○大凡人恩之出於無心而然者便被得廣便有不知歸功道理此所以殺之而不怨三句有上下與天地同流氣象也

問所經歷處皆化如此即是民化之非大而化之之化朱子曰作大而化之化有病只是所經歷處纔霑著些便化雷一震而萬物俱生動霜一降而萬物皆成實無不化者書曰俾予從欲以治四方風動亦是此意○過是身所經歷處無不感動如黎民於變便是化存是存主處不是主宰是存這事這事便來應○過是經歷處以舜觀之可見存則存主處便如綏來動和之意都就事上說反覆此一段自可見○過化是所過即化存神便有響應意思○問所存者神是心中要恁地便恁地否曰是此才有所存彼便應言感應之速也○存是自

家主意處便神妙不測亦是人見其如此。○問過化存神有先後否曰初無先後。○上下與天地同流重新鑄一番過相似小補只是逐片逐些子補綴。○問同流是與天地同其神化否曰此難言各有一分在裏曰是箇參贊意否曰亦不是參贊○自王者之民而下至此皆說王者功用如此○蒙引所過者化亦自上文言自殺之言則民不恥於有司矣自利之言則耕食鑿飲不知帝力矣自遷善言則王道平平無作好惡矣○存疑所存者神要不出過化之外政教所及民即感化是過化聖人施政教心中存主要民化而民就化便是所存者神蓋聖人之所過而化人者便有箇存主在其中而其化應時而至便是神如孔子之立斯立道斯行綏斯來動斯和立立道行綏來動和即過化其中斯字即神也所存就在道立綏動之中○化是物從而化神則化之速也此言神化與他處異○過化存神過是業德是就其平日所存言蒙引言德爲存神業爲過化恐未是○集說王者德業實實與天地之化同運並行存疑謂便如天地還不是○小補如某處有些罅漏我這裏補上些所補有限而補之之形迹終在○大抵霸者只是在不足處打點不能於有餘處著精神也○陳新安曰孟子辨王霸屢矣此又言王霸之民其不同如此首以霸與王對說中言王而不及霸末方以小補綴上霸者之事

仁言不如仁聲 章

輔慶源曰仁言如書所載訓誥誓命之類是也仁聲如邠人聞太王爲仁人伯夷太公聞文王善養老之類是也

蒙引仁言發於已而未必其然仁聲傳於人而已有所試又仁言出於一時仁聲著於平素仁言不如仁聲之入人深也此一句只就入人上說善政不如善教之得民也此以政教得效之小大言即論語道之以政章意然論語則自該得仁言一節之意孟子則各有所主

只用一句推開

最是

摘訓入人意甚明此不待言矣所謂善政不如善教之得民者果何以見之○

畏者法立而不敢犯愛者教行而不忘○善政得民財當照無政事註兼生
之取之用之三樣說○存疑民愛與於得民心者○民愛是初感其教而悅之學
（其田疇二節意）
民心是其教既成○民入其教而與親上死長之心也○故註曰不遺其親不後其
君○蒙引政教皆王道之不可無者○況善政乎○王者之道固使民愛○亦未嘗不
使民畏○固以得民心爲本○亦未嘗不欲得民財也○但論○二○者得○失○之淺○深則彼○
不○若此○此○或者因是遂貶善政之不足爲○大訣○故朱子於論語道政齊刑章云
此其相爲終始不可偏廢云云 且仁言亦豈君子之所免哉○胡雲峰曰孟子
之意蓋謂使民畏不如使民愛得民財不如得民心然善政得民財一句集註
又恐後世貪君汙吏借此以藉口訓之曰得民財者百姓足而君無不足也意
謂無善政則百姓不足君孰與足矣然有善政以得民財孟子猶以爲不如善
教之得民心況後世無善政而取民之財者哉○集說上節既說得民則此節
得民財得民心正言其不如之理○只重末二句○民畏民愛以起下二句耳○畏愛

是民來畏愛我而財與心邪是我得於民者之實際處故以此言其不如也○

人之所不學而能者　章

或問程子至矣（見註）楊氏說固善然有未盡處（楊氏曰孟子但言發處乃若未發之前便只是中）蓋既曰惻隱之心仁之端也又曰親親仁也則惻隱親親固仁之發而仁則惻隱親親之未發者也○未發者其體也○已發者其用也○以未發言○則仁義禮智渾然在中者○非想象之可得○又不見其用之所施也○指其發處而言○則因用○之間○莫非要切○而其○未發之○理即○未嘗不行○乎其○間○要之體○用○未嘗○相○離○故孟子因用以明體○正欲學者即是而默識之耳○

集說此章之意言仁義乃人所固有○人只於愛親敬長處自爲識取耳○首節容說箇良字○次節言良知良能○只反觀於愛親敬長之間○末節言這愛親敬長便是仁義○總然說仁義爲人本然之善耳○○本然之善乃天生來自然便有底能便自然有此能知便自然有此知全不待學慮而然故曰本然之善○鄒仲與

曰能取必於學則學者能不學者不能非達天下之能也惟良能則不待學皆能爲下二句倣此

蒙引長字對孩提言謂稍長也○上謂良知良能知愛其親知敬其兄只有知字何偏也曰連愛敬二字說則有良能○存疑孩提之童無知能者也無知能者而有知能可見是良知良能也○摘訓說愛敬不可太深乃童子事耳

存疑仁義性也親親仁也敬長義也言孝弟是人性也蓋愛親敬長仁義之發也故以爲仁義無他達之天下是明孝弟所以爲仁義處蓋性者人之公也孝弟達之天下而無不同所以爲仁義也達之天下猶云通之天下○陳潛室曰此章無推此及彼之意所謂達乃達道達德之達言人心所同然也○達說今觀孩提之愛非一人之私愛也而凡爲孩提者無不知焉惟天下無不仁之性故天下無不愛親之人也使其愛之非仁也而何達之天下而同愛耶及長之敬非一人之私敬也而凡爲孩提之長者無不知焉惟天下無不義之性故天

下無不敬長之人也使其敬之非義也而何達之天下而同敬耶由是觀之則人性之良可知矣學者苟能察識而擴充之仁義其可勝用哉

舜之居深山之中　章

問舜聞善言見善行若決江河沛然莫能禦其未有所聞見時氣象如何朱子曰湛然而已其理充塞具備一有所觸便沛然而不可禦○陳新安曰聖人之心至虛至明渾然之中萬理畢具此係其感而應之用而推原其未感未應之體如此○蒙引不曰無以異於深山之野人而曰其所以異於深山之野人者幾希蓋舜雖與木石居與鹿豕遊終是與深山之野人自有不同處故着幾希二字此何大意是說他無以大異於衆人下文以及其二字轉過方說他有以大異於人處○決江河謂江河之決也非人決之○不是聞而急聽之見而急行之總是所聞所見都是他胸中物事故其應之速如此是狀其勢之順也○聞一善言便惕然了悟其所言之理見一善行便釋然融解其所行之善此是

若決江河處其應甚速不必說見諸行事應字對感字說彼感而我應如此其速而見諸行事意亦在其中矣看無所不通字方知只是據一聯感應如孔子耳順聲入心通也○摘訓陳新安謂聞而急聽之見而急行之急聽之說太淺聞已是聽矣深山之中亦安得一一急行耶

無爲其所不爲　章

或問范氏之言如此可謂惻怛而懇至矣范曰君子所當爲者義也所不可爲者不義也所可欲者善也所不可欲者不善也不爲不義則所爲皆義不欲不善則所欲皆善

朱子曰人心至靈其所不當爲不當欲之事何嘗不知但初間自知了到計較利害却自以爲不妨便自昧爲之欲之耳今既知其所不當爲不當欲者便要就裏截斷斷然不爲不欲故曰如此而已矣○熊勿軒曰此大學誠意章事無爲其所不爲是就躬行上克治所謂志士厲行守之於爲也無欲其所不欲是就心之發念處克治所謂哲人知幾誠之於思也○胡雲峰曰有所不爲有

所不欲是本來羞惡之心無爲其所不爲無欲其所不欲是能擴充其羞惡之心爲是一身之動欲是一念之動不惟謹其動而且謹其動之幾是真能擴充其羞惡之心而義不可勝用矣○陳新安曰李氏之説上言禮義下獨言義者蓋以義制事則能不爲其所不當爲以禮制心則能不欲其所不當欲故兼以禮義言之然義者心之制也施之斷制義爲尤切斷然不爲其所不當爲不欲其所不當欲則在克其羞惡之心以達夫義之用而已○達説末句還作義之爲道盡矣方與註義不可勝用合蓋無爲其所不爲則一身之所爲皆義無欲其所不欲則一心之所念皆義合身心而一於義義至於如此不亦竭盡而無餘乎若作爲人之道只此便無餘事則仁智禮樂皆不必事乎況註又極明白細玩自見

人之有德慧術知者　章

朱子曰德慧純粹術知聰明須有朴實工夫方磨得出○存疑在心之理謂之

德慧聰也德慧者其德之聰有以灼事幾於未然處事之方謂之術智巧也術智者其術之巧有以善事理之當然○蒙引德字廣慧特其一端術字亦廣德之慧明無不照也術之智處無不宜也○德慧術智同是達意此下舉孤臣孽子以證其實

達說獨字重看蓋疢疾非一端獨此爲重而易見故言獨字○存疑操心危者戰兢恐懼常恐其身之陷於禍患也慮患深者思患預防使禍患無自而生也操心未有事慮患則有事操心是恐懼意慮患是修省意○蒙引操心慮患有内外意操心危則專一而不敢肆慮患深則精審而不敢忽故於事能達若安處順境者其心多漫然與人情世故不甚相入而能有德慧術智者鮮矣○孤臣如漢賈誼出爲長沙王傅而所學益進世故益熟孽子如晉文公爲公子在外十九年險阻艱難備嘗之矣民之情僞盡知之矣故歸而遂霸諸侯○陳新安曰此章與舜發畎畝章互相發

有事君人者　章

或問程子至矣。明道曰天民者能盡天民之道者也，踐形者是也，如伊尹可當之矣。民之名則似不得位者，必達可行於天下而后行之者也。大人者則如乾之九二利見大人天下文明者也。天民大人亦係乎時與不時耳。　然於天民之名亦少有未盡處，其曰天民大人亦係乎時與不時者，蓋天民專指潛隱未得位者，大人則其德已著。如乾之二五通上下而言之也。呂氏論天民之異者得之，其第二說與楊尹說亦皆善也。呂曰如伊尹乃得天民之稱。孟子所謂天民之窮而無告，伊尹所謂予天民之先覺，此謂天生之民，與此義皆異。又曰為政以德，自治之道備，則不求於民而民歸之，故大人之政，正己而已。楊曰物正物自正也。大人只知正己而已，若物之正何可必乎。惟能正己物自然正，此乃篤恭而天下平之意。尹曰所過者化，所存者神，大人其能之矣。反伊川說曰然則此其不言聖人何也。曰大人蓋亦通言之矣，如乾之大人，豈必以為充實光輝而未化者耶。

輔慶源曰阿狥為容，謂長君之惡以求容其身者。逢迎為悅，謂逢君之惡以求君之悅者。○蒙引有事君人者下一句便言事君人之為人下放此○容與悅雖在君，而其為容與悅者則在臣。言其務為容悅，不復顧道理也。所謂事君無義者。○存疑專爲取容悅也。要看爲字，是專務之意。
輔慶源曰此卽所謂天理人欲同行而異情也。其眷眷不忘雖同，而其情則異。一則務爲容悅之私，一則務安社稷以爲忠也。○蒙引爲悅正承上句爲容悅字。事君者其發謀造慮千方百計，只要其君悅。安社稷者其發謀造慮千方百計，只要社稷安。不必說安社稷去爲悅，亦不必說自家心中以此爲悅。○存疑蓋大臣之所務者猶小人之所務。事君人專務爲容悅，社稷臣則把安社稷當容悅，言其以安社稷一事，來做小人容悅一事也。
陳新安曰伊耕莘呂釣渭之時，可當天民之名，使不遇湯武則沒世不出必矣。此主其不輕出而言，非以伊呂等後來出當大任而言也。
輔慶源曰上謂君下謂民。大人德盛，故君民無不化。○胡雲峰曰孟子所言四者雖人品不同，然皆在下而爲臣者也。○張南軒曰以事是君爲容悅者貪爵祿而從君者也。以安社稷爲悅，則志存乎功業者也。與爲容悅者固有間矣。然未及乎道義也。蓋志存功業，則苟可就其功業而遂其志，則亦所欲爲矣。古之人惟守道明義而已。雖有蓋世之功業在前可爲，而在我者有一毫未安，則不敢徇也。天民者，必明見夫達而其道可行於天下而後行之。蓋其所主在道，而非必於行也。謂之天民者，言能全夫天理者也。天之生民者，其理無不具，而人（此民字少差。）之虧欠者多矣。故程子謂天民爲能踐形者也。以其在下而未達，故謂之民。若伊尹之在莘野是也。正己而物正之者，正己而物自正也。若規規然有意於正物，則其道狹矣。至正而天下之感無不通焉，固有不言而信、不令而從者矣。秦漢而下，其間號爲賢臣者，不過極於以安社稷爲悅而已。語夫天民事業則鮮也。○輔慶源曰：猶有意，如程子所謂伊尹雖聖人，終是有任底意思在是也。大人則聖人矣。如周公、孔子方能當之。周公在上而能使天下文明者也。孔子在下而能使萬世文明者也。至公無私，進退以道。周公之無意無必也。仕止久速，無可不可，孔子之無意無必也。

君子有三樂　章

張南軒曰君子之樂樂其天也。於下文三者得其樂。則視王天下之事如太虛
中浮雲耳。果何與於我。而況其他哉。○存疑王天下只是有天下。不是王道之
成。若是王道之成。則仰不愧。俯不怍。固其所。必有其道大行。無一夫不被其澤。
其樂尤不讓夫英才樂育也。
存疑父母俱存兄弟無故則天倫無虧。人生之至願得矣。故曰一樂。蒙引以孝
悌人說恐未是。○蒙引無故亦多端。或夭死。或患難。或相違。或不良。或不協。皆
其故也。
陳新安曰本文無克己之意。此程子推原所以能不愧不怍之由。而示人以其
要也。人所以俯仰愧怍。累於己私耳。克去己私。則內不愧於心。所以仰不愧於
天。俯不怍於人。心廣體胖之樂。不期其然而然矣。
蒙引英才謂才之英者。以資質言。故註曰明睿之才。若兼有學力。則教育字不

見分曉○以所樂乎己者教而養之謂教之以克己工夫而欲至此樂之境也○教與養不同既教之又養之俟其成也○孔子有教無類而孟子必欲得天下英才而教育之蓋有教無類者聖人欲人同歸於善之心而所賴以廣斯道之傳者則非英才莫之敢望也孔子初心亦欲得中行而與之其不可得故思其次而孟子之道竟不得其傳則樂得英才之願亦乖矣凡此三樂皆極人間之至難者○一樂重於二樂二樂重於三樂蓋一樂爲親二樂爲己三樂爲人存疑以竊負而逃終身訢然樂而忘天下觀之則父母俱存之可樂而王天下不與存也信矣○非其義也非其道也祿之以天下不顧祇爲有愧耳夫苟有愧都不啻夫天下則俯仰無愧王天下之不足樂也可見矣○自三代聖王之外王天下者代相接也今皆安在而孔孟之教澤至今未泯信乎英才教育之可樂而王天下不足以易此也○達說此節中言上三節則有所指與上節不同林註却可繳用以補孟子未盡之意所以勉人也

廣土衆民　章

或問程子至矣〔見註〕楊氏以仁義禮智根於心爲本來如此者亦曰其所禀者然耳

蓋孟子所謂所性循性之之云也

蒙引廣土衆民廣字衆字重看故註云澤可遠施此以國言也對下文天下言○君子欲之非爲一己之欲也欲其澤之遠施有以濟乎人也非如常人之欲富貴耳○存疑君子欲之者其道可行君子之志也所樂不存者其施有限而道未大行也

蒙引中天下而立猶云宅中圖治不必謂天下四方而我都居其中央也堯都平陽在天下之北周都豐鎬在天下之西然皆爲四方之極便見中天下而立也定四海之民謂之四海者地外皆海也舉四海極地所載而言也故曰四海之内○中天下而立則非特廣土而已定四海之民則非特衆民而已君子樂之者樂其道之大行而無一夫之不被其澤也欲字狹而淺樂字廣而深○集

說定者安定之意凡教之養之使歸之於治化便是然定字意不甚重只重天下四海等字

朱子曰此是說生來承受之性君子所性只是這一箇道理雖達而爲堯舜在上亦不見加添些子若窮而爲孔孟在下亦不是減少些子蓋這一箇道理合下都定了更添減不得（大行即上註所云其道大行也只須所樂說不必言所欲）○趙註大行是行之於天下○存疑分定要看得明白（若窮居則并所欲亦不得矣）曰分者分也其所分者即其分也天以理全賦於人而人全受於己便是其合（講全體分量看）得之分也○其繼善成性之時固已定矣惟其分定所以大行不加窮居不損

○說約此節言所性一不存之故下乃正言所性又不加不損之故也

朱子曰仁義禮智根於心便見得四端著在心上相離不得纔有些子私意便（物欲之蔽）刻斷了那根便無生意譬如木根著在土上方會生其色也睟然便從那根上發出來且性字從心見得有這心便有許多物在其中○上說君子是通聖人（玩許）（意似是無物欲本氣稟清明來是性之意集說通節俱以所得於大者言）言蓋君子氣稟清明無物欲之累故合下生時這箇根便著土所以生色形見

於外○衆人則合下生時便爲氣稟物欲一重隔了○這箇根便未著土○但其中有發
忍底心○便沒了仁之根○有頑鈍底心○便沒了義之根○有忿狠底心○便沒了禮之
根○有黑暗底心○便沒了智之根○都各有一重隔了○而今人只要去其氣質物欲
之隔○教四者之根着土而已○如堯舜性之○便是根已着土了○湯武反之○便是元
來未曾着土○而今方移得來着土了○○四體不言而喻是四體不待命令而自
如此○如手容恭○不待自家教他恭○而手容自然恭○足容重○不待自家教他重○而
足容自然重○○達說根字○無工夫○○蒙引此以君子言也○故註云蓋氣稟清明
無物欲之累則云 云若常人雖同具此性於心○謂之根於心則未也○根有植立
堅固之意○其性實爲已有也○故其生於色也睟面盎背施於四體而自喩皆仁
義禮智之流行呈露也○蓋有諸中必形諸外○理勢然也○故孟子兼言之○皆爲性
之所蘊也○○所性之蘊蘊字對分字說○分自外而包裹上說蘊以其中之實物
專說○蘊猶實也○○大註其積之盛一句只在本文根字內抽出○其曰則發而著

見於外者不待言而無一不順者通該睟面盎背本文生色二字通貫下三句○陳新安曰當玩味根字生字其根深則其積盛其積盛則其生發自不可遏矣註語有○存疑根字最重草木有根方能生枝幹仁義禮智根於心方能生色氣稟不爲之拘物欲不爲之蔽則是根栽培深厚不致殘傷而暢茂條達其生自不可遏矣輕重此便平說○豐厚寬大而厚重也盎溢從容有餘裕也○蒙引註四體謂動作威儀之間蓋人之動作威儀全在手足上故言四體其曰不言者只言其動作周旋自然中禮不待著意使然而自然耳○本文不言而喻專帶四體集註則云發而著見於外者不待言而無不順也通帶其生色也以下亦用其意而不泥其字也○君子所性者如此大行何加窮居何損以此見孟子當時雖曰不得以遂其行道濟時汲汲之本心然所性自存亦何爲不豫哉

伯夷辟紂　章

存疑天下有善養老者則仁人以爲已歸是承文王來而泛論爲道理如此謂

故文王說固不是謂說明當時之君亦非也○摘訓能善養老如文王明天下自有仁人如伯夷太公者而亦盡歸乎來矣○集說仁人只主有德之人說歸只是就其養不必深求此章之意是說養老爲爲政之切務只看仁人以爲已歸何等關繫

蒙引此一條且謾說出文王養老字出只說文王治岐之政如此下文方承此言文王之政如此自有以養其老者而不待於家賜人益也○衣帛無失肉皆言老者也少者不與也無饑獨八口之家老者固在其中然於此可見聖人之政少壯者只要得無饑其中老者却要他溫飽政中之教也

達說所謂西伯善養老言伯夷太公所謂西伯善養老者謂字屬伯夷太公此之謂也言此善養老之謂也與所謂字還相應淺說云文王之民無凍餒之老者正惟制田里教樹畜使養其老之謂也似與首句所謂不相應○直解如百畝之田五畝之宅此田里之定制也文王但爲民區畫之而已蠶桑雞豚此樹

畜之常事也文王但教民學樹之而已以少事長以卑承尊家庭之常禮也文王但導其妻子使各修其養老之職而已夫養老而使家家得備其物人人都盡其情則老者豈有不得其所者乎○集說導其妻子乃是有條約規矩教民如此妻即上蠶之之匹婦子對老者而言即上匹夫耕之非匹夫之子也使養其老便令之衣帛無失肉而已○通解因天下之利教天下之民率天下之民養天下之老愛溥而無私恵周而不費此養老之政所以為善而伯夷太公皆以之為歸也使人為之養則恩易窮而日亦不足矣豈得謂之善政也哉有志於行仁政者不可不儀型文王矣○蒙引言文王之所以善養老者只是如此豈必家賜而人益之哉明其易行也何諸侯之皆莫之行也此孟子發論之意想當時人君不能養老而疑其有迂闊處故孟子云云明其無難行也○輔慶源曰若無孟子此說則人將謂文王之養老只如後世尊養三老五更之禮文而已

四書鈔下孟卷四

歷亭秘丕笈仲負纂輯

或問范氏極陳堯舜三代養民之法而歸之欲治天下先治其心者可謂至當之言矣

易其田疇　一章

范氏曰先王養天下之民非人人衣食之也唯不奪農時則皆得治其田疇恭（首本上人○使字方着○）儉節用則可以薄其稅斂此二者使富足之道也

孟解民不能無食苟食不以時則財耗於口腹之欲矣於是制爲法令凡民間所以資生者不特蕃殖有節而已也如魚不盈尺不設網罟果實不熟不輕采取之類一切凡食以糜財者皆在所必禁焉民不能無用苟用不以禮則財耗於不經之費矣於是定爲章程凡民間所以制用者不特尊卑有等而已也如

非養老不得用牲，非賓祭不得烹宰之類，一切濫用以糜財者皆在所必省焉。

蒙引此條舉人之易見者而論之。○至足之上當貼入以其二字，即大註謂多故也。○使有菽粟上兩條是也，使之一字正是易田疇薄稅歛食以時用以禮。○有疑新安、蒙引俱以仁爲推己之有餘濟人之不足，蓋緣上昏暮叩人之門戶求水火無不足說來，依愚見只是有恒産有恒心意。依註自確○達說仁字只就有恒心看，所該自廣。○朱鄱陽曰此章明王者富民之效。

孔子登東山　一章

或問程子至矣　伊川曰登山難爲言，以言聖人之道大。又曰日月之明有本，故凡容光必照，君子之道有本，無不及也。此章雜取衆理錯比成文，以明難明之理，猶詩之有比興也，學者反復而詳玩之，則可以默識於言意之表矣。

朱子曰此一章如詩之有比興，比者但比之以他物而不說其事如何，興則引物以發其意而終說破其事也，如孔子登東山而小魯至遊於聖人之門者難此是以上三句起下一句遊聖門

爲言此興也觀水有術必觀其瀾至容光必照焉此比也流水之爲物也至不
成章不達此又是興也○達說不必以孔子二字作一句讀二登字俱連帶孔
子說○存疑問孔子果嘗登東山泰山乎曰此亦託言爾未必是眞登舊作譬
喻說亦不是分明是說孔子登東山便小魯登太山便小天下○愚按登東山
二句頗重下句以太山比東山則又高矣故云此言所處益高則其視下益小
諸解只云在一國則小一國在天下則小天下兩句平說只說了箇所處高而
視下小少了註中兩益字語意○又二句只是假借形容說故可用登東山登
泰山兩層意若實在聖道上看則孔子地位峻絕只可說得處聖人之地下視
賢人君子小一層說不得處賢人之地下視一才一德之士小一層存疑說太
泥○達說此以孔子本身所處上言其大下又以人之觀聖道者言其大故加
一故字○摘訓故字承上非兩平意惟其視下益小則人皆見其大而小者不
足觀矣○水乃江河之巨流言亦賢人之格論不可小看了○愚按遊聖人之
言亦明道之言

門者聖道之大見以大其所見所見既大而困以其見見天下之言則皆其小者不足觀也此是說見聖道之大難為言不是說聞聖人之言難為言也○呂晚村曰此節總只言聖人之道大以起下學聖之法與中庸大哉聖人之道三節相似○

摘說觀水觀其源也然源不可得而見故觀其瀾觀瀾便是術○存疑瀾是水之湍急處湍波流縈廻之貌急猛急也水從源頭滚滚遠洪大方能起波瀾方猛急若其源淺又小決無波瀾故觀水之瀾則知其源頭滚遠洪大如江淮河漢可見○蒙引則知其源之有本謂知其源之為有本也非源自源而本自本也

日月有明容光必照焉謂日月惟其有明故於容光之隙無不照也此句分明露出箇本上句只含蓄說○源即水之本也明則日月之本也故日明者光之體光者明之用其旨自有在也蓋本是通用字曰源者專就水言曰明者專就日月言非謂源與明之外又有所謂本也○瀾處正是大其源即是本必照處

正是大其明節是本○聖人之道大只是涵應曲當而已矣聖道之有本只是一理渾然而已矣○存疑經綸天下之大經三句聖道之大也天下至誠則其本也○陳新安曰二者皆是於其用處知其本承上文以比聖道之所以大者以其有本也○集説觀字貫日月係聖道大而有本非徒贊揚聖人之有本要人知聖道之大人之所未易及者非渺茫恍惚懸空無據之理以起下節學者以漸而至之意

輔慶源曰聖道之大固有其本矣然自學者言之則又豈能一蹴而遽至哉故又以水必盈科而後行君子之志於道必成章而後達者曉之以見學者當務實而有漸不可躐等陵節懸空妄想而卒歸於無所得○如自有諸己之謂信至於大而化之之謂聖自志學至於從心不踰矩其間次第皆見足於此而通於彼須實體之方知其味非妄想虛空者所能測識也○朱子曰人之爲學須是務實乃能有進若這裏工夫欠了分毫定是要透過那裏不得○存疑成章

註雖辭所積者厚而文章外見要○亦隨地○位○而○言爾○與論語斐然成章一般○如由善信而至美大聖神○節○節都○有○箇成○章○如善便成個善○信便成個信○美便成箇美○大便成個大○這便是成章○如此說○方與○盈○科○後進○相○似○道理○亦○是如○此○蒙引以中庸形著明來說似未是○何也○以形著明爲成章○是暢於四支○發於事業○乃克實光輝之大事○下學逐節工夫都忽略了○故未是○蒙引說以漸極費力恭由認形著明做成章○難○得以○漸意○思○出○故費○力○爾○依愚說但○見○足於○此○而通○於彼○與○盈○科○後○進○一般○不○得○說○以○漸○就○在○其○中○矣○朱子註孝頁簡是孝之說有碍此是說論語斐然成章誤修在此必如其說則孝未成章者不成都不做弟故曰有碍○達說志於道道字就大而有本上形容○集說聖人之道由本而至流○君子之學當因流以遡本○摘訓成章乃○致○知○力○行○之○事○方○是○下○學○蒙引便以所積者厚基於心之誠爲有本誤矣○

鷄鳴而起一章

呂氏曰天下之言善者必稱舜舜者善之至也天下之言利者

或問諸說皆善稱跖跖者不善之至也聚黨數千橫行天下以不義謂之盜跖蹠所以爲盜者何也貪利而已雞鳴而起孳孳爲善惟日不足舜之徒黨也雞鳴而起孳孳爲利亦惟日不足者跖之徒黨也與舜爲徒則入於舜與跖爲徒則入於跖人皆可以爲舜亦可以爲跖唯在利與善而已故曰欲知舜與跖之分無他利與善之閒也孟子曰道二仁與不仁而已矣天下之道唯善與惡惟義與利好善則終於爲舜好利則終於爲跖君子小人各趨一塗是故君子憂其不如舜而程子（見註）未接物時之論尤能發明言外之意學者所當深念也然程子又嘗言不獨財利之利凡有利心便不可如作一事須尋自家穩便處皆利心也如此則善利之閒相去毫髮苟辨之不明其不反以利爲善者鮮矣此大學之道所以雖以誠意正心爲重而必以格物致知爲先也

雞鳴而起只是早起無他端說

摘訓自雞鳴時便起而孳孳盡一日而言之非只謂雞鳴時孳孳也孳孳是就行事上說若止念慮則何待雞鳴又何消起

蒙引同一孳孳也孳孳於善則爲舜一邊人孳孳於利則爲蹠一邊人如此說閒字意思亦自明白此章教人擇術

蒙引利與善之間也此利與善字不必說太精微只是明白相反者爲善者從天理上做爲利者從人欲上做楊氏之意以爲爲善者若有爲而爲之亦利也此又是深一節意○愚按承上文不云舜之徒與蹠之徒之分乃云舜與蹠之分者蓋舜之徒蹠之徒自其現前而言舜與蹠自其究極而言也○存疑自其善而克之至無一之不善則爲舜矣自其利而克之至無一之不利則爲蹠矣故舜與蹠之相去善惡雖甚懸絕原其所以分只在利善之間無甚差遠其始也只毫釐之差其終也乃千里之謬可見人當於其間圖之毋使至差謬之遠也（末節道已盡上二節內特點出個字發人深）（□緊要在一知字）○間字要看得明白朱子曰二者相並在這裏一條路做這邊去一條路做那邊去所以謂之間愚謂利善二者相並在這裏一邊是善一邊是利當其中乃是間二者雖分乃是初分處故相去未遠只爭毫末如此看庶幾明白○朱子曰利與善之間不是冷水便是熱湯無那中間溫吞煖處也○蒙引孟子示人以取舍之幾如此

楊子取爲我　一章

或問程子張子至矣謝楊之說亦善見証謝曰君子而時中無往而不中也中無定體須是權以取之執中無權猶執一也今人以變詐爲權便不壞了權字楊曰聖人所謂權者猶權衡之權量輕重而取中也用之無銖兩之差則物得其平矣今夫物有本重而末輕者執其中而不知權則物失其平呂氏借平楊墨徹不知此非所以用中也

呂氏謂雖爲我而與天下同其利雖兼愛而立愛自親始則其文義不可曉夫既專於爲我則安能與天下同利能與天下同利則不得爲爲我矣既兼愛則安能立愛自親始能立愛自親始則亦不得爲兼愛矣兩者相攻如水火之不相入乃欲兩取而兼存之耶

朱子曰楊朱乃老子弟子其學專爲己列子云伯成子高拔一毛而利天下不爲其言曰一毛安能利天下使人人不拔一毛不利天下則天下自治矣問老子似不與楊朱同曰老子窺見天下之事却討便宜置身於安閑之地云清淨自治豈不是與朱同

蒙引拔毛摩頂俱是假借辭○拔一毛而利天下不爲總是言凡可以利天下者

皆不爲也摩頂放踵利天下爲之總是言苟可以利天下者皆無不爲也○摩是以他物來突觸之自頂至踵將一身盡摩也

朱子曰子莫見楊墨皆偏在一處要就二者之中而執之正是安排尋討也原其意思固好只是見得不分明依舊不是且如三過其門而不入在禹稷之時則可在顏子則不可居陋巷在顏子之時則是中在禹稷之時則非中矣居陋巷則似楊氏三過其門而不入則似墨氏要之禹稷似兼愛而非兼愛顏子似爲我而非爲我○三聖相授允執厥中與子莫執中文同而意異蓋精一之餘無適非中其曰允執則非徒然執之也子莫之執中其爲我不敢爲楊朱之深其兼愛不敢爲墨翟之過而於二者之中執其一節以爲中耳故由三聖以爲中則其中活由子莫以爲中則其中死中之活者隨時隨事而無不中中之死者非學聖人之學不能有以權之而常適於中也權者權衡之權言其可以稱物之輕重而遊移前卻以適其中蓋所以節量仁義之輕重而時措之者也程

子謂子莫執中比楊墨爲近而中則不可執也當知子莫之執中與舜禹湯之執中不同。則知此說矣。蓋聖人義精仁熟。非有意於執中。而自然無過不及。故有執中之名。而實未嘗有所執也。以其無時不中。故又曰時中。若學未至理未明。而徒欲求夫所謂中者而執之。則所謂中者果何形狀而可執也。殆見愈執而愈失矣。子莫是也。既不識中。乃慕夫時中者。而欲隨時以爲中。吾恐其失之彌遠。未必不流而爲小人之無忌憚也。中庸但言擇善而不言擇中。其曰擇乎中庸。亦必繼之曰得一善。豈不以善端可求。而中體難識乎。夫惟明善則中可得而識矣。○存疑。若此章書當分別楊墨是如何。子莫是如何。聖賢是如何。楊子則一於爲我。不復爲人。墨子則一於爲人。不復爲我。皆偏於一。子莫則也欲爲己。也欲爲人。兩邊都護。雖不偏於一。然却死殺。聖賢則當爲我而爲我。當爲人而爲人。彼此迭用。初不偏於一也。譬之裘葛。楊子則專於穿裘。墨子則專於穿葛。子莫則裘葛並穿。聖賢則夏穿葛。冬穿裘者也。○達說。此執一。指楊墨言。

下執一兼三子言無異也

蒙引爲我似義非義而有害於仁若是眞義則何害於仁兼愛似仁非仁而有害於義若是眞仁則何害於義○存疑爲我則失於爲人故害仁兼愛則失於爲我故害義此且就其害之顯然者言若爲我害義兼愛害仁又其中之細者且未之及耳○蒙引百者多辭言所執者寡而所失者多百字對一而生也蓋道無定體隨時隨事其頭面最多若只就其一則其餘皆廢矣○直解舉一爲我而仁之百端盡廢矣舉一兼愛而義之百端盡廢矣舉一執中而時中之百端盡廢矣害道孰大於是此其所以爲可惡也○胡雲峰曰吾儒亦有所謂中所謂一但吾儒之中也隨時以取中異端之中也執中而無權吾儒之一也一以貫萬異端之一也一而廢百○集說玩註一皆字三子俱在內不必於中低昂說二子兩害而子莫更害之也通章只平平三項說莫覔了楊墨（是廢百意）（故是）

饑者甘食　一章

蒙引甘字不好是不暇擇也○問飲食正味如何曰此只淺說如魚餒肉敗不得其醬而食便是不暇擇而失其正味也○集說人心亦皆有害自是另說不必粘饑渴字皆字却對口腹說猶云何但口腹之爲饑渴害者如此若人心爲貧賤所迫於不義之富貴亦不暇擇而失其正理是亦皆有害也就爲所害者之人言不是一定亦皆有害○朱子曰饑渴害其知味之性則飲食雖不甘亦以爲甘利欲害其仁義之性則所爲雖不可亦以爲可○陳新安曰口腹因饑渴而失其正味人易知之人心因貧賤而失其正理人多未知也孟子因舉人之易知者以曉人之未知者

集說以貧賤之故而動其心正說害字意人皆有羞惡之心也說箇非義之富貴亦自知不是道理但爲貧賤所迫此中不能不動念處此正貧賤之爲心害處也○達說饑渴之害就指實貧賤說蓋此乃借饑渴以言貧賤大意與然則子之失伍也亦多矣一例也不及人人字指聖賢言蓋過人達人字又指衆人言

此過人遠就今日所造言惟其過衆人便可及聖賢也此就聖賢能安貧賤者言○集說不及人不爲憂言何患其不及人哉是自我許之之辭

柳下惠一章

或問柳下惠不辭小官楊氏旣以爲和又以爲介何也曰柳下惠不以三公易其介此與聖人之和互相發耶乃所以爲和耶楊曰若觀其和疑若不介故此特言之曰何以知其介曰其不卑小官之意便自可見如柳下惠之不以爲大官何所不可而樂於小官則其剛介可知矣曰不辭小官和而介也人知其爲和而不知其爲介焉楊氏之說爲有功矣

輔慶源曰介有分辨意則與界限之界同凡事各有界限其分明不可踰越○汪氏曰伯夷餓於首陽伊尹祿以天下不顧皆能不以三公易其介獨稱柳下惠何也以惠之和嫌於不介故也○胡雲峰曰人皆知夷齊之淸而不知夷齊之淸而有量人皆知柳下惠之和而不知惠之和而不流孔孟之言皆闡幽之意也徵顯是帶過說○存疑柳下惠進不隱賢必以其道遺佚而不怨阨窮而

不憫直道事人至於三黜是其介也若利三公之位喪其平生枉己狥人隱賢不以其道是以三公易矣而下惠也使枉己而得三公之位有寧甘貧賤而不受者是不以三公易其介也○集說若為三公把介處稍貶便是換得他底一般惠必不然也集註進不隱賢云云亦不是取証閑說孟子說他不以三公易其介正從這裏看出

有為者　一章

胡雲峰曰當與論語譬如為山一章通看學問垂成而不至於成者可為戒矣（達說云最為學為己進德看覺頓緩）○朱公遷曰此勉人進學之辭為學而未至者言之○說約首句掘井宜一頓必要及泉已在其裏下反言之○達說九仞當玩蓋至九仞而不及泉猶為棄井也

堯舜性之也　一章

或問諸說皆善　伊川曰身之是身踐履之也假之者身不行而假借之也楊曰
堯舜性之由之而行者也湯武身之體之者也五霸則假之而

已非己有也如管仲伐楚以包茅不入爲辭所謂假之也初非有勤王之誠心也

朱子曰性之是合下如此身之是做到那田地○問性善之性與堯舜性之之性如何曰性善之性字實性之之性字虛性之只是合下稟得合下便得來受用又曰反之是先失著了反之而後得身之是把來身上做起○性是自然有底身是從身上做得來底湯武固皆身之但細觀其書湯身之之功恐更精密湯有慚德如武王恐未必有此意○聖人之心不曾有箇起頭處堯舜性之合下便恁地去初無箇頭到湯武反之早是有頭了但其起處甚微五伯則甚大○問假之之事如責楚包茅不貢與夫初命三命之類否曰他從頭都是無一事不是如齊桓公尙自白直恁地假將去至晉文公做了千般蹺蹊所以夫子有正譎之論○如興滅繼絶誅殘禁暴懷諸侯而尊周室百般好事他都做只是無惻怛之誠心他本欲他事之行又恰有這題目入得故不得不舉行○存疑三之字指道性是渾成底物身便能作爲故取以立言性身本是死字此却

做浩字用。言堯舜性乎此道。蓋道出於性。賦性合下便有此道也。湯武身乎此道。蓋道出於身。以身行之而後得也。五伯非性非身。但假借這道來自文也。○蒙引原五霸性分元自有眞仁義乃置眞者不用而外尋箇假者以自文可嘆也

存疑假人之物必歸於人。歸人則已不復用矣。假仁義而不已。終身用之。便是不歸於人也。○假之非眞有也。久假不歸。便自以爲眞有。不知其非眞有也。此句是嘆辭。○朱子曰惡知二字爲五霸設。如云五霸自不知也。五霸久假而不歸。安知其亦非已有也。○集說惡知其非有。說得痛快。蓋霸者初間去假。亦或自知其非眞有。如我要人尊周室。我眞心未必是尊周室。我要人行好事。我眞心未必是行好事。亦自明白。及至行之既久。便說周室亦只是這樣尊。好事亦只是這樣行罷了。把終日外面安排打點。便當作自己躬行實踐工夫。並不知是原非我之所眞有矣。輔慶源曰其初不過以之欺人。而其終遂至以之自欺。

愚以爲其初還是自欺而其終則自欺而不覺○胡雲峰曰性之者自然而然身之者當然而然假之者似然而實不然自然者所性而有當然者能復其有似然者不自知其非眞有

伊尹曰 一章

或問程子之說曲折詳盡其處義精矣伊川曰伊尹受湯委寄必期天下安治而已太甲如終不惠可廢也孟子言貴戚之卿與此同然則始何不擇賢盖外丙二歲仲壬四歲惟太甲長耳使太甲有下愚之質初不立也苟無三人必擇於宗室宗室無人必擇於湯之近戚近戚無人必擇於天下之賢者而與之伊尹不自爲也劉備託孔明以嗣子不可使自爲之非權數之言其利害昭然也立者非其人則劉氏必爲曹氏屠戮使孔明爲之也霍光廢昌邑不待放知其下愚不移也始之不擇則光之罪大矣若尹與光是太甲昌邑所用之臣不受先王之委寄而諫不用則去之可也放廢之事不可爲也義理自昭然楊氏以伊尹惟知有忠者亦爲得之楊曰伊尹所以事君更無同互唯知忠而已所以能爲放太甲之事然如此而天下不疑者誠意素著故也然孟子但論在我者有是心則伊尹之事可爲一有毫髮之僞雜乎其間則不免爲篡賊耳不以素行之著不著天下之疑不疑爲可否也其曰中道者則善楊曰伊尹之事自後世觀之以爲過其實而所謂中道

直解伊尹嘗說我於嗣王有師保之責今嗣王不順義理我誠不忍習見其所爲之事而漫然不加救正也○達說此節重一放字次節只承放字而問也○民大悅始悅其正君之非終悅其成君之德

達說賢者與不賢俱泛言勿指伊尹太甲言

存疑伊尹之志在國家生靈無纖毫專權自利之意故曰公天下以爲心而無一毫之私○蔡覺軒曰孟子此兩語不惟見伊尹之心如青天白日而百世之下姦臣亂賊亦無所逃其罪矣味則可之辭亦見處變權可之意而非正法也

詩曰不素餐兮　一章

蒙引君子之不耕而食爲孟子發言其不仕而食祿也孟子曰其君用之不是用之爲臣也言雖不在其位君但用其言則亦有其效矣○存疑蒙引曰其君用之與其子弟從之相對說謂上有功於君下有功於民最是小註作用不用未是○安者安其位無禍亂也尊者高居九五爲人所崇仰無敢慢也若周王

下堂見諸侯下勞晉侯於踐土失其尊矣榮與辱對以仁則榮不仁則辱來照看雖大國必畏之是榮也○集説從謂從其教孝弟忠信俱從教化而來孝弟指父兄言孝弟中雖亦有忠信然忠信二字又該得濶○蒙引凡人君之祿其臣無非以酬其功也孟子之在人國雖不顯任其君之事而實自有可酬之功公孫丑泥於法而不知究其法之所由立故孟子之論雖前此所未有而其理之所由來者尚矣豈徒飾强辨以益已愆哉

王子墊問曰　一章

直解上自公卿大夫下至農工商賈皆有當爲之事惟士居於其間既無官守又無生業不知何所事乎

朱子曰此志字與父在觀其志之志同未見於所行方見其所存也○摘訓尚志重在尚字上當與甲汙對看

蒙引王子墊明是以士爲無事故問曰士何事而孟子則以尚志爲答若將數一

無罪數句做今日實事則是士有事矣○若論士未得位曰豈無居仁由義乎但此章之意對所問而云然耳○存疑當窮居時雖有所居所由要皆草茅細故不足當士者之事也○非仁非義之事雖小不爲而所居所由無不在於仁義皆據後日言而志則如是也○居仁由義決然做後來出仕時說不然窮居時焉得有無罪可殺或曰殺人之事甚大乃謂雖小不爲何也曰居民上操生殺之柄誤殺一人亦小事也○摘訓兩非字及惡在是也字不是孟子斷語俱就爲士的心裏說言吾他日得位且莫說多有所誅戮只殺一無罪便非仁矣且莫說大有所貪求只非其有而取之便非義矣吾斷不爲也然則吾他日之居將安在乎仁是也吾他日之路將安在乎義是也○淺說心之所居何在仁是也[illegible]所由何在義是也或取或予吾欲使之得其宜而不甘於苟得也○摘訓末二句不可輕看正是孟子斷他那志之高尚處○輔慶源曰士雖未得位以行其道而其志則須高尚

路以身之所行言

方可志於仁義則高尚溺於利欲則卑汙○朱公遷曰仁存諸心義形諸事是仁爲體而義爲用也○張南軒曰居仁由義居則不違由則不他居仁則體立由義則用行大人之事亦不越此而已矣○陳新安曰此章因王子問士何所事對以士志乎仁義已備大人之事蓋志者事之本未爲者也事者志之用有爲者也志之所向素高則事之大本已立一旦得大人之位舉而措之耳何必待有事迹可見而後始謂之有所事哉

仲子不義與之齊國　一章

存疑不義與之齊國而弗受卽伊尹祿以天下弗顧繫馬千駟弗視亦非小事乃謂舍簞食豆羹之義者蓋對親戚君臣上下言則爲小節也○摘訓是舍簞食豆羹之義也此句還當截向上去下文正是發此句之義不受齊國義亦大矣而吾謂之舍簞食豆羹之義者豈齊國真如是之小哉蓋人之罪莫大於亡親戚君臣上下仲子避兄離母則亡親戚之倫矣不食君祿則亡君臣上下之

倫矣。以其小者信其大者奚可哉。可見其不義與之齊國而弗受，只是舍簞食豆羹之義矣。○逹說註大節虛看，勿指人倫。蓋時人但指小廉爲大節也。首尾二賢（信）字相應，皆是信其爲大節也。人皆仁之言人皆以此爲大節而信其賢。以其小者信其大者言以小廉信其爲大節而遂以爲賢。

桃應問曰　一章

或問楊氏之說詳矣。然桃應之問，孟子之荅，皆非以爲眞有是事也。蓋特相與極論聖賢之心，以爲臯陶知有法而不知有天子之父，舜知有父而不知有天下。各盡其道而不相悖焉耳。而楊氏以爲舜之於此，猶待於權其輕重而計其（楊云：執則不患乎無君也，故寧與其執之）不可以忘父也，則非所以論聖人之心矣。又謂與之執（以正天下之公義）以正法，則何以與於楚人之亡躬者。又謂既執而後竊負以逃焉，則臯陶之獄何以異於灞上棘門之軍哉。是皆以辭害意之過。是以徒爲紛紛而反病於理也。曰：然則楊氏入議之說如何？曰：是則然矣。而其說施於周世宗而不及於舜，何哉？（楊云：方守禮殺人，有司不能執之，而徒以聞，故世宗得而不）鄉使臯陶必執而

問也有如皐陶者執之而不釋則雖欲不問得乎哉
不釋舜必去而不留則朝廷公卿海内臣庶之心吾知其亦必出於此矣蓋法
非天降地出亦生於人情而已矣但皐陶必不爲此以私於舜舜亦不以此而
於皐陶此又不可不知耳楊氏後說以爲孟子只是論舜心者爲愈於前然爲
舜慮而不及乎皐陶則其說亦有所未周也尹氏之說雖約然極有味學者宜
潛玩之尹氏曰聖人之心至公至當而已大抵當知必有渾然天理而超然不累於物之心者焉
則天下無難處之事矣

直解舜爲天子云云註雖兼說而意則在皐陶故下文孟子只答以執之而已皐陶將如何以處之吾恐舜雖愛父不可以私恩害天下
之公皐陶雖執法不可以刑辟加天子之父情法兩難之間如何斯爲善處之
術也

朱子曰執之而已非洞見皐陶之心者不能言也此一章之義見聖賢所處無
所不用其極所謂止於至善者也

存疑夫有所受之者書曰天討有罪五刑五用法本於天制於聖人法官櫃傳

而世守之便是有所受也常說謂受於堯極拙謂總是國法便有所受亦鶻突

朱子曰某嘗問李先生以此事先生曰蒯聵父子只爲無此心所以爲法律所縛都轉動不得若舜之心則法律縛他不住終身訢然樂而忘天下求仁得仁何怨之有○孟子只是言聖賢之心耳聖賢之心合下是如此權制有未暇論然到極不得已處亦須變而通之蓋法者天下公共在皋陶亦只得執之而已若人心不許舜棄天下而去則便是天也皋陶亦安能違天法與理便即是人心底亦須是合下有如此底心方能爲是權制今人於事合下無如此底心其初便從權制去則不可○存疑此章問答是就各人所處上說都未及權變處是就天理極致處說都未粘着人情上其間委曲以合人情權變以從宜處都未及所以爲天理之極人倫之至蒙引所難乃是就人情權變上說不是精微極致道理亦非桃應所問之意依其說全無味了○此章只看朱註其意可知矣舜雖愛父而不可以私害公皋陶雖執法而不可以刑天子之父故設此問

蒙引云皋陶爲舜臣子乃至忍執舜之父而戮之於心安乎其勢至使舜竊負以逃於義得乎皋陶若斷然執之舜既不禁之亦安得而竊負以逃乎八議之法舜與皋陶獨不可以義起乎

以觀聖賢用心之極又曰爲士者但知有法而不知有天子之父之爲尊爲子者但知有父而不知天下之爲大其所用心莫非天理之極人倫之至其說最是最精學者只當看此不容致疑不容别議○汪氏曰孟子之對示後世爲人臣子之道而已以天子之父殺人且不可舍況其卑者乎以天下之大且可棄況其小者乎

孟子自范之齊　一章

蒙引孟子（氣象之氣）望見齊王之子其氣象有與人不類者喟然嘆曰居能移氣養能移（氣只是）體大哉居乎彼王子者偏非皆（孟字作皆字看）人子耶○摘訓夫非盡人子之與此何與王子宮室一意相連註中特以所居云云當用在其居使之然處此與雜縕袍折獄一例

蒙引宮通一家言室其宮之閫房也衣專指衣裳服通言冠履之類曰多與人同亦見終有不盡同處○夫人所居者宮室王子亦居宮室也人所乘者車馬

王子亦乘車馬也。人所服者衣服。王子宮室車馬衣服多與人同。而王子之氣體若彼者。蓋其所居地位是王者之家。因與人不同。而有以使然也。夫以勢分之居。尚能移人氣體如此。况居天下之廣居。其氣象不大與人異乎。○發嘆之意。全在况居天下之廣居上。惟先有此感。然後發此嘆。○張南軒曰。居天下之廣居。宅乎天理者也。宅之之久。則其氣質變化。有不期然而然者矣。夫聖賢相去雖有先後。而玩其氣象。如出一人者。以其所居之同故也。

○摘訓居之移氣與賤者異。居廣居者之移氣。則又與常人異矣。斷作親呼然下當字方

翁辭皆指齊君。曾往宋國。當暮夜之時。城門已閉。齊君親自呼於垤澤之門。守門者說吾君無境外之事。不曾出城。此呼門者非吾君也。何其聲音與我君相似也。○蒙引引魯君事為證。證王子也。然居廣居意亦自見於言外。○存疑此無他居相似。是孟子之言。此下當云以此觀之。則居之能移氣也可見。而居廣居者信乎能變化氣象矣。○問孟子先言居移氣養移體。後却只言居。朱子曰

有是居則有是養居公卿有公卿底奉養居貧賤有貧賤底奉養言居則養在其中

食而弗愛　一章

達說上二節泛以待賢言末節方指當時諸侯待賢言○國之所資者賢賢之所就者敬此固待賢者之所當知也彼人君之於賢者徒知祿養以食之而不知所以愛之是但有豢養之恩是謂豕交之也而非交君子之道也徒知用情以愛之而不知所以敬之則與養犬馬何異是謂獸畜之也而非養君子之道也○蒙引獸畜頗厚於豕交蓋豕交全不愛獸畜則愛矣但不敬耳○摘訓弗愛弗敬則爲豕交獸畜可見食貴於愛尤貴於敬愛敬二字不平然所謂恭敬者豈徒以其文而已哉恭敬者云云

存疑以幣之未將求看則恭敬是就幣帛上說蓋用幣帛以致恭敬也言國君行幣帛以恭敬賢者不是因這幣帛上而後有這恭敬原來幣帛未奉之時已

先有此恭敬矣○幣帛特以表其恭敬耳○

許東陽曰恭敬者之恭敬以發於心者言○恭敬而無實之恭敬以幣帛言○存疑恭敬者幣之未將○則恭敬有實矣○若特以幣交爲恭敬○幣帛未將之時原無恭敬○則恭敬無實矣○恭敬無實是豕交獸畜之也○君子豈可虛拘○虛字從無實字生○集說君子作一讀○其義自明○言君子是何等人○而可以是而虛相羈留之也○是爲無實者說○不是爲君子說○

形色天性也　一章

或問踐形之說曰人之生於天地之間也○莫不有形○其有是形也○莫不有色○而本其所得於天者○則是形是色莫不有所以然之故焉○莫不有所當然之則焉○是則所謂天性者也○然衆人梏於氣禀之偏○汨於習俗之蔽○而不能無人欲之私○是以視則不明○聽則不聰○貌則不恭○言則不從○蓋不能盡其形色本然之理○則雖有是形而無以踐其形也○惟聖人能盡其性○而無一毫人欲之私雜於其

間○是以視則極明○聽則極聰○貌則極恭○言則極從○蓋凡形色本然之理○無一不盡○既有是形而又可以踐其形焉○踐云者本有是物○而又能脩其實以副之○如踐言之踐也○

朱子曰有這形便自有這色○所以下文只說踐形○蓋色便在形裏面○色猶言容貌也○形是耳目口鼻之類○色如一顰一笑皆有至理○形字重○色字輕○形只是這形體○色如臨喪則有哀色○介胄則有不可犯之色之類○形色上便有天性○視便有視之理○聽便有聽之理○踐形是有這箇物事○脚實踏著不闕了他箇○有是形便有是理○盡得這箇理○便是踐得這箇形○耳目本有這箇聰明○若不盡其聰明○則闕便是闕了這箇形○不會踐得○人有形○形必有性○伊川云踐形是充人之形○盡性踐形只是一事○陳潛室曰聖人盡性地位○方償得他本來形色○學未至於聖人○則於性分道理未免虧欠○才於性分有虧欠○即是空具此形色○不能充踐滿足也○問孟子曰形色天性也○告子曰食色性也○二者之分如

何曰形色爲性是引氣入道理中來食色爲性是逐道理出形氣外去晉饒之
分○陳新安曰程子之說蓋自踐字推廣之衆人全不能踐者也賢人雖能踐
之而未盡者也聖人則極能踐之而無不盡者也如洪範五事則貌言視聽思兼思說
極於肅乂哲謀聖皆踐形之意也○蒙引形色天性本來都到十分地位人必興盡
克得到十分地位方是踐形方脩得那腔了○存疑踐形含箇盡性在内曰聖
人然後可以踐形是知人一箇形甚大未至於聖人亦云負此形矣

齊宣王欲短喪　一章

蒙引齊宣王欲短喪欲短三年之喪而爲期也○陳新安曰丑附其說謂三年
短而爲期猶勝於止而不爲者乎○集說欲短喪者方有此議亦尚未即短之
意當時必有止而不爲者故丑言如此然亦只背地評論非對齊王之言也
蒙引紾兄之臂以譬短喪子謂之姑徐徐以譬言爲期之猶愈於已亦教之以
孝弟以明三年之喪出於天理人情之不能已而決不可短者也○教之以孝

弟則彼當自知兄之不可戾是正意而喪之不可短數字乃附説也自紾兄者（本節正意）言只是弟然弟者必孝孝者必弟故并言之非以弟字屬兄之不可戾孝字屬喪之不可短○存疑短喪之意在言外孔子曰以下是就正意解（本章正意）

大全公子君之庶子也其母所生母也○蒙引按儀禮公子爲其母練冠麻衣縓（縓音詮紅黄色）縁既葬除之此便是終喪也疑當時此禮已廢之説爲是故曰是欲終之而不可得也若既葬而未忍即除則其情雖厚亦爲過制矣其傅之所請殆非既葬而未忍即除者乎請者亦冀得如既葬而除云耳○宣王是薄於其親之喪者王子是不忍薄其親之喪者夫父母之喪必三年此乃天理之自然人心之同然而不容少有異議者宣王自欲短之而王子特請加數月則自其一家之中推之已不能準而況於天下乎

存疑公孫丑以王子之事爲問意其傅之所請若是則已爲期之喪猶愈已之言未必非是欲即其傅之事以自解也不知王子之不終喪壓於嫡母欲爲而

不得者也。齊王之欲短喪，三年之喪初無所禁，得爲而不欲者也。欲爲而不得則爲之請行數月之喪者，爲是得爲而不欲則謂爲期之喪猶愈已者爲非，其事絶不同，安可以彼解此哉。

君子之所以教者五　一章

輔慶源曰：如時雨化，品之高者；成德達財，其次也；答問，下者也；私淑艾，有同時而相去或遠、不同時而其生也後、不能及門受業者也。○蒙引：下文時雨化、成德達財、答問、私淑艾，都主君子之教言。○集説：註蓋因二字不特訓五者，即言所以二字之說。

朱子曰：時雨化者，不先不後，適當其時而已。○他地位已到，因而發之，如孔子告顔淵以四勿，告曾子以一貫，所謂時雨化之者。○存疑：時雨化者，天資高，學力到，一點便化，如以四勿告顔淵，遂請事斯語；以一貫告曾子，遂應之曰唯是也。○集説：化字屬教者，雖彼自化，却是君子化之。

朱子曰成就其德德則天資純粹者通達其材材是天資明敏者○存疑德是心術近正底人仁義禮智得之有生之初者未喪雖未喪亦不能保其全也在孔門若伯牛閔子即其人也成德是涵育薰陶使之去其偏而歸於全去其疵纇而一於純美也○材是有技能底人適於治國治民之理而能有爲者也在孔門若子貢之能言語季路之有政事即其人也達是開導誘掖未就理者使之就理就理而未至其極者使至於極也○有德者未必無材於德爲優曰德自其所優言也有材者未必無德於材爲優曰材自其所優言也○材與德亦有次第只看冉閔由賜自見

金仁山曰隨問而答所以解惑也○張南軒曰成德達材答問固在其中而又有所謂答問者此則專爲凡答其來問者也○存疑答問亦是門人但於材德未必有只隨其所問而答之便是教澤之所及○輔慶源曰樊遲之粗鄙萬章之淺率孔孟皆必俟其問而後告教之是也

朱子曰艾芟草也　又淑艾皆有斬絶自新之意○懲艾創艾亦取諸此○私淑
艾者未嘗親見面授　或聞其風而師慕之或私竊傳其善言善行學之以
善於其身是亦君子之　也○摘訓善治其身不是以善道治其身乃善其
身○治其身也　有進修意所以長善也○艾有懲創意所以救失也○蒙引私淑
艾亦至○教都○而言○蓋其教澤所遺有以成就之也○凡道德足以師範後學者○皆
有私艾之澤○必併此言之○然後足以盡君子之教○或同時而相去也遠如孔
孟之於陳亢夷之或不同時而其生也後如孟子未得爲孔子徒也○金仁山
曰亢因子貢伯魚而聞夫子之道之因徐子而聞孟子之命此所謂遞相傳授
者也○孟子之私淑於人則又在雨化德成之間矣○達說末一教兼上四者皆
有○
集說此節正見君子曲成後學之大道及其潑心處○註云各因其材不特兩相
授受是因其材即其明道說理精粗高下無不有序使天下後世之學者各有

所依據以成其學亦是也故小以成小大以成大何有棄人乎

道則高矣　一章

蒙引道爲君子之道是君子所知所行者○達說君子之道直是峻絕如此其高絕粹至善如此其美○集說高以其仰不可及而言美字只在高中（登天只是說高）○摘訓日孳孳謂得以用功也丑意正是要孟子自貶以徇學者之不能

蒙引此二句是起君子引而不發云云　註言教人者皆有不可易之法皆字指大匠及羿君子教人正意却在下文蓋上是比况下是正言

蒙引承上羿不爲拙射變其彀率言君子教人但示以學之之法而不告以得之之妙（此說正義射者只帶一句便了）正如射者之引弓而不發矢然雖不告以得之之妙（要看註中其所）而其所不告之妙（參看者五字）已如踴躍而見於前矣是道也中道而立非難非易惟能者則從之其不能者君子且奈何哉亦不容自貶以徇其不能也見得學者當自勉也○君子引而不發大註曰但授以學之之法而不告以得之之妙小註曰雖啓其端而不

竟其說二說似不同蓋既授以學之之法則非只是啓其端而已如博文約禮三綱領八條目之教豈有但啓其端而不竟其說之理○存疑君子教人看道當知何知便教人如是去求知如博文格物致知是也看道當如何行便教人如是去求行如約禮誠意正心修身是也若夫眞實知得道道是如何眞實行得道道是如何此是得之之妙則不告之非不告也不可告也何也下學可以言傳上達必由心悟故不可告也然雖不告而其所以眞知得眞行得者已躍如而見於前矣何也但不用功則已如一用功則這箇道理便是吾所必得底亦固不遠也眞所謂躍如也○躍如只是說道理當時可得象似踊躍而出一般蓋有其事必有其功下學便可上達纔下致知工夫這道理就當爲吾知纔下力行工夫這道理就當爲吾行更不待幾時刻決定是如此更無走作故曰躍如朱子小註謂道理活潑潑地又謂妙處不容說看來都不是○達說引與躍只是一時事勿以躍如爲將來事○卽此躍如之妙乃天命人心之正當然不易

之理也以爲難則皆夫人之所能知能行者非難也以爲易則又非自私用智者之所能及亦非易也惟在夫善學者功深力到心領神會自得之於己也○蒙引得之之妙如曾子所得之一貫顔子所得之卓爾此誠所謂中道而立無過不及之所在固非可以易言然亦天理之當然而已故曰非難非易也能者從之如顔子有四勿之功曾子有力行之力則得之矣○此章總是言教有成法而其所以教有成法者以其道有定體也惟道有定體故教有成法卑不可抗高不可貶者道有定體也語不能顯默不能藏者教有成法也亦惟其卑不可抗高不可貶故語不能顯默不能藏○因道有定體故教有成法然所以教者又即是道之體也故有中道而立之云所得之妙在於此○愚按中道道字

（謂引而不發）（謂躍如）

章首道字相應丑曰道則高矣謂其過高也孟子曰中道明其非過高也或將中道解作中途欠通○宜解照上二句貼出中道意謂引而不發斯道若隱而難知而躍如之妙存焉則其理固顯而易見非難非易無過不及此解終不

如蒙引較穩

天下有道　一章

或問張子初說於文義盡之矣橫渠曰天下有道道隨身出天下無道身隨道屈其後一說則所以明雖天下之有道而不求身之必顯也范氏引守死善道得殉字之意矣其論人君用人之法亦甚善范曰人君用人不用其身惟用其道至謂以道殉人者雖得之無所用則尤切中於事理矣

存疑身出而道隨之故曰以道殉身道屈而身隨之故曰以身殉道○趙氏曰道之不可離也雖時有治亂已有窮達非道殉身即身殉道以死相從豈可得而離哉○蒙引士君子之處世只有此兩端而已

存疑未聞以道殉人主意正在此一句當時仕者皆以道殉人者也故發此言○直解身顯而道不能行惟知枉道以求合道屈而身不能隱惟知希世以取容此乃以道殉人我實未之聞也○張南軒曰身與道不可離也以道殉人則

是可離矣烏有所謂道哉

公都子曰　一章

蒙引所謂若在所禮者意亦在於貴與賢與○

陳新安曰挾者兼有而恃之之稱○勳勞已嘗有功勞於師○故謂已與師有舊好恃此以求學望師待以異意而教之皆所不當答○輔慶源曰學者之心須是專一方有受教之地有所挾則二三也○趙氏曰挾二謂挾貴挾賢也○以國君之弟固有貴可挾○以諸侯子姓而能從師受業其亦可見有賢可挾處○然二者非所以爲挾也○故孟子薄之○

於不可已而已者　一章

蒙引已以處事言薄以待人言○朱子曰厚薄是以家對國言（照大學說）又曰所厚謂父子兄弟骨肉之恩理之所當然而人之不能已者○

蔡覺軒曰進銳退速其病正在意氣方盛之時已有易衰之勢○不待意氣已衰

之後然後見其失也○達說存疑云進鋭不但爲學爲治亦然如求治太速更
張無漸亦是今只指爲學言庶免煩碎○胡雲峰曰前是當用心而不用心之
弊後是過用其心之弊不用其心固宜廢弛過用其心者亦同歸於廢弛過猶
不及也

君子之於物也　一章

陳新安曰當取則取當用則用但有時有節節愛也若釋氏以不敢不用爲愛
則非矣○暴殄者固非愛物矣梁武之宗廟不用犧牲亦非愛物之宜蓋愛之（物[illegible]兼草木説）
而仁是以仁民者仁物也無怪其於民反不仁也墨氏之愛無差等施由親始（以見不知一本故無差等）
亦非仁民之宜蓋仁之而親是以親親者親民也無怪其無父而於親反不親
也是皆倒行逆施之道無次序無等差非仁矣○朱祖義曰不以待人者施之
物以其有貴賤之分也不以待親者施之他人以其有親疎之殺也於無所不
愛之中而不失其貴賤親疎之等差此聖人之仁所以歷萬世而無弊也○蘄

慶源曰統而言之則皆自吾一性之仁分而言之則有輕重之序（不是先後之序）○眞西山曰凡生於天地間者莫非天地之子而吾之同氣者也是之謂理一然親者吾之同體民者吾之同類而物則異類矣是之謂分殊故仁愛之施則有差○淺說一本故有差等此有差等處皆是天理之實無僞也若兼愛則不情矣○集說存疑云愛若單言則包仁親若並言則當分別愛是愛惜不暴殄也前篇告梁惠王不違農時斧斤以時入山林註謂樽節愛養之事正是此愛仁是視人猶已以己及人己欲立而立人己欲達而達人使人皆如己也若以是施之於物豈可哉犬豕牛有當殺時焉便用之以乘載如何使他皆如我得故曰愛之而弗仁親是恩意親切此仁尤加厚如所謂事親敬長慈幼是也在民若以是施之非惟億兆之衆力有所不及其視至親無異路人亦兼愛而無別矣故曰仁之而弗親說甚明然愚意愛之而弗仁且勿露民字仁之而弗親且勿露親字且就愛物仁民上言君子之於民物用情之各有其當而無過不及如此至親

親而仁民二句方將親民物相提併而論之爲是○存疑此章言君子之施仁
有等級而不混也上是不混下是有等○蒙引此章宜先排箇物字民字親字
在這裏然後將親仁愛三字擇所宜施者而施之以親字付之於親以仁字付
之於民以愛字付之於物則各得其分而不至於輕其所重重其所輕矣
知者無不知也　一章
問如舜舉皋陶湯舉伊尹所謂親賢者乃治天下不易之務若當務之急是隨
其時勢之不同堯之曆象治水舜之舉相去凶湯之伐夏救民皆所務之急者
朱子曰也是如此然當務之急如所謂勞心者治人勞力者治於人堯舜之治
天下豈無所用其心亦不用於耕耳又如夫子言務民之義應繫所當爲者皆
是也又曰堯以不得舜爲已憂舜以不得禹皋陶爲已憂此聖人之所急也上
好禮則民莫敢不敬上好義則民莫敢不服上好信則民莫敢不用情若學圃
學稼則是不急○蒙引當務爲最所當知者急親賢急於愛賢也仁智意要分

別得明○存疑智者雖無不知然天下之事多矣如欲物物而知之則知不能徧天下之事廢弛者多矣故惟當務之爲急急於當務則大者旣立其小者亦將以次而舉事無不治其爲智也大矣仁者雖無不愛然天下之人多矣如欲人人而愛之則愛不能徧天下之人有遺者多矣故急親賢之爲務急於親賢則賢人各供其職修政立事四海皆被其澤恩無不洽其爲仁也博矣○陳新安曰上言智仁之理下舉堯舜之智仁以實之○蓬說堯舜仁智之大者而且不徧物不徧愛人況非堯舜者而可漫然無紀耶

直解放飯是縱意吃飯流歠是長飲無節○大全曲禮曰毋放飯毋流歠又曰濡肉齒決乾肉不齒決濡溼也宜齒決之乾肉堅宜用手○張南軒曰孟子所譬特言舍大徇小者爲不知務耳非謂能三年之喪則緦小功有不足察無放飯流歠則齒決有不必問也先後具舉本末畢貫此所以爲道○陳新安曰上文言智之知急務仁之急親賢爲務乃智仁之大者此取譬於喪服飲食以譏

不能其大而求其細非知務者也不知務是併結上文當務親賢為務一務字○胡雲峰曰集註之意以為識智之全體則其用宜無所不知識仁之全體則其用宜無所不愛然智之用有當務之為急仁之用當急親賢之為務故不識其全體者知之不周愛之不廣狹用其心者也不知所先後則知之雖周而精神弊於無用愛之欲廣而德澤壅於下流泛用其心者也○蒙引此章乃平論智仁不可使急先務與親賢相混

不仁哉梁惠王也　一章

蒙引仁者以天地萬物為一體民吾同胞物吾與也無一物不在所愛之中今乃以民物為所不愛何也此亦所謂其所厚者薄而其所薄者厚之意故朱子或問曰以家對國與天下而言則其理雖未嘗不一然其厚薄之分亦不容無差等矣蓋理一分殊之說也故民亦吾所愛也視親則為在所不愛矣物亦吾所愛也視民則又在所不愛矣○張南軒曰仁者推其愛親者以愛人不仁

者以其恐於他人者恐於其親仁與不仁之分其端甚微而其流如此
存疑惠王本意不是驅子弟以殉之兵敗被殺似驅之也○胡雲峰曰此章承
所厚者薄親親仁民仁者無不愛而言○輔慶源曰仁人之恩自内以及外者
自本而推之也惟其自本而推之故雖無所不愛而輕重等差不可紊也不
仁之禍由疏逮親者徇欲而從流者也惟其徇欲而從流故横放逆施莫之紀
極也○蒙引親親而仁民仁民而愛物自一家之内而推出外以及民也不仁
之禍由疏逮親以土地之故及其民以民之故及其子土地視民亦為疏也下
句難言由外及内故變言由疏逮親

春秋無義戰　一章

説約春秋是言春秋之經非謂春秋之時也無義戰言無義其戰者指孔子書
法説彼善於此則有之矣要見總是無義戰處○摘訓註中著其擅興之罪此
意且未可用出恐涉下文○彼善於此不就戰者説亦是春秋品第彼此之僭

劣也○彼善於此者以其假尊王之義以討無王之罪也如名陵之師責包茅
之不貢則於出師爲有名城濮之戰遏荆楚之憑陵則於攘夷爲有功然一則
書遂以譏其專一則書及以誅其意何嘗以爲盡善哉
蒙引此條正解上文所以春秋無義戰之意○征者上伐下也征伐自天子出
也諸侯有罪則天子命方伯以討之無有諸侯伐諸侯者若春秋之戰皆敵國
相征無有出於上者所以無義戰也○陳新安曰春秋以道名分使征伐自天
子出春秋不作矣惟不自天子出而自諸侯出春秋所以作也無義戰三字斷
盡春秋諸侯兵爭之罪

盡信書　一章

或問武成血流漂杵之云乃紂之前徒倒戈之所爲荀子以爲殺者皆殷人非
周人者是也而孟子之不信何哉曰此亦拔本塞源之論蓋雖殺者非我而亦
不忍言也程子以爲孟子設爲是言蓋得其微意矣張子教人讀詩書之說亦

甚善 横渠曰不以文害辭不以辭害意此敎人讀詩法也於武成取二三策而已此敎人讀書法也
蒙引書字不必指書經凡載事之辭皆書也○說約書字且泥然大意則照末節○摘訓孟子主意在下文此特起語耳
摘訓奉天伐暴之意是伐紂之初所可取者反政施仁之法是伐紂之後所可取者○達說此節單以武成言以下節是武成中事也取二三策句輕只重其餘不可盡信上形容則下節事不足信已包在此節了
達說夫我所以不盡信武成者何哉蓋以武成有云血流漂杵也夫仁人無敵於天下以武王之至仁伐紂之至不仁宜其不戰而屈其兵何至爲商人所敵而武王殺之至於其血之流杵耶此則不可信者也○摘訓仁人無敵於天下是泛論箇正理如此正見流杵之不可信處蓋血之流杵則是仁人有敵於天下矣不然何以至此○朱子曰孟子說盡信書不如無書者只緣當時恁地戰鬬殘戮恐當時人以此爲口實故說此○蒙引孟子此言非初不識書本意蓋

直反書意而言之所以拔本塞源而爲生民立命也○漂浮流也杵舂杵也古

人凡行兵兵人須各携畚鍤板杵之屬爲營壍備也

有人曰我善爲陳　一章

存疑首言善陳善戰爲大罪下引湯武之事以見其不用戰末節焉用戰是直

說出本意○集説戰陳二字不平陳亦所以戰也○國家亦無廢陳戰之理但

其本根不在此先須正其學術引君仁義至不得已而用戰乃其餘事也曰我

善爲之便是專攻於此而已進符心術學問必欲出而試之勢必盈野盈城而

後快焉故曰大罪大罪就在誤君害民上説大全小註云以帝王之世律之爲

大罪人尚寬緩

達説此節泛説以引起下文見善陳善戰無所用也好仁以正民代罪講無敵

是民心樂歸不用戰也

達説此節合下二節是卽湯武之兵以明上文好仁之無敵也此節全是書辭

故註曰引湯之事

蒙引以皮縵其輪籠其轂號為革車○執射御者曰虎賁虎賁三千人益親兵武士也○直解昔武王之伐殷也革車止三百兩而車馬未見其盛虎賁止三千人而士卒未見其多宜乎其易敵矣

蒙引崩不是崩墜只是垂向下之意言其叩地有如獸角之下觸也此條重在若崩厥角稽首一句○達說此二節當合看在非敵百姓也分以上只是伐殷之事末句方是無敵

只不盛兵威便是非敵百姓意

達說夫國君好仁而自無敵於天下者何哉正以征之為言正也民為暴君所虐皆欲仁者來正已之國自無與為之敵也既無所敵何用於戰哉既不用戰則彼善陳善戰者亦徒殺人耳寧不為大罪乎

梓匠輪輿　一章

存疑規以為圓矩以為方規矩為方圓之法度百工之更相授受不能外也然

有爲之而工緻者有爲之而粗惡者則在人之巧與拙也巧亦不出規矩之外其運規以爲圓持矩以爲方機發於心應於手而妙於方圓之間者巧也規矩可傳而巧不可傳在人之自悟耳所謂不徐不疾得之於手而應之於心口不能言有數存焉於其間臣不能以喻臣之子臣之子亦不能受之於臣也○陳新安曰巧即循規矩熟後自得之妙未有舍規矩而可以得巧者上達即下學之覺悟處未有舍下學而徑可以上達者但巧與上達非教者所能致力耳未嘗以爲出於規矩與下學之外也○蒙引正意在言表蓋勉勵學者求觧悟於條教之內也

舜之飯糗茹草也　一章

蒙引草蔬菜也故蔬菜之類字皆從草頭草者其總名蔬菜即草之可食者也然以其皆草也故此謂之草○被袗衣鼓琴二女果作三件看鼓琴言其樂而自適也就富貴説○趙氏曰畫衣黼黻絺繡之衣也○存疑凡人處貧賤則望

固已在此乎。觀魏晉南北朝之君，互相屠戮。自今觀之，屠戮他人者，實自絶滅而已矣。孟子斯言，欲使時君無動於忿欲，寡怨息爭，以保其宗廟親族，是仁術也。

古之爲關也　一章

陳新安曰：關有譏有征，古者禁異服，譏異言，以譏爲主，今以征爲主而已。○張南軒曰：古以義理爲國，後世徇利而已。古人創法立制，與天下公共，凡以爲民耳。以利爲國，雖古法之僅存者，亦皆轉而爲一己之計矣。本原不正，無往不失先王之意，豈特爲關之暴而已哉。○輔慶源曰：關則一，而古今所以爲關之意則不同。譏察非常，爲義也，天理也。征稅出入，爲利也，人欲也。○集說爲暴指當時諸侯，是說抱關之吏。

身不行道　一章

朱子曰：身若不行道，則妻子無所取法，全無畏憚了，然猶可使也。若使人一不以道則妻子亦不可使矣○問不行於妻子自身不可行不可使亦在其中不能行於妻子却只指使人一事言之否曰然○集說要曉得朱子說猶可使也只是起使人二字之義不是倒重下二句若論道理根本則上二句爲重若論流弊盡頭則下二句爲極也○不行於妻子如已不能孝而欲人之孝人必不孝已不能弟而欲人之弟人必不弟是也不能行於妻子如過慳之舉必不能得之於子是也○存疑此與論語雖州里行乎哉意一般蒙引說最好非專爲妻子也妻子至親近你若以爲大者尚不可化不可令況他人乎○淺說二段兩開看上言行之違理者雖化乎至近下言令之違理者難施於至近

周於利者　一章

陳新安曰積利厚者豐凶皆給積德厚者理亂皆正孟子不言利而此言之主周於德而言借以爲喻而引起耳○輔慶源曰德貴蓄積然後有餘用而外物不足以亂之若夫挾一善一長而自以爲足而欲以遊於邪世則鮮有不爲其

所亂者矣故良農不患乎年之有凶而惟患乎蓄糧之不厚君子不患乎世之難處而患乎德之不周戰兢自持死而後已凡皆以周其德也○蒙引據集註云言積之厚則用有餘則所謂邪世不能亂者就應用而言也○集說邪世即邪說誣民仁義充塞之世此時所遇多非正人所聞多非正言所當多非正事若平日無積累工夫見明守定縱有些微善心不免爲彼所奪若周於德者此中理明而氣自克隨其所在皆有道以處之應用不竭我作得主故不能亂

好名之人　一章

或問好名之人能讓國矣而不能忘情於小物何哉曰千乘之國辭受之間十目所視十手所指之地也簞食豆羹得失之際則微矣人亦何暇注其耳目於斯哉此好名之士所以飾情於彼以取美名而不意其鄙吝之眞情實態乃發露於所忽易而不虞之地也

朱子曰讓千乘之國惟賢人能之然好名之人亦有時而能之然若不是眞箇

能讓之人則於小處不覺發見矣蓋好名之人本非眞能讓國也徒出一時之慕名而勉强爲之耳然這邉雖能讓千乘之國那邉簞食豆羹必見於色東坡所謂人能碎千金之璧而不能不失聲於破釜正此意也苟非其人其人指眞能讓國者非指好名之人也○蒙引此章是觀人之法只在孔子察其所安一句內○旣曰好名之人便是非其人矣○達說依註看簞食豆羹兼得失言見於色便兼憂喜看○集說千乘簞豆俱是借字凡矯於其大而露於其小者皆讓千乘而不能讓簞豆之類也○陳新安曰所安對所勉言勉强者多矯飾於大而不免發露於小安焉者則貫小大皆出於眞實也

不信仁賢 一章

陳新安曰仁賢分言則仁仁人也賢有德之人也合言則仁德之賢人也○何蒙引竟將仁賢分作兩項人又將賢字兼才說 未是代不生賢在人君能信用之耳有之而不信用與無人同孟子不曰無仁賢而曰不信仁賢見仁賢信用之則有不信用則無此不信二字之深意○集說不

信要說不任用之意已在位者不用其道而去未在位者亦不以其道爲可尊而致之摠之曰不信此時雖羣小在位畢竟是無一倚托之人故曰空虛空虛是實實空虛若無人然是解空虛二字之義不可說似若空虛

蒙引禮必有義義卽所以爲是禮者之理○集說無禮義者一切將禮義不顧自身以及國都是任意顛倒已不處禮義之中則亦不能以禮義治人上下之間俱無限制○達說禮義治國之道也苟無禮義則名分不正何以辨上下定民志而使之各安其分哉○附錄蒙引易履卦象辭解云辨上下要說得使各得其分意民猶人也亦上下不專謂庶民辨上下定民志則以諸侯而請隧者無有也以大夫而僭八佾者無有也以市井而僭稱公者無有也如後世之庶人帝服娼優后飾者益無有也

蒙引政以大綱言事其目也○存疑善政得民財故無政事則財用不足

○集說註生之無道及僭要看生之無道無恒產也取之無度橫征也用之無

節濫費也此便是無政事故又着故也二字○達說此歷論爲國之失其要也

三節平看尹註未繳用之

不仁而得國者　一章

張南軒曰不仁而得國得其土地而已豈得其民心哉○集說不仁底人或盜有一國人亦莫敢誰何則有之至於盡天下而混一之則非得民之心者萬萬不能故未之有○蒙引如田恒之於齊三卿之於晉下以術而愚其民上以力而勝其君則亦可以盜國者若普天之下萬邦之廣欲以術而愚之則一人之術有限而天下之大不可以勝愚也欲以力而制之則一己之力有限而天下之大不可以勝制也故曰不仁而得天下未之有也自孟子時觀之則只有不仁而得國者無不仁得天下者自孟子後觀之則自秦以來不仁而得天下者有矣然究竟論之則皆一再傳而失之猶不得也故引鄒氏云云

民爲貴　一章

或問民貴君輕之說得不啓後世簒奪之端乎曰以理言之則民貴以分言之則君貴此固兼行而不悖也各於其時視其輕重之所在而已爾若不惟其是而姑借聖賢之說則亦何辭之不可借而所以啓後人之禍者又豈止於斯言乎

張南軒曰人君惟恃崇高之勢而忽下民之微故肆其私欲輕失人心以危其社稷使其知民之貴社稷次之而已不與焉則必兢兢業業不敢自恃惟懼其失之也則民心得而社稷可保矣是以明王畏其民而闇主使民畏已畏其民者昌使民畏已者亡驕亢自居民雖迫於勢而憚之然其心日離民心離之是天命去之矣○趙氏曰社所以祭土神稷所以祭穀神稷非土無以生土非稷無以見生生之效以其同功均利以養人故也○集說主意只說民爲貴而君爲輕耳必兼社稷言者以見社稷且輕於民而君又輕於社稷正以甚言民爲貴耳○若字指諸侯言雖天子亦是君然章義却只指諸侯○蒙引壇壝猶言

壇壝築起者爲壇壝其埸也。一曰壝在四圍如矩曲方，葢總是壇外圍內之地。
○達說此節止虛說，下三節正詳之。
達說是故二字承上來，重在首句，下二句不過借以形容民爲貴也。得乎天子諸侯，重不過字，形容見皆不如得民心之效大也。○蒙引天下歸之謂神器歸之也，非謂天下之人歸之，葢上得乎丘民之心，是天下之民歸心矣。○存疑得乎天子而爲諸侯，是未得乎丘民者也。○摘訓天子諸侯通與丘民對說，不可只重天子。註乃單舉其甚者耳。謂得乎天子者止得爲諸侯，已不能如得丘民者之爲天子矣，况諸侯乎。據本章意，只當重在諸侯上。
盖解君位之存亡係於社稷之安危，可見社稷爲重，君爲輕也。
蒙引犧牲既成，謂牲牷肥腯也。○毀其壇壝而更置之，葢徙置他處，亦有易神而事之意與，抑只是與之更新之意與？大抵只是更新意，以土穀無二神也。藉拘於更立君之例。○禮記郊特牲云：天子大蜡八，伊耆氏始爲蜡。蜡也者索也。

歲十二月合聚萬物而索饗之伊耆氏堯也索求其神也合猶閉也閉藏之月萬物各已歸根復命聖人欲報其神之有功者故求索而饗祭之也今定八蜡先嗇一神農司嗇二上古后稷之官百種三謂百穀之神祭百種以報嗇農四田畯督農者郵表畷五畷音拙郵郵亭督農者所居及標表連畷處皆是表畷謂畷之表也貓虎六除田鼠田豕坊七水坊也水庸八溝也○年不順成八蜡不通二句相連不可分乎蓋年若不順成則八蜡之祭不通惟順成之處則行不順成之處則不行所以謹民財也蓋以其神無功故不報祭此正與旱乾水溢變置社稷之意同○不順謂雨暘不時不成謂五穀不登○集說年不順成八蜡不通集註亦言其意亦如此耳不是說八蜡不通便是變置社稷）補農源曰天生民而立之君以司牧之是君為民而立也世衰道微至戰國時爲君者不知草芥而不知恤也故孟子發此輕重之論而并及夫社稷焉蓋社稷亦為民立故也於是反覆明辨之其叮嚀警切之意可謂至矣

聖人百世之師也

或問程子以爲夷惠聖人傳者之誤今考之孟子之言此者非一豈皆誤乎曰未必誤也彼曰聖之清聖之和則固不思不勉而從容自中矣但其所至出於一偏而不若孔子之備所以不得班於孔子耳曰孟子學孔子者也乃屢稱夷惠而深歎仰之何耶曰夷惠之行高矣然偏勝而易能有迹而易見且世之人貪懦鄙薄者衆一聞其風而興起焉則其爲效也速而所及者廣譬如薑桂大黄之劑雖非中和然其於去病之功爲捷而田夫販婦大寒大熱者之所便也若孔子之道則廣大而中正渾然而無跡非深於道者不能庶幾其萬一如參苓芝朮之爲藥平居有養性之益而緩急伐病之功未必優於薑桂大黄非所以施於閭巷之間危急之候也孟子屢稱夷惠而不及於孔子其意殆以此耶

此章言亦無孔子

達說人至聖人而止聖人者百世之師也亦求其可以當此者伯夷柳下惠其人也故伯夷往矣而聞其風之清者頑夫化而爲廉雖愚必明也懦夫化而有立

志雖柔必强也柳下惠往矣而聞其風之和者薄夫化而爲敦皆不偷之民也
鄙夫化而爲寛皆容德之士也夫二子奮乎百世之上若是其遠而百世之下
奮字非着力字
聞者莫不興起若是其神向使清非聖人之清而猶有所雜和非聖人之和而
猶有所與則人亡而清和亦與之俱亡矣安能感化若是之遠哉夫百世之下
聞其風者猶感化之若是而况與聖人生同其時親近而薰炙之者則其感化
也又當何如哉此見聖人感發乎人心者大不凡也信乎其爲百世之師而非
人之所可及矣○說約聖人百世之師也聖人二字重宜一頓○集說首句百
世之師是從聖人說來故聞伯夷以下却又是從百世之師上說出聖人來言
百世之下聞風興起如此非聖人豈能如此若親炙者更不待言則二子之爲
聖人無疑矣淺說云非聖人而能若是乎故吾斷然以二子爲聖人也而况於
親炙之者乎信乎其爲聖人而非尋常之感發乎人者所可比也○蒙引師字
只在聞風而興起內得二子非有意於爲人師其高風聳於後世人從而師之

耳廉對汚立對懦溥對厚寬對狹非聖人而能若是乎此句最重自古人未有曰二子爲聖人者而況於親炙之者乎上文俱非親炙者而況於親炙之者乎不必兼一世言註分明云親近而薰炙之也自後世言謂之風自當時言只是德程明道先生行狀曰觀德者心醉聞風者誠服德與風固有辨也不言孔子者朱子曰孔子道大德中而無迹故學之者沒身鑽仰而不足二子志潔行高而迹著故慕之者一日感慨而有餘亦不言伊尹者汪氏曰聖人達則澤及當時窮則風傳後世此不及伊尹者夷惠不爲政於天下所可言者風而已伊尹異於是故不及之

仁也者人也　一章

或問所謂合而言之者其以人爲仁之謂乎曰楊氏之說如此矣非孟子之意也孟子此章但論定辭仁與道之所以名耳故本文以言之爲說程子亦以率性謂道謂仁固是道道却是揔名道是揔名釋之也若言人而不及仁則血氣物欲之私而已言仁而不即人

之身以明之則又徒爲虛言而無以見天理流行之實故必以仁之理合於人之身而言然後仁之爲道可見蓋仁則性而已矣道則父子之親君臣之分見於人之身而尤著程子所謂公而以人體之亦此意也伊川曰仁之道要之只消道一公字公是仁之理不可將公便喚做仁公而以人體之故爲仁

問仁者人也朱子曰仁是仁不可說故以人爲說者是就人性上說○此仁字不是別物卽是這人底道理仁是人之道理就人身上體認出來又就人身上說合而言之便是道也○只說仁不說人則此道理安頓何處只說人不說仁則人者特一塊血肉耳必合將來說乃是道也○且如君臣之義君臣便是人義便是仁盡君臣之義卽是道所謂合而言之者也○紹聞編娶仁合於父子則父子之道也仁合於君臣則君臣之道也○蒙引仁者人也何以如此立言蓋人而無仁則不成人矣故曰仁也者人也故曰無惻隱之心非人也○此單言之仁兼四德萬善在其中○仁以所具而言道以所循而言有物必有則此

箇則便是物之所循者也故曰合而言之道也○仁者人也全重在人未有合
意全下句方合之以見道之所以爲道處合言則仁與人字平重矣○存疑此
是解釋仁道二字言仁只是人之理而道則是仁與人合而言之也如曰率性
之謂道性仁也率之乃人也道者事物當然之理當然之理仁也事物乃人也
豈不是合仁與人而言若单言仁只是箇性爾单言人只是箇形爾合形與性
乃謂之道○合而言之是誰言凡古今聖賢之語道者皆此言也孔子曰天下
之達道五是孔子言也中庸曰率性之謂道是子思言也○蒙引此章大意謂
仁不在人之外而道又不在仁與人之外○

君子之戹於陳蔡　章

達說昔者孔子戹於陳蔡之間是豈道不足以得人哉蓋陳蔡君臣皆惡無所
與交故不免於戹也○上句言聖人處時之窮下句是推其由也○輔慶源曰
陳蔡之戹聖人之極否也是亦氣數之窮在聖人則何與焉○蒙引史記陳蔡

大夫發徒圍之之說未可信其絕糧者亦止是無上下之交而懷資不足無從得糧耳是時陳蔡臣服於楚若昭王來聘孔子陳蔡大夫安敢圍之也

貉稽曰　章

直解人之譽望顯揚本賴於衆口今稽每遭人之訕謗是於衆口甚無所利賴也奈何

徒蔽無傷即是無損見謗出於人無預於己也下句正見無傷意○蒙引言爲士者益多爲衆口所訕則稽之不理於口未爲害也然出一士字亦可見稽之未爲士也士指文王孔子之流舉文王孔子所以見其無傷也孟子之言只是無傷意蓋其在我之意在言外

蒙引貉稽曰稽大不理於口自以爲所害也故孟子言不足爲害何也孔子不免爲群小所慍文王亦不免爲人所怒（如崇侯之譖羑里之囚）則衆口於子何害乎然曰士憎茲多口則稽或未見以語士乎孔子文王士流之望也○憂心悄悄慍於群小不必說

申衛之仁人。肆不殄厥愠亦不殞厥問不必說出太王。集註則云本言衛之仁人本言太王如前章言書之本意相似。○或問肆不殄厥愠亦不殞厥問此係之八章孟子以是稱文王無足怪憂心悄悄愠於群小此邶柏舟之詩何與孔子而以此稱孔子何也朱子曰此不必疑如見毁於叔孫。幾害於桓魋。皆愠於群小也。辭則衛詩。意似孔子之事。故孟子以此言孔子。○摘訓兩引詩是實士增兹多口之言。前詩重下句。後詩重上句。

賢者以其昭昭　章

存疑此指當時之治人者言。自諸侯至於大夫。凡有治人之責者皆然。○集說昭昭即所謂明德使人昭昭即所謂新民而使天下之人亦皆有以明其德也此使字有功用。下使字則强求之而已。其所令反其所好也。不能明其已德而凡事俱昏焉。故曰昏昏昭昭昏昏俱兼知行說。○賢者不必添古字。○蒙引兩人字在人君則兼臣民在人臣則兼君民看來無古字義只是說民。玩使人二字可知。

孟子謂高子　章

蒙引趙氏謂高子嘗學於孟子去而學他術今亦未見得是爲此發大槩警其工夫間斷耳孟子不稱其名而曰高叟安見其爲學於孟子耶○爲間不用則茅塞之矣是承上句意說言此箇山蹊但介然用之而成路雖成路矣然復不用則又爲茅所塞矣以况方寸之間善端之萌但以禮義克養之則即開路而光亨若理義之念有間亦隨蕪穢而不治矣或曰只是對說不用貫意蓋只是一箇山蹊也用之則爲大路舍之則塞大不然也○輔慶源曰理義之心人所固有雖易發而亦易窒善端發處體察而力克之則可以成德否則内爲氣習所蔽外爲物欲所誘而遂窒之矣○陳新安曰學問漸進則理義日開學問纔止則理義日窒氣習物欲皆塞理義之心之茅也學問廢弛譬之茅又生而塞子之心矣

高子曰　章

達說聲字註作樂字。此聲不單指下鐘言，下是即鐘以見凡樂皆善也。

蒙引何以言之孟子窮其立言之意也乃只曰以追蠡而已可見其胸中全無所見○以禹之鐘追蠡也若非尚文王之聲則何其追之獨蠡而文王不然耶

○鐘紐懸鐘之紐也謂之旋蟲者其紐形貝如環環有盤旋之義故謂之旋謂之蟲者紐上爲蟲形以飾之或爲蹲龍或爲盤龍皆蟲也

存疑高子以追蠡而議二聖之樂之優劣所謂不揣其本而齊其末也故孟子破之曰此何足以知之哉城門之軌迹深者是豈一車兩馬之力與由日久車多所致禹之鐘紐欲絕者豈其聲過於文王而用之者多與蓋禹先文王千有餘年歲久用多所致爾○集說曰久車多所致緊要在日久二字

齊饑陳臻曰　章

或問范氏言之詳矣范曰孟子在賓師之位方以仁義說齊王幸而聽其言故發棠邑之粟然而不行王政孟子言終不合及再饑孟子遂不復言度其不可言也

達說殆不可復只空言○集說此時齊王不用孟子而孟子將去陳臻亦必有觀其微意者故曰殆不可復

趙注馮姓婦名也○蒙引善搏虎專擅搏虎之技其後能爲善士旣爲善士矣一日行之野有衆云 云攘臂下車前日之故態不覺復形故雖得衆人之懽而爲士者笑之矣○搏虎之事在常人以爲能在士則可羞蓋以士者之冠紳而衒武猛之末能自失敬身之道以干世俗之譽是亦不可以已乎是豈無任其事者乎○摘訓趨而迎之所以求助也攘臂卽攘袂扼腕之意自肘至腕爲臂攘臂以左手提持其右臂也則自其下車之初而已先有搏虎之狀矣○集說叙馮婦只言其爲善不終故態復見以見其不知止衆皆悅之卽映有國人意○張南軒曰世固有勇於爲善事者不察夫義理之當然與否而必爲之蓋亦足以悅於流俗然發不中節有害於君子之道是皆馮婦之類耳學者其無惑於衆之悅而有動哉審諸己而已矣○輔慶源曰齊人之所望於孟子者初也

而孟子之所以自守者義也。夫告君以發粟賑民，是亦美事，固君子所樂爲者。但是時齊王已不能用孟子，而孟子亦將去矣。（不是恐王不復發棠）故其義不當復有所言耳。君子之所爲，與時變化，不主故常，唯義理如何耳，豈狥其常所爲者以取人之饜快哉。

口之於味也　章

或問二十四章之說，所謂性命者，何不同也？曰：性者，人之所受乎天者，其體則不過仁、義、禮、智之理而已；其發則雖食色意欲之私，亦無不本於是焉。命則因夫氣之厚薄而賦於人之名也，不惟智愚賢否之所繫，雖貧富貴賤之所値，亦無不由於是也。故君子於食色意欲之私，則不謂之性，而安於貧富貴賤之有命；於智愚賢否之殊，則不謂之命，而勉於仁義禮智之有性也。曰：然則此其專爲貧賤愚不肖者言之耶？抑其通言之也？曰：孟子之意，似若專爲貧賤愚不肖而言者，而其推之，則亦無不通矣。蓋富且貴者，雖所求之必得，而亦必有制度

之節聖且賢者雖所禀之已厚而亦未嘗不勉其所當然也
趙注臭香也易曰其臭如蘭四體謂之四肢○朱子曰此性字指氣質而言此
命字合理與氣而言五者之欲固是人性然有命分既不可謂我性之所有而
必求得之（此以氣言）又不可謂我分可以得而必極其欲（此以理言）如貧賤不能如願此固分也富
貴之極可以無所不爲然亦有限制裁節又當安之於理如紂之酒池肉林却
是富貴之極而不知限節若以其分言之固無不可爲但道理却恁地不得今
人只說得一邊不知合而言之未嘗不同也○口之於味等這雖說道性其實
這已不是性之本原惟性中有此理故口必欲味耳必欲聲目必欲色鼻必欲
臭四肢必欲安佚（此段與或問相發）自然發出如此若本無此理口自不欲味耳自不欲聲目自
不欲色鼻自不欲臭四肢自不欲安佚○楊氏以性中本有聲色臭味之五者
終亦未盡蓋推其所自而本於性則可以爲本有而並謂之性則不可此亦當
深察也○蒙引孟子此言性也是據世俗所云則固是氣質也若正論氣質之

性則氣質中自有性性自是理非謂氣質即性也○口之於味五者性也此分明是氣質之性舜所謂人心皆也可見孟子雖不言氣質之性亦未嘗不知有氣質之性其所以千何萬句只是性善者總是伸此抑彼耳

或問聖人之於天道文勢與上文一否朱子曰與上文一○此命字專指氣而言此性字專指理而言○此命字有兩說一以所禀言之一以所値言之集註之說是以所禀言之清而厚則仁之於父子也至若瞽瞍之於舜則薄於仁矣義之於君臣也盡若桀紂之於逢干則薄於義矣禮薄而至於賓主之失其歡智薄而至於賢者之不能盡知其極至於聖人之於天道有性之反之之不同如堯舜之盛德固備於天道若禹入聖域而不優則亦其禀之有未純處是皆所謂命也○口之於味固是性然亦便是合下賦予之命仁之於父子等固是命然亦是各得其所受之理便是性孟子恐人只見得一邊故就其所主而言舜禹相授受只說人心惟危道心惟微論來只有一箇心人心如口之於味等

若以爲性所當然一向惟意所欲却不知蓋有命存焉須著安於定分不敢少過始得道心如仁之於父子等若以爲命已前定任其如何更不盡心却不知蓋有性存焉須著盡此心以求合乎理始得上云性也是氣禀之性有命焉是斷制人心欲其不敢過也下云命也蓋其所受氣禀亦有厚薄之不齊有性焉是兼廣道心欲其無不及也此段只要遏人欲長天理前一節人以爲性我所有須要必得後一節以爲命則在天多委之而不修所以孟子到人說性處却曰有命人說命處却曰有性○蒙引此五者當云仁之於父子也有至與不至義之於君臣也有盡與不盡禮之於賓主也有恭與不恭智之於賢否也有哲與不哲若夫仁於父子也至義於君臣也盡禮於賓主也恭智於賢否也哲則所謂聖也而其聖也又未必其皆能與天道爲一亦有純與不純之異焉此皆所謂命也○聖人之於天道亦有至不至者如堯舜性之則於天道無不脗合（按上四句可兼所禀所遇說此句則只有脗合與未盡合之分難兼所遇說故不如從註只以所禀言爲妥）而純亦不已矣湯武反之身入聖域而不優則於天道爲未盡矣又如孔子聖

之時則於天道脗合而純亦不已矣若柳下惠伯夷伊尹則只爲一偏之聖如春夏秋冬之各一其時耳是於天道爲未至也○前五者雖出於性實限於命故不謂性而求必得之後五者在命雖有淸濁厚薄之不同而在性則初無淸濁厚薄之間也故不謂命而必自致其力○朱子旣曰各就其重處言之則伸此抑彼兩節俱有前則伸命而抑性後則伸性而抑命小註伸後抑前之說未是○存疑蒙引曰天道即仁義禮智之全體不必謂是性之從出者以其與仁義禮智均爲付予之命者也愚謂此云天道是就在天者言作仁義禮智之所從出無妨蒙集註有脗合字則是以人而合於天○仁義禮智天道在人有至有不至乃氣之所禀有淸濁厚薄是命也然人性本善而氣不能囿之故曰有性焉君子必當從事於學去其氣禀之偏以求其善不可盡諉之命也○淺說晏嬰智矣而不知仲尼是晏嬰智之未盡處以氣禀言不以氣數言

浩生不害問曰　章

或問善者人之所欲惡者人之所惡其爲人也處心造事行已接物凡其所爲一皆可欲而不可惡則是可謂善人矣然此或其天質之美或其知及而勉慕爲未必其眞以爲然而果能不失也必其用力之久一旦脫然有以眞知其善之在已而不得不然決定直實而無一毫虛僞之意然後可以謂之信人矣然亦足以自信於心而已未必其行之克足飽滿而無歉於身也然既信之則其行必力其守必固如是而不自已焉則其所有之善克足飽滿於其身雖其隱微曲折之間亦皆清和淳懿而無不善之雜則是所謂美人者也然亦足以充於其內而已而未必其能發見於外也又如是而不已焉則其善之充於內者彌滿而濩洋溢四出而不可禦其在躬也則睟面盎背而施於四體其在事也則德盛仁熟而天下文明是則所謂大人者也然大而不化則其所謂大者未能離乎方體形迹之間必其德之盛者日以益盛仁之熟者日以益熟則向之所謂大者且將春融凍解混然無迹而與天地合德日月合明四時合序鬼神

合其吉凶矣。是則所謂聖人者也。至於是則造道入德之功至矣，盡矣，不可以有加矣。是其盛德至善之極，無聲無臭之妙，必有非耳目所能盡、心思所能測者。是則所謂神者，而非聖人之上復有神人也。夫自可欲而至於大，則思勉之所及也。至於聖且神焉，則雖非思勉之所及，然非思勉之而不已焉，則亦未有至焉者也。曰：樂正子以善名矣，而以餔歠從子敖，先館舍，後長者，何也？曰：言在二者之中，則有餘於善而不足於信矣。此其所以未免於程子所謂受變於俗者歟。

集說：善人也，信人也，二何？不乎。蓋謂正子是箇善人也，而亦可謂之信人也。

朱子曰：可欲是那人以爲可欲，是說這人可愛也。○問可欲之善，曰：爲君仁，爲臣敬，爲父慈，爲子孝是也，外是而求則非。○善人只是渾全一箇好人，都可愛可欲，更無些憎嫌處。問：如是則惟已到善人地位者乃可當之，若學者欲爲善，當如何用工？曰：可欲只是都無可憎惡處，學者必欲於善字上求用工處，但莫

做可憎可惡事便了○蒙引可欲之善有得之天資者亦有得之於學者不必
以善爲質美信方自學力來難拘定說故朱子曰善人者或其天資之美或其
知及之而勉慕焉○達說可欲二句雖是答善信之問俱就他人泛言之故下
又着二之中三字
朱子曰善人能無惡矣然未必能不失也必真知其善之當然而實有於己然
後能不失信者實有於己而不失之謂○有諸己之謂信真箇有此善若不有
諸己則若存若亡不可謂之信○存疑以實之謂信其立身制行之善皆實有
諸己而非虛僞造便是以實便是信信是誠意地位故註以惡惡臭好好色解
之惡惡臭好好色只是箇實○輔慶源曰善固多端故集註言凡所謂善必該
之如惡惡臭如好好色則表裏誠實無一毫勉强假托之意也○集說凡所謂
善皆實有之乃言凡是他底善處都是他實有底在零星處說不是說凡所謂
善之大全也須看下克實句○摘訓此二句已答了善信之問下文乃因而推

到善信之極處也○

朱子曰有諸己之謂信是都知得了實是如此做○此是就心上說○心裏都理會得○充實之謂美是就行上說○事事都行得盡○充滿積實○美在其中○而無待於外○如公等說話都是去外面旋討箇善來栽培放這裏都是有待於外如仁我本有這仁却不曾知得却去旋討箇仁來注解了方曉得這是仁方堅執之而不失如義我元有這義却不曾知得却旋去討箇義來注解了方曉得這是義堅守之而勿失這都是有待於外無待於外底他善都是裏面流出來○韓文公所謂足乎己無待於外之謂德是也○有待於外底如伊川所謂富人多寶○貨子借看之喻是也○蒙引充實者萬善充實也充實二字平說○不可謂充之而至於實也○存疑充實是這信到充滿積實處○一二件實亦可謂信○十數件實亦可謂信○但不可謂充實○充實是立身制行○無一事不實○性分內事○無一欠缺○故謂之充實○易之有孚盈缶是也○美即善也○然必善到充實方謂之美○此是美重於善

處故曰美在其中又謂和順積中

蒙引美指在內者大指在外者美人非無外內有餘而外猶未足也大人非無內發於外者本於內卽其外可知其內矣大字全就光輝上說○和順積中至發於事業只是一理兩段皆成語○存疑學必至光輝發越處方是大其在躬也睟面盎背施於四體其在事也禮樂刑政施於天下皆其光輝發越處也此是工夫到後自然之符驗

存疑化是消融變化不見了形迹如金與氷方未融化便有個形塊及金見火氷見日而消融都無箇形迹便是化大而未化是暢於四肢尚有矜持發於事業尚有造作者在矜持造作便有箇形迹可見亦猶金氷之有形塊也到功夫熟然後從心所欲無矜持無造作施於四體四體不言而喻發於事業不見而章不動而變無爲而成都無形迹可見亦如金之融化於火氷之融化於日也

○以顔子好學論守之也非化之也來參看便明白凡思而得勉而中皆有形

猶是守之非化也。不思不勉則無形迹方是化。○饒雙峰曰生知安行是性之之聖。大而化之是反之之聖。、

蒙引化字與不可知不同化自我而言謂不勉不思也不可知以人而言莫測其所以然也。○化即化其大之迹。不可知正指其化之至妙也。本只是一人既曰聖又曰神者。以聖字不足以盡之。故更着神字。○存疑聖之至妙人不能測只看立之斯立道之斯行綏之斯來動之斯和就可見通書發之微妙而不可見充之周遍而不可窮正是此意聖神蒙引又欲作兩人說看來只作一人說爲是。○善或是天資或兼學問但未必能固守不失也信能固守不失矣然道理或有欠缺所性之分未盡也大則所性之分能盡矣然猶待於勉强未能自然也聖則不待勉强而出於自然矣神不外聖易曰惟神也故不疾而速不行而至可以會神矣。○蒙引自善至美此猶是成己事體之所以立也大以後則兼以其充積之盛自然及物者言之體立而用有以行也。○朱子曰此六位皆

他人指而名之之辭○張南軒曰本領在可欲之善信者信此者也美者美此者也大則充此而有光輝也化則爲聖而其不可知則神也至於聖且神其體亦不外此而已又曰可欲之善聖神之事備焉人生而靜皆具此體至於化而聖然後爲全盡純於此者也

達說此節乃斷樂正子之爲人也善有餘而信不足故曰二之中有其資而不致於學故曰四之下註不致於學致字是推極之謂蓋正子天資好而學力未極非全無學問之功○摘訓四之下是神聖大美之下不可云美大聖神之下○胡雲峰曰須看尹氏上下一理四字善者人心之天理始而爲人之所可欲者此理也終而人之所不可知者亦此理也善非粗淺神非高虛惟在乎實有此善而力行以充之爾

逃墨必歸於楊　章

或問逃墨逃楊果若是其有序與抑其偶然言之無先後也曰張子之言則固

以爲有彼善於此之意然亦未可知也
朱子曰楊墨皆是邪說無大輕重但墨氏之說尤出於矯僞不近人情而難行故孟子之言如此非以楊氏爲可取也○存疑墨氏務外而不情楊氏太簡而近實聖人則大中而至正惡務外不情而逃之必有所歸然未能便至於聖人厭務外則慕近實歸於楊者其勢然也若又厭其太簡則必求大中至正之歸是逃楊必歸於儒亦其勢然也（歸楊歸儒只作一人看然亦只是大略如此）○蒙引墨氏之兼愛失之太過楊氏之爲我失之不及惟儒者則先成己而後成物其理一而其分殊仁不至於兼愛之泛義不至於爲我之狹大中而至正無過無不及所謂儒者之道也○逃墨謂逃乎墨而歸於楊不是如逃軍逃民之類如言出乎此則入乎彼逃是活字○非與其終於楊而已言其反正之漸必至楊然後能歸儒也此與齊一變至於魯一般若墨者之遇聖賢則亦不用歸楊而徑歸儒矣○受是儒者受之不兼楊之受墨○摘訓歸字承歸楊歸儒來都是總說楊墨歸儒受謂不與之辨也

存疑今之與楊墨辨正與歸斯受之相反言今之儒者楊墨既來歸而乃與爭辨也爭辨者追咎其既往之失〇蒙引今之與楊墨辨者一於嚴而不能恕也既入其笠言其已歸也又從而招之言儒者猶追其往日之失不能豁然受而陶化之以歸於大中之域也〇集說今之與楊墨辨者亦是好了蓋能言距楊墨者聖人之徒也但不知弘人之度引人之機耳楊墨未歸必須要辨若其既已歸歸則受之而已此大道也今之辨者是始終一箇辨特不曉此法無怪其復逸者苦其嚴而思叛求歸者畏其嚴而不求而去也〇從而招之不止是恐他復放乃是恨他放而為是以困苦之故曰又追咎其既往之失〇摘訓如追放豚不是斷句處如字總貫當一氣說下〇達說如追三句乃取譬之辭重正意上發揮〇蒙引此章為當時儒者待異端不得其術而發蓋異端之學溺於所習為吾儒者但得其一言之近道一念之近正即當嘉其新知而忘其舊習乃泥於門戶塗轍之殊莫知納約自牖之義非惟在彼之窮而不得所歸之為可憫而在我之道所以與人同歸於善者實有

未絕也〇此章何以見聖賢之於異端排之甚嚴處蓋歸斯受之則力其未歸者在所絕矣〇即今日之恕見得前日之嚴〇

布縷之征　章

蒙引布只是夏布麻所爲者綿布中國未有宋元間始傳木綿種入中國〇存疑布縷之征五畝之宅所出也粟米之征百畝之田所出也力役之征丁口所出也布縷取之於夏則粟米力役在所緩也粟米取之於秋則布縷力役在所緩也力役取之於冬則布縷粟米在所緩也故曰用其一緩其二用其二一時并取其二也用其三一時并取其三也〇唐人租庸調之法租即粟米之征庸即力役之征調即布縷之征〇兩稅夏秋二稅也三限限三時也宋法夏稅至十月是歷夏秋冬三時秋稅至明年二月是歷秋冬春三時蓋不與布縷取之夏粟米取之秋力役取之冬者同其不并取以紓民力則同也〇摘訓以用二則三之害而反觀之可見用一緩二則民生咸遂而不至於殍父子相保而不

至於離矣○輔慶源曰此孟子言之以警夫取民無度者○

諸侯之寶三　章

存疑土地所以立國人民所以守土政事所以治民故皆爲諸侯之寶○蒙引諸侯之土地得之天子傳之先君是土地至重在所寶也何以守位曰人后非民罔使是人民至重在所寶也所以守其土地而理其人民者政事也政事又不在所寶乎○夫寶珠玉者殃必及身則知寶土地人民政事者身安而國家可保矣○摘訓上寶字以所繫之重言下寶字活乃我去寶之也○集說註雖平言然主意却在下一句爲當時諸侯寶其所不當寶者多也○蓬說寶珠玉便不能寶是三者故殃必及身○

盆成括仕於齊　章

張南軒曰不聞道則爲才所役道者理義之存乎人心者也於此有聞則才有所不敢恃矣人之有才本不足以爲人害惟無所本而徒用其才於是才始足

以病已甚至有取死之道又不若魯鈍無才之愈也小有才而未聞道者身且不能保爲國者乃信而用之亡國敗家其何日之有○輔慶源曰才出於氣而有限才本自小道原於性而無方道本自大況曰小有才則又才之小者也不顧義理而惟才是逞則行險僥倖無所不至不至於顛覆不已也孟子之言但述其理之當然耳不以是爲奇中也學者不達而以是爲奇則必以料事爲明而駸駸然入於逆詐億不信矣○存疑小有才言略有才也小有才而不聞道猶足以殺其軀若有大才而不聞道殺其軀也必矣若商辛智伯是也○達說盆成括仕於齊盆成括見殺二句是記者言

孟子之滕　章

趙注客到之後求之不得

蒙引既曰館人求之弗得又曰或問之則問者故非失屨之人也子以是是字指從者○達說竊屨來與謂來滕也自悟其失只解殆非句自設科以下或人

還不能無疑不可把下都作自悟其失不曰設教而曰設科者教人各因其材
自不得不別其科也科字亦只當教字看往是向日不善來者不拒勿作不逆
其將來而苟以是心至二句只是串說來者不拒○集說是心註云向道之心
○蒙引雖夫子亦不能保其往是說向日嘗有不善事不復執竊屨事也○摘
訓或人之意蓋謂既不能保其往則從者固非爲竊屨來而今日竊屨之事蓋
難保其必無矣

人皆有所不忍　章

或問仁義之詳略則不忍之心與害人之心易見而羞惡之心穿窬之類多端
故彼略而此詳欲其於此有以識其推擴之端耳
摘訓所不忍不爲是一端之仁義達之於所忍所爲則由能有誠爲全體之仁
義矣孟子意謂人但知仁義爲難全而不知求之爲甚易在識其端而推廣之
耳人皆有所不忍達之於其所忍這便是仁人皆有所不爲達之於其所爲這

便是義有何難哉○金仁山曰所不忍下文無欲害人之心也所不爲下文無
穿窬之心也達之於所不忍猶云以其所不愛及其所愛也不爲如下文受爾
汝以言不言餂之皆其類也
蒙引人能充無欲害人之心此即承上文只是一意但露出害人與穿窬字面
以示人之所達耳若曰如害人者人所不忍也能充此不忍之心以達於所忍
則能滿其無欲害人之心而無不仁矣穿窬者人所不爲也能推此不爲之心
以達於所爲則能滿其無穿窬之心而無不義矣○人皆有所不忍下云人能
充無欲害人之心上節就仁義之端處達將去下節承足上節意不可作兩樣
看蓋推達而後能充充有工夫充承達說來且指出所不忍所不爲者言○朱
子曰此心之量足以包括天地兼利萬物只是人自不能充滿其量所以推不
去或能推之於一家而不能推之於一國或能推之於一國而不足以及天下
皆是未足以充其本然之量○陳新安曰達如導水自畎澮達之川自川達之

海克如水達海而克滿於其中也○胡雲峰曰擴此心之用無少壅遏則謂之達滿此心之量無少欠缺則謂之充○摘訓仁義不可勝用要緊到上文仁也義也上仁不可勝用也故曰仁也義不可勝用也故曰義也○達說仁也義也仁義不可勝用矣無所往而不爲義也皆一意就用上言

輔慶源曰此一節事雖微而理愈密大人不受爾汝之稱皆是羞惡之實心存養之不加體察之不至則不受之心雖有得於此而或遂失於彼亦不能充滿其實心之量而義有時而不行矣須是如此說若只是一處不貪昧隱忍不爲能充惟能推所不受而達之於所受而無所滲漏然後能充滿其無受爾汝實心之量無所適而不爲義也○陳新安曰朱子云實字對名字說不欲人以爾我之稱加諸我是惡爾汝之名也然反之於身而去其有可爾汝之行是能充其無受爾汝之實也云云此條乃用趙注之說與集註不同○集說中心慚忿而不甘受此正良心發見不容自已處人能即此而推之使其充滿無所虧缺仍就實字說乃擴充這點羞惡之心使之無處不

也若於此不受而識於彼則受之皆虧缺也○摘訓克無穿窬之心乃一大立脚須推到別事上去方是克至於克無受爾汝之實不過是克無穿窬中之一事就只在無受爾汝之實上克耳○淺說所謂充其無穿窬之心者何如彼甘受爾汝之稱此穿窬之類也而無受爾汝之實是亦無穿窬之心也人能克無受爾汝之實勿至於貪昧隱忍而甘受之焉則無所往而不爲義也○一說克無受爾汝之實要說得廣言一切可恥之事皆恥之而不爲也看來上面已有克無穿窬之心一句了復如此說贅矣○蒙引申說上文克無穿窬之心之意非是又深一節只是摘出上文所謂克無穿窬之心者如受爾汝之實以言不言餂人此皆所當推而達之而不爲者○其貪昧隱忍貪昧爲利所誘隱忍爲威所懾而甘受之者非其實也其中心慚忿而不肯受者乃其實也○人能克無穿窬之心一條實該下文兩條盡克之云者正謂克到此地位也或曰克無受爾汝之實未必皆穿窬之類尤非也集註何以謂中說上文克無穿窬之心之意且人但知求一條爲特

舉以見例而不知中一條亦舉其例也○朱子曰能克無受爾汝之實處工夫
却甚大了到這田地時工夫大段周密了所以說無所往而不爲義也○愚按
無所往而不爲義不在上句之外蓋克無受爾汝之實是從克無穿窬之心極
推至此如此則能滿其無穿窬之心而無不義矣故曰無所往而不爲義也
蒙引此以士言猶論語色厲內荏指當時大人言也○輔慶源曰此一節事之
微而理之密又有甚於前者故以士言之夫不爲穿窬無受爾汝在士則有所
不必道然一語一默之微發於計較安排而有意探取於人則是亦穿窬之類
故集註亦以爲其事隱微人所忽易故特舉以見例必推無穿窬之心而達之
於此類至纖至悉處亦不容有不盡方始能充其無穿窬之心也其義亦精矣
○問人能克無穿窬之心是就至粗處說未可以言而言與可以言而不言是
說入至細處否朱子曰然○餂是鉤致之意如本不必說自家却强說幾句要
是便佞　是隱默
去動人要去悅人是以言餂之也如合當與他說却不說須故爲隱難要使他

來問我是以不言餂之也不直心而私意如此便是穿窬之類裏面是如此外面却不如此外面恁地裏面却不恁地○集說本還不該說話却先說了若似此露眞情以相示者彼來答我一句半句自然本心露出若我不說彼亦終不說也是爲以言餂之本正該說時我却不說彼必要來探我我故遲說使彼自說本然主意不覺從口角自露是因其所探而以之探彼情也是爲以不言餂之○存疑語默雖細事但有意窺探人心術便不光明所以爲穿窬之類○以語默餂人爲穿窬之類是充類至義之盡也○蒙引味之類二字此正註中所謂特舉以見例者也○以言不言餂人是穿窬之類也受爾汝之實亦穿窬之類故人於穿窬不爲而於此或有爲之者是以不能皆義此孟子所以喫緊示人也

言近而指遠者　章

或問不知道者務爲高遠之言則固荒唐而無餘味然欲其近則又鄙淺而無

深遠之趣也不知約之可守則固泥濫而少成事然欲其約則又狹隘而無廣
博之功也然則所謂善言善道者非有道之君子其孰能知之乎
達說首節論善言善道中二節各申其實末節單側不善道之弊以為戒也○
輔慶源曰言近而指遠故測之而益深窮之而愈遠守約而施博故推之而無
不準動之而無不化○呂晚村曰他處而字勢側重在下半截此處而字勢歸
重在上半截蓋非謂近約者貴乎遠博謂遠博而即在乎近約乃所以為善也
○楊木公曰言近而指遠云云此正不欲其騖之遠博也體會下文則其義自
見
蒙引只即目前近事論之而理則有至妙者南軒謂所言只其身中事似太泥
蓋終以修其身而天下平者相貫意論歟○事有遠近道無遠近所謂理無大
小也不下帶者事之近也天下無一事無理理則有當然之則有所以然之故
皆至精至微而不可以淺近言也○記曲禮下天子視不上於袷音劫不下於帶

淺說君子之所守也惟修其身而已吾身既修而天下由此平矣一身固甚約〇而天下則甚博也修身而天下平所謂守約而施博也〇達說修其身是誠意正心以自修其身天下平是明明德於天下〇人各修其身也〇

呂侍講曰君子治身如農夫治田除草曰芸農夫治田必除其草則苗可長君子治身必去其惡則德可進人之患在於不治己而治人不責己而責人辟如農夫舍己之田治人之田所求於人者重責人深也所以自任者輕責己薄也〇蒙引人病舍其田而芸人之田引譬起下〇所求於人者重欲天下人人各修其身也〇所以自任者輕不能自修其身也〇摘訓人病二字是一總腦夫不守約而務博施之病如此〇則不言近而務指遠者其病可例見矣〇

堯舜性者也　一章

或問程子至矣其論堯舜禹湯文武一條尤有功　明道曰湯武反之也湯武身之也身踐履也反復也復則至聖人之地〇又曰聖人無過湯武反之也〇其始未必無過〇又曰堯與舜更無優劣〇及至湯武便別〇孟子言性之反之〇自古無人如此說〇只是孟子分別出來便

知得堯舜是生而知之湯武是學而能之文王之德則似堯舜禹之德則似湯武要之皆是聖人

朱公遷曰此以德性言聖人身之兼用功而言反之舉成功而言惟其能身之所以能反之也又曰此性字以天理自然而言非指性而言也乃所以性其性也指其人而言曰性者自其率性而言曰性之○蒙引得全於天謂所得於天者全也惟其無所汙壞故不假於修爲下文言修爲以復其性便見不免有所汙壞矣

蒙引以下只是性之之德不指堯舜言行法俟命亦然○動容以顏貌言謂一動容貌之間周旋以動履言謂動止圓活之際此皆其小處此等處皆能中禮則其大者可知○存疑動容如何中禮如視不上於面不下於帶燕居申申之類周旋中禮圓中規是也（便該得折旋中矩）盛德之至則一身渾是天理故行出來都是禮註曰自然而中非有意於中便是如此○摘訓細微指動容曲折指周旋盛與至有兩層意德極其盛而德之盛者又極其至也○存疑聖人之心無有不誠一見

哭者誠心激發自然哀傷非欲生者我感故哀若爲生者而哀便是有意非自然矣○經德猶曰脩德如子臣弟友之道之類是也能盡其道便是不回經德不回自有得祿之理然聖人是稟性自然不回不是欲干祿故不回也若是欲干祿則出於有意便須勉强非自然矣○問信言語以正行莫無害否朱子曰言語在所當信若有意以此而正行便是有所爲而然也○蒙引聖人不言訓已言則無不信者故曰必信○集說信便在行處說不是說言無虛僞乃是既言之則必行之故曰必信然這必信是人觀之而見其必信不是聖人自已要必信大凡言語不信則行事自與所言不合多有不得其正者矣必信而能實其言便是去正邪行處若聖人則非有心於正行而自然無不行之言也○蒙引不可以下三句爲屬動容周旋中禮看觀集註三者亦皆自然而然亦皆一字便見得是對上文一句爲例言動容周旋中禮固是自然而然此三者亦皆自然而然輔氏之說錯認

輔慶源曰法者凡古聖賢之所制皆是也蓋莫非天理之當然如爲君而仁爲臣而敬子孝父慈皆是也君子行之而吉凶禍福聽天所命我皆在所不計所謂俟命也雖未能如聖人之安行自然已非有爲而爲之矣〇朱子曰聖人是人與法爲一已與天爲一學者是人未與法爲一已未與天爲一故須行法以俟命也〇蒙引法由此立命由此出者蓋性者分上着不得法字與命字法者規矩準繩使人有所持循者也性者聲爲律身爲度（言身即爲法故曰法由此立）何用行法即所謂行仁義也聖人以義制命（言造化在我故曰命由此出）蓋凡吾義所在即天命所在如義當死便是命當死矣義當不食其祿便是命該貧賤矣此類聖人皆安全不以介意所謂聖人與天爲一〇又曰命不足道也〇達說法字泛看不必牽上文來講上節固非有意而爲此節却亦非有爲而爲須要分別明白〇集說非有爲而爲非爲功也非爲利也總只以爲天理之當然而行之也然行道天理之當然處却不能無意特有意於道而無意於功利耳故曰未至於自然若自然者不惟無心於功利且

亦非以爲道在是而我去行之。乃他行出來便是道也。○此君子便亦是聖人。

特是反之之聖。

說大人則藐之　章

或問孔子畏大人而孟子藐之何也。曰孟子之藐大人也。不視其巍巍然者而已矣。故雖不肯枉尺直尋。而齊人敬王莫如孟子也。特以當世之士以道殉人。內無所守。故特發此以立其志。使其意氣舒展無所拘束。而得以盡其所言爾。若君子以禮存心。固將無所不用其敬。豈特於大人而反藐之哉。

尹氏曰藐者止是不以其貴勢威嚴爲事而惴。非謂便視他作無物也。○朱子曰說大人則藐之。蓋主於說而言。如曰見大人則藐之則失之矣。蓋大人固當畏。而所謂藐者乃是藐其堂高數仞之類耳。這爲世人把大人許多崇高富貴當事。有言不敢出口。故孟子云爾。○輔慶源曰若不藐視之。則是爲其巍巍者所動矣。志氣一有所懾怯。則必不能展盡底蘊。剛强者有餒。或不敢盡柔弱者則必至於變其所欲言而反狥之矣○集說榱桷也即今之屋椽題頭也乃宫室高大其椽頭露出者有數尺之長耳以長言非以徑言蒙引所疑未是○蒙引堂高兩句是宫室之盛食前兩句是逸豫之樂般樂三句是宴遊之侈皆所謂巍巍者也○存疑居天下之廣居立天下之正位行天下之大道非仁無爲非禮無行便是古聖賢之法曾子彼以其富我以吾仁彼以其爵我以吾義亦是此意○達說此節推其所以不畏意○

養心莫善於寡欲章

或問養心寡欲之說曰程子至矣而其曰不必沉溺者尤害見註伊川曰養心者且須是教它寡欲又差有功○又曰學莫大於致知○養心莫大於義理○古人所養處多若聲音以養其耳○采色以養其目○舞蹈以養其血脈○威儀以養其四體○今之人都無此只有箇義理以養心○又不知求○呂侍講所謂天下之難持者莫如心○天下之易染者莫如欲其亦善矣曰周子之言不止於寡而存者奈何周子曰養心不止於寡而存耳蓋寡之又寡以至於無則誠立明通

其所至則固然矣然未有不由寡欲而能至於無者也○語其所至而不由其序則無自而進語由其序而不要其至則或恐其安於小成也是以周子之說於此為有相發之功焉

朱子曰緊要在寡字多字看那事又要這事又要便是多欲○欲是好欲不是不好底欲不好底欲不當言寡○孟子只是言天理人欲相為消長分數其為人也寡欲則人欲分數少故雖有不存焉者寡矣不存焉者寡則天理分數多也其為人也多欲則人欲分數多故雖有存焉者寡矣存焉者寡則是天理分數少也○問養心莫善於寡欲養心也只是中虛曰固是若眼前事事要時這心便一齊走出了未是說無只減少便可漸存得此心若事事貪要這箇又要那箇未必便說到邪僻不好底物事只是眼前底事才多欲便將本心都紛雜了所以伊川教人直是不去他處用其心也不要人學寫字也不要人學作文章道不是僻道理是合如此人只有一箇心如何分做許多去若只管去閒處

用了心到得合用處於這本來底都不得力○未說到事只大纔有意在上面便是欲便是動自家心東坡云君子可以寓意於物不可以留意於物這說得不是纔說寓意便不得○朱公遷曰此章以理義之心言之○蒙引當以心對欲心者天理之府而爲之害把天理逐出外者欲也○存疑寡欲是有節多欲是無節寡欲則此心不在於欲常存軀殼之內多欲則心逐於欲而不在軀殼之內矣○摘訓首句且虛起下是設言以明之蓋欲之多寡而心之存亡繫焉可見養心莫善於寡欲矣

曾晳嗜羊棗　章

朱子曰羊棗只是北邊小棗如羊矢大者○集說嗜與食不同嗜者專嗜此之意食則尋常食用便是不忍食者是絶此不食不忍者記者之辭言曾子之不食乃不忍食也○蒙引不忍食者以爲吾父平日嗜此羊棗今雖有羊棗吾父不能食矣此曾子所謂食必思親者也○熊勿軒曰須看不忍字重毋没而栝

[illegible]能飲不忍故也

爰引意以曾晳亦未必不嗜膾炙而曾子獨諱食羊棗舍其不美者而用其美者何與曰膾炙人所同嗜者也羊棗所獨嗜者也人所同嗜者自可食之至於父所獨嗜者則有感於心而不忍食矣此猶諱名不諱姓蓋姓人所同也故不諱名已所獨也故諱之耳然則曾子食膾炙而不食羊棗豈以其味不如膾炙而棄之哉正以其爲父所獨嗜也○存疑做親名誠方是若他人之名皆後有何避忌而諱之○陳新安曰不諱姓喻食膾炙諱名喻不食羊棗○朱公遷曰曾子之孝見於論孟者凡三章養曾晳見其順親志敬手足見其守遺體養志是生能致其養不食羊棗是沒能盡其思

萬章問曰　章

輔慶源曰志大謂狂略於事謂簡如曾點與乎三子者之撰則志大而略於事可見矣欲躐乎聖人之樂處則期望高遠可知終不肯做下學工夫後至於臨

人之褻而歌。不能改其舊可知。狂簡二字又該括得下兩句。進取即是志大。不忘其初即是略於事也。○集說狂簡二字不平。簡從狂來。○蒙引狂簡是曰之之辭。進取不忘其初是說狂簡之所以為狂簡者如此。○吾黨之士狂簡進取矣，猶不忘其初，孔子在陳何獨思魯之狂士也。萬章意以為孔子何不思其上者而取於狂士耶。○達說此處作萬章所引。未可。詳講。嘐嘐然節。就是明說此意。

蒙引孔子嘗曰不得中道而與之云云。由此觀之，孔子豈不欲中道哉，不可必得故思其次也。其次專指狂者。孔子之言本兼狂獧。孟子引來特要應何思魯之狂士一句。○存疑萬章引孔子在陳之言，其問在思狂，孟子引孔子之言并獧而告之者，為狂獧皆可進於道，萬章之問未完也。

達說何如斯可謂狂是問狂之人。不是究其事。不必用註中事實。節即是[illegible]註又無牧皮事實。于觀大文一如字。可見狂者猶多。不能盡舉意。

違說何以謂之狂是問狂之實○蒙引本文只見其志集註嘐嘐志大言大也兼志與言何人也○志常於言見之也○須於其志二字微讀謂以言乎狂者之志常嘐嘐然曰古之人古之人○動輒慕古也○重夷考其行○則又不能加其言○此所以謂之狂也○是以志字對行字言○孟子此言總不出孔子所謂進取不忘其初者○萬章不察故復問○而孟子又只仍孔子意說放明白與他○存疑夷字從古之人古之人生來○緣他說得高了○故平平考之○盖始未責以其高且從其日用平常所行而考之也○○輔慶源曰曾晳之志固不止於如此然其不屑於事爲其志並欲徑探乎聖人之樂處則與所謂嘐嘐然曰古之人古之人之意亦不相遠而其行有不能掩其言者則又自有不可誣也故集註取程子之說以釋之夫子與之者是與其志大言大也便是堯舜氣象者是亦所謂古之人古之人之類也

蒙引此又承上文言狂者固孔子之所思○不可得是不可常得然狂者又不可得○欲得不屑不絜之

士而與之是獧也比之狂者又其次也○朱子曰狂者知之過獧者行之過○輔慶源曰狂者是合下氣質高明便自有所見者獧者是合下氣質貞固便自有所守者狂者則於知上所得分數多獧者則於行上所得分數多聖門學者必皆中與和合德知與行並進然後爲貴所謂中道者是也此等人既不可得故不得已而與夫狂獧也○陳新安曰不屑不潔以不善爲不潔而不屑爲之也○存疑既答萬章何如斯可謂狂之問又言獧者是因上文所引孔子思獧之言而解其意○達說此以上見聖人所以取狂獧之意以其未能中道而可與進道也此以下見聖人所以惡鄉原之意以其似乎中道而實害乎中道也○蒙引萬章因問孔子之所以取於狂者如此所以取夫獧者又如此然孔子又嘗曰云云不識何如斯可謂之鄉原蓋狂獧之外又有此一等人也○狂者知之過而行不及獧者行之過而知不及鄉原有似乎中道而實非也故曰德之賊德即中道也○摘訓鄉原德之賊是孔子自解所以不入不憾之意註中似

其徒丘未可說也○

孟子曰鄉原務爲謹愿○不欲忤俗以取容○專務徇俗○欲使人無所非刺○既不苛激○狂○又不肯○做○狷○一心只要得人說好○更不理會自己所見所得○與天理之是非○彼狂者嘐嘐然以古人爲志○雖行之未至○而所知亦甚遠矣○狷者便只是有志力行○不爲不善○二者皆能不顧○流俗○汙世○之是○非○雖是○不得中道○却都○是爲己○不爲○他人○彼鄉原反非笑之曰○何以是嘐嘐也言不顧行行不顧言則曰古之人此是鄉原笑狂者也○行何爲踽踽涼涼生斯世也爲斯世也善斯可矣此是鄉原笑狷者也○狂狷是箇有○骨力○底○人○鄉原是箇○無○骨力○底人○東倒西擂○東邊去取奉人○西邊去周全人○看人眉頭眼尾○周遮掩蔽○惟恐傷觸了人○蒙引鄉原之制行是懲狂狷之齟齬於世○而自立一門戶做人○故其譏狂者曰何以是嘐嘐也云云 古之人古之人又譏狷者曰行何爲踽踽涼涼云云 善斯可矣此鄉愿之言如此○其志可知○故不爲狂者之嘐嘐○亦不爲狷者之踽踽涼涼○

但只闇然深藏以求媚於世。使人皆無非刺。人人見我都好。如此者是鄉愿也。
○集說踽踽獨行不進之貌。是不隨人附和意。涼涼是與人寡合意。○存疑生
斯世也爲斯世也言不可與人異也。此便是同流合汙處。○闇然是韜藏圭角。
恐與人異也。○蒙引以其收縮退斂。不敢放出一句忤人之辭。不敢做出一件
戾俗之事。惟專媚世以取容。故曰闇然媚於世。此句是孟子話。上都是述其言。
然亦未必實有此言。是孟子代他說。故註云此鄉原之志也。○是鄉原也一句
只對闇然媚於世說。爲有者字。○集說正應何如斯可謂之鄉原之問。○摘訓
譏狂者是慕古而戾乎今。譏狷者是守已而戾乎人。闇然媚於世是求合於今
而不必慕古。求合於人而不必守已。所以矯狂狷之偏也。○達說註志與行不
乎。是因志而推其行也。
摘訓無所往而不爲原人此句是只就原人說。謂一鄉皆稱原人。則其論公矣。
由是無所往而人不稱之爲原人。可見是真原了。這正是有德之人。如何以爲

德之賊○蓮說蒙引謂人皆慕而效之爲字看忒重了不是本文意
朱子曰狂者所見過於高遠而行不到狷者能力行而見有所不逮二者皆可
收拾入來至於鄉原則孟子敢斷然以爲德之賊者葢其居之似忠信行之似
廉潔衆皆悅之使其回頭來却未可知只礙他自以爲是既把來做是了便休
是以終身爲原人而孟子以爲德之賊也○張南軒曰此數句極鄉原之情狀
非之無舉刺之無刺言其善自矯飾（蒙引流俗按汙世處）流俗能同汙世能合言其無所執守也似
忠信廉潔曰似則非真矣衆皆悅之則異乎鄉人之善者好之矣自以爲是所
以卒爲鄉原而不可反也堯舜之道大中至正天理之存乎人心者也此所謂
善也若鄉原所謂善斯可矣則由於一己之私竊善之似而已異端之於正道
如黑與白本不是以賊德惟道之不明世俗之見易以惑溺故以爲德之賊也
○存疑非是說他不是乃大槩說刺是攻擊乃細舉不是而譏責之視非尤重
如漢王數羽十罪袁紹數曹操罪惡是刺居以存心言行以制事言忠是盡己

以心言謂君之可也信是以實以事言亦歸之君之者內外一理就其本言也廉潔必行處方見得如伯夷不立於惡人之朝不與惡人言之類可見但鄉原非廉潔特似之爾○集說這樣人不特他自已無德且將本然之德令人亦混淆莫辨斯世其胥於無德矣非德之賊而何

存疑莠似苗使人觀之莫能辨誰爲苗故亂苗佞人之言似義使人聽之以爲真義故亂義利口之言似信使人聽之以爲真信故亂信○佞與利口如何分別佞是才知之稱他胸中有智略本是不義的事他却安排裝點說出都是一段道理全似箇義如蒯徹之說韓信其言鑿鑿可聽此真佞者利口之人無許多心機只是目前口尖舌利假如與人做朋友他說要與你如何真有同患難同死生的意思聽其言雖管鮑雷陳不過人皆以爲信不知心中全無實事○直解鄭聲似雅樂實非雅樂所以惡鄭聲者恐其亂雅樂也紫色似朱而實非朱所以惡紫色者恐其亂朱也至於鄉原不狂不狷似若有得於中行將使天

下之人。迷謬於名實而不知所適從。皆自鄉原啓之。則所惡於鄉原者。固以其似德非德而反亂乎德也。○摘訓存疑亂德只就忠信廉潔說。與註意不合。不可從。○達說此乃孔子平日之言。非專爲鄉原發也。未徼方重鄉原邊。○夫孔子所以惡鄉原以爲德之賊者何耶。觀其嘗有言曰云云。是則以鄉原爲德之賊者。正以其亂德故也。孔子之所以惡鄉原者。夫豈無所爲哉。

問反經之說。朱子曰。經便是大經。（集註亦只就大經說。）君臣父子夫婦兄弟朋友。且先復此大經。天下事未有出此五者。其間却煞有曲折。如大學亦先指此五者爲言。使大綱既正。則其他節目皆可舉。若不先此大綱。則其他細碎工夫如何做。○問經正還只是躬行不及政事。曰這箇不必分做兩件說。如堯舜雖是端拱無爲。只政事便就這裏做出。那會恁地便了。○孟子論鄉原亂德之害。而卒以君子反經爲說。此所謂上策。莫如自治者。況異端邪說日新月盛。其間無窮。蓋有不可勝排者。惟吾學既明。則彼自滅熄耳。此學者所當勉而不可以外求者也。○經正則庶民興蓋風化之行在上之人舉而措之而已庶民興則人人知反其本而見善明見善明則邪慝不能惑也既人不之惑則其道自然銷鑠而至於無也歐陽永叔云使王政明而禮義充雖有佛無所施於吾民矣亦此意也○輔慶源曰集註反經之說實辨異端息邪說之大權也○陳新安曰邪慝不止是鄉原如楊墨皆是以此章言則指鄉原故云鄉原之屬○存疑此君子是有世道之責者乃能經正而庶民興不然雖以孟子之距詖行放淫辭而不能息戰國之楊墨韓昌黎之佛骨表歐公之本論而不能去萬世之佛氏○反經是自家躬行以率之於上又修明致化禮樂以導之○蒙引謂端化原修治法於以一天下之道德同天下之風俗者是也

由堯舜至於湯　章

或問禹皋陶之徒本皆名世之士伊尹太公文湯文之師非必見其君而後知之也至於湯文孔子又或生知之聖亦非必聞前聖之道而後得之也此而曰

見而知之聞而知之者蓋以同時言之則斯道之統臣當以君爲主以世而言
之則斯道之傳後聖當以前聖爲師學者不以辭害意焉可也至於章末二句
則孟子之致意深矣觀其所謂然而無有乎爾則雖若託於不居而其自任之
實可見觀其所謂則亦無有乎爾則雖若歎其將絕而所以啟夫萬世無窮之
傳者又未嘗不在於斯也學者誠能深考其言而自得之則古人雖遠而其志
意之所存者蓋無以異乎日相與言而授受於一堂之上也
胡雲峰曰語孟末皆言堯舜以來相傳之意但論語以行言故歷述其政事之
實孟子以知言故歷叙其見聞之真堯言執中中之用也湯言降衷中之體也
舜自心上發出執中之蘊而六經言心始此湯自性上推原降衷之初而六經
言性始此此可見堯舜湯明道處至若見而知之言禹皐而不言稷契何也或
曰舉禹皐可例其餘然考之書稷契不曰謨而禹皐獨曰謨蓋可見也況洪範
九疇禹發之天叙天秩五典五禮皐發之其明道之功固不小也○摘訓說箇

五百有餘歲正是要起那見知意謂堯舜至湯五百有餘歲其時之遠如此蓋難乎其道之傳矣而湯乃得統於堯舜是豈無所自哉若禹臯陶則見而知之若湯則聞而知之向使無禹臯見知於前則湯亦何由聞知於五百餘歲之後耶○朱子曰由堯舜至孔子率五百餘歲而聖人一出所以異世同心歷世同道道統繩繩相續不絕者實賴同時之見而知之者知之於先而異世之聞而知之者得以知之於後耳○存疑節由堯舜至於湯之言味之其意若云堯舜之道惟禹臯陶見知於先故湯得以聞知於後耳下二節都是這意思其歸結全在末節謂聖人之道必有見知之於先然後得聞知之於後今去孔子甚近已無見而知之者則五百歲之後豈復有聞而知之者乎其意則謂已得見知孔子之道五百歲之後將必有聞而知之者是蓋以繼往聖開來學自任也

胡雲峰曰舜言精一而後協於克一伊尹能發之堯言執中而後建中於民仲虺能發之曰勇曰智曰仁曰禮曰義中庸三達德孟子四端已散見於仲虺誥

中矣吾以是知萊朱即仲虺也○論語之末言武不言文此言文不言武文王謨以明道言也武王烈以行道言也易之作也其於中古乎文王明道之功大矣○陳新安曰萊朱與伊尹並稱而經傳不他見仲虺作誥弘大精微仁義禮智信皆開端言之而德日新一言又首唱之湯盤銘伊尹咸有一德皆因而述之伊尹相湯虺爲左相同時他誰與之班者萊朱即仲虺也必矣

或曰尚父鷹揚之士也散宜生於經傳不多見亦以爲見文王之道而知之者何也胡雲峰曰敬勝怠義勝欲之類非太公孰發之書曰茲迪彝教則彝倫之教散宜生蓋有助焉○蒙引要之亦不必取徵於書傳書傳所載有限彼既見知聞知則大道之全自其渾然之體與其粲然之用何所不周何所不至而豈可以節册有爲而發之遺言緒論爲之證哉見大意者黙而識之可也○如孔子之時賢者識其大不賢者識其小亦緣當時周召吕畢之徒一脉相傳而來孔子乃得聞之不然文王之道其絶也久矣○註引子貢云云愚以爲湯文之

聞知緊是如此兼有得之於簡編者

蒙引兩爾字以如是釋之爲近意若云然而無有其然者則亦無有其然者是承上文數箇見知聞知而云以其見知聞知字已重見疊出於上文故此特約其首而省其文也或曰然而無有乎爾豈無顏曾子思三人乎而孟子云然是前無三子而自擅其見知孔子也曰不然孟子固曰聖王不作諸侯放恣楊墨之道不息孔子之道不著仁義充塞人將相食顏曾子思當孔子在日則以有孔子在今則與孔子俱往矣世道之責微孟子任之則孔子之道不百年而墜矣

○集說禹皐陶生當堯舜之時却不隨堯舜俱沒後來禹揖讓而承舜之統以開有夏之天下直到湯起而接之其心法道德禮樂俱在也伊尹萊朱亦生湯時後來湯沒亦且訓王復辟以開有商之天下太公望散宜生生當文王之時而又繼文王之後直至相武王伐紂以開有周之天下其心法道德禮樂亦俱在也生值其時聚精會神於一堂而復得繼其後直將此道完完全全以待

後ノ者孔子則百餘歲之間而及門之士已熄滅無餘雖大道自存於萬古而可以私淑諸人其實未得如禹皋等生同時而又繼之於後也思至此原是一大父事孟子所以不免於然而無有之嘆也不然頗嘗之於道也恐不在太公（此段是以發明崇引之說）宜生之下何得不以見知歸之○想自來見知之局至此一變而在五世求斬之內者不得不任其責矣初不拘於生而同時之例也隱然便以斯道自任而待後之學者了

四書鈔下孟卷四終